KB137529

비합리성의 심리학

우리는 왜 어처구니없는 실수를 반복하는가

비합리성의 심리학

스튜어트 서덜랜드 | 이세진 옮김

교양인
GYOYANGIN

| 일러두기 |

1. 이 책은 2008년에 출간된 한국어판 《비합리성의 심리학(Irrationality)》의 개정판이다. 개정판에는 벤 골드에이커(Ben Goldacre)의 추천사와 제임스 볼(James Ball)의 후기가 추가되었다.
2. 추천사를 쓴 벤 골드에이커는 옥스퍼드대학 출신의 정신과 전문의이자 과학 칼럼니스트, 저술가이다. 저서로 《배드 사이언스(Bad Science)》, 《불량 제약회사(Bad Pharma)》가 있다. 개정판 후기를 쓴 제임스 볼은 데이터 저널리스트로서 〈가디언(The Guardian)〉의 심층 취재 팀에서 일하고 있다.

| 추천사 |

이 개정판이 나오기 전에 《비합리성의 심리학》 구판은 100파운드를 호가했다. 원래 내가 가지고 있던 책은 너덜너덜해져서 고무줄 두 개로 겨우 묶어놓은 상태였지만, 그런 상태에서도 이 책을 몹시 읽고 싶어 하던 공무원, 의사, 옛날 여자친구, 로비스트, 농부, 경영 컨설턴트, 은행원 등의 손을 두루 거쳤다. 심지어 친구의 친구들까지 우리 집으로 전화를 걸어 책을 빌려 달라고 부탁하곤 했다. 아직 인터넷이 널리 보급되기 전이라 정보가 귀하던 때, 사물을 추적해야만 지식에 접근할 수 있던 때 이야기다.

지금은 이 책에 담긴 사실들을 위키피디아와 여러 다른 책에서 찾아볼 수 있다. 인터넷에는 우리가 저지르는 터무니없고 비합리적인 행위들에 관한 기발한 설명들이 많이 있다. 그러나 온라인상에 정신없이 널린 정보들을 빨아들이는 일이 아무리 재미있을지라도 — 분명히 말하자면 나의 경우에는 거의 중독 수준이지만 — 전문가를 대동하고 그의 전문 분야 구석구석을 함께 거니는 즐거움에 비하겠는가.

이 책을 집필하던 당시 스튜어트 서덜랜드는 예순다섯 살이었고 심리학 연구자로서 눈부신 이력을 마무리하던 참이었다. 그렇기 때문에 이 책은 어떤 주제가 나오든 그 견해가 어디서 왔고 어디로 이어질지 훤히 꿰고 있는 사람만이 풍길 수 있는 뉘앙스로 가득 차 있다. 그는 과장을 삼가지만 증거를 어떻게 수집했는지, 증거들이 어떻게 딱 들어맞는지 설명하는 것은 두려워하지 않는다.

서덜랜드의 직설은 더러 무례하다고 말하는 이들이 있을 만큼 유명했지만, 나는 독자로서는 그를 여과 없이 말하는 사람으로 여기는 것만이 중요하다고 말하고 싶다. 그는 《브레이크다운(Breakdown)》에서 자신이 겪은 조울증을 참고 읽기 힘들 만큼 지독하게 날것 그대로 묘사했다. 《비합리성의 심리학》도 그와 비슷하게 타협이라곤 없는 길을 따라간다. 그는 에두르지 않고 단순명쾌하게 우리의 지적 허영에 일격을 가하지만, 힘 있는 전문가 집단들에도 누구보다 과감하게 도전한다.

아는 것이 힘이라고, 이 책을 읽기만 하면 우리 모두 어디에도 속아 넘어가지 않을 것이며 인간의 사유 장치에 내재된 결함을 이해하게 될 거라고, 그렇게 생각하고 싶을 수도 있다. 하지만 이 책은 자기계발서가 아니요, 실제 삶은 이보다 훨씬 더 복잡하다. 이 책은 말만 번지르르한 해답을 주는 책이 아니라 '생각'에 관한 책이다. 서덜랜드는 여러분의 업무 효율을 높여줄 거라는 식의 값싼 약속을 자제한다. 대신에 그는 상아탑에서 뛰쳐나와, 우리 자신의 사유 방식에 관한 우리의 가정들을 낱낱이 헤집어놓는다. 학구적 즐거움은 덤이다.

2013년 6월, 런던에서

벤 골드에이커

| 머리말 |

아리스토텔레스에게는 안된 말이지만* 비합리적인 행동은 (인간됨의) 예외 없는 규준이라고 주장할 만하다. 이 점을 입증하기 위해서 나는 일상적인 삶과 사회 활동에서 수많은 비합리성의 사례들을 들어 보였다. 의사, 장교, 엔지니어, 판사, 사업가와 그 밖의 사람들이 내리는 결정이 여러분이나 내가 내리는 결정보다 딱히 더 합리적이지도 않은 것으로 밝혀졌다. 물론 그들이 내리는 결정이 훨씬 더 안 좋은 여파를 몰고 오지만 말이다.

하지만 비합리성이 만연해 있다는 진짜 증거는 지난 30여 년간 심리학자들이 이 주제를 놓고 실행했던 방대한 연구에서 나온다. 그들의 발견은 — 우주론자들의 발견과는 달리 — 일반 대중에게 거의 알려지지 않았다. 비록 내가 직접 이 주제로 연구를 하지는 않았지만 그들의 기발한 실험과 마음의 작용을 밝히는 재능과 식견은 나를 매혹했다.

---

* "인간은 이성적인 동물이다."라는 아리스토텔레스의 명제를 두고 하는 말.

이 책에서는 비합리적인 행동을 일으키는 것으로 보이는 수많은 요인들이 총망라된다. 그 요인들에는 사회적 편견과 심리적 편향은 물론, 부정적 요소를 고려하지 않았거나 처음 떠오른 생각에 너무 휩쓸린 나머지 빚어진 기이한 생각들까지도 포함된다. 수많은 실험들이 밝혀낸 놀라운 사실들은 독자들이 곧이곧대로 믿기 힘들 정도일 것이다. 그렇지만 그러한 발견들은 대부분 여러 차례 반복되어 왔다. 독자들의 의심을 피하기 위해서 자료의 출처는 아주 확실하게 밝혀두었다. 이 부분은 나의 진정성을 믿지 못하는 독자나 특정 주제를 좀 더 자세하게 파헤쳐보고 싶은 독자만 참고하면 되겠다.

나는 비전문가들도 명쾌하게 이해할 수 있는 책을 쓰려고 노력했기 때문에 학술 저널 같은 기술 양식을 따를 수 없는 경우가 많았다. 그래서 수학적 · 통계적 개념들은 대부분 피하려 했고 꼭 필요한 경우에 한하여 이 책 끝 부분에서 기본적인 것들을 소개하고 설명했다.

이 책은 어떻게 생각할 것인가에 대해서 "여러분도 직접 해보세요."라고 권하는 가이드북이 아니다. 하지만 나는 과감하게 각 장의 끝 부분에 약간의 지침을 덧붙였다. 독자들은 사고 과정을 가로막는 여러 가지 올가미들을 일부나마 피하는 법을 배우게 될 것이다. 물론 그건 어디까지나 독자들이 좀 더 합리적인 사람이 되고 싶다고 생각할 만큼 이미 충분한 합리성을 갖추고 있을 때의 이야기지만 말이다. "우둔한 것만이 죄"라는 오스카 와일드(Oscar Wilde)의 지적에 어떤 진실이 숨어 있다면 좀 더 합리적인 사람이 되고자 하는 것은 바람직한 목표다. 오스카 와일드의 말이 옳다면 비합리성은 진지하게 생각하기에는 너무 중요한 주제다.* 이게 내가 종종 따라왔던 금언이다. 비록 나는 내가 다른 어떤 사람보다 더 합리적이라고 생각하지는 않지만 독자들이 이 책에서 어떤 오류를 발견하더라도 내게는 알려주지 않기를 부탁한다. 비합리성에 대한 방대한 문헌을 종합하면서 그 결과물 자체가 비합리적이라는 소리를 듣지 않기란 정말로 힘든 일일 테니까.

어떤 총칭 대명사를 쓸 것인가를 결정하면서 나는 딜레마에 빠졌다. 남성 대명사를 쓰자니 페미니스트들의 심기를 거스르겠지만 대부분의 경우에는 그 대명사가 비합리적인 행동을 하는 어떤 사람을 지칭하기 때문에 나는 그래도 남성 대명사를 쓰는 게 안전하겠다고 생각했다. 독자들은 내가 여성이 남성보다 더 합리적이라고 생각한다고 추론해도 좋다. 마지막으로, 내가 이 책에서 멋대로 가져다 인용한 수많은 저작들의 원저자들에게 경의를 표한다. 그들의 이름은 이 책 끝에 있는 감사의 글에 나와 있다.

1992년 8월, 서섹스대학에서

스튜어트 서덜랜드

---

* 오스카 와일드의 금언 "인생은 진지하게 받아들이기에는 너무도 중요하다(Life is too important to be taken seriously)."를 패러디한 문장.

차 례

IRRATIO

4장 집단의 안과 밖

5장 조직의 어리석음

6장 잘못된 일관성

7장 보상과 처벌

NALITY

8장 욕구와 정서

9장 증거 무시

10장 증거 왜곡

11장 잘못 관계 짓기

IRRATIO

NALITY

IRRATIO

| 들어가는 글 |

대체로 보자면 합리성은 호평을 받아 왔다. 햄릿은 외쳤다. "인간은 얼마나 대단한가! 이성은 얼마나 고귀한가!" 합리성의 열렬한 주창자였던 헉슬리*는 그보다 한 발짝 더 나갔다. "만약 어떤 위대한 힘이 내가 언제나 참된 것을 생각하고 옳은 일만을 할 수 있게 해준다면 매일 아침 침대에서 일어나기 전에 시계처럼 태엽을 감아야 움직이는 사람이 된다 해도 나는 즉시 그렇게 하는 쪽을 택할 것이다." 어쨌거나 헉슬리가 믿었던 대로 합리성은 바람직한 자질이지만 그러한 합리성을 쉽게 찾아볼 수 없다는 점도 분명하다. 예를 들어, 여러분 같으면 다음 질문들에 어떻게 대답할 건지 생각해보라.

푸른 눈 어머니가 푸른 눈 딸을 낳을 확률이 높을까, 푸른 눈 딸이 푸른 눈 어머니를 두었을 확률이 높을까? 철자 순서에서 맨 마지막에 k

토머스 헉슬리(Thomas Huxley, 1825~1895) 영국의 생물학자. 다윈의 진화론을 즉시 인정하고 진화론의 보급에 큰 영향을 끼쳤다. 철학과 종교에 관한 고찰과 진화론 지지로 불가지론을 옹호했다.

가 들어가는 단어와 세 번째에 k가 들어가는 단어 중에서 어느 쪽이 더 많을까? 면접은 선별 과정으로서 과연 유용할까? 흡연은 폐암 발병률을 10배 증가시키고 치명적인 심장병에 걸릴 확률을 두 배 증가시킨다. 그렇다면 흡연자는 심장병으로 죽을 확률보다 폐암으로 죽을 확률이 더 높은가? 당신은 평균 이상의 실력을 지닌 운전자인가? 당신은 심리학 실험의 일환으로 어떤 사람에게 목숨이 왔다 갔다 할 수도 있는 충격을 주라고 하면 그렇게 할 수 있겠는가? 사고로 죽는 사람보다 뇌졸중 같은 병의 발작으로 죽는 사람이 더 많을까? 자전거를 타는 것과 회전관람차를 타는 것 중에서 어느 쪽이 더 위험할까? 산부인과 병원 두 곳이 있다고 치자. 한 병원에서는 하루에 평균 45명의 아이가 태어나고 다른 병원에서는 평균 50명의 아이가 태어난다. 그렇다면 어떤 날 하루 동안 태어나는 아이의 60퍼센트가 남자아이일 확률이 높은 병원은 두 곳 중 어디일까? 어떤 과업을 잘 완수한 사람에게 보상을 주는 것은 항상 유익할까?

이 책의 제목을 보고서 미리 경계 태세를 갖추고 있지 않다면 여러분이 이 간단한 질문에 내놓은 답변 가운데 몇몇은 비합리적일 것이다. 내가 처음에 이 질문들에 맞닥뜨렸을 때에 내놓았던 답변 가운데 몇몇도 마찬가지였다. 더군다나 이 모든 질문에 답변을 했다면 그 사람은 확실히 비합리적인 사람이다. 왜냐하면 이 질문들 중 일부는 답을 내놓기에는 정보가 턱없이 부족하기 때문이다. 판단을 유예할 줄 모르는 것이야말로 비합리성의 가장 두드러진 측면 중 하나다.

인간은 정말 합리적인 동물인가

인간을 '이성적 동물'로 정의했던 아리스토텔레스처럼 대부분의 사람들은 인간은 실성하지 않은 이상 대체로 이성적이라고 생각한다. 물론 자기 자신보다는 지인과 친구들이 더 비합리적이라고 생각하겠지만 그래도 그 사람들도 전반적으로 합리적인 편이라고 할 것이다. 그러나 이러한 신념이 항상 보편적으로 유지되어 왔던 것은 아니다. 사실, 고전 시대에는 아리스토텔레스의 시각이 전형적인 것이었으나 인간 이성에 대한 신념은 중세 암흑 시대에 대개 증발해버렸다. 중세에 그 신념을 대체한 것은 사람은 신앙에 따라서, 나아가 정도는 덜하지만 정서에 따라서도 행동해야 한다는 시각이었다. 인간이 이성적 존재이며 그러한 존재가 되어야 한다는 개념을 부활시킨 사람은 데카르트(René Descartes)였다. 인간이 감각적 증거들과 추론 능력에 따라 행동해야 한다는 테제는 오늘날까지도 남아 있는 인문주의 전통으로 이어졌다. 인간에게 신적인 영감이 반드시 필요한 것이 아니며 인간의 이성만으로 충분하다. 최근까지도 철학자, 심리학자, 경제학자들은 당연히 인간 행위는 대체로 합리적이라고 생각해 왔다.

걸출한 철학자 길버트 라일*은 이렇게 지적했다. "우리가 왜 속는지는 심리학자의 말을 들어보자. 우리가 왜 잘못 생각하지 않는가는 우리 철학자들이 우리 자신과 심리학자에게 말해줄 수 있다." 달리 말하

길버트 라일(Gilbert Ryle, 1900~1976) 영국의 철학자. 비트겐슈타인의 언어에 관한 통찰에 영향을 받아 '옥스퍼드 철학' 혹은 '일사언어' 운동을 이끌었다. 옥스퍼드를 중심으로 학문적 경력을 쌓아 가면서 여러 저작에서 언어의 오용으로 일어나는 혼란을 제거하려 했다.

자면, 길버트 라일은 합리성을 규준으로 여겼다. 혹은 합리성을 당연한 것으로 여겼다고 보아도 좋을 것이다. 그는 합리성에서 비롯한 행동만 해명할 필요가 있다고 생각했다.

라일은 옥스퍼드대학 모들린 칼리지에 틀어박혀 살았다. 그러한 환경에서는 아마도 합리적으로 행동하기가 그리 어렵지 않았을 것이다. 하지만 무미건조한 학계가 아니라 빈에서 신경증 환자들과 그 환자들 못지않게 신경증적인 동료들과 어울려 지냈던 지크문트 프로이트(Sigmund Freud)도 라일과 동일하게 접근한다. 프로이트도 합리적 행동을 규준으로 보았으니 말이다. 그런 까닭에 프로이트는 특히 꿈, 신경증의 징후, 말실수 같은 합리적이지 않은 행동만을 해명하려고 했던 것이다. 프로이트는, 일단 행동의 기저에 있는 무의식적 과정, 특히 리비도와 초자아의 갈등을 이해하고 나면 비합리적으로 보이는 행동도 사실은 합리적임을 보여주려 했다. 비합리적 행동은 위장된 형태로 리비도를 충족시켜주기 때문이다. 초자아에게 리비도의 소망 충족을 숨기는 방어기제는 무의식적이기는 하지만 완전히 합리적이다. 돈을 쌓아놓기만 하고 절대 쓰지 않는 구두쇠도 사실은 전혀 비합리적이지 않다. 구두쇠는 배변을 참으려는 유아적인 욕구를 충족시킴으로써 자기를 만족시키는 것이다.

다른 한편으로, 20여 년 전까지만 해도 경제학은 거의 완전히 합리적 인간이라는 개념에 기초를 두고 있었다. 호모 이코노미쿠스(Homo economicus)는 다양한 재화에 일련의 선호도를 지닌 것으로 묘사되었다. 그러한 인간은 자기가 좋아하는 것을 위해서라면 값은 얼마든지 치룰 것이고 자기에게 비용 효율이 가장 높은 것을 사들일 것이다. 사업가도 순전히 합리적으로 제 역할을 한다고 여겨졌다. 사업가는 이윤을 많이 남기는 재화를 생산하고 이윤을 극대화하는 선에서 가격을 책정할 것이다. 사업가가 게으르고 아둔하고 무능하거나 실리보다 이름값을 높이고 싶어 할 가능성은 거의 논의되지도 않았다. 우리는 고전 경제학자들이 소비자와 생산자라는 양 측면 모두에서 잘못 생각했음을 보게 될 것이다.

나의 목적은 흔히 생각하는 것보다 사람들이 훨씬 더 비합리적이라는 사실을 보여주고 그 이유를 체계적으로 설명하는 데 있다. 그 점에서는 누구도 예외가 아니다. 나 자신도 물론 그렇다. 나는 부분적으로는 이 주제와 관련하여 최근에 수행된 수많은 심리학 실험을 기술함으로써, 또 부분적으로는 일상 생활이나 심리학 분야에서 찾은 놀라운 사례들을 들어 보임으로써 비합리성이 얼마나 팽배해 있는가를 입증하려 한다. 누구나 때로는 비합리적이다. 우리는 복잡한 결정일수록 비합리적으로 판단하기 십상이다. 비합리적으로 행동하는 가장 큰 이유가 정서 때문에 판단이 흐려지기 때문이라고 생각하는 것 같다. 물론 그것도 하나의 요인이기는 하지만 가장 중요한 요인은 아니다. 사람들의 사고방식에 내재해 있는 결함은 아주 많고 이 책에서는 주로 그런 결함을 고찰하려 한다.

사람들은 자기 신념의 증거만을 찾는다

비합리성은 합리성이라는 용어로만 정의할 수 있다. 그러므로 우리는 합리적이라는 것, 이성적이라는 것이 무엇인지 알아야 한다. 합리성에는 두 종류가 있다. 합리적 사고는 개인이 지닌 지식 수준에서 정확할 확률이 가장 높은 결론을 이끌어낸다. 합리적 결정은 좀 더 복잡하다. 목적이 무언지 알아야만 그 결정을 평가할 수 있기 때문이다. 합리적 행위는 개인이 지닌 지식 수준에서 그 목적을 달성하기에 가장 좋은 것으로 여겨지는 행위다. 합리성은 개인이 무엇을 아는가를 감안할 때에만 평가할 수 있다. 천문학을 조금이라도 아는 사람이 달에 가겠다고 나무 위에 올라간다면 바보 같은 짓일 것이다. 하지만 똑같은 행동을 어린아이가 한다면 비록 방법은 잘못되었을지언정 아이의 행동은 지극히 합리적이다. 비합리성과 무지를 구분하는 것은 중요하다. 무지 또한 널리 퍼져 있다. 1976년만 해도 미국인의 40퍼센트는 이스라엘을 아랍 국가라고 생각했다. 반면, 오늘날 영국에서도 13살 어린이 3명 중 1명은 태양이 지구 주위를 돈다고 생각한다.

합리적 사고의 성격을 자세하게 규명하려는 시도는 하지 않을 것이다. 대개 그런 시도는 세계 내에 존재하는 규칙성을 파악하여 미래를 예측하거나 지금까지 알려지지 않았던 현재 혹은 과거의 면모를 알리는 데 적용된다. 그 기저에는 철학의 가장 두드러진 패러독스 하나가 있다. 모든 과학적 사고를 포함하는 합리적 사고는, 세상을 지배하는 규칙이 있고 그것은 시대를 초월하여 항상 유효하다는 추정에 근거를 두고 있다. 그러한 규칙은 과거에나 미래에나 변함이 없다는 말이다. 그런데 이 추정은 정당화될 수 없다. 과거에 그 규칙이 변함없었으니까 앞으로도 그럴 것이라고 주장해봤자 아무 소용이 없다. 그러한 주장은 우리가 증명하고 싶어 하는 바로 그 추정을 포함하는 주장이기 때문이다. 나는 합리성과 비합리성의 구체적인 예에만 관심이 있기 때문에, 이러한 신념에 입각한 행위에 대한 욕구는 무시할 것이다. 대부분의 사람들은 합리성과 비합리성에 대한 판단이 적어도 자기에게 적용될 때는 그 차이를 알 수 있다.

하지만 비합리적인 것과 실수는 구분해야 한다. 어떤 행위를 비합리적이라고 판단하려면 그 행위는 (의도에 맞게) 신중하게 행한 것이어야 한다. 반면, 비자발적으로 빚은 실수는 비록 오류일지언정 비합리적이지는 않다. 두 줄의 숫자들을 모두 더해야 하는데 깜박 잊고 한 줄만 더했다면 그건 우연히 일어난 실수일 뿐이다.

합리적 사고와 합리적 의사 결정 모두 반드시 최선의 결과를 낳지는 않는다. 오스트레일리아 대륙을 발견하기 이전에 살았던 사람들은 모든 백조는 하얀색이라는 결론을 정당화할 수 있었겠지만 그 결론은 참이 아니라 거짓이다. 남반구 동물군에 대해 충분한 지식을 갖추지 못했기 때문에 잘못된 결론에 이른 것이다. 한편, 동전을 던져서 앞면이 나오면 100파운드를 받고 뒷면이 나오면 100파운드를 내놓아야 한다고 치자. 여러분의 목적이 돈을 따는 것이고 친구 한 사람쯤 잃어도 괘념치 않는다면 그런 내기를 하는 것도 어디까지나 합리적인 행동이다. 하지만 그 결정이 합리적이라고 해도 동전 뒷면이 나와서 100파운드를 잃으면 결과는 좋지 않다. 사키*가 쓴 단편소설에는 합리적 결정이 잘못된 것으로 밝혀질 수도 있다는 좋은 예가 있다. 한 소년이 아침식사를 하면서 어른들에게 자기 빵과 우유에 개구리가 있다고 말했다. 소년은 개구리 피부의 무늬까지 세세하게 설명했지만 어른들은 어떻게 그런 일이 있을 수 있느냐면서 소년의 말을 무시했다. 어른들의 결론은, 그들이 알고 있는 바를 감안할 때에는 전적으로 합리적이었다. 어른들은 틀렸고 소년은 그것이 정말 만족스러웠다. 소년은 어른들에

사키(Saki, 1870~1916) 영국의 소설가. 본명은 헥터 휴 먼로(Hector Hugh Munro). 정치적 풍자에 뛰어난 작가로 평가받았다. 단편집 《클로비스 연대기》가 있다.

게 설명을 하면서 자기가 직접 개구리를 집어넣었던 것이다. 그러니까 가장 합리적인 결정이 반드시 최선의 결과를 보장하지는 않는다. 인간사에는 거의 항상 운이라는 요소가 개입하기 때문이다. 그러나 인생을 통틀어 보자면 운은 결국 이 사람이나 저 사람이나 비슷해진다. 다른 결정이 더 좋은 결과를 불러올 수 있을지라도 목표를 최대한 달성하기를 원한다면 가급적 자주 합리적 결정을 내리는 게 낫다. 이 책은 사람들이 자주 과오를 저지르는 방식들을 지적함으로써 독자들이 좀 더 자주 더 나은 결정을 내릴 수 있도록 도와줄 수도 있다. 하지만 이 책 마지막 장에서도 보겠지만 그런 기대는 너무 야무진 것일지도 모르겠다.

나는 지금까지 합리적 결정을 내리게 하는 요체는 개인이 지닌 지식에 달려 있음을 강조해 왔다. 여기에 덧붙일 것이 있다. 자기에게 지식이 충분하지 않다고 생각할 만한 이유가 있다면 좀 더 명백한 증거들을 찾아 나서는 게 합리적이다. 특히 중요한 결정을 내리는 경우라면 더더욱 그렇다. 그러나 앞으로 보겠지만 불행히도 사람들은 좀 더 명백한 증거를 찾을 때 대개 완전히 비합리적인 방식으로 행동하곤 한다. 오직 자신들이 이미 품고 있는 신념을 뒷받침해줄 증거만을 찾기 때문이다.

인류의 최고 목표들은 합리적인가

어떤 목표를 이루기 위한 합리적인 수단은 존재한다. 하지만 누군가는 합리적인 목표란 것이 존재하는가라는 질문을 던질 수 있겠다. 비합리적인 목표들은 분명히 있다. 예를 들어, 결코 도달할 수 없는 목표를 추구하는 것은 대부분 비합리적이라고 생각할 것이다. 인간이 달에

간다든가 하는 것이 좋은 사례였지만 그런 건 이제 옛날 이야기가 되어 버렸다. 나아가 상충하는 목표들을 품는 것도 비합리적이다. 아내를 계속 착취하면서 행복하게 해주려고 노력한다는 건 말이 안 된다. 아마도 비합리성의 좀 더 진전된 형태는 인생의 목표나 우선 순위 같은 문제를 그저 골치 아프게만 생각하는 그런 소수의 사람들에게서 나타난다. 그런 사람들은 그저 반사적으로 행동한다. 관점에 따라 그런 게 좋을 수도 있고 짜증 날 수도 있겠지만 어쨌든 그래서는 비합리적인 행동으로 귀결될 뿐이다. 말하자면, 행동하기 전에 생각을 해야만 좀 더 자기 목표를 이루는 데 도움이 될 방식으로 행동하게 된다는 뜻이다.

철학자들은 인류의 궁극적인 목표에 대해서 — 그런 게 있다면 말이지만 — 구구절절 장황한 논의를 벌였다. 하지만 그들은 아무런 합의에 이르지 못했다. 그게 바로 철학의 본질이기 때문이다. 합리적으로 보자면 인류의 목표는 모든 사람이 아무 갈등 없이 추구할 수 있는 것이어야 한다. 그 목표 가운데 그럴싸해 보이는 후보들은 인류의 존속, 최대 다수의 최대 행복, 지식 추구라는 세 가지로 압축된다. 그런데 면밀하게 따지고 들면 셋 중 어느 것도 배겨날 도리가 없다.

우리보다 친절하고 똑똑하고 모든 면에서 우수한 외계인이 지구에 와서 바이러스를 옮긴다. 우리는 그 바이러스가 지구인을 멸망시킬 거라는 사실을 안다. 바이러스를 없앨 유일한 방법이 외계인을 모두 죽이는 것뿐이라면 우리는 틀림없이 그렇게 할 것이다. 하지만 그 방법은 이기적이고 편협한 행위로 여겨질 수도 있다. 이러한 상황에서 어떤 이들은 인류의 존속보다 다른 목표를 고려하고 싶을지도 모른다. 행복에 대해서도 생각해보자. 행복을 어떻게 측정하는가? 어떻게 한 사람의 고통을 다른 한 사람의 기쁨으로 상쇄할 수 있는가? 지식 추구라는 말은 듣기에 멋지지만, 어째서 그것이 뛰어난 운동선수나 훌륭한 체스 선수가 되려는 것보다 낫단 말인가? 게다가 지식 추구는 자기 파멸을 불러올 수도 있다. 지식을 현명하게 사용하지 못하면 기술적 부작용이 지식이고 뭐고를 떠나서 지구상에 단 한 사람도 남겨놓지 않는 사태로 이어질 수도 있기 때문이다. 궁극적 목표를 생각하는 것 자체가 우리를 합리성의 범위에서 벗어나게 만든다. 어떤 목표는 그것보다 상위에 있는 목표를 감안할 때에만 옹호될 수 있기 때문이다. 그러니까 우리는 '존재'에서 '당위'를 얻을 수 없다. 파스칼(Blaise Pascal)의 표현을 빌리자면 "마음이 아는 이유를 이성은 알지 못한다."고나 할까. 그러므로 궁극적인 목표는 옹호할 수 없다. 궁극적인 목표는 본질상 그보다 상위의 목표가 없으므로 상위 목표로 정당화할 수도 없다. 실제로 누구든지 철저하게 어떤 궁극적 목표를 추구해 온 사람이 있다면 그게 더 의심스러울 것이다.

우리는 배고픔, 갈증, 성욕, 고통을 피하려는 경향 같은 일련의 '충동(drive)'을 타고난다. 또한 호기심, 지배하거나 어떤 집단에 소속되고 싶은 충동 등 좀 더 정의하기 어렵지만 강력한 동기도 타고난다. 이러한 욕구들이 있으므로 우리는 자기 자신을 제일 먼저 생각한다. 그런데 이런 성향은 비합리적일 수 있고, 실제로 그렇다는 주장이 나온 적도 있다. 근본적으로 사람들은 서로 다르지 않다. 나의 이웃은 나보다 조금 더 똑똑하거나 재치있거나 잘생겼을 수도 있고, 그런 면에서 나보다 뒤떨어질 수도 있다. 하지만 그 사람도 나와 생물학적 구조가 똑같고, 똑같이 아픔을 느끼며, 고만고만한 기쁨과 슬픔에 울고 웃는다. 합리적으로 보자면 내 이웃의 행복도 나의 행복과 똑같이 생각해야 하는 것이다. 불행히도 이러한 주장은 힘을 얻지 못한다. 사람은 자기 경험, 자신의 고통과 쾌락이 유일무이한 것이라고 주장할 것이다. 그것은 오직 자신만이 경험할 수 있는 것이기 때문이다. 심지어 유아론자(唯我論者)가 되더라도 거기에 모순은 전혀 없다. 세상에 오직 자기만 존재하고 외부 세계는 자기가 상상해낸 허구라고 믿을 수도 있다는 말이다. 그렇다면 자기를 제일 먼저 챙긴다 해도 뭐라 할 말이 없다.

합리성과 도덕성도 구분해야 한다. 합리적인 토대에서 도덕성을 정당화하려는 시도는 언제나 실패했다. 대부분의 사람들은 절충적인 입장을 택한다. 바로 자기 행복을 앞세우면서 다른 사람들의 행복도 고려하려고 어느 정도 열심히 노력하는 것이다. 따라서 이제부터 목표의 합리성은 고려하지 않을 것이다. 우리가 관심을 갖고 지켜볼 것은 어디까지나 수단의 비합리성이라는 문제다.

핵심은 편견이다

일부 독자들은 다음에 나올 비합리성의 예들이 사실은 전혀 비합리적이지 않다고 반박할지도 모른다. 분명히 합리성과 비합리성의 경계를 아슬아슬하게 비켜 가는 사례가 여럿 있다. 우선, 오랜 시간 심사숙고하지 않아서 비합리적으로 흐르는 경우가 많다. 하지만 매우 만족스러운 결정이라고 여겨서 시간과 노력을 더 들여봤자 얻을 것이 없다고 생각할 수도 있다. 극단적으로는, 어려운 결정을 앞둔 경영자가 그 결정의 결과들을 이리저리 재느라 너무 시간을 끈 나머지 마음을 정하기도 전에 회사가 도산해버릴 수도 있다. 자신이 쓸 수 있는 시간을 최대한 잘 활용했다면 최선은 아니더라도 신속한 결정을 내린 경영자가 비합리적이라는 비난을 받지는 않을 것이다. 그런가 하면 시간에 쫓기지 않는 사람들도 모든 관련 요인을 검토하지 않아서 그릇된 결정을 내리는 수가 있다. 골치 아프게 생각하는 수고를 더는 것이 사소한 결정에서는 현명한 행동일 수도 있으나 사업, 의료, 정치 등의 영역에서 그런 식으로 복잡하고 중대한 결정을 내리는 것은 합리적이지 못할 뿐더러 재앙을 초래하기 쉽다.

둘째, 우리는 어떤 한 시점에 아주 다양한 생각을 동시에 할 수 없다. 그래서 복잡한 결정을 내릴 때에 모든 관련 요인을 결합하여 생각하지 못하곤 한다. 이런 문제를 피하려면 종이와 연필을 붙잡고 다양한 행동들의 이해득실을 따져보아야 한다. 그렇게 하지 않는 것은 비합리적인 행동이다. 찰스 다윈(Charles Darwin)은 자서전에서 결혼을 할 것인가 말 것인가를 결정하려고 이런 방법을 써보았다고 말한다. 이런 특별한 결정을 내리면서 다윈처럼 하는 사람은 많지 않을 것이다. 혹자는 알려지지 않았을 뿐이지 그런 사람이 수없이 많다고 할지도 모르겠다.

셋째, 이 책 끝부분에서 보겠지만, 법정에서나 일상 생활에서나 최선의 결정을 내리려면 기초 통계학에서 나온 개념을 끌어들여야 하는 경우가 많다. 이러한 도구들을 자유자재로 합리적 사고에 써 먹을 수 있는 사람은 극히 드물다. 그렇지만 나는 초보적인 수학을 무시함으로써 빚어지는 실수 가운데 상당수는 정도가 너무 심하기 때문에 비합리적인 것으로 분류해야 한다고 생각한다.

넷째, 수많은 조직들이 구성원들의 이기적인 행동을 격려하는 식으로 구조화되었던 탓에 조직의 목표를 달성하는 데 실패했다. 구성원들의 이기심은 아무리 부도덕하더라도 비합리적이지는 않다. 그러나 조직 전체가 비합리적으로 기능하면 그 조직은 목표를 달성하는 데 필요한 최선의 수단을 활용하지 못한다.

다섯째, 사람들은 편안하고 행복한 기분을 느끼려고 현실을 바라보는 자신의 생각을 종종 왜곡하곤 한다. 자신의 소망을 담은 생각이 한 예다. 그런 생각을 하는 사람들은 자기가 원하는 일이 일어날 거라든가 자신의 어떤 면을 실제보다 더 낫게 여긴다든가 하는 비합리적인 신념을 갖는다. 그런 생각은 아주 보편적이다. 자기 기만도 행복한 기분에는 도움이 될 수 있다. 가학 성향이 있는 학교 선생은 아이들을 매질하면서 그게 다 애들 잘되라고 하는 일이라고 생각한다. 자신의 가학적 욕망을 충족시키려고 하는 짓이라고는 전혀 생각지 않는 것이다. 그는 자기 자신을 속이고 있는 셈이다. 소망을 담은 생각과 자기 기만은 양쪽 모두 개인의 행복에 도움이 될 수 있고, 그런 점에서 어떤 목적을 이루는 합리적인 수단이다. 하지만 나는 비합리성을 널리 통용되는 지식으로 정당할 수 없는 결론에 이르는 것으로 정의했다. 따라서 자기 자신이나 세계를 바라보는 시각을 왜곡하는 한 그 사람의 생각은 비합리적일 수밖에 없다. 우리는 너무나 우리 자신을 만족시키게끔 생겨먹었기 때문에 때때로 비합리적인 신념을 신봉하곤 한다. 그러나 그 신념이 우리를 매우 만족시켜준다고 해서 신념의 비합리성까지 상쇄해주지는 않는다.

간단히 말해, 한정된 시간 안에 증거를 토대로 최선의 결론 혹은 결정을 이끌어내지 않는 사유 과정은 모두 비합리적인 것으로 다룰 것이다. 이 기준은 틀림없이 합리성의 기준을 굉장히 높게 잡은 셈이리라. 하지만 사실 내가 가장 중요하게 관심을 기울여 보려는 것은, 체계적이지만 피할 수도 있는 편견을 품고 생각한 탓에 일어날 수 있는, 명약관화하게 비합리적인 판단과 결정들이다. 우리의 주된 관심은 그러한 편견을 입증하고 논의하는 것이 될 것이다. 편견은 놀라울 만큼 보편적이면서도 대단히 파괴적인 결과를 불러올 수 있다. 언제나 완전히 합리적인 행동이 바람직한가, 라는 문제는 이 책의 마지막 장에서 논의할 것이다.

간질 발작을 일으킨 사도 바울로

우리는 본능과 자기 보존 욕구의 희생양일 뿐 아니라 우리의 신체, 특히 뇌에 지배당하고 있다. 뇌 손상이나 다양한 정신질환의 결과를 두고 합리성을 논할 생각은 없지만, 여기서 두 가지 특이한 예를 들어 볼 만한 가치는 있을 것 같다. 간질 환자는 대뇌 우반구 중앙에 있는 작은 부위에서 흥미로운 반응을 나타낸다. 간질 환자의 뇌에선 경우에 따라서 신경세포들이 동시에 발화하며, 그렇게 되었을 때 간질 발작이 일어날 수도 있다.[1] 특히 이 부위가 집중적으로 활동하게 되면 개인은 고도의 종교적 체험을 할 수 있어서, 섹스를 피하고 술, 담배 따위에 탐닉하던 짓도 그만두게 된다. 놀랍게도 환부를 절제하면 예전과 똑같은 삶으로 되돌아간다. 종교에 목매던 사람이 돌연 무신론자가 되어 술, 담배, 섹스에 빠져드는 것이다. 기독교가 취하는 형식도 부분적으로는 다마스쿠스 노상에서 간질 발작을 일으켰던 사도 바울로의 영향일지 모른다.

또한 정신분열증도 합리성을 좀먹는다. 정신분열증 환자는 자기 생각이 외부 세력에게 조종당하거나 감시당한다고 믿기도 한다. 또는 자기가 나폴레옹이나 예수 그리스도라고 믿을 수도 있다. 어떤 정신분열증 환자들은 모든 것을 액면 그대로 받아들여서 복도를 지나가다가 '노크해주세요'라는 표지판이 붙은 문을 보면 그 앞으로 지나갈 때마다 꼭 노크를 한다.

사실 심리학자들은 이 책에서 관심을 두고 있는 우리 모두가 빠지기 쉬운 흔하고 평범한 비합리적 행동에 비해서 정신질환이나 뇌 손상에 의한 비합리적 행동은 훨씬 잘 모른다. 앞으로 볼 실수들은 대부분의 사람들이 저지르는 것이지만, 반드시 누구나 다 저지른다고 할 수는 없다. 독자들은 앞으로 하는 질문에 잘못된 답변을 하더라도 자기만 그런 게 아니라는 사실로 위안을 삼을 수도 있을 것이다. 이 책이 비합리성을 다룬다는 점을 아니까 여러분도 경계를 하고 있을 거라는 점을 기억하라. 그러면 이미 마련된 비합리성의 함정에 걸리지 않는 것도 당연하니까. 하지만 사전에 경고를 받지 않았고, 아무 의심도 품지 않은 상태에서 이런 질문들을 받으면 십중팔구 그 함정에, 아주 심하게 빠진다.

심리학자들은 속임수에 능하다

이 책에 인용한 사례 가운데 상당수는 의료 분야와 관련 있다. 그렇다고 의사들이 유독 더 비합리적이라고 섣불리 단정해서는 안 된다. 다만 의사들의 실수를 기자, 공무원, 역사가, 엔지니어, 군사령관, 판사, 그리고 유감스럽지만 심리학자들의 실수보다 더 잘 증명할 수 있을 뿐이다. 이러한 전문가들이 저지르는 미친 짓을 이 책에서 찾아볼 수 있을 것이다. 사망률을 다룬 의학계 도표들, 다양한 검사의 진단 능력 등은 그런 연구를 하던 시점에서는 정확한 것이었으나 지금도 반드시 정확하란 법은 없다. 의료 기술은 끊임없이 발전하고 있기 때문이다. 하지만 우리의 연구 목적에는 결정을 내리는 시점의 지식 수준이 중요하다. 의사들이 그들이 지닌 지식에 비추어 비합리적으로 행동했다는 점만 입증하면 되는 것이다.

심리학 실험을 기술하면서 나는 기술적 용어는 거의 쓰지 않았다. 하지만 세 가지 용어만은 계속 나올 것이다. '피험자(subject)'는 실험 대상이 되는 사람을 가리킨다. 대개 피험자는 자원한 사람들이지만 교수에게 떠밀려 마지못해 '자원'한 대학생일 수도 있고, 피험자가 되어 보는 것이 그들의 교육 과정에서 중요한 부분일 수도 있다. 때로는 자기가 피험자인 줄도 모른 채 실험 대상이 되는 사람들도 있다. 실험자들은 감쪽같이 자동차 사고 현장을 연출하고서 저쪽 길로 지나가는 사람, 도움을 주러 오는 사람 등을 관찰할지도 모른다. 혹은, 살을 빼는 실험이라고 하면서 사람들을 모아놓지만 사실 그 집단의 목적은 좀 더 음흉한 것일지도 모른다. 오늘날 피험자를 구하려는 사회심리학자들의 욕심에 희생되지 않으려면 대단히 용의주도하지 않으면 안 된다.

두 번째 용어는 '바람잡이(실험 보조자, stooge)'이다. 바람잡이는 공모자 혹은 동맹군으로도 부를 수 있다. 바람잡이는 피험자인 척 행동하지만 실제로는 실험에 참여하는 진짜 피험자를 속이거나 미리 정해져 있는 거짓 역할을 맡는다. 바람잡이는 진짜 피험자의 행동에 끼치는 영향을 기록할 수 있게끔 실험자에게 교육을 받아 정해진 방식으로 말하거나 행동한다. 바람잡이는 실험 장소 전체를 뒤흔들어놓기에 알맞다. 손님 무릎에 수프를 쏟는 식당 여종업원, 잔돈을 잘못 거슬러주는 점원, 극장 옆 좌석에 앉아서 "불이야"라고 외치는 사람, 그들 모두가 어쩌면 그냥 바람잡이일지도 모른다. 바람잡이를 방어할 방법은 알려져 있지 않다. 하지만 이 모든 상황에서 왠지 학자티가 나는 사람이 노트북을 들고 뒤에서 슬며시 왔다 갔다 하지는 않는지 눈을 똑바로 뜨고 봐두는 게 좋다.

심리학자들은 거의 다 피험자에게 '보고하는(debrief)' 방식을 취한다. 이 단어는 군사적으로 쓰일 때와 거의 정반대되는 의미로 쓰이고 있다.* 실험이 끝나면, 특히 그 실험이 피험자를 속이는 것이었다면 피험자는 그것이 무엇에 관한 실험이었는지 이야기를 듣는다. 자주 있는 일이지만 피험자는 실험에서 뭔가 부끄러운 짓을 저지르게끔 유도당하거나 아주 안 좋게 행동했을 수도 있는데, 실험이 끝난 후에 피험자는 그가 유독 나쁜 사람이 아니라는 말을 듣고 확실히 안심하고 돌아간다. 우리가 관심있게 보려는 '디브리핑(debriefing)'은 그러한 디브리핑이 피험자들의 그 다음 행동에 어떤 영향을 끼치는지 보려고 주로 실험 중간에 이루어지는 경우다.

여기에 망라한 많은 연구들은 속임수를 쓴 것이다. 심리학자, 특히 사회심리학자들은 상당히 간교해야 한다. 이러한 속임수 때문에 독자들은 불편할 수도 있다. 나는 이 문제에 중립적이다. 다만 피험자가 실험할 때 속아서 부끄러운 행동을 저질렀다면 그는 아마 실험에서 뭔가 배운 게 있었을 것이라고 말할 수 있을 뿐이다. 많은 연구자들이 실험이 끝난 후 피험자들이 모두 재미있고 유익한 경험을 했다면서 감사를 표했다고 말한다. 그들이 그렇다고 하면 그렇지 않겠는가?

보통 '들어가는 글'에서는 나머지 장을 간략하게 한 번 훑어주면서 마무리를 한다. 나는 이 책을 계속 읽고 싶은 마음을 없애서 독자의 인

* 타동사 'debrief'는 '(병사들에게) 보고를 듣다'라는 뜻으로 쓰이지만 심리학적 맥락에서는 실험에 참여했던 피험자에게 무슨 실험을 한 것이었는지 알려준다는 뜻으로 쓰인다.

생을 편하게 해주고 싶지 않기 때문에 요약은 싣지 않겠다. 하지만 이 책의 구성에 대한 길잡이를 제시하자면, 1장은 생각의 오류를 일으키는 가장 두드러진 원인을 다룬다. 그 원인은 이 책 뒤에서 좀 더 상세히 논의할 상당수의 다른 실수들에서도 작용한다. 2장에서 8장까지는 비합리성의 사회적, 정서적 원인을 망라한다. 그리고 9장에서 18장까지는 단순히 직접적으로 생각하지 못해서 저지르는 오류를 다룬다. 그 다두 장은 증거를 다루는 이상적인 방법 몇 가지를 기술한다. 그러한 방법을 이용하면 적어도 이론상으로는 증거에 비추어 가능한 한 최선의 결론을 이끌어낼 수 있다. 그러한 방법으로 얻어낸 결과와 직관으로 얻은 결과, 심각한 문제가 있음을 볼 수 있는 결과를 비교한다. 21장은 앞에서 살펴본 오류 가운데 몇몇을 요약하고 그러한 오류가 널리 퍼져 있지만 비합리적이기 짝이 없는, 과학적으로 설명할 수 없는 것에 대한 신념을 어떻게 해명하는지 보여줄 것이다. 마지막 장은 인간의 진화사와 우리 뇌의 본질이라는 관점에서 비합리성의 가장 뿌리 깊은 원인을 고찰한다. 또한 합리성을 신장하기 위해 할 수 있는 일이 있다면 어떤 것이 있는가도 살펴볼 것이다. 하지만 그건 쉬운 일이 아니라는 것을 밝힐 것이다. 마지막으로 "합리성이 정말로 필요한가? 혹은 바람직하기는 한가?" 라는 질문을 제기함으로써 이 책을 마무리하겠다.

1장

잘못된 인상

영화 〈조스〉의 주인공은 식인상어였다. 이 영화가 상영되면서 캘리포니아 해안에서 수영을 즐기던 사람들이 대거 사라졌다. 어쩌다 한 번씩 상어가 해변 근처에 모습을 드러내곤 했기 때문이다. 하지만 수영을 하다가 상어에게 습격당할 확률은 해변으로 차를 몰고 오다가 교통 사고로 사망할 확률보다 현저히 낮은 것으로 드러났다. 사람들은 분명한 사실을 고려하지 않는다. 우리는 가장 강한 인상을 받는 것이나 맨 먼저 머리에 떠오르는 것에 더 많이 휘둘린다.

좀 더 나아간 예로, 다음 두 질문을 보자. "철자 r이 맨 첫 번째로 나오는 단어가 세 번째로 나오는 단어보다 많을까?" "철자 k로 시작하는 단어가 k가 세 번째 나오는 단어보다 많을까?" 여기에 어떤 속임수가 있다고 알아채지 않는 이상, 두 질문 모두 "그렇다."라고 대답할 확률이 높다. 하지만 그 대답은 틀렸다. r이나 k로 시작하는 단어들보다 그 철자들이 세 번째에 나오는 단어들이 훨씬 더 많다.[1] 이러한 실수는 단어들이 사전에서나 우리 마음속에서나 항상 첫 번째 철자에 따라 정리되어 있기 때문에 벌어진다. 단어들을 기억에서 끄집어낼 때에도 'roar', 'rusty', 'ribald'처럼 r로 시작하는 단어들은 떠올리기 쉽지만 'street', 'care', 'borrow'처럼 r이 세 번째에 오는 단어들은 굉장히 흔한데도 생각해내기 어렵다. 사전에 있는 단어들을 전부 다 세어보지 않는 한 그것을 누가 알겠느냐면서 이 실험이 불공평하다고 반박하는 사람이 없도록 어떤 지식도 개입시킬 필요가 없는 비슷한 예를 여기서 하나 들겠다. 이번 질문은 "-ing로 끝나는 단어가 -n-으로 끝나는 단어(n이 끝에서 두 번째 순서에 오는 단어)보다 많을까?"이다. 대부분의 사람들이 -ing 단어가 더 흔할 거라고 생각하지만 사실은 -n-으로 끝나는 단어가 더 많다. -ing로 끝나는 모든 단어들은 -n-로 끝나는 단어들에 포함되고, 여기에 그밖의 단어들('fine' 같은 단어)이 추가되기 때문이다. 사람들은 -ing 단어들을 -n- 단어들보다 훨씬 더 쉽게 떠올리기 때문에 너무나 간단하고 뚜렷해 보이는 논증을 더 깊이 생각해보지 않는다.

죄수의 딜레마 : 풀기 힘든 비합리성 게임

맨 처음 머리에 떠오르는 생각을 따라 내리는 판단을 '가용성 오류(availability error)'라고 한다. 내가 이 오류를 가장 먼저 기술하려는 이유는 이것이 모든 추론에 침투해 있을 뿐더러 이 책을 더 읽다 보면 알겠지만 다른 특정 오류도 사실은 가용성 오류가 좀 더 진전된 예에 지나지 않기 때문이다. 당신이 차를 사려고 한다는 이야기를 친구에게 한다고 치자. 친구는 자기가 타는 차가 아주 좋다고 열변을 토한다. 당신은 친구의 말에 깊은 인상을 받아 당장 달려가 똑같은 모델 차를 구입한다. 하지만 결국에는 그 차가 전혀 쓸 만하지 않고 기름만 죽어라 잡아먹는다는 사실을 확인하고 만다. 차에 대한 친구 이야기의 직접성과 요점(가용성)에 휘둘린 나머지 자동차 소비자 잡지에서 찾아볼 수 있는 온갖 통계 수치를 깡그리 잊어버린 것이다. 흔하게 볼 수 있는 두 번째 오류의 가능성도 있다. 이 오류는 뒤에서 다시 한 번 다룰 것이다. 아무리 좋다고 해도 친구의 차가 그 차량 모델 전체를 대표할 수 있느냐라는 문제가 그것이다. 똑같은 모델이라고 해도 두 대의 차가 성능 면에서 완전히 동일할 수는 없다. 단순히 그 친구가 운이 좋아서 괜찮은 차를 샀을지도 모르는 일이다.

가용성 오류에 따른 잘못된 추론을 보여주는 실험만 해도 10여 가지는 된다. 극단적인 예를 보자.[2] 피험자에게 처음에 단어 목록을 보여준다. (심리학자들이 즐겨 하는 짓이다.) 한 집단에는 칭찬의 의미가 있는 네 가지 단어 '모험심이 강한', '자신감 있는', '독립적인', '끈기 있는'이 들어 있는 단어 목록을 주고, 다른 한 집단에는 '무모한', '자만하는', '무심한', '고집스러운' 같은 비난의 의미가 있는 단어들이 들어 있는 목록을 보여준다. 이 단어들만 빼고 나머지 단어들은 똑같다. 피험자는 단어 목록을 본 다음에 어느 젊은이에 대한 짤막한 이야기를 읽는다. 이야기 속의 젊은이는 위험한 취미 활동을 많이 하고, 자기 능력이 괜찮은 편이라고 생각하며, 친구가 별로 없고, 한번 정한 마음은 좀체 바꾸지 않는다. 마지막으로 피험자는 이야기 속의 젊은이를 평가하라는 지시를 받는다. 처음에 본 단어 목록과 그다음에 읽은 이야기가 아무 관련이 없음을 명시한 상태에서도 긍정적 단어들을 보았던 피험자는 부정적 단어들을 본 피험자보다 젊은이를 훨씬 더 좋게 생각했다.

피험자가 이야기를 읽을 때에 단어들이 이미 마음속에 있었고(가용적이었고), 그렇기 때문에 그가 해석하는 데 영향을 끼쳤던 것이다. 이 실험에서처럼 전혀 상관없는 단어 같은 아이템도 피험자들의 해석에 영향을 끼친다면, 판단하는 대상과 밀접하게 연관되어 있거나 관련성이 도드라지는 상황은 얼마나 큰 영향을 끼칠까?

다음 실험을 설명하기 전에 '죄수의 딜레마'라는 잔인한 게임을 소개하겠다. 이 딜레마는 다음과 같은 시나리오에 따른다. 공범으로 지목된 두 사람이 붙잡혀 교도소에 들어갔다. 교도소장은 그들이 죄를 자백하느냐 마느냐에 따라 형량이 다소 복잡하게 변할 수 있다고 말한다. 각각의 경우에 형량은 다음과 같다.

1. 한 사람이 자백하고 한 사람은 자백하지 않는다면 자백한 사람은 무죄가 되고 자백하지 않은 사람은 20년을 감옥에서 썩어야 한다.
2. 두 사람 모두 자백하지 않는다면 둘 다 2년 형을 받는다.
3. 두 사람 모두 범행을 자백하면 둘 다 5년 형을 받는다.

죄수들은 자백을 할 것이냐, 말 것이냐 하는 딜레마에 맞닥뜨린다. 그들은 각각 다른 감방에 갇혀 있어서 상대가 어떤 선택을 할지 알 수 없다. 최선의 선택은 둘 다 자백을 하지 않고 버티는 것이다. 그 경우에는 두 사람의 형량을 합쳐도 4년밖에 되지 않는다. 하지만 다른 죄수가 자백해버릴지도 모른다고 생각하면 자백을 안 하고 버티기는 너무 위험하다. 다른 죄수가 자백하면 자백 안 한 죄수만 무려 20년을 감옥에서 살아야 하니까.

이 게임은 언뜻 보기보다 현실과 그리 동떨어져 있지 않다. 장기적으로 보면 모든 나라들이 온실 효과의 주범인 이산화탄소 배출을 억제하려고 애쓰는 것이 모두에게 유익하다. 온실 효과의 폐해는 엄청나기 때문이다. 그런데 다른 한편으로, 이산화탄소 배출을 억제하려면 비용이 든다. 에너지를 생산하는 데 사용하는 화석 연료의 양을 줄이거나 에너지 소비를 줄여야 한다. 모든 나라들이 이산화탄소 배출 억제에 동의한다면 결국 모두에게 이익이다. 하지만 대부분의 나라들은 동의하고 몇몇 나라들만 이를 거부한다면 바로 거부한 나라들이 가장 큰 이익을 얻는다. 자기들은 이산화탄소 배출을 억제하는 데 비용을 들이지 않았으면서도 다른 나라들이 애써서 온실 효과를 억제한 혜택은 같이 누리는 것이다. 좀 더 일반적인 예로 가뭄에 몰래 자기 집 정원에 물을 주는 문제를 들어보자. 만약 모두가 자기 집 정원에 몰래 물을 준다면 물이 금세 바닥나 끔찍한 결과를 빚을 것이다. 한편, 몇몇 사람들만 이런 반사회적 행동을 한다면 공동체는 약간 손실을 입겠지만 몰래 물을 준 이들의 이익은 최대화된다. 이러한 상황은 죄수의 딜레마와 다를 바 없다. 심리학자들은 사람들의 협력 의지를 가늠해보려고 종종 이 같은 게임을 이용한다. 두 사람 모두의 손실이 최소화하도록 선택하는 것이 '협력(collaborating)'이라면 협력하는 상대에게 막대한 손실을 입히는 선택은 '이탈(defecting)'이다.

철학자들은 이 게임을 두고 끝없는 고찰과 이론을 펼쳤다. 왜냐하면 어떻게 하는 것이 합리적 행동인지 명확하지 않기 때문이다. 최근까지도 이 수수께끼는 풀 수 없는 것으로 여겨졌다. 상대가 처음에는 협력하더라도 언제 그가 이탈하여 계속 협력하고 있는 나에게 뼈 아픈 타격을 줄지 알 수 없기 때문이다. 똑같은 사람을 여러 번 상대하는 경우라면 '언제나 이탈하는 쪽이 될 것' 아니면 '그때그때 봐서 반쯤 협력하고 반쯤 이탈할 것(당한 만큼 갚아줄 것)' 같은 전략을 세울 수 있을 뿐이다. 최근 연구에서 수학자를 비롯한 여러 연구자들은 다양한 전략을 제안했다. 각 전략은 하나하나 컴퓨터로 테스트를 거쳤다. 여러 전략 가운데 당사자의 이익을 최대화하는 최선의 전략은 '처음에는 협력하고 그 다음부터는 상대가 행동하는 그대로 따라하기'로 밝혀졌다. 이것은 상대가 이탈하면 벌을 주고 상대가 협력하면 상을 주는 전략이다.[3)]

이 전략이 먹힌다는 사실이 특히 흥미로운 것은, (때로는) 이타적인 행동이 그 행동을 하는 당사자에게 최대한의 이익을 보장해줄 수 있다는 점 때문이다. 이타적인 행동은 진화학자들에게 오랫동안 수수께끼였다. 그런데 바로 그 행동이 당사자의 목적을 달성하고 살아남는 데 도움을 줄 수도 있는 것이다. 비록 실생활에서 죄수의 딜레마가 원형 그대로 일어날 가능성은 드물지만, 그러한 딜레마는 아주 다양한 형태로 심심찮게 일어난다. 그러므로 여기서 설명한 전략은 여전히 최선으로 받아들일 만하다.

5.95파운드 대 6파운드, 작은 차이의 효과

실험에서는 실험에 자원할 피험자들을 좀 더 쉽게 모집하기 위해 죄수의 딜레마에서 문제 되었던 형량을 상금이나 벌금으로 대체한다. '죄수'들 앞에는 버튼이 두 개 있다. 버튼 하나는 '협조(co-operating)'를 따서 C라고 하고, 다른 버튼은 '이탈(defecting)'을 따서 D라고 하자. 이때 규칙은 다음과 같다.

두 사람이 모두 C를 누르면 둘 다 5파운드의 상금을 받는다.

한 사람만 C를 누르고 다른 사람은 D를 누르면 C를 누른 사람은 10파운드를 내고 D를 누른 사람은 그 10파운드를 받는다.

두 사람 모두 D를 누르면 둘 다 1파운드를 내야 한다.

이 실험에서 한쪽 집단은 생면부지의 낯선 사람이 신장 이식이 필요한 환자에게 자기 신장을 떼어주었다는 감동적인 사연을 라디오 방송으로 들었다. 한편, 다른 쪽 집단은 도시가 얼마나 잔인한 곳인지를 입증하는 인간들의 못된 짓거리 이야기를 들었다. 그런 이야기들은 그들이 하려는 게임과 아무 상관도 없었지만 감동적인 신장 이식 사연을 들은 피험자들은 잔혹한 이야기를 들은 피험자들보다 훨씬 더 협력을 잘했다. 여기서 다시 한 번 별 상관 없는 최근 경험에 따라 사람들이 더 이기적으로 행동하거나 덜 이기적으로 행동할 수 있다는 것이 밝혀졌다.[4]

이번에는 좀 다르지만 가용성 오류가 직접적으로 일으키는 판단 착오라는 점에서는 마찬가지인 비합리성의 예를 보자.[5] 피험자들은 인명 목록을 읽는다. 그중 몇몇은 누구나 알 만한 유명 인사이고 몇몇은 지어낸 인물 이름이었다. 인명은 전부 다 이름과 성(姓)을 함께 기재했으므로 성별을 확실히 알 수 있었다. 각 목록에는 남성 이름과 여성 이름이 반반씩 섞여 있었다. 피험자들은 목록에 남성 이름이 더 많은가 여성 이름이 더 많은가 대답을 해야 했다. 피험자들은 윈스턴 처칠이나 존 케네디 같은 남성 유명 인사와 잘 알려지지 않은 여성 이름이 섞여 있는 목록을 보고 나서는 남성이 여성보다 많다고 보고했다. 반대로 여성 유명 인사들과 알려지지 않은 남성 이름이 섞여 있을 때는 여성이 더 많다고 대답했다. 유명인의 이름은 무명인의 이름보다 강한 인상을 남기기 때문에(가용성이 더 높기 때문에) 실제 목록에서 남성 이름이나 여성 이름이 나오는 빈도보다 이 요인을 바탕으로 판단을 내렸던 것이다.

자료의 가용성을 높이는 요인을 논하기 앞서 가용성 오류가 실생활에서 교묘하게 쓰이는 예를 조금 더 살펴보자. 복권 관계자들은 지난 회 1등 당첨자는 대대적으로 선전하면서 당연히 돈만 날린 절대 다수는 전혀 언급하지 않는다. 당첨자를 선전함으로써 잠재적 구매자들의 마음속에 당첨을 확실히 심어놓아 구매자들이 당첨될 확률이 실제보다 큰 것처럼 생각하게 만드는 것이다. 이와 마찬가지로, 슬롯머신에서 동전이 우르르 쏟아져 나오는 것도 사람들의 주의를 돈을 딸 가능성 쪽으로 끌어당기려는 속셈이다. 슬롯머신은 동전이 나올 때를 빼면 내내 침묵을 지킬 뿐이다.

전 세계 장사꾼들과 뛰어난 광고업자들은 가용적인 것을 토대로 판단하려는 사람들의 경향을 교묘히 조종한다. 5.95파운드짜리 책과 6파운드짜리 책 가운데 어떤 것을 살 확률이 높을까? 중요한 건 그게 5파운드 대냐 6파운드 대냐 하는 것이다. 소수점 아래, 그러니까 펜스 단위보다는 파운드 단위가 훨씬 더 가용적이다. 사람들은 그 가용성을 포착하고 사실상 두 책의 가격 차이가 단돈 5펜스에 지나지 않는다는 점은 신경 안 쓴다.

롤러코스터보다 자전거가 40배 더 위험하다

그럼 '가용적'이 되게 하는 것이 무엇이냐고 물을 수 있다. 앞에서 인용한 실험들은 최근에 제시한 자료일수록 가용적임을 보여주었다. 강렬한 감정을 낳는 것, 극적인 것, 이미지를 떠올리게 하고 추상적이기보다는 구체적인 것이 좀 더 가용적이라는 점도 알 수 있었다. 신문은 평범한 영국인보다 이슬람인이나 일본인이 저지른 살인을 더 대대적으로 보도한다. 그런 일은 날이면 날마다 일어나는 게 아니므로 더 드라마틱하기 때문에 가용적이다. 게다가 사람들은 평범한 국내인보다 이슬람인이나 일본인에게 더 강렬한 인상을 받기 쉽다.[6)]

이미지는 우리 정신 생활의 모든 측면에 영향을 끼친다. 그동안 방대한 이미지 연구들이 수행되었다. 어떤 사람이 한 단어를 다른 단어와 짝지어 외워야 한다고 치자. 예를 들어 '개'라는 단어 다음에 바로 '자동차'가 나와야 하는 식이다. 그런데 이 사람이 자동차에 앉아 있는 개를 상상한다든가 하는 식으로 단어를 조합하면 훨씬 더 빨리 외울 수 있다. 게다가 인간은 그림을 기억하는 능력이 아주 비상하다.[7)] 1만 장의 사진을 한꺼번에 단 한 번씩만 보여줘도 일 주일 뒤에 대부분을 알아볼 수 있을 정도다. 단어들을 하나씩 외울 때의 형편없는 기억력에 비하면 그림을 기억하는 능력은 대단히 탁월하다. 나는 뒤에서 광고에 쓰이는 이미지가 비합리적 반응을 불러일으키는 힘에 대해 설명할 것이다.

여러 실험들은 구체적 자료가 추상적 자료보다 가용적임을 보여주었다. 그중 한 가지 역시 '죄수의 딜레마'에 근거를 두고 있다.[8)] 이번 게임에서 피험자의 파트너는 실험자와 미리 짠 상황이었다. '파트너'는 사실상 실험자가 미리 협력과 이탈을 적절하게 조합해둔 대로 움직였다. 피험자들은 어떤 상황에서는 어느 쪽 불이 들어오는가를 보고 파트너의 동향을 파악했다. 또 다른 상황에서는 직접 쓴 메모를 틈새로 전달받고 파트너의 움직임을 알았다. 아마 두 가지 상황에서 피험자가 파트너를 어떻게 생각하느냐는 별 차이가 없을 것 같지만 사실은 그렇지 않았다. 파트너가 협력을 하려고 하든 이탈을 하려고 하든 피험자들은 메모를 전달받았을 때에 그러한 파트너의 움직임을 좀 더 진지하게 받아들였다. 게다가 파트너가 협력을 보일 때에는 불 신호보다는 손글씨 메모로 커뮤니케이션할 때 협력으로 화답하는 경우가 많았다. 이와 비슷하게, 파트너가 이탈 행동을 보일 때에도 불 신호보다 메모를 받을 경우에 좀 더 의혹을 품는 경향이 있었다. 불이 깜박거리느냐 메모를 보내느냐에 따라 사람들의 행동이 이렇게 달라지다니 놀라울 따름이다. 메모는 피험자들에게 그들이 진짜 사람을 상대하고 있다고 구체적으로 일깨워주는 자극이다. 그래서 피험자들은 메모를 받을 때에 파트너를 더 믿을 만하다고 느끼거나 더 의심스러워했던 것이다.

실생활에서 가용성 오류 때문에 비합리적 판단을 내리는 경우는 너무나 흔하다. 혹시 놀이공원이 위험하다고 생각하는가? 아마 대부분의 사람들이 그렇게 생각할 것이다. 놀이공원에는 바람에 객차가 위태위태하게 흔들리는 회전관람차도 있고, 놀라자빠질 만한 속도로 떨어지는 롤러코스터도 있고, 엄청난 원심력으로 사람을 이쪽저쪽으로 메다꽂듯이 휘두르는 옥토퍼스도 있다. 그밖에도 여러 가지 놀이기구들이 이리 뒤틀리고 저리 뒤틀리며 돌아간다. 그러나 (실상을 알기 전에는 나도 그랬지만) 대부분의 사람들은 잘못 생각하고 있다. 영국건강안전위원회의 보고서에 따르면 한 시간 동안 놀이기구를 타다가 사망할 확률보다 같은 시간 동안 도로에서 자전거를 타다가 사망할 확률이 40배나 더 높다. 게다가 놀이기구를 타는 것이 같은 시간 동안 자동차를 타는 것보다 7배는 더 안전하다. 물론 놀이공원 사고는 훨씬 더 드라마틱하고 그런 소식은 천지사방으로 알려진다. 그런 사고는 '가용성'이 높은 것이다. 또한 사람들이 이를테면 항공기 사고나 거리에서 일어난 폭동에 휘말려 비명횡사할 확률을 과대평가한다는 사실도 잘 알려져 있다. 한 연구에 따르면[9] 사람들은 자기가 뇌졸중 같은 질병 발작으로 죽을 확률보다 사고로 죽을 확률을 두 배나 높게 생각한다고 한다. 하지만 실제로는 질병 발작 사망률이 사고 사망률보다 40배나 더 높다. 이러한 잘못된 신념은 대부분의 사람들이 노환이나 질병으로 사망함에도 불구하고 항공기 사고나 폭력 사태는 미디어에서 끊임없이 보도하는 데다가 훨씬 더 드라마틱하기 때문에 생겨난다. 그러니까 그런 사고들이 더 '가용적'인 것이다.

사람들은 폭력 사태가 실제로 자주 일어난다고 잘못 믿고 있을 뿐만 아니라 그런 신념 때문에 완전히 비합리적인 행동을 하기도 한다. 1986년에 유럽을 여행한 미국인 수는 현저하게 줄었다. 그들은 미디어에서 요란하게 떠들어댄 항공기 납치 사건과 리비아 반미(反美) 공습 사건으로 겁을 집어먹었던 것이다. 하지만 그들은 자주 오르내리지 않을 뿐이지 미국 내에 폭력 범죄가 팽배해 있다는 점은 무심히 넘겨버렸다. 사실 도시에 거주하는 미국인들은 여행을 떠나지 않고 집에 머무는 쪽이 예기치 않은 죽음을 맞을 확률이 더 높다. 걸프전이 일어났을 때 미국인들이 비행기 타기를 꺼려했던 것도 똑같이 비합리적인 행동이다.

때로는 가용성 오류가 사람들을 합리적인 행동으로 이끄는 것처럼 보이기도 한다. 캘리포니아에서 지진이 한 번 일어난 다음부터 지진 대비 보험 정책의 수가 갑자기 늘어났지만 그 다음 지진이 일어나기 전까지 점진적으로 줄어들었다. 하지만 지진 관련 보험을 드는 것은 과거에 지진이 일어났다는 사실이 아니라 앞으로 지진이 일어날 확률에 달린 문제이므로 이러한 행동도 사실 합리적이지는 않다. 마찬가지로 포드 부인과 록펠러 부인이 유방암에 걸리자 수많은 미국 여성들이 유방암 검사를 받으러 병원으로 달려갔다. 하지만 그네들은 그 전에 정부에서 주기적으로 유방암 검사를 받아야 한다고 경고해도 꿈쩍도 안 하던 바로 그 여성들이었다.

가용성 효과를 볼 수 있는 좀 더 일상적인 사례도 있다. 이것은 운전하는 사람이라면 누구에게나 친숙할 법한 사례다. 차를 몰고 지나가다가 교통사고를 목격한 운전자는 예외 없이 속도를 낮춘다. 사고를 봄으로써 자신에게도 사고가 날지 모른다는 가능성이 가용화된 것이다. 불행히도 이러한 가용성 효과는 몇 킬로미터 못 가서 떨어지고 만다. 경찰차를 봤을 때도 같은 현상이 나타난다.

가용성 오류는 일상 생활에서나 직업 생활에서나 아주 흔하다. 최근에 특정 질병 환자들을 많이 보았던 의사는 실제로 그 병에 걸리지 않은 환자들에게 그 병을 잘못 진단하는 오진 확률이 높다고 한다. 물론 전염성 질병인 경우에는 그러한 의사의 판단을 이해할 수도 있지만 충수염 같은 비전염성 질병인 경우에도 이러한 오진이 일어난다.[10] 고객들에게 상승장에서 주식을 사라고 하고 하락장에서 팔라고 권유하는 주식 중개인도 같은 종류의 오류를 범하곤 한다.[11] 통계적으로 어느 날 하루의 주가 등락과 그 다음 날의 등락, 어느 한 주의 등락과 그 다음 주의 등락 사이에는 아주 미미한 상관 관계만 있거나 아예 아무 관계도 없다. 하지만 단순히 주식이 오르는 것을 보고 투자자들에게 즉각 매수에 나서게 한다. 올바른 전략은 일반적으로 통용되는 전략의 정반대, 그러니까 바닥에서 매수하고 고점에서 파는 것이다. 물론 올바른 전략을 이행한다는 것이 결코 쉽지는 않지만 말이다. 날고 긴다는 전문 투자자들이라고 해서 예외는 아니다. 그들도 모든 증거를 활용하고 때로는 새로운 정보를 찾아 나서기보다는 점심을 먹으면서 나눈 대화라든가 신문에서 언뜻 본 별 것 아닌 기사의 영향을 더 받기 쉽다.

통계는 추상적이고 밋밋하다. 그렇기 때문에 대부분의 사람들은 통계를 무시한다. 흡연이 폐암 발생률을 10배나 높인다는 정보는 효과가 미미하다. 담배를 끊는 사람들은 대개, 이를테면 의사가 폐암이 원인일 수도 있는 폐렴 증상이 있다고 진단한다든가 가까운 친구가 폐암으로 죽었다든가 하는 뭔가 극적 사건이 일어나야만 금연 결심을 한다. 일반인보다 의사들 가운데 흡연 인구가 적다는 사실은 의사들이 똑똑하고 담배 때문에 죽은 사람이 많다는 것을 잘 알기 때문이라고 생각할 수 있을 것이다. 더욱이 의사들은 환자들에게 좋은 본보기를 보이고 싶은 마음에 그럴 수도 있을 것이다. 하지만 의사들을 대상으로 한 대규모 조사는 이러한 생각이 지나치게 이상화된 것임을 잘 보여준다.[12] 의사들 가운데 흡연 폐해에 가장 노출되어 있는, 이를테면 흉부내과 전문의나 방사선과 전문의의 흡연율이 현저하게 낮았다. 다른 분야의 진료의나 일반 내과의의 경우에는 흡연율이 그렇게까지 낮지는 않았다. 의사들에게조차 흡연 폐해 통계 자료는 누군가가 담배 때문에 죽는 모습을 목격하는 것만큼 직접적인 영향을 발휘하지는 못했던 것이다.

첫 문장이 성적을 결정한다

첫인상이 제일 중요하다는 말을 자주 듣는다. 이 말은 '가용성 오류'와 상충하는 것으로 보일 것이다. 가용성 오류에서는 가장 '나중에' 일어난 일이 가장 마음에 많이 남고 가장 중요한 역할을 하기 때문이다. 이러한 패러독스를 해결하기 전에 먼저 첫인상의 중요성을 입증하는 몇 가지 증거를 살펴볼 것이다.

솔로몬 애시(Soloman Asch)는 미국에서 이 주제로 최초의 실험 중 하나를 실시했다.[13] 그는 피험자에게 어떤 사람을 묘사하는 여섯 가지 형용사를 듣고 그 사람을 평가해보라고 했다. 한쪽 피험자들은 '영리하다, 부지런하다, 충동적이다, 비판적이다, 고집불통이다, 야심만만하다'라는 말을 듣고 평가했다. 다른 피험자들은 '야심만만하다, 고집불통이다, 비판적이다, 충동적이다, 부지런하다, 영리하다'로 순서가 바뀐 형용사 목록을 들었다. 그 다음에 모든 피험자들은 해당 인물의 평가서를 작성했다. 예를 들면, 그 사람이 얼마나 행복할 것 같은가, 얼마나 사교적인가 등의 항목을 평가하는 것이었다. 긍정적 형용사로 시작하는 첫 번째 목록을 들은 피험자들은 비난 어린 형용사로 시작하는 두 번째 목록을 들은 피험자들보다 평가 대상을 훨씬 더 좋게 보았다. 나중 것보다 처음 것에 더 큰 영향을 받는다는 이러한 효과를 '첫머리 효과(primacy effect)'라고 한다. 첫머리 효과는 두 가지로 설명할 수 있다.

첫째, 애시의 실험에서 피험자들은 첫 단어를 들을 때부터 마음속으로 평가 대상을 그려나가기 시작했을 것이다. 그 다음에 그들은 그 그림에 들어맞는 이차적 결과로 단어들을 만들어내려고 했다. 평가 대상이 영리하고 근면하다는 말을 들은 사람은 그 다음에 오는 '충동적이다'까지도 자발성을 나타낸다고 보고 좋게 여겼을 것이다. 하지만 야심만만하고 고집불통이라는 말을 먼저 들은 피험자들은 '충동적이다'를 생각 없이 무모하게 행동한다는 뜻으로 받아들였을 것이다.

또 다른 설명은 사람들이 자료에 몰두하면서 차츰 주의력이 흩어지기 시작하므로 처음에 등장하는 것이 나중 것보다 더 큰 영향력을 행사한다는 것이다. 이러한 설명이 딱 들어맞지는 않는다는 것을 보여준 기발한 실험이 있었다.[14)] 피험자들은 바람잡이가 30개의 애너그램*을 차례대로 풀려고 애쓰는 모습을 지켜보았다. 바람잡이는 해답을 다 알고 있었지만 항상 정확하게 문제를 절반만 풀었다. 하지만 그는 일부러 앞의 것은 많이 풀고 뒤의 것은 적게 풀든가, 반대로 앞의 것은 적게 풀고 뒤에 나오는 것을 많이 풀었다. 그다음에 피험자들은 그들이 지켜본 바람잡이가 애너그램을 얼마나 많이 풀었는가라는 질문을 받았다. 피험자들은 바람잡이가 뒤의 문제를 많이 풀었을 때보다 앞의 문제를 많이 풀었을 때에 전체적으로 더 많은 문제를 풀었다고 답했다. 이것은 첫인상의 중요성을 입증하는 또 다른 예일 뿐이지만, 이 실험에서 기지가 엿보이는 대목은 피험자들이 바람잡이가 각각의 애너그램을 푸는 모습을 지켜보면서 바람잡이가 그 다음 문제도 풀 수 있을지 예측해보게 했다는 데 있다. 피험자들의 예측은 바람잡이가 푸는 애너그램의 수에 따라 달라지므로 그들은 시종일관 주의를 기울여야 했다. 애너그램을 많이 풀었을 때는 피험자들도 바람잡이가 다음 애너그램도 풀 수 있을 거라고 예측하는 경향이 있었고 애너그램을 거의 풀지 않았을 때는 그 다음 것도 풀지 못할 거라고 예측할 터였다. 피험자들은 분명히 처음부터 끝까지 주의를 기울이고 있기는 했다. 그럼에도 불구하고 피험자들은 처음에 애너그램을 많이 풀었을 때가 나중에 많이 풀었을 때보다 전체적으로 애너그램을 많이 풀었다고 대답했다. 그

애너그램(anagram) 단어의 철자가 바뀌어 있는 상태에서 본래 단어를 맞추는 놀이.

러므로 나중 것에 대한 주의력 결여가 첫인상 효과 오류의 원인은 아니다.

위의 실험과 그밖의 여러 실험은 우리의 신념이 첫인상으로 형성된다는 것을 보여준다. 나중에 등장하는 증거는 이미 형성된 신념에 비추어 해석한다. 그렇지만 첫인상 효과 오류와 가용성의 최신 효과 오류는 아무런 충돌도 일으키지 않는다. 첫인상 효과 오류는 자료가 연결되어 있을 때(신문 기사나 책을 읽을 때처럼) 나중 자료의 해석이 앞의 자료 해석에 물들기 때문에 발생한다. 반면 최신 효과 오류는 자료가 연결되어 있지 않을 때 일어난다. 그러한 상황에서 우리는 가장 최근에 보거나 들은 것에 영향을 받는 경향이 있다.

첫인상 효과 오류는 가용성 오류의 한 형태로 볼 수 있다. 앞의 것들은 우리가 그 나머지 것들을 접할 때에 우리 마음속에서 즉각 가용될 수 있다. 어떤 판단을 내릴 때에는 실제의 사실보다 우리가 그것들에 부여하는 의미가 더 중요한데, 우리가 처음에 마주쳤던 자료에 따라 의미가 바뀔 수 있다. 특히 첫 번째 것이 나머지와 관련이 있다면 더더욱 그렇다. 이러한 오류는 사고의 또 다른 편향과 관련 있다. 다음 장에서는 그런 편향을 논의하려고 하는데, 사람들이 다양한 이유에서 기존 신념에 끈질기게 매달리면서 그것이 잘못되었다는 것을 외면하려고 갖은 애를 쓴다는 사실을 볼 것이다.

첫인상 효과 오류는 일상생활에 지대한 영향을 끼친다. 처음 만난 사람이 하필 어쩌다가 기분이 몹시 나쁜 상태라면 나중에 그 사람이 훨씬 기분 좋게 행동하더라도 그 사람에게 좋지 않은 편견을 품기 쉽다. 면접관들이 피면접자의 인상을 처음 1분 남짓한 순간에 결정하고 나머지 시간은 첫인상을 확인하는 데 쓴다는 연구 결과도 있다.[15] 만약에 책을 집필하는 중이라면 첫 부분을 정말 멋지게 쓰려고 노력하라. 책 한 권을 끝까지 다 읽는 독자가 별로 없다는 건 둘째로 치고, 맨 마지막 장을 하품 나게 써도 전체 책 평가는 거의 아무런 차이도 없을 것이다. 시험 답안지를 쓸 때에는 첫 문장을 잘 썼는지 꼭 확인하라. 환자를 진찰하는 의사는 맨 처음에 발견했던 증상 못지않게 가장 나중에 발견한 증상도 감안하는 노력을 기울여야 할 것이다.

후광 효과와 악마 효과

가용성 오류는 '후광 효과(halo effect)'와도 관련이 있다. 어떤 사람에게 아주 돋보이는(가용적인) 좋은 특성이 하나 있다면 그 사람의 다른 특성들도 실제보다 좋게 보일 가능성이 높다. 잘생긴 남자나 예쁜 여자는 지성, 운동 신경, 유머 감각 등에서도 좋은 평가를 받는 경향이 있다. 사실 외모는 다른 특성들과 거의 아무 관련이 없다. 잘생긴 것과 똑똑한 것은 아주 미미하게나마 상관 관계가 있지만 사람들의 잘못된 판단을 이해할 정도의 상관 관계는 아니다. 말이 나온 김에 지적하면, 후광 효과와 정반대되는 '악마 효과(devil effect)'도 있다. 어떤 사람이, 아주 이기적이라든가 하는 두드러지게 안 좋은 특성 때문에 다른 특성들도 실제보다 더 나쁜 평가를 받는 것이다. 그런 사람은 실제보다 더 정직하지 못하고 더 우둔한 사람으로 여겨진다. 한번은 어느 미성년자 강간 사건에 배심원으로 출석했다가 악마 효과의 극단적인 예를 보았다. 나와 함께 배심원으로 참여했던 사람 하나가 피고인 심의를 시작하면서, "저 사람 생김새가 마음에 안 듭니다. 우리는 저자의 죄를 찾아야만 해요."라고 말했던 것이다. 사람들은 후광 효과의 영향을 받을 때는 자신들이 편견에 치우쳐 있음을 전혀 자각하지 못한다.

후광 효과의 가장 특이한 결과 중 하나는 블랙 잭에서 나타난다.[16] 카지노에서 딜러가 맨 처음 뒤집은 카드가 에이스라면 어떤 플레이어도 '인슈어런스'에 들지 않을 것이다. 인슈어런스에 거는 돈은 원래 베팅 금액의 최대 절반까지 가능하다. 딜러가 블랙 잭이 된다면 플레이어는 인슈어런스에 걸었던 돈을 두 배로 돌려받는다. 하지만 인슈어런스에 들지 않았다면 플레이어는 원래 베팅 금액을 모두 잃게 된다. 간단한 계산으로 (플레이어가 카드 카운팅을 하지 않는 경우에) 인슈어런스에 거는 돈은 평균 7.7퍼센트 잃게 된다는 것을 알 수 있다. 하지만 빌렘 바헤나르(Willem Wagenaar)의 연구에 따르면, 네덜란드 카지노에서 대부분의 사람들은 가끔씩 인슈어런스에 들고 항상 인슈어런스에 드는 플레이어도 12퍼센트가 넘는다. 바헤나르는 이러한 비합리적 행동은 '인슈어런스(insurance, 보험)'라는 용어 자체가 그들이 가장 신중하게 행동하고 있다고 착각하게 만들기 때문이라고밖에 설명할 수 없다고 했다.

후광 효과는 그밖에도 유해한 결과를 낳는다. 한 연구에서 똑같은 시험 답안지를 한번은 아주 잘 쓴 글씨로, 다른 한번은 악필로 옮겨 적게 했다.[17] 그다음에 두 집합의 채점자들에게 답안지를 주었다. 채점자들은 모두 절반은 예쁜 글씨 답안지, 절반은 악필 답안지를 받았다. 그리고 채점자들에게 답안지 필체는 신경 쓰지 말고 순수하게 내용만 평가하라고 지시했다. 하지만 예쁜 글씨로 쓴 답안지는 악필 답안지보다 평균적으로 훨씬 더 높은 점수를 받았다. 비슷하지만 더 끔찍한 결과를 보여준 실험도 있었다.[18] 똑같은 에세이를 남자 이름으로도 내보고 여자 이름으로도 내보았다. 채점자들은 그 에세이가 남자가 쓴 것이라고 생각했을 때에 훨씬 더 높은 점수를 주었다.

수 년 동안 광고 산업은 후광 효과를 잘 활용해 왔다(관점에 따라서는 나쁘게 활용해 왔다고 볼 수도 있겠지만). '선블레스드(Sunblessed)'라는 상품명의 오렌지에이드 캔 음료는 지중해의 태양 아래 잘 익어가는 오렌지 이미지를 등장시킨다. 과장되게 환한 색으로 물든 오렌지들이 주렁주렁 매달린 나무를 묘사함으로써 효과는 더욱 향상된다. 덤으로 바닷가 이미지도 넣지 못할 이유가 뭐 있나? 잠재적 구매자에게 상품명과 포장용기 그림이 암시하는 속성은 캔 안에 든 내용물로 이어진다. 잠재적 구매자는 실제 내용물이 맛이 있든 없든 간에 맛이 좋으리라는 기대를 잔뜩 품는다. 사실 그 음료는 실제보다 훨씬 맛있게 느낄 확률이 높다. 잠재적 구매자는 음료에 과즙이 풍부하고 잘 익은 오렌지와 휴가 분위기 같은 일련의 기대를 품게 되고, 그러한 기대는 실제 맛을 느끼는 데 영향을 끼치기 때문이다. 그러나 대부분의 상품에서 상품명과 포장은 아무 관계가 없다. 생산자가 좋은 광고나 포장 대행업체를 선택하는 센스가 있음을 의미할 뿐이다.

후광 효과가 70여 년 전부터 알려졌는데도 우리가 그 효과를 거의 알아차리지 못한다는 점은 주목할 만하다. 최근에야 대부분의 대학에서 답안지를 작성자의 이름이 아니라 학번을 달아 제출하게 하고 있다. 하지만 대학당국은 이런 방안도 무용지물로 만들었다. 대학에서는 아마도 채점자들이 답안지를 제대로 세지 못할까 봐 그러는지 학생들의 답안지를 알파벳순으로 정리하고 있기 때문이다. 보편적인 선발 수단으로 면접을 널리 채택하고 있는 것도 후광 효과가 바람직하지 못하게 무시되는 예다. 병원 스태프, 학생, 육군 장교, 경찰, 공무원, 그밖의 어느 직종이든지 면접을 치른다. 나는 뒤에서 대부분의 면접은 쓸모가 없으며 사실상 적합한 지원자를 뽑을 확률을 더 떨어뜨리기까지 한다는 점을 보여줄 것이다. 여기에도 후광 효과가 작용한다. 면접관들은 상대적으로 사소하지만 피면접자에게서 두드러지는 어떤 면모에 압도되어 다른 특성을 판단하는 능력이 흐려진다.

과학적인 주제를 다룰 때에는 후광 효과가 일어나지 않는다고 생각할 수도 있을 것이다. 불행히도 그렇지가 않다. 어떤 과학자, 혹은 일반적인 경우로 여러 과학자들이 공동 연구로 학술 저널에 논문을 제출하면 그 논문을 게재할 것인가를 결정해야 한다. 보통 논문은 두세 명의 심사위원에게 보낸다. 심사위원들은 그 논문이 다루는 일반적으로 아주 좁은 영역의 전문가로서 선발된 사람들이다. 발행인은 심사위원의 보고를 토대로 하여 그 논문을 발표할 것인가를 결정한다. 1982년에 두 명의 심리학자들이 리빌링 트릭(revealing trick)에 대한 보고서를 발표했다.[19] 그들은 명망 높은 심리학 저널 12개를 선택하여 각각의 저널에 실린 논문 가운데 하버드대학이나 프린스턴대학처럼 미국 내 10대 심리학과로 꼽히는 학교에 소속된 연구자들이 저술한 논문을 한 편씩 골랐다. 결과적으로, 그들이 선택한 논문 저자들은 최고로 꼽히는 심리학자들이었다. 그다음에 그들은 저자 이름을 바꾸고 소속 연구기관도 '트리밸리인간잠재연구센터' 같은 걸로 지어냈다. 그러고 나서 논문들을 주의 깊게 검토하면서 진짜 저자들의 정보가 드러날 만한 대목이 나오면 기본 내용은 그대로 둔 채 부분적으로 살짝 수정했다. 그다음에 각 논문을 타이핑하여 가상의 저자 이름과 소속으로 원래 그 논문이 발표되었던 학술 저널에 다시 제출했다.

12개 학술 저널 가운데 겨우 3개 저널만이 이미 게재한 적이 있는 논문임을 알아보았다. 편집자들과 심사위원들의 심각한 기억 착오였지만, 원래 기억이란 게 착오가 많은 법이다. 그렇지만 더 나쁜 건 그다음이었다. 나머지 9개 저널 가운데 8개 저널에서 자기들이 이미 발표했던 논문을 거절했던 것이다. 게다가 이 8편의 논문을 검토했던 16명의 심사위원들과 8명의 편집자들은 하나같이 그들이 살펴본 논문이 발표할 만한 가치가 없다고 했다. 이것은 분명히 놀랄 만한 가용성 오류의 사례다. 심사위원과 편집자들은 어떤 논문을 저널에 게재할지를 결정하면서 학술 작업 자체보다 저자 이름이나 저자가 소속된 연구기관의 학맥 등에 더 신경을 쓴다는 점을 짐작할 수 있다. 그러한 심사위원의 편견이 물리학처럼 엄정한 학문에서는 작용하지 않을 거라고 생각할 수도 있을 것이다. 그러나 여러 물리학 저널에 게재된 619편의 논문을 대상으로 이 같은 편견을 검토해본 결과, "현재 유명세를 누리는 물리학자들과 같은 집단에서" 연구하는 사람은 "때로는 논문 발표가 좀 더 쉬울 수도 있다."고 했다. 이 말은 분명히 아주 미묘하게 정곡을 찌른다.

심리학 논문들에 대한 착오는 여러 가지로 설명할 수 있다. 나는 그 논문들이 모두 발표되었어야 한다고 말하겠지만 그게 다음과 같은 논증에 영향을 끼치지는 않는다. 인간의 비합리성에 관한 한, 편집자들이 처음에 원안 논문을 발표하기로 한 게 실수였을 수도 있고 같은 논문을 나중에 발표하지 않기로 하면서 실수를 했을 수도 있다(어찌 됐거나 그들이 실수했음은 분명하다).

심사위원과 편집자들은 처음 결정과 나중 결정 가운데 한 번은, 혹은 두 번 모두 합리적으로 행동할 수 있었다. 첫째, 원래 논문은 이미 발표된 다음이었으므로 (그들에게 다시) 제출한 연구가 이미 다른 연구자들이 2년 내에 발표한 것은 아니었는지 의심해볼 수 있었다. 하지만 심사위원들의 보고서를 면밀하게 살펴보면 이것이 거부 이유가 아니었음을 알 수 있다. 보고서 가운데 어떤 것도 논문의 발견이 새롭지 않다는 이유로 게재를 거부하지는 않았기 때문이다. 둘째, 무명 연구기관 소속 연구자들보다 유명한 연구기관 소속 연구자들이 데이터 수집에 좀 더 신중하고 조작하지 않는 경향이 있는지 논의해볼 수 있었다. 그런 이유는 믿을 게 못 된다. 유명 연구기관에 소속된 일부 심리학자들이 기막힌 속임수로 명성을 얻는다는 사실만으로도 그렇다. 그런 이유로 무명 작가들의 논문 게재가 거절당하지는 않았을 것이다. 심사위원들은 논문을 다양한 관점에서 상세하게 비판했고, 그러한 비판들 중 상당수는 정당해 보인다. 그들은 논문에 이용한 통계를 비판하고 "이론적 구성이 …… 너무 느슨하고 …… 자료를 제시하지 않은 결론으로 채워져 있음"이나 "매우 혼란스러움" 등을 지적했다.

가장 그럴싸한 설명은 원안 논문의 통과와 그다음 논문의 게재 거부 모두 비합리적 이유에서 발생했다는 것이 될 것이다. 심사위원과 편집자는 논문을 읽으면서 맨 처음에 저자 이름과 소속기관을 본다. 연구자와 연구기관이 유명하면 논문을 가장 좋은 방향으로 해석해 나가는 쪽으로 치우친다. 하지만 연구자와 연구기관이 별 볼일 없다면 결점을 찾는 데 주력하고 제대로 된 것보다 잘못된 것에 더 민감해질 것이다. 그러니까 우리가 지금 본 사례는 가용성 오류, 첫머리 효과, 후광 효과의 결합을 아주 극적으로 보여주는 셈이다.

누구나 때로는 비합리적이다. 특히, 누구나 가용성 오류에 빠지기 쉽다. 마지막으로 정말 놀라운 사례를 하나 들겠다. 이번에는 출판업자들과 관련된 예다. 1969년에 저지 코진스키(Jerzy Kosinsky)의 소설 《편력(Steps)》은 픽션 부문 전미도서상을 받았다. 그런데 8년 후에 어떤 사람이 이 소설을 다시 타이핑해서 제목도 달지 않고 가짜 저자 이름으로 14개 유명 출판사와 13개 저작권 에이전시에 보냈다. 그중에는 그 소설을 원래 출간했던 랜덤하우스도 있었다. 원고를 받은 27개 출판사 사람들 가운데 단 한 사람도 이미 출간된 소설이라는 것을 알아차리지 못했다. 게다가 27개 출판사 모두 출간을 거절했다. 거절당한 원고에 부족한 것이라고는 후광 효과를 발휘할 코진스키라는 이름뿐이었다. 코진스키의 이름이 없는 원고는 하잘것없는 취급을 받았다. 거듭 말하지만 출판업계가 다른 업계보다 유난히 더 비합리적인 것도 아니다. 코진스키의 일화가 있다고 해서 출판인인 콜린 헤이크래프트(Colin Haycraft)가 했다는 다음과 같은 말이 꼭 맞는 것도 아니다. "못 살겠다면 써라. 못 쓰겠거든 출판사를 차려라. 출판사를 못 하겠거든 저작권 에이전트를 해라. 저작권 에이전트를 못 하겠다면 신의 가호를 빌 수밖에."

체크리스트

01 아무리 인상적이더라도 한 가지 사례만을 판단이나 결정의 토대로 삼지 말라.

02 어떤 사람(혹은 대상)의 인상을 받아들일 때에는 상대의 두드러지게 좋은 점이나 나쁜 점이 다른 특성에는 영향을 끼치지 않도록 각각의 특성을 세분하여 판단하려고 노력한다. 이런 게 너무 냉정해 보일지도 모르지만 면접이나 증상에 기초한 진단처럼 상대에게 심각한 영향을 줄 수도

있는 판단을 내릴 때에는 아주 중요하다.

03 일련의 자료들을 볼 때는 끝까지 판단을 유예하라. 그리고 마지막 자료도 맨 처음 자료만큼 비중 있게 받아들이려고 노력하라.

04 편견을 낳을 수 있는 정보의 취득은 피하라. 예를 들어, 어떤 논문이나 책을 출간할 것인가를 결정해야 한다면 객관적인 견해를 세울 때까지 저자 이름은 모르는 게 좋다.

05 어쩌다가 출판업자가 되어 원고를 받거든 출간 도서목록을 확인하라. 똑같은 책을 두 번 내고 싶지 않다면.

2장

복종

1960년대 초, 스탠리 밀그램(Stanley Milgram)은 지역 신문에 예일 대학에서 하는 실험에 참여할 피험자를 모집한다는 광고를 냈다.[1] 사례금(4달러)은 보잘것없었지만 밀그램은 우체부, 교사, 영업사원, 노동자 등등 다양한 직업에 종사하는 사람들을 수백 명이나 확보했다. 피험자들은 연구소에 와서 체벌이 학습에 미치는 효과에 대한 실험에 참여할 거라는 말을 들었다. 각 피험자는 바람잡이 한 사람과 짝을 이루었는데, 둘 중 한 사람은 다른 한 사람에게 간단한 일을 가르쳐야 한다는 설명을 들었다.

피험자와 바람잡이는 두 장의 쪽지가 들어 있는 상자에서 제비를 뽑아 선생과 학생 역할을 결정했다. 사회심리학자들은 여기에서도 전매특허인 교활한 계략을 썼는데 쪽지 두 장에 모두 '선생'이라고 적어놓은 것이다. 물론 피험자들은 자기가 어쩌다가 '선생' 쪽지를 뽑아서 선생 역할을 하는 걸로 알았다. 학생은 어떤 단어를 다른 단어와 연결지어 외워야 했다. 예를 들어 '파란색'이라는 단어에는 반드시 '상자'라는 단어를 짝 짓는 식이었다. 선생은 먼저 '파란색'이라는 단어를 읽어주고 '하늘, 잉크, 상자, 램프'라는 네 단어를 읽었다. 그러면 바람잡이인 학생은 버튼 네 개 중 하나를 눌러 정답을 맞혀야 했다. 물론 외워야 하는 단어 쌍이 아주 많았다.

선생은 학생의 옆방에 가 있었지만 불이 들어오는 것을 보면서 학생이 정답을 눌렀는지 오답을 눌렀는지 알 수 있었다. 학생이 단어 쌍을 외우기 전에 선생은 학생을 의자에 묶는 장면을 보았다. 실험자는 전기 충격이 들어올 때에 몸이 너무 심하게 움직이는 걸 막으려고 의자에 묶는 거라고 설명하면서 이렇게 덧붙였다. "전기 충격은 극심한 고통을 줄 수도 있지만 영구적인 조직 손상을 일으키지는 않습니다." 피험자인 선생의 방에 설치된 충격 기계 스위치에는 각각 15볼트에서 450볼트까지 전압이 씌어 있었다. 게다가 몇몇 스위치를 묶어 각기 어느 정도나 충격을 주는지 설명하는 문구도 달아놓았다. '가벼운 충격', '강한 충격', '위험. 극도의 충격' 이런 식이었다. 스위치 중 하나를 누르면 버저가 울렸다. 피험자는 학생이 오답을 말할 때마다 충격을 주어야 하고 연달아 오답을 말하면 충격 강도를 한 단계씩 높여야 한다는 설명을 들었다. 피험자가 충격 강도를 높이지 않으려고 하면 실험자는 "계속하셔야 실험을 할 수 있습니다."라든가 "당신에게는 선택권이 없습니다. 실험을 계속해주세요." 같은 말을 하면서 피험자가 실험을 계속하도록 종용했다.

물론 실제로는 학생에게 아무런 충격도 가해지지 않았다. 하지만 바람잡이는 충격을 받는 걸로 정해놓았으므로 75볼트 정도부터는 비명을 지르며 괴로워했고, 그보다 더한 충격에서는 너무 아파서 참을 수 없다고 소리를 지르고 풀어 달라고 애원하는 연기를 했다. 330볼트 이하에서 바람잡이는 입을 다물고 문제를 들어도 답을 말하지 않았다. 이때 선생은 무응답도 오답으로 판단하고 충격을 주어야만 했다.

너무도 완강한 복종의 습관

섬뜩한 일이지만 첫 번째 실험에서 40명 가운데 25명이 '위험. 극도의 충격'이라고 표시해놓은 최고 레벨인 450볼트까지 전기 충격을 주었다. 나머지 피험자들 중에서도 '보통 충격' 수준에서 그만둔 사람은 한 명도 없었고 꽤 많은 이들이 '아주 강한 충격'까지 나아갔다.

밀그램은 이 실험에 여러 가지 변화를 주었다. 그러나 모든 실험에서도 원안 실험 못지않게 경악스러운 결과가 나왔다. 아마도 놀라운 일이겠지만 여성 피험자들도 남성 피험자들과 비슷한 비율로 최고치 충격을 주는 버튼을 눌렀다. 이 결과는 일반적으로 여성이 남성보다 정에 약하기는 하지만 권위에 복종하는 경향도 그만큼 더 강하기 때문일 것이다.(여성의 범죄율이 낮은 것도 이 때문이다.) 아마도 이러한 두 가지 경향이 서로 호각을 이룬 결과 여성도 남성과 비슷한 비율로 최고치 충격을 가했을 것이다. 피험자가 학생과 같은 방에 있을 때에는 최고치 충격까지 주는 경우가 4명 중 1명꼴로 감소했다. 이것은 아마도 같은 공간에 있다는 근접성 때문에 피험자가 자기 행동이 어떤 결과를 낳는지 절감했기 때문으로 보인다.(이것은 '가용성'을 보여주는 또 다른 예다.) 아마도 그러한 근접성 때문에 피험자는 자신이 바람잡이와 같은 집단에 속해 있고 멀리 떨어져 있는 실험자와는 다른 집단에 속해 있다는 느낌이 더욱 강해져서 실험자보다 바람잡이 쪽에 더 신의를 지킨 듯하다. 마지막으로, 실험자가 피험자에게 실험을 계속하라고 종용하지 않고 일단 실험 지침을 내린 뒤에 방에서 나가버리자 40명 가운데 오직 9명만 최고치 충격을 가했다. 물론 이 결과도 비관적이기는 마찬가지다. 심지어 피험자가 아무런 압박도 당하지 않고 순전히 자기 마음대로 최고치 충격을 줄 것인지를 결정하게 했을 때도 40명 중 1명이 최고치 충격을 주었다.

피험자들이 실험은 그저 게임일 뿐이고 실제로 상대가 아무런 충격도 받지 않는다는 것을 눈치 챘을 거라고 생각하는 사람도 있을 것이다. 불행히도 그렇지는 않다. 피험자들 중 상당수는 실험을 진행하면서 극도로 신경이 날카로워졌다. 그들은 식은땀을 흘리고 벌벌 떨면서 실험자에게 그만두면 안 되느냐고 사정을 하기도 했다. 피험자들의 실험 기록은 모두 같은 내용을 담고 있다. 최고치 충격을 주어야 하는 단계에 이르면 피험자는 실험자에게 "저 사람이 죽으면 어떻게 합니까? 못 참겠다고 하는데요……."라고 말했다. 하지만 그는 계속해서 450볼트짜리 충격을 가했다. 또 어떤 사람은 "저 사람이 정말 걱정됩니다. 심장 발작을 일으키지나 않을지 걱정돼요. 아까 저 사람이 자기는 심장이 안 좋다고 했거든요."라고 말했다. 다른 이들은 아무런 감정도 드러내지 않고 무심하게 명령에 따라 충격을 가했다. 밀그램은 그런 피험자들 중 한 사람을 이렇게 묘사했다. "그 장면은 모질고도 침울하다. 비명을 지르는 학생을 무시하고 충격을 가하는 완강하고도 무심한 얼굴에는 무관심만이 드러난다. 그는 행동 자체에서는 어떤 기쁨도 느끼지 못하지만 그저 자기 할 일을 제대로 한다는 조용한 만족감을 맛보는 듯 보인다. 그는 450볼트까지 충격을 주고서 실험자를 돌아보며 이렇게 묻는다. '교수님, 이다음부터는 어떻게 해야 합니까?' 그는 공손한 말투로 저쪽 학생은 골치 아프게 굴지언정 자신은 기꺼이 협조적인 피험자가 되겠다는 자발성을 드러낸다."

피험자들은 디브리핑에서 자기 체면을 살리기 위해 실험자에게 모든 게 짜고 한 일이고 사실은 어떤 충격도 주지 않았다는 걸 알고 있었노라고 자기에게 유리하게 둘러댈 수도 있었지만 아무도 그러지 않았다. 그로부터 몇 년 후에 피험자들 중 여러 사람이 그 실험에서 가치 있는 가르침을 얻었다고 말했다. 그들의 대답은 전형적으로 두 가지로 나타났다. "그 실험 때문에 사람은 설령 권위를 거스를 위험이 있더라도 다른 사람에게 절대 해를 입혀서는 안 된다는 신념이 더 강해졌습니다." "1964년 실험에서 피험자로 참여했을 때에 나는 다른 사람에게 해를 입힌다고 생각하면서도 내가 왜 그러는지는 전혀 자각하지 못했습니다. 자기가 신념에 따라 행동하는지 권위에 순순히 복종하는지 분명히 의식하는 사람들은 거의 없어요……." 사람들에게 복종의 습관은 너무나 깊이 배어 있어 자신이 복종하고 있다는 것을 알아차리지 못한 채 그렇게 행동할 수 있는 것이다.

밀그램의 실험 결과는 미국에만 적용되지 않는다. 뮌헨, 로마, 남아프리카공화국, 오스트레일리아에서도 똑같은 실험을 했다. 모든 실험에서 피험자들이 최고치 충격 단계까지 선택하는 비율은 예일대학에서 했던 실험 결과와 막상막하였다.

법을 준수하는 점잖은 미국 시민들이, 적어도 그들 자신이 생각하기에 아무 죄도 없는 사람들에게 무엇 때문에 450볼트에 달하는 전기 충격을 가하게 됐을까? 답은 권위에 대한 복종이다. 실험자가 뭔가 구실을 대고 방에서 나가고 사실상 아무 권위도 없는 바람잡이에게 실험 감독을 맡겼을 때에는 최고치 충격을 가하는 피험자의 수가 3분의 1로 떨어졌지만 그래도 여전히 피험자의 20퍼센트나 되었다.

우리는 태어날 때부터 권위에 복종하도록 주입받는다. 부모에 대한 복종, 교사에 대한 복종, 상사에 대한 복종, 법에 대한 복종. 더욱이 어떤 조직이든 원활하게 돌아가려면 권위에 복종하는 것이 선행 조건이다. 항공기 조종사는 비행에 혼선이 빚어지지 않도록 지상 관제 명령을 따라야 한다. 작은 집단에서든 거대하고 복잡한 사회에서든 누군가는 지휘를 하고 나머지는 그를 따라야 한다. 물론 어떤 상황에서 지휘를 하던 사람이 다른 상황에서는 지휘를 따르는 입장이 되기도 한다. 우리는 권위 있는 인물들을 존중하고 그들을 거스르지 않도록 철저하게 교육받는다. 밀그램의 실험에 참가했던 많은 이들은 실험자의 명령을 따르지 않는 것은 무례한 일이라고 생각했기에 적잖이 난처했을 것이다.

미국에서 교수, 아마도 과학 분야의 교수들은 더욱더 권위 있는 인물로 대접 받는다. 이 경향은 미국이 영국보다 더하다. 이런 인물은 믿을 만한 존재로 인정받으며 그렇기 때문에 실험자가 전기 충격이 영구적인 조직 손상을 일으키지는 않는다고 확인해주었을 때에 여러 피험자들은, 비록 모두 다 그렇지는 않았다는 항변이 나오긴 했지만 그 말을 그대로 믿었을 것이다. 하지만 최고치 충격 단계까지 갔던 피험자들 중에서 자기가 오로지 실험자의 명령 때문에 다른 이에게 심각한 고통을 주고 있다는 사실을 모르는 사람은 없었다.

이러한 실험에서는 불복종한다고 해도 아무런 처벌을 받지 않는다. 피험자들은 모두 실험에 자원했고 그들이 원하면 언제든 실험실을 박차고 나갈 수도 있었다. 그런데 군대, 경찰, 심지어 비즈니스 현장 같은 일상적인 상황에서는 불복종하면 불이익을 당한다. 그러므로 처벌이 존재한다면 반사적인 복종은 밀그램의 실험 상황에서보다 분명히 더 심하게 나타날 것이다. 밀그램은 복종하고 순응하려는 인간의 성향을 통해 제2차 세계대전 당시에 평상시에는 점잖고 양식 있던 그토록 많은 독일인들이 잔인무도한 범죄를 저지를 수 있었던 이유를 설명하고자 했다.

재앙을 부르는 무조건 복종

권위의 힘을 알아보는 다른 실험들도 각각 같은 결과를 보였다. 한 연구에서는 의사를 자처한 사람이 간호사들에게 전화로 지시를 내렸다. 전화를 건 (자칭) 의사는 간호사들이 한 번도 만난 적 없는 인물이었다. 의사는 간호사에게 전화로 아스포텐(사실은 가짜 약)이라는 약물을 어떤 환자에게 20밀리그램 주사하라고 지시했다. 그리고 병실에 가서 환자를 보기 전에 약물 효과를 보고 싶으니 지금 당장 주사하라고 지시했다. 의사는 일단 주사부터 놓으면 나중에 처방전에 서명하겠다고 했다. 의사가 약병에 붙어 있는 최대 투여치의 두 배를 주사하라고 지시한 데다 의사가 처방전에 서명하기 전에 간호사가 약물을 투여해서는 안 된다는 규정이 있는데도 전화를 받은 간호사의 95퍼센트가 지시에 따랐다.[2)] 이것이 바로 권위가 지닌 힘이다. 일상 생활에서 한 또 다른 실험에서는 호감 가는 외모의 남성이 런던 시내 지하철에 승차하고는 전혀 모르는 사람에게 다가가 "자리 좀 양보해주시겠습니까?"라고 말해보았다. 거의 대부분의 사람들이 이런 부탁을 받으면 자리를 내주었다. 조금 뻔뻔하기만 하다면 콩나물 시루 같은 버스나 기차에서 별 어려움 없이 자리를 얻을 수 있을 것이다.

복종과 관련된 흥미로운 사례가 하나 있다. 책임자가 두 명(혹은 그 이상)일 때는 어느 한 사람이 다른 사람에게 권위를 지닌다. 아랫사람은 권위를 존중하다 보니 자신의 관찰이나 자기만의 시각을 표현하는 데 주저한다. 이런 현상 때문에 수많은 민간 항공기 사고가 일어났다.[3)]부조종사는 조종사가 실수했다고 생각하면서도 감히 그런 말을 입 밖으로 내지 못해 결국 사고를 당한다. 또한 영국의 분만실을 조사한 한 연구에 따르면 공중보건 의사들 가운데 72퍼센트가 직속상관의 치료과정에 불만이 있어도 말을 하지 못하는 것으로 나타났다.[4)] 이러한 사례들에서 권위를 너무 극단적으로 존중하는 것은 분명한 잘못이다.

물론 사람들이 항상 명령에 복종만 하는 것은 아니다. 실제로 사람들은 어떤 명령에 분개할 때에는 명령과 정반대되는 행동으로 반응한다. 이 문제를 다룬 실험 연구는 별로 없지만 명령을 내리는 사람이 그럴 만한 권위가 없거나, 아둔한 명령을 내렸거나, 불복종해도 불이익이 없거나, 명령 내용에 강하게 불만이 있거나 할 때에 사람들은 명령과는 상반되게 행동할 확률이 높다.

예견된 재앙으로 이끈 복종의 사례로 잘 알려진 것이 바로 크림전쟁 당시 경기병(輕騎兵) 여단의 돌격이다. 귀족이지만 멍청하기 짝이 없는 래글런 경(Lord Raglan)은 영국군 총사령관이었다. 그는 전속 부관을 통하여 '적군이 대포를 가져가지 못하도록 기병대는 속히 전선으로 진격하라'고 명령을 내렸다. 그런데 경기병 여단 앞쪽 계곡에는 터키 포병대가 가로막고 있었고 계곡 양편 언덕으로는 그보다 더 많은 터키군 대포와 소총병이 버티고 있었다. 그 상황에서 진격을 했다가는 전면과 양쪽 측면에서 화염이 빗발칠 게 뻔했다. 따라서 이 명령을 액면 그대로 따르라는 것은 경기병 여단에게 다 죽으라는 소리나 마찬가지였다.

게다가 기병대가 보병대의 지원도 없이 포병대를 공격한다는 건 말도 안 된다. 그런데 기병대 사령관들은 의혹을 품은 채로 그 명령을 말 그대로 충실히 이행했다. 경기병 여단은 최후의 용기를 발휘하여 전열을 가다듬고 진격했다. 그 결과, 700명의 기병 가운데 살아남은 사람은 200명이 채 안 됐다. 래글런 경은 나중에 적군 위치를 확인하고 나서 다른 부대에 도움을 청하지 않았다고 기병대 사령관을 문책했다. 이 에피소드는 군대에서조차 명령에 복종해서는 안 될 때가 있는 게 아닌가라는 의문을 불러일으킨다.

왜 사람들은 복종하는가

좀 더 일반적인 문제, 즉 어떤 경우에 권위에 불복하는 것이 합리적인가라는 문제는 간단하지 않다. 영국에서 오른쪽 차도로 차를 몰거나 미국에서 왼쪽 차도로 차를 모는 건 분명히 미친 짓이다. 권위에 따라 수립된 규칙 자체는 임의적이지만 운전자가 그 규칙을 무시하면 아수라장이 될 것이다. 하지만 마리화나를 피우는 문제는 어떨까? 마리화나는 적어도 장기적인 영향에서는 담배보다 더 해로울 게 없다. 만약 현 상태의 법이 개인의 자유를 침해한다고 생각한다면 분명히 그런 법은 지키지 않는 게 더 합리적이다. 물론 걸릴 확률이 아주 낮아야 한다는 단서가 붙는다. 사실 많은 이들이 법에 도전한다. 경제적으로 넉넉한 사람은 소득세를 덜 내려 하거나 밀반입한 물건을 가지고 세관을 통과하면서도 죄책감을 느끼지 않을 것이다. 반면, 가난한 사람들은 거짓 구실을 만들어서 사회보장 지원금을 한 푼이라도 더 받으려 할 것이다. 하지만 이러한 경우에는 명확하게 인정할 만한 권위적 존재가 앞에 버티고 있지 않다. 복종하지 않으면 곤란해지는 가시적 인물이 없는 것이다. 실제로 대부분의 사람들은 처벌을 피할 수 있는 한 악법이나 나쁜 정부에는 복종하지 않는 게 합리적이라고 생각한다. 1989년 베이징에서 분연히 일어났던 민중은 서방 세계의 박수 갈채를 받았다. 그러니까 복종하지 않는 것이 합리적일 뿐 아니라 되레 바람직할 때도 있는 것이다. 하지만 밀그램의 실험에서도 분명히 이런 때가 있었다. 결국 수많은 피험자들은 오로지 심리학 실험을 위해 그들이 학생 역할을 하는 사람을 죽일지도 모른다고 생각했던 것이다.

밀그램의 실험이 쟁점으로 삼는 것은 복종 그 이상이지만 실험 결과는 금세기를 특징짓는 비합리적인 대량 살상 행위를 설명할 만한 실마리를 던져준다. 전쟁의 승기를 이미 쥐고 있던 상황에서 무의미하게 드레스덴에 폭격을 퍼부었던 일도 그렇다. 드레스덴 대공습은 '폭탄' 해리스*의 지시로 이루어졌으며 처칠은 그 지시를 용인했다. 나치의 유대인 대학살은 어떠하며, 미국이 베트남에서 민간인을 상대로 네이팜탄을 쏘았던 일은 또 어떠한가. 그리고 미국인들이 1968년 베트남 미라이에서 저지른 민간인 학살도 마찬가지다. 이러한 잔혹 행위가 일어날 수 있었던 것은 상당 부분 평범한 사람들의 비합리적인 복종으로 설명할 수 있다. 밀그램의 실험 결과에 비추어볼 때 우리는 그저 "신의 은총이 없었다면 나도 저리 되었으리라."라고 말할 수밖에 없다. 모든 경우에서 그 누구도 자기 행위가 불러올 끔찍할 결과를 조금도 생각하지 않았다. 왜 그들은 그런 행동을 했던 것일까?

아서 해리스(Arthur Harris, 1892~1984) 제2차 세계대전 당시 영국 공군(RAF) 원수. 별명은 폭탄 해리스(Bomber Harris). 1942년 영국 폭격단 지휘관에 임명된 후, 1945년 독일 드레스덴 등에 무차별 폭격 명령을 내려 도시는 폐허가 되고 수만 명이 사망했다.

첫째, 이러한 행동을 한 사람들은 모두 군대나 그에 버금가는 조직에서 강도 높게 복종을 훈련받은 사람들이었다. 그들은 명령을 문제 삼지 않게끔 철저하게 교육받았다. 둘째, 맨 처음 명령은 대개 그 상황에서 벗어나 있는 사람이 내린다. 명령을 내린 당사자는 희생자를 알지 못하므로 명령이 낳을 가공할 결과는 '가용적'이지 않은 것이다. 제1차 세계대전 당시에 자국 군대에 속한 수십만 명을 무의미한 죽음으로 내몬 헤이그 장군*은 자신이 잇달아 저지른 실수의 결과가 가시적으로 나타나자 군 병원에 발을 들일 수가 없었다. 노먼 딕슨(Norman Dixon)의 말에 따르면 아이히만*과 힘러* 두 사람 모두 유대인 수백만 명을 죽게 한 장본인이지만 자신들의 명령이 결과로 나타나자 육체적으로 병이 나고 말았다고 한다.[5] 폭탄 투하나 폭격도 최종 행위를 수행하는 사람은 자신의 행위가 어떤 결과를 낳는지 직접 보지 않는다. 그러한 결과는 '가용적'이지 않기 때문에 무시된다. 셋째, 위의 사례는 모두 불복종이 어떤 처벌을 낳는 경우다. 넷째, 잔혹 행위의 대상인 독일인, 유대인, 베트남인은 모두 다 행위자들이 속한 집단 바깥의 집단들이었다. 다섯째, 몇몇 경우에는 외적 집단 구성원을 헐뜯고 비하하려고 갖은 애를 썼다. '1930년대 초부터 히틀러는 유대인을 중상하는

더글러스 헤이그(Douglas Haig, 1861~1928) 제1차 세계대전 때 프랑스 주둔 영국군 총사령관, 육군 원수. 그의 소모 전술('독일군을 더 많이 죽여라')은 1916~1917년에 별 소득 없이 엄청난 수의 영국군 희생자를 냈다.

아돌프 아이히만(Adolf Eichmann, 1906~1962) 독일의 전범. 제2차 세계대전 때 나치의 유대인 집단 학살 정책 가담자.

하인리히 힘러(Heinrich Himmler, 1900~1945) 독일의 국가사회주의 경찰 행정가, 군사령관. 친위대장이 되어 강제수용소를 친위대 감독 아래 두어 대학살과 탄압을 주도했고, 제2차 세계대전 때 특히 유대인 수용소 운영과 유대인 절멸에 앞장섰다.

선전 공세를 펼쳐 왔다. 집단 수용소에서는 일부러 위생 편의시설을 이용하지 못하게 했다. 그래서 가스실로 끌려가는 유대인들은 더러울 뿐 아니라 말 그대로 똥오줌투성이였다. 상대가 인간 이하의 존재로 보이면 아무래도 죽이기가 더 쉬운 법이다.

여섯째, 언제나 명령에 복종해야 한다고 생각하는 사람들은 그들 자신의 도덕적 책임을 부인함으로써 면죄부를 얻으려는 경향이 있다. 이 점은 밀그램의 실험 기록에서도 분명하게 나타난다. 밀그램의 기록을 보면 피험자가 실험자에게 앞으로 어떤 일이 일어나면 자기가 책임을 져야 하냐고 묻는 경우가 더러 있었다. 자기 행동에 책임을 느끼지 않으면 남에게 해를 입히면서 으레 느끼는 죄책감이나 수치심도 없다. 설령 문제가 발생해도 그건 다른 사람의 과실인 것이다.

마지막으로, 아마 이것이 가장 중요한 이유가 될 텐데, 밀그램의 실험 기록에서 살펴본 것처럼 복종에 따른 행동은 자동적인 습관일 때가 많다. 사람들은 그들이 복종하기 위해 그렇게 행동한다는 점조차 의식하지 못한 채 복종한다. 복종을 문제시하지 않고 습관화하면 그러한 복종이 합리적인지 아닌지 판단할 가능성도 없다. 그러한 판단은 생각을 해야만 나오는 것이기 때문이다.

지금까지 열거한 여러 요인은 사회 집단 내부와 사회 집단 간의 순응과 태도에도 작용한다. 다음에 이어질 두 장에서 그러한 요인이 발휘하는 강력한 효과를 보여줌으로써 좀 더 폭넓게 살펴볼 것이다.

체크리스트

01 복종하기 전에 생각하라.

02 명령이 정당화될 수 있는가 반문하라.

03 예일대학에서 하는 심리 실험에는 절대로 참여하지 말라.

3장

순응

권위 있는 존재가 시키는 대로 행동하는 것이 복종이라면 순응은 나와 대등한 사람과 같은 방식으로 행동하는 것이다. 사회적 규범에 순응하는 것은 바람직할 때가 많다. 신호등에 빨간불이 들어왔는데 길을 건너면 그 사람만 위험하다. 아랍 국가에서 식사를 하는 경우가 아닌 이상, 저녁 식사 자리에서 요란하게 트림을 하는 짓이 당사자와 다른 손님들의 흥을 돋울 리는 만무하다. 하지만 순응하고자 하는 욕망은, 대부분의 경우에는 우리 자신이 깨닫지도 못한 채 극도로 비합리적인 행동을 낳을 수 있다.

여러분이 어떤 심리학 실험에 피험자로 참여했다고 치자.[1)] 여러분은 의자 아홉 개가 반원형으로 놓여 있는 방으로 안내되었다. 맨 끝 의자에는 다른 사람이 앉아 있고 여러분은 그 바로 옆 자리에 앉게 되었다. 사람들이 속속 들어와서 다른 의자에 앉고, 실험자는 오늘 피험자들이 할 일은 선분의 길이를 알아맞히는 거라고 설명한다. 실험자가 사람들에게 두 장의 카드를 보여준다. 한 장에는 선이 한 개 그려져 있고 다른 한 장에는 세 개가 그려져 있다. 두 번째 카드의 세 선 중 하나는 첫 번째 카드에서 본 선과 길이가 같고 나머지 두 선은 분명히 약간 더 길거나 약간 더 짧다. 예를 들어, 첫 번째 카드에 8센티미터짜리 선이 그려져 있다면 두 번째 카드에는 각각 6센티미터, 8센티미터, 10센티미터인 선 세 개가 그려져 있는 식이다. 실험자는 피험자들이 각각 두 번째 카드에서 어떤 선이 첫 번째 카드에 있던 선과 일치하는지 대답해야 한다고 말한다. 정답이 너무 쉬워서 여러분은 아마 실험자 — 어쨌거나 그는 심리학자다. — 가 약간 머리가 이상한 게 아닌가 싶을 정도다. 실험자는 여러분 자리에서 가장 멀리 떨어져 있는 사람부터 차례대로 정답을 말해보라고 한다. 그런데 놀랍게도 다른 사람들이 전부 다 정답을 비켜간다. 그들 모두가 똑같이 정답이 아닌 다른 선을 가리킨다. 여러분은 자기 차례가 오면 뭐라고 대답하겠는가?

"모두가 그렇다면 그렇겠지."

사실 반원형으로 둘러앉은 사람들은 단 한 명만 빼고 다 바람잡이였다. 그들은 실험자가 시키는 대로 대답했던 것이다. 실험에는 여러 집단이 참여했는데 그들은 각각 18쌍의 카드를 보았다. 그중 6쌍의 카드에 대해서는 바람잡이들도 정답을 말했지만 나머지 12쌍의 카드에는 모두 다 일부러 똑같은 오답을 말했다.

문제는 여전히 남는다. 만약 여러분이 이 실험에 피험자로 참여한다면 어떻게 할까? 실제로는 실험에 참여한 피험자 가운데 4분의 1만이 다른 사람들이 모두 오답을 가리키는 상황에서도 자기 판단이 정확하다고 믿고 12회 모두 정답을 말했다. 어떤 사람들은 다수가 틀렸다고 생각은 했지만 그들을 반박할 준비가 되어 있지 않았기에 자기도 일부러 틀린 답을 말했다. 또 어떤 사람들은 자기가 뭔가 잘못 봤을 거라고 생각해서 오답을 말했다. 한편, 다수가 옳을 거라고 철석같이 믿어버린 사람들도 있었다. 게다가 다른 사람들의 판단에 영향을 받지 않고 소신을 지킨 피험자들도 대부분 극도로 긴장하고 망설이는 기색을 보였다.

솔로몬 애시가 미국에서 처음 실시한 이 실험은 여러 차례 반복되었지만 기본 결과는 마찬가지였다. 다만, 오답을 말하는 피험자들의 수는 대체로 약간 줄어들었다. 여기에는 여러 가지 이유가 있을 수 있다. 아마도 이 실험을 처음 실시했던 매카시 시대의 미국은 각별히 순응성이 두드러졌을 것이다. 혹은, 세월이 흐르면서 심리학 실험이 학생들에게 많이 알려져 피험자로 참여한 학생들이 실험자의 트릭을 간파했을 수도 있다. 그렇지만 두 번째 카드에서 세 선의 길이가 엇비슷해서 정답을 파악하기가 까다로운 경우에는 거의 모든 피험자가 바람잡이들의 오답에 넘어갔다. 특히 흥미로운 것은, 이러한 상황에 놓였던 각 피험자들은 거의 다 나중에 자기는 다수의 판단에 영향을 받지 않았다고 주장했다는 사실이다. 사람들은 습관적으로 복종하듯이 곧잘 습관적으로 순응하기도 한다.

어떤 선이 정답인지 명백한 상황에서는 바람잡이 중 한 명만 정답을 말해도 피험자들은 대부분 정답을 말했다. 이는 아마도 다수 의견을 따르려는 이유가 부분적으로 거부에 대한 두려움 때문일 것이다. 나 아닌 다른 한 사람이 정답을 말해 거부당하지 않는다면 피험자는 자신이 그것과 똑같은 답을 말하면서 두려워할 이유가 없다고 생각한다.

애시는 나중에 이 실험을 약간 뒤틀어서 피험자들에게 (남들에게 안 보이게) 정답을 써서 보여 달라고 해보았다. 여전히 상당수는 다수의 의견에 영향을 받았지만 그래도 피험자가 정답을 제시하는 확률은 앞의 실험들보다 높았다.

애시의 발견은 다른 사람들이 이렇게 하면 안 된다고 생각하면서도, 혹은 자기가 잘못하고 있다는 생각이나 그들이 그렇게 할 수밖에 없도록 만드는 사회적 압력에 대한 자각 없이도, 다른 사람들의 행동을 따라하려는 경향이 있음을 보여주었다. 순응하기 위해 자기 판단을 왜곡하면서도 그렇게 하고 있음을 깨닫지도 못하니 이는 비합리적이다. 일상에서 이러한 비합리적 순응은 아주 흔하다. 사소한 예를 하나 들어보자. 관습적으로, 영국 사람들은 모르는 사람에게 말 걸기를 싫어한다. 그래서 열차에 탄 수많은 승객들은 객차 안이 찜통 같든 얼음장 같든 간에 묵묵히 참는다. 다른 승객에게 창문을 열어 달라거나 닫아 달라고 부탁하기를 꺼려하는 탓이다. 마주보고 앉은 승객 두 사람이 추워서 오들오들 떨면서도 어느 한 사람 용기를 내어 창문을 닫지 않고 있는 광경도 어렵잖게 볼 수 있다. 그러한 상황은 의도적으로든 우연으로든 서로 뜻을 맞추지 못한다는 데에서 비롯한다. 그렇지만 다른 사람들의 기분을 거스르는 게 좋지 않다 해도 생면부지의 낯선 사람이 열차 내 온도를 약간 조절하는 지극히 사소한 문제에 대해 어떻게 생각하든지 그런 게 정말 중요할까?

그보다 더 중요한 건 순응이 신념과 태도에 미치는 효과다. 사람들은 자기와 신념이 비슷한 사람들끼리 뭉치는 경향이 있기 때문에 그러한 효과는 한층 더 해롭다. 다음 장에서 우리는 신념을 실증하는 유일한 방법은 그것을 반박하려고 노력하는 것 외에는 없음을 볼 것이다.

하지만 유유상종이기 때문에, 우리는 우리 마음속으로 확신하는 것에 대해서는 반증은 고사하고 반론조차 접하는 경우가 드물다. 우리 신념은 우리와 어울리는 사람들의 신념과 비슷비슷하게 들어맞는다. 그런고로 거기에 남아 있는 오류를 없앨 수 있는 확률도 지극히 낮다.

정치인들이 신념을 바꾸지 않으려 하는 이유

공개적으로 발표한 결정은 사적으로 내린 결정보다 실행할 가능성이 높다고 알려져 있다. 공공연하게 내린 결정을 밀고 나가지 않으면 체면을 잃을까 봐 두렵지만 개인적으로 내린 결정을 슬그머니 되돌리기는 쉽다. 정치인들이 그렇게나 자기 뜻을 번복하기 싫어하는 것도 부분적으로는 정치적 결정이 공개적이기 때문일 것이다. 심지어 처음 내린 결정이 분명히 잘못된 것일 때도 그렇다. 영국에 인두세를 도입한 결정이 좋은 예다. 누구나 항상 옳을 수는 없기 때문에 새로운 증거에 비추어 기꺼이 자기 뜻을 바꿀 수 있다면 그것은 오히려 합리성의 표시이지 결코 나약함을 드러내는 것이 아니다.

광고 에이전시가 실시한 여러 연구에서 낯선 사람들을 한데 모아놓고 어떤 상품의 장점을 미주알고주알 늘어놓았다. 모임이 끝날 무렵에 참가자들에게 그 상품을 구매할 의사가 있는지 사람들 앞에서 큰소리로 말하거나 개인적으로 구매 의사를 적어 내라고 했다. 그 결과, 남들 앞에서 그 물건을 사겠다고 말한 사람들이 자기 혼자 종이에 구매 의사를 적어 낸 사람보다 실제로 구매할 확률이 더 높았다.

좀 더 공식적인 연구[2)]에서 한 실험자가 지역 가스 회사에서 나왔다고 하면서 집 주인들과 인터뷰를 했다. 실험자는 그들에게 지역 주민들이 에너지 사용을 얼마나 줄일 수 있는지 조사하는 중이라고 했다. 그리고 에너지를 절약할 수 있는 여러 가지 방법을 가르쳐주면서 이번 조사 결과가 지역 신문에 실릴 거라고 했다. 그는 조사 대상인 집 주인 가운데 절반에게는 협조에 동의한 사람들의 이름이 신문 기사에 나올 거라고 말하고 나머지 절반에게는 협력자들의 이름이 공개되지 않는다고 말했다. 그러니까 모두 다 에너지 절약에 협력하기로 하고 소정의 양식에 서명했지만 그중 일부는 자기 이름이 공개되는 데 합의했고 나머지 일부는 익명으로 남기로 했던 것이다. 몇 달이 지난 다음 각 가정의 중앙난방 가스 사용량을 조사해보았다. 자기 이름이 공개되는 데 동의했던 협력자들은 익명으로 남기로 했던 협력자들보다 가스를 훨씬 적게 사용한 것으로 나타났다.

체중 감시 모임(Weight Watcher)과 알코올 중독자 금주 모임(Alcoholics Anonymous)의 성공에도 이러한 현상이 깔려 있다. 살을 빼겠다든가 술을 끊겠다는 결심은 개인적 차원에 머물 때보다 공개적으로 서약할 때 더 큰 결실을 맺는다. 바람직하지만 실천하기 어려운 일을 할 때에는 사회적 동의를 얻으면 도움이 된다. 반면, 실천에 실패했을 때는 수치심을 불러올 수 있다.

공개 서약의 효과는 여러 차례 입증되었다. 그러나 예일대학에서 기혼 여성을 대상으로 실시한 실생활 연구는 여기서 한 걸음 더 나아갔다.[3] 이 연구에 참여한 여성들은 모두 다 강경하게 피임 정보를 널리 알려야 한다는 입장이었다. 이 여성들 중 절반은 지역 고등학교 학생들에게 피임 지식을 알려야 한다는 진정서에 서명했다. 반면 나머지 절반의 여성들은 어떤 절차도 거치지 않았다. 그 다음날, 진정서에 서명한 여성 가운데 절반과 서명을 요청받지 않은 여성 가운데 절반은 소책자를 한 권씩 받았다. 소책자는 왜 십대 청소년들에게 피임 정보를 알려서는 안 되는지를 설득력 있게 조목조목 설명하는 내용이었다(피임 지식이 오히려 청소년들의 무분별한 성관계를 조장할 수 있다든가, 그런 정보를 주는 일은 어디까지나 부모의 책임이라든가 등등). 하루쯤 지나 각 여성들에게 전화를 걸어 피임 정보를 널리 알리는 집단에서 자원 봉사를 하지 않겠느냐고 부탁했다(전화를 건 사람이 실험자라는 사실은 말할 것도 없다). 십대 청소년들에게 피임 정보를 알려서는 안 된다는 그 소책자가 상당히 설득력이 있었음이 분명했다. 진정서에 서명하지 않은 여성들(다시 말해, 청소년에게 피임 정보 전파를 공식적으로 서약하지 않은 여성들)의 경우, 소책자를 받은 사람은 그렇지 않은 사람보다 자원 봉사에 참여하는 비율이 훨씬 낮았다.

그런데 진정서에 서명한 여성들의 경우에는 완전히 정반대 현상이 일어났다. 서명도 하고 소책자도 받은 여성들은 50퍼센트가 자원 봉사에 참여한 반면, 서명만 하고 소책자는 받지 않은 여성은 고작 10퍼센트만 참여 의사를 밝혔던 것이다. 다른 말로 하면, 진정서에 서명함으로써 공개적으로 서약한 여성들은 소책자에 강력한 반작용을 보인 셈이다. 그들의 시각과 상충되는 소책자의 메시지는 그들의 서약을 무너뜨리기는커녕 오히려 더욱 굳건하게 했다. 일단 어떤 신념에 강하게 경도되면(이 경우에는 공개 선언으로 신념을 알렸다) 그 신념과 상반되는 논증조차 신념을 더욱 굳게 다지는 역할을 하는 것이다. 사람들은 자기 신념이 도전받으면 오히려 더욱더 자기가 옳다고 확신한다. 이게 바로 '부메랑 효과(boomerang effect)'다. 이러한 효과는, 적어도 부분적으로는 자기가 빠져나갈 수 없다고 느끼는 서약이나 참여를 정당화하고 싶은 욕구에서 비롯한다. 요컨대, 소책자에 실린 반론에도 불구하고 피임 정보를 알리기로 이미 약속한 여성들은 진정서에 서명한 것이 옳은 일이었음을 스스로 증명해야만 했기 때문에 소책자를 보고 난 뒤에도 더욱더 열성적으로 참여했던 것이다.

여기에는 분명히 엄청난 비합리성이 작용하고 있다. 처음에는 모든 여성들이 똑같은 태도를 보였다. 그런데 반대되는 주장을 접한 다음에 공개적으로 서약하지 않은 여성들은 살짝 그들의 시각을 누그러뜨렸고 공개적으로 서약한 여성들은 오히려 더 극단적인 시각으로 치달았던 것이다.

따라하려는 욕망과 앞서 나가려는 욕망

통상적인 습관을 생각 없이 따르다가 엄청난 해악을 불러올 수도 있다. 영국 퍼블릭스쿨에 퍼졌던 괴상하고 불쾌한 관습을 생각해보자. 하급생들은 상급생들을 위해 건배하면서 손가락을 불로 지지기도 했고, 상급생들에게 이유 없이 구타당하기도 했다. 독일 나치의 잔혹 행위에는 복종을 비롯한 여러 다른 요인이 작용하였지만, 특히 끔찍한 집단 규범에 순응한 것이 크게 한몫을 했다. 한때는 결투로 분쟁을 매듭짓는 기이한 관습이 유지되기도 했다. 결투를 하는 사람들은 그런 짓을 할 만한 신체적 용기는 있지만 결투를 거절할 만한 정신적 용기는 없었던 이들이다. 그들은 결투를 거부해서 친구들에게 겁쟁이로 보일까 봐 두려워했다. 신앙이라는 미명하에 저지른 수많은 악행들, 이를테면 이교도를 불로 태워 죽이거나 하는 짓도 부분적으로는 순응에서 비롯했다. 사회가 좋은 관습을 갖고 있다면 순응이 당연히 좋은 효과를 발휘한다. 그러나 사회의 관습이 전부 다 좋을 확률은 희박하다. 대부분의 사람들은 어떤 관습이 따를 만한 가치가 있고 어떤 관습이 그렇지 못한지 스스로 생각하기보다 무조건 따르고 본다.

순응이 해로운 효과를 낳는 좀 더 사소한 예로서, 여성 패션을 들 수 있다. 여성 패션에서 순응하고자 하는 욕망과 남보다 돋보이고자 하는 욕망이 어우러져 꽤나 당혹스러운 결과물로 나타나는 경우가 종종 있다. 패션 트렌드는 대개 사람들에게 선망의 대상이 되는 집단이 결정한다. 그러한 집단은 시대에 따라 왕가(王家)가 될 수도 있고, 영화배우일 수도 있고, 젊은이들일 수도 있다(예를 들어 1960년대는 젊음에 경의를 표하는 시대였다). 패션을 선도하는 이들은 대개 그들을 따르는 다수와 스스로 차별화되기를 원한다. '서민'들이 따라한다 싶으면 패션 리더들은 지금의 유행 패션을 더욱 과장함으로써 앞서 나가려 한다. 이렇게 해서 패션은 경쟁적으로 과장되고, 그러한 과장은 다시 다른 이들의 모방거리가 된다. 이리하여 스틸레토 힐*, 꽉 조이는 코르셋, 크리놀린*(크리놀린 자체는 파팅게일farthingale이 세 번째 부활한 것이다)처럼 해로운 패션 아이템들이 등장한다. 패션의 유행은 순응하고자 하는 욕망에서 나오는데, 이러한 욕망은 대체로 비합리적이다. 옷 입는 방식을 흉내 낸다고 해서 영화배우나 사교계 여성의 다른 특성까지 함께 누릴 수 있는 것은 아니다. 그런데도 때때로 패션이 낳는 극단적이고 비합리적인 결과물은 어느 개인의 비합리성에서 비롯된 것이라기보다는 집단 내에 영향을 끼치는 여러 가지 요인의 상호 작용, 특히 순응과 경쟁의 영향에서 비롯된 것이다.

스틸레토 힐 하이힐 중에서도 굽이 유독 송곳처럼 길고 뾰족한 구두.
크리놀린 19세기에 서양 여자들이 스커트를 부풀게 하려고 버팀살을 넣어 만든 페티코트.

나는 여성 패션을 예로 들었지만 회화, 음악, 시, 건축, 남성복 등 그 밖의 여러 분야의 스타일도 생각해볼 수 있다. 비록 남성복 분야는 최근에는 그리 극단적으로 치닫고 있지 않지만 분명히 16세기 남자들은 큼지막한 코드피스*를 차고 다니기가 녹록지 않았을 것이다. 여기에서도 집단에 순응하려는 욕망과 패션 리더들의 앞서 나가고자 하는 욕망을 함께 읽을 수 있다.

사람들은 그들이 속한 집단과 사회의 태도를 모두 따라한다. 그밖에는 두 가지 경우가 있다. 자기가 우러르는 어떤 한 사람의 태도나 행동을 따라하려는 순응과 잘 아는 사이는 아니지만 생각이 같은 군중의 태도나 행동을 따라하려는 순응이 그것이다.

'본보기' 행동을 모방하는 것은 유익할 수 있다. 잘 알려져 있다시피, 어린아이들은 주로 부모의 행동을 보고 배운다.[4] 이러한 경향은 분명히 거의 타고나는 것이다. 구어(口語)는 대부분 모방하면서 배운다. 아이가 문법에 어긋나는 말을 하거나 단어를 잘못 사용해도 부모가 그런 오류를 일일이 바로잡아주지는 않는다. 부모는 아이가 사실과 다른 말을 할 때나 바로잡아준다. 아이들은 선천적으로 타고나는 메커니즘을 통해 자기가 듣는 말, 곧 제한된 표본만 가지고도 말을 정확하게 구사하는 법을 추론해낼 수 있다. 부모가 혀를 낼름 내밀면 생후 6개월된 아기도 그것에 반응해서 똑같은 동작을 꽤 잘 해낸다. 아기는 자기 혀를 볼 수 없는데도 부모의 동작과 자기 혀를 연결지을 수 있고 그에 걸맞은 반응을 보여주는 것이다.

코드피스 15~16세기에 남자 바지 가랑이 앞쪽에 댔던 샅주머니.

이미 여러 차례 확인되었지만, 똑같은 메시지라도 전문가나 신뢰할 만한 사람이 제시하는 게 별로 미덥지 않은 사람이 제시하는 것보다 설득력이 강하다. 예를 들어, 한 연구[5)]에서 피험자들에게 예방 의학 기사를 주면서 그 기사가 권위 있는 의학 저널에서 발췌한 것이라고 하거나 〈프라우다〉 지에 실렸다고 말했다. 놀랄 일도 아니지만, 믿을 만한 의학 전문지에 실린 기사라고 생각할 때에 피험자들의 태도가 더 많이 달라졌다. 전문가가 자기 전문 영역과 관련해서 하는 말은 믿는 것이 합리적이다. 아니, 조금은 믿어야 한다고 해야 할까. 전문가들의 말도 곧잘 틀리거니와, 때로는 아주 끔찍하게 틀리기 때문이다. 그렇지만 불행히도, 사람은 자기가 전달하는 메시지와 사실상 아무 관계도 없으면서 얼마든지 좋은 말을 늘어놓을 수 있다. 유명한 야구선수가 자기가 무슨 헤어 크림을 쓰는데 그게 참 좋더라고 말하면 그 상품은 날개 돋친 듯 팔려나간다. 야구선수가 공 던지는 데야 일가견이 있겠지만 헤어 스타일을 정리하거나 옷맵시를 내는 데 뭐 그리 아는 게 있겠는가(물론 소수의 예외는 있을 수 있다).

이러한 예에서 야구선수의 견해를 따르려는 태도는 한 사람의 모든 특성을 일관된 것으로 보려는 사람들의 심리적 경향에서 나온다. 야구를 잘하니까 헤어 크림이나 그밖에 그 사람이 광고하는 모든 상품들에도 판단을 잘 내릴 것이라는 추론이 뚜렷이 인지되지 않은 채 작용하는 것이다. 이것은 후광 효과의 다른 한 예일 뿐이다. 그렇지만 전문가가 상품을 선전하더라도 그 광고를 믿는 것은 비합리적이라고 판단할 만한 또 다른 이유가 있다. 윔블던 테니스 선수권 대회 여자 단식에서 우승한 선수가 위즈뱅 라켓이 좋다고 떠들더라도 그 선수가 정말로 그렇게 여긴다고 볼 수만은 없다. 다만 우리는 그 선수가 돈을 받고 고용되어 그렇게 말한다는 사실을 알 뿐이다. 그런데도 테니스 선수들은 너나 할 것 없이 위즈뱅 라켓을 사려고 달려가는데, 이런 게 바로 비합리성이다.

두려움은 쉽게 전염된다

이제까지 전체 사회에 대한 순응과 특별한 개인의 태도에 대한 순응을 다루었다. 이제 군중 속에서 볼 수 있는 순응 문제로 넘어가겠다. 공황, 폭력, 종교적 회심이라는 세 가지 극단적인 행동들은 바로 이러한 순응에서 나올 수 있다.

여러분이 극장에 앉아 있다고 치자. 여러분 좌석에서 가장 가까운 비상구는 10미터쯤 떨어져 있는데 극장에 불이 났다. 모두들 빠져나가려고 아우성이다. 다른 사람들이야 넘어지거나 말거나 무조건 밀치고 비상구로 달려갈까? 아니면 차례대로 줄을 서서 빠져나가기를 바라며 차분하게 차례가 오기를 기다릴까? 이 상황은 앞에서 살펴보았던 죄수의 딜레마와 비슷하다. 모두가 질서를 지키며 행동한다면 최대한 많은 사람이 구조될 것이다. 하지만 비상구에서 아주 먼 자리에 앉았던 몇몇 사람들은 목숨을 잃을지도 모른다. 대부분의 사람들이 공황 상태에 빠지지 않았고 극소수만 비상구로 미친 듯이 달려간다면 그들은 남들을 희생시키겠지만 자기 목숨은 구할 것이다. 그러나 모두가 공황 상태에 빠진다면 가장 많은 희생자가 나올 것이다. 이때 권위 있는 사람이 나서지 않으면 모두가 겁을 먹고 제정신이 아닐 것이다. 일단 모두 살고 싶을 것이고, 그밖에도 다른 두 가지 이유에서 공포가 확산된다. 누가 자기만 살겠다고 남을 밀치면서 비상구로 달려가면 여러분은 그게 부당하다고 생각하면서도 똑같이 행동할 것이다. 더욱이 군중 속에서 어떤 강렬한 정서는 점점 더 많은 사람들에게로 퍼져나가는 법이다. 두려움은 전염성이 강하다. 눈물도 마찬가지다. 다른 사람들이 공포를 느끼면 나도 곧 느끼게 된다. 그럼에도 그러한 공포는 대부분 비합리적이다. 공포에 사로잡혀 아수라장이 되면 그 자리에 있는 사람들의 생존 가능성이 그만큼 줄어든다는 점 한 가지만 보더라도 그렇다.[6)]

권위적 존재가 있으면 공포가 줄어들 수 있다. 항공기 사고가 발생해도 공황 상태에 빠지는 승객은 그리 많지 않은데, 그것은 숙달된 승무원들이 침착한 분위기를 조성하기 때문이다. 전쟁터에서도 두려움의 수준은 높을지언정 공황 상태는 매우 드물게 나타난다.[7)] 제2차 세계대전 때 미국 군대를 대상으로 한 연구에 따르면 군인 4명 중 1명은 전투 직전에 구토를 하고 5명 중 1명은 오줌을 지리거나 설사를 하는 증상을 보였다고 한다. 오랜 훈련, 사관과 부사관의 침착한 분위기, 그리고 아마도 이것이 가장 중요한 요소겠지만 집단의 이상에 부응하고 동지들을 실망시켜서는 안 된다는 바람, 이 모든 것이 병사들에게 견디기 힘든 두려움에도 불구하고 마음을 다잡게 하는 효과를 발휘한다.

홀로 무조건적이고 무의미한 폭력에 탐닉하는 사람은 거의 없다. 하지만 미국의 남부 지역에서 볼 수 있는 군중 린치에서부터 영국 축구팀 응원단에 이르기까지 군중 내의 폭력은 그리 드물지 않다. 아마 혼자만의 무차별 폭력은 재미가 없는 모양이다. 미국 남부의 일부 주에서는 흑인들에 대해 끔찍한 린치가 발생해 피해자가 지독한 고문을 당하다가 죽기까지 하는 일이 곧잘 벌어진다. 그러한 구타 행위는 적어도 가해자에게는 흑인을 뿌리 뽑는다는 의미가 있을 것이다. 하지만 축구 응원단의 쓸데없는 폭력 행위는 아무 의미도 없어 보인다. 이런 일은 여러 가지 이유에서 군중 행동에 한정된다. 그중에는 군중의 일원이 되면 책임감이 분산된다는 이유도 있다. 군중의 몰개인화 효과는 합리적으로 입증되었다. 군중은 구성원들에게 익명이라는 느낌을 제공한다. 한마디로, 아무도 콕 집어서 누가 무슨 일을 했는지 모른다는 말이다. 이 점은 피험자들이 바람잡이에게 전기 충격을 가해야 하는 실험에서도 증명되었다.[8] 연구실 가운을 입고 모자를 쓴 피험자들은, 의복으로 익명성을 얻은 상태이므로 자기 옷을 입고 이름을 노출한 피험자들보다 바람잡이에게 전기 충격을 훨씬 더 많이 가했다. 물론 실제로는 어떤 충격도 없었지만 바람잡이는 충격을 입은 것처럼 연기했다.

군중 폭력이 일어나는 또 다른 이유는 적대감의 확산 경향에서 찾을 수 있다. 집단 내의 다른 구성원들에게 남자답게 보이고 싶은 바람, 맨 처음에 나서서 폭력을 휘두름으로써 다른 사람들을 이끌고 싶은 바람, 다른 집단을 공격함으로써 자기 집단의 정체성을 강화하고 싶은 바람. (패션에서 그렇듯이) 리더들은 앞서 나가고 다른 사람들은 따라하고 싶어 하기 때문에 폭력은 점차 잔인해진다. 그러나 그 못지않게 중요한 이유는, 군중의 다른 일원들이 더 넓은 사회의 관습적 가치를 지키지 않음을 깨닫고 자기 자신도 기꺼이 그런 행위를 하는 현상에 있다. 보행자가 빨간불에 길을 건넌다든가(미국의 여러 주에서 이는 불법이다) 하는 사소한 행위부터 다양한 침해 행위에 이르기까지, 사람들이 남들의 일탈 행위를 따라한다는 점을 보여주는 연구는 많다. 그런 일을 해도 벌을 받지만 않는다면 남들도 다 따라할 것이다. 결국 "쟤도 저러는데 왜 나는 안 돼?"인 것이다.

군중이 이바지하는 세 번째 효과는 종교적 회심이다. 회심 '그 자체'

가 반드시 비합리적이지는 않다. 그러나 어떤 사람이 군중 속에 있고 그 가운데 신앙을 가진 이가 더러 있다고 해서 종교에 귀의한다면 그건 분명히 미친 짓이다. 빌리 그레이엄(Billy Graham) 목사의 설교를 듣고 회심한 수많은 사람들 가운데 홀로 복음을 묵상하고도 열렬한 기독교인이 되었을 법한 사람이 몇이나 있을까? 그들 가운데 빌리 그레이엄 목사와 직접 잠깐 대화만 나누고 기독교에 귀의했을 법한 사람은 몇이나 될까? 우리는 다시 한 번 군중이 정서를 전염시키고 순응을 조장한다는 점을 확인할 수 있다.

그레이엄 목사나 그 비슷한 부류의 다른 이들도 단순한 대중 히스테리보다는 설득의 기술을 구사한다. 이들은 또한 공개적 서약과 점진적으로 점점 더 깊은 서약으로 빠져 들어가게 하는 수법을 사용하는데, 여기서 후자는 나중에 다룰 것이다. 그레이엄 목사는 우리 모두가 때때로 느끼는 죄의식이나 수치심을 덜어주기 위해 군중에게 종교적 회심을 통한 확실한 구원을 설파하고, 간증할 채비가 된 이들은 단상으로 올라오라고 말한다. 그러면 사람들은 과거의 죄를 고백하고 종교활동에 참여하겠다고 공개적으로 선언한다. 또한 가입서에 서명함으로써 그들의 결심을 더욱 확고하게 만든다. 이 과정을 다 거치고 나서도 신앙이 없는 원래 상태로 돌아갈 수 있는 사람은 털끝만큼의 순응도 모르는 진짜 강적들뿐이다. 설령 그렇게 돌아간다 해도 그 과정에서 새로 알게 된 친구들은 그런 행위를 맹렬히 비난할 것이다. 사람들이 이러한 상황에 어찌나 잘 넘어가는지 수많은 미국의 부흥사들은 순진한 신도들 덕분에 벼락부자가 됐다. 노스캐롤라이나 주의 짐 베이커(Jim Bakker)가 받은 기부금은 1억 5800만 달러나 되었다. 그중 400만 달러는 명목상 주님께 바치는 헌금이었음에도 불구하고 그의 주머니

속으로 들어갔다. 비합리적인 신도들 덕분에 베이커는 애완견이 사는 개집에까지 에어컨을 달아줄 정도로 엄청난 호사를 누렸다. 베이커는 현재 45년 형을 언도받고 수감 중이다.*

구경꾼 효과 : 다른 누군가가 도와주겠지

때로는 나와 대등한 사람의 영향력이 조금 다르기는 하지만 바람직하지 않은 방식으로 작용할 수 있다. 가끔은 곤란에 빠진 사람을 도와줄 것인가를 결정하기가 쉽지 않다.[9] 사람이 크게 다쳤는데 나에게 의학적 지식이 전혀 없다면 도와준답시고 나섰다가 일을 더 그르칠지도 모른다. 또한 그 사람에게 도움이 필요 없는 걸로 밝혀진다면 난처해질 것이고, 설령 진짜 도움이 필요한 사람이라 해도 낯선 사람에게 말 걸기도 난감할 뿐더러 내가 그 사람이 필요로 하는 도움을 주지 못할지도 모르니 그것도 난처한 일이 될 것이다. 그 사람이 누군가의 공격을 받은 거라면 그를 도와주는 사람도 공격받을 위험이 있다. 피나 상처에 넌더리를 내는 사람이라면 마음을 단단히 먹어야 할 것이다. 그리고 아마 이것이 가장 창피한 일이 될 텐데, 오늘날 우리 시대에는 어느 악질적인 사회심리학자가 부상을 입은 척 쓰러져 있었던 것으로 밝혀질 수도 있다. 그렇다면 졸지에 바보 꼴이 되기 십상이다. 그리고 도움

---

* 짐 베이커는 그 후에 공금 횡령죄에 대해서는 무죄를 선고받았고 연방 항소 법원의 결정에 따라 8년형으로 감형되었다. 그리고 수감된 지 채 5년도 안 되어 1994년 12월에 감옥에서 풀려났다. 이 텔레비전 전도사는 2013년 현재 미주리 주 브랜슨에서 매일 한 시간짜리 '짐 베이커 쇼'를 방송하고 있다. 그의 웹 사이트에서는 다양한 형태의 기부는 물론이고, 베개나 물병, DVD 같은 다양한 '사랑의 선물'을 구매할 수 있다.

을 주려고 한 사람은 적어도 귀중한 시간을 얼마간 잃을 것이다. 실제 일어났던 두 가지 사례를 들어보자.

1964년의 어느 날 밤, 뉴욕 시에서 키티 제노비스라는 젊은 여성이 자동차를 주차하고 자기 집까지 걸어가고 있었다. 그런데 칼을 든 강도가 제노비스를 습격했고, 그녀는 비명을 질렀다. 건물에 불이 하나 둘 켜졌고 강도는 도망쳤다가 다시 달려들어 칼을 휘둘렀다. 강도가 다시 한 번 물러난 사이에 제노비스는 자신이 사는 건물 문 앞까지 간신히 기어갈 수 있었다. 하지만 강도는 세 번째 공격을 감행하여 제노비스의 숨통을 완전히 끊어놓았다. 이 사건은 자그마치 30여 분 동안 벌어졌고 자기 집 창문에서 범행을 목격한 사람만 해도 38명이나 되었다. 그런데 단 한 사람도 사건에 개입하지 않았으며 경찰에 신고도 하지 않았다.

두 번째는 좀 더 잘 알려진 예다. 예루살렘에서 여리고로 혼자 여행하던 사람이 강도에게 습격당해 심하게 다쳤다. 사제가 지나가다가 그 사람을 보았지만 길 반대쪽으로 가버렸다. 레위인도 지나갔지만 마찬가지였다. 그다음에 사마리아인 한 사람이 지나갔는데 그는 "동정심이 일어나 다친 사람에게 다가가 상처를 싸매주었다." 사마리아인은 부상자를 어느 여인숙에 데려가 주인에게 잘 보살펴 달라고 부탁했다. 사제와 레위인이 길 반대쪽으로 지나가버린 이유는 곤경에 처한 사람이 가까이 있을수록 모른 척하기가 어렵기 때문일 것이다. 그렇게 거리를 두어야만 그들이 그 불운한 사람에게 책임이나 의무가 있다는 사실을 부인할 수 있기 때문일 수도 있다.

선한 사마리아인처럼 품성이 고귀한 사람이 아닐지라도, 키티 제노비스 살해를 목격한 38명 가운데 적어도 한 명쯤은 전화기로 달려가 경찰에 신고하는 수고 정도는 감수할 수 있지 않았을까? 어째서 선한 사마리아인은 그 목격자들과 다르게 행동했던 걸까? 그 답은 이미 나와 있다.

누군가 나서야 하는 사건을 여러 사람이 목격할 때에는 목격자가 한 사람일 때보다 각자가 느끼는 책임감이 감소한다는 사실이 다양한 실험에서 밝혀졌다. 한 연구에서 대학 새내기들을 대상으로 대학 생활에 적응하는 데 따르는 어려움을 토론할 거라고 설명했다. 피험자들은 서로 말을 들을 수는 있지만 얼굴은 볼 수 없었다. 피험자 수는 1명에서 4명까지 그때그때 달랐지만 항상 가짜 학생 역할을 하는 바람잡이가 한 명 끼어 있었다. 바람잡이는 토론에서 간질병이 있다고 밝혔다. 그리고 조금 있다가 간질 발작을 일으키는 척 연기를 했다. 진짜 피험자가 1명밖에 없을 때에는 85퍼센트의 학생이 실험자에게 즉각 그 사실을 알렸다. 그러나 진짜 피험자가 2명일 때에는 62퍼센트, 3명일 때에는 32퍼센트만이 실험자에게 보고했다. 각 학생들은 자기가 굳이 나서지 않더라도 다른 사람이 알아서 할 거라고 생각했던 것이 분명하다.

실생활과 좀 더 가깝게 설정한 어느 흥미로운 연구에서도 이러한 효과가 입증되었다. 실험자 2명이 뉴욕 주에 있는 주류 판매점에 들어갔다. 그들은 가게 주인이 뒷방에 들어가 있는 동안에 저장 맥주 한 짝을 갖고 나오면서 이렇게 말했다. "이거 하나 없어진대도 아쉬울 거 없겠지." 실험자들은 가게 안에 진짜 손님이 한 사람 있을 때와 두 사람 있을 때를 나눠서 이렇게 맥주를 훔치는 척 해봤다. 맥주를 도둑 맞은 후에 가게 주인은 다시 계산대로 나왔다. 물론 주인은 사정을 다 알고 있었다. 어쩌다가 피험자가 된 손님들이 누가 맥주를 훔쳐갔다는 말을 즉각 하지 않으면 주인이 먼저 아까 그 두 손님은 어디 갔느냐고 물어봤다. 가게에 진짜 손님이 1명밖에 없을 때는 65퍼센트가 절도를 신고한 반면, 진짜 손님이 2명일 때는 51퍼센트만 신고했다. 가게에 손님이 몇 명 있느냐와 상관없이 손님들이 각자 동일한 방식으로 행동했다면 맥주 도둑을 신고하는 비율이 어찌 됐든 87퍼센트 정도가 나왔어야 한다. 손님 한 사람 한 사람이 자기 말고 다른 손님이 있다는 사실 때문에 나서지 않았다면 손님이 1명 있을 때보다는 2명 있을 때에 신고율이 더 높아야 하기 때문이다. 요컨대, 목격자가 한 사람 이상이 되면 각 사람이 범죄를 신고할 확률은 훨씬 더 떨어진다는 결론이다.

'구경꾼 효과(bystander effect)'를 알아보는 연구는 여럿 있다. 기본적으로 똑같은 결과가 나왔지만 몇 가지 사실이 더 밝혀졌다. 예를 들어 곤경에 빠진 사람이 남자일 때보다 여자일 때 도움을 얻을 확률이 더 높다. 또한 사람들은 자기와 다른 인종보다는 같은 인종인 사람을 더 기꺼이 도와준다. 진위 여부가 의심스럽기는 하지만 아주 특이한 구경꾼 효과 이야기도 있다. 사회학자 2명이 지나가다가 강도에게 습격당해 피를 철철 흘리며 쓰러져 있는 사람을 보았다. 그중 한 사람이 다른 사람에게 "이런 짓을 한 작자를 찾아야 해. 그 사람이야말로 도움이 필요하다네."라고 말했단다.

구경꾼 효과 현상을 마무리하면서 어째서 이러한 현상이 비합리적인가를 분석해볼 만하다. 사람들은 자기 말고도 도와줄 사람이 있다고 생각하면 도움의 손길을 내밀지 않는다. 이것은 남들이 가만히 있는 것처럼 자기도 나서지 않음으로써 남들에게 순응하기 때문이다. 물론 남의 일에 끼어드는 게 거북하다고 느낄 수도 있다. 하지만 거북하다는 것 자체도 순응하지 못했다는 데서 비롯된 것이다. 게다가 아마 다른 누군가가 도와줄 테니까 내가 나설 필요는 없다고 느낄 수도 있다. 하지만 다음과 같은 사실을 생각해보는 사람은 아무도 없다. 내가 다른 사람이 도와줄 거라고 생각해서 도움을 주지 않으면 다른 사람도 나와 똑같이 생각할 수 있고 결과적으로 도와주는 사람이 아무도 없을 거라는 것이다. 더욱이 다른 사람이 도와줄 테니까 나는 책임이 없다는 걸로 이야기가 끝나는 게 아니다. 맥주 도난 실험에서 보았듯이, 진짜 손님이 2명 있고 그중 아무도 맥주를 도둑 맞았다고 알리지 않은 경우에 그들은 자기 말고 다른 사람도 알리지 않는 모습을 똑똑히 보았다. 그들은 결국 각기 타인의 행동에 순응하고 있었던 것이다.

체크리스트

01 어떤 결정을 공개적으로 선언하기 전에는 깊이 생각하라. 일단 선언하면 나중에 되돌리기 힘들어질 테니까.

02 무언가를 시작하면서 중도에 포기하고 싶지 않다면 될 수 있는 대로 많은 사람들에게 그 사실을 알려라.

03 어떤 일을 하면서 순전히 남들이 하기 때문에 나도 하는 건 아닌지 생각해보라. 만약 그렇다면 그 일이 정말로 내 목표에 도움이 되는지 따져보라.

04 아무리 좋아하고 존경하는 사람의 조언이라도 그 사람의 전문 분야와 관련 없는 말이라면 거기에 너무 휘둘리지 말라. 설령 전문 분야에 대한 조언일지라도 전문가들도 자주 실수한다는 사실을 기억하라.

05 침착한 마음으로 절대 하지 않을 법한 행동이라면 군중 행

동에 휩쓸려서 해서도 안 된다.

06 다른 사람들이 알아서 할 거라는 생각에서 또는 그 사람들이 그러지 않을 거라는 생각에서 누군가를 도와주는 행동을 망설이지는 말라.

07 이 말을 명심하라. "아들아, 네가 군중과 더불어 이야기하면서도 너의 고결함을 지킬 수 있다면…… 넌 인간이 된 거다."

4장

집단의 안과 밖

그루초 막스* 같은 예외적 인물도 있지만 기본적으로 남자들은 클럽 만들기를 좋아하는 족속들이다. 그래서 그들은 개릭* 같은 클럽에 참여하거나 아스날이나 레드삭스 같은 스포츠 팀에 환장한다. 로터리클럽 회원이나 동네 테니스 클럽 회원들은 공동의 관심과 이해 관계를 갖고 있기 때문에 함께 모인다. 커리어를 계발하는 데 도움이 된다고 생각해서 클럽 활동을 할 수도 있다(로터리클럽 회원이 되면 그렇다고들 한다). 개릭 클럽의 경우처럼 고만고만한 포도주를 마시고 대화를 즐기기 위해 클럽에 참여할 수도 있다. 혹은 어떤 스포츠나 체스 같은 게임을 하고 싶은데 그러자면 2명 이상이 함께 해야 하기 때문에 클럽에 참여할 수도 있다. 혹은 자신이 유대인, 흑인, 나아가 역설적인 말이지만

그루초 막스(Grucho Marx, 1890~1977) 미국의 희극인. "나 같은 사람을 회원으로 받아주는 클럽에는 가입할 생각이 없다."라는 말을 빗댄 표현.
개릭(Garrick) 영국 런던의 유명한 남성 전용 클럽.

여성이라는 '소수 집단'에 속해 있다고 생각해서일 수도 있다. 집단 구성원이 되면 많은 이점을 누릴 수 있다. 소속감, 유대감, 공통의 목표를 추구하면서 받는 지원, 다른 집단 구성원들이 보여주는 호의. 사람들은 대개 자신과 비슷한 태도를 지니고 자신의 신념을 지지해주는 집단에 소속되어 있다. 심리학자들의 용어로 말하면, 어떤 사람이 소속되어 있는 집단은 내집단(內集團)이고 그 사람이 소속되지 않은 집단은 외집단(外集團)이다.

앞 장에서는 사람들이 자신이 소속되어 있는 집단의 행동에 순응하는 방식을 살펴보았다. 그렇지만 집단에 소속된다는 것은 훨씬 더 복잡한 여러 결과를 낳는다. 구성원들 간의 상호 작용은 그들의 태도와 그들이 다른 집단을 대하는 행동에 주목할 만한 영향을 끼친다.

집단은 개인보다 극단적이다

개인은 집단에 순응한다. 하지만 전체로서의 집단에서는 훨씬 더 놀라운 일이 일어난다. 앞서 논의한 사항을 고려해볼 때 각 개인의 태도는 집단의 나머지 구성원들이 수립한 입장의 중간 지점으로 쏠릴 것이라고 미루어 짐작할지도 모른다. 하지만 실제로 구성원들의 태도가 어느 한 방향으로 기울어 있다면 그저 상호 작용을 하는 것만으로도 전체 집단의 태도는 그 방향으로 더 심하게 치닫는다. 베닝턴대학에서 실시한 실생활 연구는 이 점을 아주 잘 보여주었다.[1)] 베닝턴대학은 미국에서 손꼽히는 여자 대학인데, 정치적으로 항상 자유주의가 우위를 점했다. 하지만 학생들이 이 학교에 오래 다닐수록 더욱더 자유주의 성향이 강해지는 것으로 나타났다. 이경향은 한 집단의 구성원들이 그저 집단 규범에 따라 행동하는 정도가 아니라, 집단 내에 널리 퍼진 태도가 구성원들에게 강한 영향을 끼친다는 것을 보여준다.

물론 베닝턴대학은 규모가 매우 크며, 학생들이 집단적으로 의사를 결정하지도 않는다. 우리 사회에서 가장 중요한 결정들은 대개 무슨 위원회니 뭐니 하는 소집단에서 내린다. 혹은 누군가가 "시간을 죽이는 모임"을 만들기도 한다. 중요한 것은, 그러한 소집단이 독자적으로 행동하는 구성원들보다 더 합리적인 결정을 내릴 법한지 그렇지 않은지를 고려하는 것이다. 이 문제를 푸는 첫 번째 실험으로, 개인들에게 큰 재앙이 될 수도 있는 위험한 행위에 대해 설명해보았다.[2] 예를 들어, 그들이 어느 회사에 여유 자금을 전부 다 투자하려 한다고 가정해보라고 했다. 그 회사는 정부의 계약을 따내려고 고군분투 중이고, 만약 계약만 성사되면 투자금을 1000배로 불릴 수 있다. 하지만 계약을 못 따면 회사는 파산하고 투자자들은 한 푼도 돌려받지 못할 것이다. 계약을 따낼 확률이 그러지 못할 확률의 100만 배라면 아마 대부분의 사람들이 투자할 것이다. 각 사람이 얼마나 위험을 무릅쓸 준비가 됐는지 알아보려고 피험자들에게 개별적으로 성공 가능성이 어느 정도일 때 투자를 하겠느냐고 물어보았다. 개인이 감당하는 위험도는 그가 받아들이는 성공 가능성으로 가늠할 수 있다. 개인이 용인하는 성공 가능성이 낮을수록 그가 감당하는 위험도는 높기 때문이다. 각 개인들에게는 12가지 종류의 위험 요소를 알려주었다. 각각 성공 가능성이 얼마나 되어야 투자할 것인지 개별적으로 밝힌 뒤에 한데 모였다. 다음으로 집단 차원에서는 성공 가능성이 얼마나 되어야 투자를 할 수 있는지 논의했다. 그런데 전체로서 집단은 개인으로서 투자할 때보다 훨씬 성공 가능성이 낮아도 투자를 할 수 있다고 결론 내렸다. 다시 말해,

집단은 그 구성원들이 독립적으로 행동할 때보다 훨씬 더 높은 위험도를 감수할 준비가 되어 있었다(이것이 바로 '모험 이행risk shift'이다). 이러한 효과는 백 번도 넘게 확인되었다. 이러한 연구 중 상당수는 좀 더 실질적인 위험, 예를 들어 돈으로 보상받을 가능성보다는 강한 전기 충격을 입을 가능성 따위를 다루었다.

집단의 태도가 개인의 태도보다 더 극단적이라는 발견은 높은 위험을 감수하는 데서 그치지 않는다. 한 연구에서는 프랑스 고교생들이 각자 드골 대통령과 미국인을 바라보는 태도를 조사했다.[3] 그다음에 학생들은 함께 드골 대통령과 미국인이라는 각 주제를 놓고 집단 토론을 하면서 그들이 어떠한 태도를 취할 것인가에 합의했다. 말할 것도 없이, 개인으로서 학생들은 대부분 드골에게는 매우 호의적이었고 미국인에게는 그다지 호의적이지 않았다. 하지만 집단 토론을 하면서 학생들이 합의한 태도는 드골에게는 더 호의적이고 미국인에게는 더 비호의적인 방향으로 기울었다. 이것은 집단의 태도가 개인의 태도보다 더 극단적이라는 점을 다시 한 번 보여주는 셈이다.

이러한 현상은 여러 가지 이유 때문에 일어난다. 첫째, 구성원들은 집단에서 좋은 평가를 받기를 바란다. 그러므로 집단의 태도가 어느 한 방향으로 치닫는다면 구성원들은 더욱 극단적으로 치닫는 태도를 나타냄으로써 다른 구성원들에게 동의를 얻고자 할 것이다. 그들은 반대 주장을 묵살할지도 모른다. 또한 집단 내에서 더욱더 극단적인 방향으로 치달을 준비도 되어 있을 것이다. 특히 모험 이행에서는 더욱더 그런데, 그 이유는 앞에서 살펴보았듯이 집단에 소속됨으로써 개인의 책임이 줄어들기 때문이다. 여러 연구는 개인보다 집단의 의사 결정이 더욱 극단적이며, 집단 구성원들은 자기 자신보다 집단의 의사 결정을 더 신뢰한다는 점을 보여준다.[4] 집단에서 내린 의사 결정이 흔히 개인이 내린 결정보다 나을 게 없는데도, 집단의 결정을 신뢰하는 것은 아마 집단에서 느끼는 연대감에서 비롯되는 것으로 보인다. 모두가, 혹은 대부분이 동의한다면 집단 구성원들은 잘못된 의견일 리 없다고 느끼는 것이다.

어빙 재니스(Irvin Janis)는 조지 오웰(George Orwell)을 따라서* 팽팽하게 짜인 집단의 태도가 극단적인 '집단 사고'가 되는 경향을 지적했다.[5] 재니스에 따르면, 집단 구성원들은 자기 집단이 천하무적이라는 착각과 극단적인 낙관주의를 품을 수 있다. 그들은 이런 생각에 방해가 되는 사태는 무시해버린다. 그들은 자신들의 도덕성을 확신한 나머지 어떤 목표를 이루는 수단으로 부도덕한 행동을 저지를지도 모른다. 그들은 경쟁 집단, 적대 집단을 약해빠진 무리나 사악한 무리로만 보는 고정관념을 품고 있다. 구성원 각자는 집단 내 다른 구성원들이 제기하는 반론을 묵살하려 든다. 또한 각 구성원은 자기 마음속의 의혹을 억누르며 집단에 순응한다. 이렇게 모두가 속에만 담아두기 때문에 만장일치라는 착각이 빚어진다. 결국 그들은 모두 집단의 시각에 위배되는 정보를 다른 구성원들에게 감추는 셈이다.

조직의 우두머리는 위험하다

여기서 더 나아가 두 가지 문제점을 지적해보자. 첫째, 지도자가 자

---

* 재니스의 '집단 사고(groupthink)'는 조지 오웰의 소설 《1984년》에 나오는 '이중 사고(double-think)'에서 따온 것이라고 한다. '집단 사고의 오류'라고도 한다.

문위원회를 구성한다면 자신과 관점이 다르거나 자기보다 똑똑하고 토론을 잘하는 사람을 뽑을 가능성은 아주 낮다. 이 점을 정확하게 증명할 수는 없지만 지도자들은 자존심을 세우기 위해 자기의 조력자들을 가까이 두기 십상이다. 따라서 앞에서 언급했던 경향이 더욱 악화될 수밖에 없다. 둘째, 위원회에 지도자가 있으면 다른 구성원들은 모두 그의 비위를 맞추려 든다. 특히 지도자가 위원회 구성원들의 커리어에 영향력을 행사할 수 있다면 더더욱 그렇다. 그런데 구성원들이 지도자에게 동의할수록 지도자는 더욱 극단적인 태도로 기울고 그에 맞추어 구성원들은 한층 더 극단에 치우친 목소리를 내기 때문에 이 점은 특히 위험하다. 이것이야말로 전형적인 악순환이다.

재니스는 케네디 대통령이 피그만 공습 작전을 각료들과 논의하던 회의를 지적한다. 원래 슐레진저*는 이 작전 계획에 반대했다. 법무부 장관인 로버트 케네디는 슐레진저를 따로 불러 이렇게 말했다. "대통령은 벌써 뜻을 굳혔습니다. 그러니까 더는 왈가왈부하지 마세요. 지금은 대통령을 돕기 위해 각자 할 수 있는 바를 다해야 합니다." 한 나라의 총리, 사장, 교수 등 어떤 조직의 우두머리는 비판 결여를 감내해야 한다는 점에서 위험하다. 대처 여사는 비판을 참지 못하는 사람이어서 자기에게 용감무쌍하게 반대하는 사람들을 몽땅 사임시켰고 그래서 대처의 결점은 더욱 악화되었다. 한편, 레이건 대통령은 자기 수하 사람들이 대통령을 거리낌없이 비판하기가 쉽지 않음을 분명히 자각했다. 그는 자서전에 이렇게 썼다. "어떤 자리든 정상에 서면 고립될

아서 슐레진저(Arthur Schlesinger, 1927~2007) 미국의 역사학자. 하버드대학과 뉴욕대학 교수를 지냈으며, 케네디 행정부에서 현실 정치에 몸담기도 했다.

위험이 있다. 사람들은 내가 듣고 싶어 하는 말만 해주고 어떤 사람에 대한 이야기는 하기를 꺼린다. 그 사람이 자기 깜냥에 맞지 않는 일을 하거나 나의 통치에 해가 되는 일을 하려는 게 아닌데도 말이다. 나에게 다가와 '당신이 틀렸습니다'라고 기꺼이 말해주는 사람은 별로 없다." 확실한 실험적 증거는 없지만 지나친 아첨에 휩싸여 사는 사람은 분명히 자기 비판 능력을 잃고 완고하거나 잘못된 결정을 내릴 가능성이 높다. 비어봄 트리*는 이렇게 말했다. "떠받듦을 당하고도 망가지지 않은 사람은 다니엘뿐이다."*

재니스는 그러한 원칙들이 작용했던 예를 몇 가지 더 보여준다. 여기에는 존슨 대통령이 베트남전쟁을 확전하기로 했던 결정도 포함된다. 존슨 대통령의 조언자들은 전쟁에 승산이 없다는 탁월한 보고서들이 나와 있는데도 대통령의 결정을 지지했다. 집단 내에 작용하는 변수들의 상호 작용은 아른험 전투*와 진주만 공습의 예에서도 볼 수 있다. 이 예들은 나중에 다시 다룰 것이다.

위원회는 분명히 그 자체로 위험을 안고 있다. 특히 위원회는 극단으로 빠지기 쉽다. 그러나 앞으로 보겠지만, 개인이 겪는 문제 중 하나는 가능한 행동 추이를 모두 고려하지 않고 맨 처음에 떠오른 생각에 집착하는 경향이다. 그래서 한 사람이 결정하는 것보다는 위원회를 구

비어봄 트리(Beerbohm Tree, 1853~1917) 영국의 연극배우, 연출가.

* 구약성서에서 다니엘이 사자 굴에서 살아남은 일화를 두고 한 말. '떠받들다(lionize)'라는 동사가 '사자(lion)'를 연상시키기 때문에 사람이 다른 이들에게 떠받들리면서 인격적으로 온전하기란 사자 굴에서 살아남기만큼 어렵다는 것을 유머러스하게 표현한 것이다.

아른험 전투 제2차 세계대전 당시 네덜란드 아른험에서 연합군이 작전상의 결함 때문에 독일군에게 참패했던 전투.

성하는 여러 사람들이 다양한 관점으로 여러 대안을 고려하고 이러저러한 찬반 의견을 다 들어보는 게 낫지 않겠느냐고 생각할 수도 있다. 이런 문제를 체계적으로 다루는 작업은 오직 하나, 브레인스토밍(brain-storming)을 거치는 것뿐이다. 브레인스토밍은 간단한 개요를 놓고 가장 잘 어울리는 제목을 정한다든가 하는, 창조적인 작업을 할 때 적합하다. 답변들이 나오면 심사위원단이 평가한다. 하지만 이러한 실험으로 어떤 결론에 이르지는 못한다.[6] 집단의 브레인스토밍에서 개인이 내놓은 것보다 항상 좋은 답변이 나오는 것은 아니기 때문이다.

결론적으로 말할 수 있는 것은 이것뿐이다. 비판을 억누르는 것도, 생각이 비슷한 사람들끼리 위원회를 조직하는 것도 비합리적이다. 효율성을 발휘하려면 공통의 목표를 추구해야 한다는 점을 감안하더라도 그렇다. 그런데 위원회가 개인보다 비합리적인 결정을 자주 내리는데도 왜 그렇게 여기저기 위원회라는 게 널려 있는지 궁금할 것이다. 잘 알려져 있다시피 "위원회를 만드는 게 불가능할 때에만 개인이 결정을 내리기 때문"이다. 위원회가 널리 통용되는 이유는 아마 '안전하기' 때문일 것이다. 결정을 내리는 데 따르는 책임이 여러 사람에게로 분산되면 잘못된 결정으로 판명나더라도 그 누구도 심한 죄책감에 시달리지 않는다.

위원회 구성원들이 의사 결정을 함께 하더라도 대부분은 자신의 기여도를 실제보다 더 크게 생각하는 것으로 알려져 있다. 위원회에 참석한 사람에게 회의 시간 동안 의견을 얼마나 냈는지 물어보면 대개 자기가 실제보다 훨씬 더 오래 말을 했던 것처럼 생각한다. 이것도 '가용성 오류'의 또 다른 예다. 사람들은 의견을 내기 전에 무슨 말을 할 것인가 골똘히 생각한다. 그래서 다른 사람들이 낸 의견(의사 결정 기여도)을 알아차리지 못한다. 더욱이 자기가 한 말은 남들이 한 말보다 더 잘 기억난다. 그 이유는 남의 기여보다 나의 기여가 더 각별하게 느껴지기 때문이기도 하고, 자신의 발언이 오랫동안 지켜온 자기 태도에 더 잘 부합하기 때문이기도 하다.

제복을 고집하는 이유

내집단은 자신을 남과 차별화하려고 애쓴다. 외모를 차별화하는 것도 한 가지 방법이다. 이러한 관점에서는 앞머리만 길러 밝은 초록색으로 염색하고 가죽옷에 쇠사슬을 치렁치렁 휘감은 펑크족, 머리를 박박 민 스킨헤드족도 담비 모피를 두른 귀족이나 긴 가운에 밝은 색상의 후드를 드리우고 사각모를 쓴 학자들과 다를 바 없다. 요즘은 강의실에서 오버헤드 프로젝터(OHP)를 쓰기 때문에 분필가루가 옷에 묻지 않도록 굳이 가운을 입을 필요가 없건만, 여전히 학자들은 고매한 것을 생각하면서 밥을 먹다가 국물을 흘려 다른 선생들의 옷을 더럽히기라도 할까 봐 가운 차림을 고수한다.

관복이나 제복을 입는 것은 부분적으로 전통 때문이고 부분적으로는 의례를 좋아하기 때문이다. 대부분은 비교적 해로울 것 없는 옷차림이거니와, 때로는 숨죽여 웃는 구경꾼을 낳을 수도 있다. 하지만 제복은 착용자가 자신의 위력을 부풀려서 느끼고 사회적 위화감을 조성한다는 점에서 위험하다. 미국은 영국보다 좀 더 평등한 사회라고 할 수 있는데, 미국에서는 영국에 비해 제복을 덜 입는다. 게다가 특정 직업을 나타내는 옷을 입으면 다른 사람들과 거리감이 생기고 그 거리감에 자극받아 극단적이고 비합리적인 행동을 할 수도 있다. 최근에 어떤 판사는 여성을 강간하고 비역질하고 억지로 오럴섹스를 강요한 남성에게 18개월 금고형만을 선고했다. 그 판사가 평복을 입고 자신을 보통 사람들과 동일시했더라면 과연 그렇게 가벼운 벌을 내릴 수 있었겠는가? 그랬더라면 버트런드 리처즈라는 그 판사가 강간 피해 여성에게 "그 여자가 히치하이킹을 했기 때문에 상당한 과실이 있다."는 망언을 할 수 있었을까? 법관용 가발을 쓰지 않고서야, 누구든지 그렇게 아둔한 발언을 할 수 있으리라고는 상상하기 어렵다.

이러한 관찰을 뒷받침해주는 실험들이 있다.[7] 피험자들은 바람잡이에게 (거짓으로) 전기 충격을 주어야 했다. 피험자들이 간호사 복장을 했을 때에는 평복을 입었을 때보다 덜 공격적으로 행동했다. 반면 KKK(Ku Klux Klan, 미국의 극우파 비밀 결사 조직) 단복을 입었을 때에는 훨씬 더 심한 공격성을 드러냈다. 물론 어떤 옷을 입었느냐에 따라 행동이 달라진다는 것은 비합리적이다. 그러나 이러한 실험은 옷차림이 실제로 그러한 영향을 끼친다는 것을 보여준다. 실험에서 제복이 이 정도 영향을 끼친다면 정말로 그런 제복을 입고 생활하는 사람들의 경우에는 그 영향력이 얼마나 크겠는가?

물론 유용한 목적에 이바지하기 때문에 되레 아주 합리적인 제복도 있다. 예를 들어, 어떤 사람의 직업을 빨리 알아차리는 게 중요할 때가 있다. 우리는 경찰관, 소방관, 버스 운전수 등을 그들이 입는 제복 덕분에 빨리 식별할 수 있는 것이다. 군인들도 방아쇠를 당기기 전에 상대가 적군인지 아군인지 얼른 파악해야 하는 법이다.

친선 경기는 적대감만 키운다

불행히도 집단의 결속을 다지는 방법으로는 겉모습을 차별화하는 것 외에도 좋지 않은 방법들이 여러 가지 있다. 집단 구성원들은 다른 집단을 경멸하거나 싫어하거나, 심지어 증오할 수도 있다. 이 주제를 다룬 고전적 연구는 1940년대와 1950년대에 무지퍼 셰리프(Muzifer Sherif)가 수행했는데, 그 결과는 엄청난 파란을 몰고 왔다.[8)] 그는 이 실험을 몇 년에 걸쳐 해마다 실시했는데 항상 똑같은 결과가 나왔다. 여기서는 편의상 한 번 이상의 실험에서 나온 자료를 종합하여 제시할 것이다. 피험자들은 미국 중산층 개신교 가정의 백인 소년들이며, 연령은 12세 전후였다. 피험자들에게는 그들이 실험 대상이라는 사실을 알리지 않았다. 소년들은 여름 캠프에 초청을 받아 참여했고 실험자들은 캠프 지도 교사, 카운슬러, 가끔은 별의별 이상한 직업으로 가장하여 소년들을 관찰했다. 사회심리학자가 되려면 별의별 것을 다 할 줄 알아야 하는 법이다. 소년들은 각기 다른 학교, 다른 동네에서 선별했기 때문에 전혀 모르는 사이였다. 맨 처음에 소년들은 넓은 합숙소 한 곳에 모두 함께 묵었다.

사흘이 지나자 친구 관계가 형성되기 시작했다. 소년들에게 각각 제일 친한 친구가 누구인지 물어보고 소년들을 두 집단으로 나누었다. 이 과정에서 소년들은 각자 제일 친한 친구하고는 다른 집단으로 갈렸다. 아직 소년들은 모두 한곳에서 식사를 했지만 두 집단은 각각 자기들만의 규약을 만들어 나가기 시작했다. 집단 이름은 '독수리'와 '폭풍'이라고 지었다. 소년들은 티셔츠에 집단 이름을 새겼다. 그 시절에도 다른 사람들 옷에 눈길을 많이 주었기 때문이다. 소년들은 수영장을 분리해서 사용하기 시작했고 각 집단은 자기들끼리만 통하는 은어들을 개발했다. 나흘 뒤에 비공식적으로 소년들에게 누구와 제일 친하냐고 질문했다. 10명 중 9명은 지난번에 제일 친하다고 했던 친구가 아니라 같은 집단에 있는 다른 친구를 꼽았다.

다음 단계로, 실험자는 두 집단에게 소프트볼이나 축구 같은 팀 대항 시합을 하게 했다. 시합에서 이긴 집단에게는 모두에게 캠핑용 나이프를 선물로 주겠다고 했다. 처음에는 경기가 상당히 좋은 분위기로 풀렸다. 그러나 곧 양쪽 모두 눈에 띄게 표독스러워졌다. 상대편의 정당하지 않은 플레이나 속임수에 대한 고발이 빗발쳤고, 두 집단의 소년들은 식당에서 줄을 설 때 서로 부딪치고 떠밀고 난리였다. 시합에서 누가 잘했는지 순위를 매겨보라고 했을 때에도 소년들은 자기 집단 선수들을 훨씬 높게 평가했다. 그러다가 한쪽 집단이 한밤중에 다른 집단에 쳐들어가서 침대를 뒤집어엎고 소지품을 내팽개치는 사건이 일어났다. 결국 두 집단은 같은 식당에서 밥 먹기도 싫다고 들고일어났다. 이러한 실험은 셰리프와 다른 연구자들이 여러 차례 반복했지만 항상 똑같은 결과가 나왔다. 실제로 한번은 폭력 사태가 일어날까 봐 실험을 중단한 적도 있다고 한다.

덧붙이자면 이러한 발견을 통해 국가 대항 시합(때로는 한 국가 내의 지역 대항 시합에서도)이 친선을 도모하기는커녕 적대감만 가중시킨다는 사실을 짐작할 수 있다. 흔히 신사들의 게임으로 통하는 크리켓 국제 대회도 이 사실을 뒷받침해준다. 영국과 오스트레일리아는 크리켓 대회를 치르면서 엄청난 악감정이 쌓였고 반칙이나 스포츠 정신에 어긋난다는 고발을 하나하나 따지자면 족히 60년 세월을 거슬러 올라가야 한다. 최근 대회에서는 영국이 서인도제도가 일부러 플레이를 지연하여 드로(draw)를 유발한다고 비난했다. 이것은 정정당당하지 않은 플레이지만 서인도제도 심판은 아무런 제재도 하지 않았다. 영국은 편파 판정이라고 비난했다. 이에 질세라, 서인도제도 사람들은 심판을 혹평한 영국인 해설가가 출연하는 BBC 라디오 프로그램을 방송 금지했다. 축구 국제 경기도 양 팀 응원단 사이의 우호 관계를 다지기보다는 다른 쪽에 불을 붙이는 듯 보인다. 월드컵 역시 각 국가 대표팀 응원단 사이에 적대감과 폭력이 난무하기로 악명 높다.

퍼블릭스쿨 럭비 경기의 반칙 플레이와 험악한 분위기부터 체스판을 가로지르는 더러운 수작에 이르기까지 모든 증거에 비추어보건대, 왜 그렇게 많은 사람들이 스포츠 시합이 서로 대적하는 국가나 집단 사이의 관계를 좋게 해준다고 믿는지 이상하기 짝이 없다. 아마도 이러한 잘못된 신념은 '게임'이라는 단어의 함의(含意)에서 비롯한 것이리라. 게임은 뭔가 심각하게 받아들여서는 안 되는 것을 암시한다. 그렇지만 우리는 자주 게임을 심각하게 받아들인다. 조지 오웰이 지적했듯이 "진지한 스포츠는 페어플레이와 아무런 상관도 없다. 그러한 스포츠는 증오, 질투, 자화자찬, 규칙 무시, 폭력을 지켜보는 가학적인 쾌락과 관련되어 있다."

셰리프의 실험 이야기로 돌아와서, 그의 연구는 서로 다른 집단 간에 증오가 얼마나 쉽게 싹틀 수 있는가를 잘 보여주었다. 실험에 참여한 소년들은 전부 다 미국인이었고, 백인이었으며, 종교가 같았다. 게다가 처음에 친하다고 꼽은 친구를 다른 집단에 넣었으므로 집단 간 경쟁심이 완화되었어야 마땅하다. 이 실험은 다른 집단에 소속되었다는 이유만으로 그 사람을 싫어할 수 있다는, 전혀 합리적이지 못한 동기를 완벽하게 설명했다. 이러한 적대감의 원인은 부분적으로는 희박한 재화에 대한 경쟁 때문이다(이 실험에서는 시합에서 상으로 내건 캠핑용 나이프가 그러한 재화에 해당한다). 그러나 셰리프의 실험에서 집단 대항 시합을 하기 전부터 두 집단이 반목하기 시작했음을 본다면 희박한 재화에 대한 경쟁만으로는 모든 것을 설명할 수 없다. 다른 집단을 깔보지 않으면서 자기 집단에 자부심을 갖기란 대단히 어려워 보인다.

셰리프는 실험의 마지막 단계에서 두 집단 간의 반목을 해소할 수 있었다. 그는 소년들에게 서로 힘을 합쳐 완수해야 하는 과업을 맡겼다. 소년들은 모두 보고 싶어 하는 영화인 〈보물섬〉을 사기 위해 공동 기금을 마련했다. 또한 셰리프는 캠프 물자 보급 차량이 진흙탕에 빠지자 두 집단 소년들이 힘을 합쳐 차량을 끌어내도록 했다. 또한 캠프의 물탱크가 '어쩌다' 물이 새서 소년들이 다함께 물탱크를 수리하기도 했다. 이렇게 공통의 임무를 함께 수행하면서 두 집단 사이의 대립이 눈에 띄게 누그러지고 우호 관계가 형성되기 시작했다. 제2차 세계대전 때 영국에서 다양한 계급과 강령을 뛰어넘어 낯선 사람들 사이에도 우정이 존재했던 것과 비슷하다고나 할까. 그때는 모두에게 동일한 최우선 과제가 있었다. 바로 전쟁에서 독일을 무찌르는 것이었다. 그러나 최근 연구 결과에 따르면 공통의 과업에 참여하더라도 힘을 합쳐 성공적인 결과를 거둘 때에만 집단들 간의 적개심이 완화되는 것으로 나타났다. 만약 결과가 성공적이지 못하면 실패의 책임을 떠넘기느라 서로 비난만 퍼부을 것이다.

실제로 집단 간의 경쟁심은 너무나 비합리적이어서 자기 집단에 해가 되더라도 다른 집단을 깎아내리지 않고는 못 배길 정도에 이를 수도 있다. 영국의 한 항공기 제조 공장에서 공구실 직원들은 다른 생산라인 직원들보다 주급을 약간 더 많이 받았다. 임금 협상에서 공구실

노조 간부들은 어떻게 해서든, 심지어 실제 임금이 조금 깎이더라도 이 격차를 유지하려고 했다. 그들은 자기들이 주급 69파운드 30페니를 받고 다른 생산 직원들이 70파운드 30페니를 받는 것보다 67파운드 30페니로 2파운드가 깎이더라도 다른 생산 직원들이 66파운드 30페니만 받는다면 그게 더 좋다고 했다.[9)]

우리는 우리가 듣고 싶어 하는 것을 기억한다

물론 결속력이 강한 집단에 소속되면 위안이 된다. 대부분의 사람들은 남들이 자기를 좋아해주기를 바란다. 또한 대부분의 사람들은 도전을 받고 회의에 빠지는 것보다 자기 생각을 남들이 지지해주는 걸 좋아한다. 우리가 살펴보았듯이 자기 집단을 소중히 하려는 욕구는 부분적으로 다른 집단에 편견을 품는 이유가 되기도 한다. 다른 집단을 열등하게 보지 않으면서 자기 집단을 '특별하게' 생각하기란 지극히 어렵거나 아예 불가능하다. 외집단에 대한 이러한 편견은 대개 고정관념의 형성을 동반한다. 유대인이라고 하면 무조건 탐욕스러워 보이고 흑인이라고 하면 무조건 게을러 보이는 식이다. 이러한 고정관념은 사실 아무 근거가 없는 경우가 많다. 영국인은 스코틀랜드인이 인색하다고 생각하는데, 실제로 거리 모금 운동을 하다 보면 영국인들이 사는 동네보다 스코틀랜드인이 사는 동네에서 더 많은 금액이 걷힌다.

고정관념의 원인을 논하기 전에 잘못된 이론 하나는 제쳐놓자. 다른 집단에 대한 불관용이 지나치게 엄격한 양육 방식에서 비롯된다는 주장이 있다. 하지만 이 주장은 사실이 아니다. 관용에는 즉각적인 변화가 자주 나타나기 때문이다. 1920년만 해도 독일계 유대인들은 상당히 잘 지낼 수 있었다. 그런데 불과 몇 년 만에 그들은 나치 체제에서 학대받았을 뿐 아니라 수많은 독일 대중에게 멸시당했다. 하지만 그 사이에 독일에서 자녀 양육 방식에 주목할 만한 변화가 있었던 것은 아니다.

고정관념이 존재하는 데에는 아주 다양한 이유들이 있다.[10] 리처드 니스벳(Richard Nisbett)과 리 로스(Lee Ross)는 모든 고정관념이 유해하지는 않다고 지적한다. 그들은 사서, 운전자, 교수, 주식중개인 등에게 이 점을 적용해보았다. 고정관념에 계속 매달리는 이유 가운데 하나는 편리함 때문이다. 어떤 사람을 개별적으로 평가할 필요 없이 고정관념에 들어맞는가만 추정하면 되므로 편리한 것이다.

두 번째 이유는 우리는 우리 견해를 뒷받침하는 증거일수록 잘 알아차리는 경향이 있기 때문이다. 돈 쓰는 데 인색한 스코틀랜드 사람은 금방 주목하게 된다. 하지만 씀씀이가 넉넉한 스코틀랜드 사람에게는 그리 주의가 쏠리지 않는다.

셋째, 우리는 광범위한 집단보다는 소수 집단에 속한 사람의 행동을 더 쉽게 파악한다.[11] 소수 집단 구성원들은 수가 적기 때문에 눈에 더 잘 띈다('가용적'이다). 마찬가지로, 나쁜 행동은 정상적인 행동보다 눈에 더 잘 들어오기 때문에 소수 집단 일원이 나쁜 짓을 하면 뇌리에서 떠나지 않는다. 유명한 예로, 운전을 하던 여성이 별로 없던 시절을 생각해보라. 어쩌다 여자가 운전하다 실수하면 남자들은 흘깃 쳐다보고는 "맙소사, 또 여자 운전자구먼."이라고 말하기 일쑤였다. 운전을 잘하는 여자들은 그다지 눈에 들어오지 않으므로 주목을 받지 못한다. 마지막 두 가지 사항은 뒷장에서 다시 다룰 것이다.

넷째, 고정관념은 자기 충족적이다. 흑인은 게으르다는 생각이 만연할수록 흑인이 일자리를 찾기는 힘들어진다. 결과적으로 흑인은 직장을 얻지 못해 거리를 배회하며 빈둥거릴 수밖에 없고 이는 흑인이 게으르다는 세간의 신념을 다시 더욱 굳혀준다.

다섯째, 고정관념의 일부 측면은 현실에 기반을 두고 있다. 전체적으로 교수가 디스크 자키보다 진지할 확률은 높다. 하지만 고정관념이 사실에 근거한 것일지라도 그러한 관념을 개별 사례에 적용하는 것은 비합리적이다. 분명히 진중한 디스크 자키도 있고 이따금 경박하게 구는 교수도 있게 마련이기 때문이다.

여섯째, 알려진 바로는 어떤 대상들의 집합과 다른 집합 사이의 차이는 각 집합에 꼬리표가 붙을 때 더욱 과장된다.[12] 간단한 실험으로, 짧은 선 네 개에 각각 'A'라는 꼬리표를 달고 그것보다 약간 긴 선 네 개에는 'B'라는 꼬리표를 붙였다. 사람들은 아무 이름도 붙지 않았을 때보다 이렇게 꼬리표를 붙여 구분했을 때 두 집합에 속한 선분들의 길이가 더 차이나는 것으로 여겼다. 고정관념을 달고 다니는 모든 집단들은 꼬리표가 붙어 있다. 그래서 우리는 외집단과 우리 자신의 차이를 실제보다 더 확대해서 보는지도 모른다.

일곱째, 후광 효과 논의에서 보았듯이 어떤 특성이 두드러지는 사람은 그와 관련 있는 다른 특성들도 지닌 것처럼 보일 수 있다. 그런데 이 점은 집단에도 적용된다. 흑인이나 황인종은 백인들과 생김새가 다르다. 그래서 백인들은 그들이 다른 면에서도 근본적으로 자기들과 다르다고 생각하기 쉽다.

여덟째, 처음에는 아주 작은 편견으로 외집단 구성원들의 성격을 파악했더라도 이 장 첫머리에서 기술한 것처럼 내집단 안에서 사회적 상호 작용을 거치면서 작은 편견이 눈덩이처럼 불어나기 쉽다. 더욱이 일단 편파적인 신념을 받아들인 사람은 계속 그 신념에 따라 행동할 것이다. 굳이 자기 집단 사람들에게 좋은 인상을 심어주려고 노력하지 않을 때에도 계속 그런 식으로 행동한다는 말이다. 1970년대에 흑인에 대한 편견을 조사하는 연구를 했는데, 연구 결과는 주목할 만했다. 백인들은 도움을 요청하는 흑인을 공개적으로 만나면 백인에게 도움을 줄 때나 별 차이 없이 기꺼이 도움을 주곤 했다. 그러나 아무도 보지 않는 상황에서는 백인에게만큼 흑인에게 선선히 도움을 주지 않았다. 연구자들은 대학이 수신처로 적혀 있고 우표도 붙였지만 봉하지 않은 봉투를 공공장소에 놓아두었다. 봉투에는 지원서가 들어 있었는데, 지원자 사진도 붙어 있었다. 백인들이 일부러 편지를 부쳐주는 수고를 할 확률은 지원자가 흑인일 때보다 백인일 때 더 높았다. 적어도 중산층은 흑인에 대한 편견에서 벗어났다고 하던 시절인데도 이런 결과가 나온 것이다. 그러므로 사람들은 공개적으로 편견을 드러내지는 않았지만 보는 사람이 없을 때에는 여전히 편견에 물들어 있었다고 할 수 있다.

마지막으로, 좋은 의도로 편견의 대상인 바로 그 특성들을 인정하고 완벽하게 해명하려고 노력하는 사람들도 그러한 편견을 더 강화할 수 있다. 리처드 니스벳과 리 로스가 주장했듯이, 흑인이 게으른 건 '빈곤의 문화나 아버지 부재 신드롬, 혹은 압제와 무력에서 비롯된 아노미 현상' 때문이라고 설명한다면 그렇게 말하는 사람들도 무조건 흑인은 게으르다고 믿으면서 그 이유를 굳이 해명하려 들지 않는 사람들과 마찬가지로 편견에 사로잡혀 있는 셈이다.

이러한 여러 이유 때문에 편파적인 고정관념은 너무나 흔하고, 강력하며, 뿌리 뽑기 힘들다. 고정관념이 비합리적이라는 점은 명백하다.

고정관념은 외집단에 대한 적대감에서 파생되지만 일단 형성된 고정관념은 다시 그러한 적대감을 부추긴다. 그러나 편견에서 나오지 않은 고정관념도 마찬가지로 비합리적 사고로 이어질 수 있다. 한 실험[13)]에서 피험자들은 "도서관 사서인 캐럴은 매력적이고 진중하다." 같은 문장들이 나열된 목록을 받았다. 각 문장에는 이름과 직업, 그 직업에 전형적인 특징(위 문장에서는 '진중하다')과 별로 어울리지 않다고들 생각하는 특징이었다.(위 문장에서는 '매력적이고'다. 대개 여자 사서들은 조용하고 소심하다고 생각하는 고정관념이 있다.) 그다음에 어떤 직업에 종사하는 사람이 어떤 특징이 있었는지 피험자들에게 물어보았다. 피험자들은 전형적인 특징은 잘 기억하는 반면 고정관념에서 벗어나는 특징은 그만큼 잘 기억하지 못하는 경향을 보였다. 피험자들은 스튜어디스가 '매력적'이라는 것은 잘 기억했지만 여자 사서가 '매력적'이라는 묘사는 잘 기억하지 못하고 '진중하다'는 것만 기억했다. 우리는 우리가 듣고 싶어 하는 것을 기억한다. 이 경우에는 고정관념이 기대를 지배하는 것이다.

이 장은 집단 내 태도가 극단으로 치닫는 경향과 외집단에 대한 편견의 발달이라는 두 가지 연관 주제를 다루었다. 아마 그러한 편견이 그 어떤 요인들보다도 인간사를 관통하는 비참한 고통을 낳았을 것이다. 편견은 지난 세계대전에도 일부 책임이 있다. 최소한 '지배 민족(Herrenvolk)'이라는 히틀러의 내집단 슬로건은 독일 국민들을 배후에 거느리고 오스트리아 합병에 대한 지지를 얻는 데 일조했다. 외집단 혐오는 어느 정도 선천적이고 인간의 부족 국가 역사까지 거슬러 올라가는 것일 수도 있다. 하지만 그렇다고 해서 그런 혐오가 정당화될 수도 없고 필연적으로 혐오를 다스리는 것이 불가능하다고 볼 것도 없다.

체크리스트

01 여러분이 위원회나 골프 클럽 일원이라면 지배적인 시각에 휩쓸리지 않도록 조심하라. 반론도 생각하고 표현하라.

02 위원회를 구성하는 입장이라면 위원회가 다양한 관점을 대표할 수 있게 하라.

03 조직의 우두머리 입장이라면 아첨에 넘어가지 않도록 하라.

04 고정관념을 갖지 않도록 주의하자. 만약 고정관념이 있다면 모두 다 그것과 딱 맞아떨어지지는 않는다는 점을 명심하자.

05 제복을 꼭 입어야 한다면 간호사복을 입어라.

5장

조직의 어리석음

위원회에 참석해본 사람은 아마 이런 말을 들어봤을 것이다. "그렇게 할 수는 없습니다. 그러면 선례(先例)가 남게 된다고요." 그런데 이 지적은 완전히 비합리적이다. 어떤 제안을 했을 때에 이렇게 지적하며 반대한다고 치자. 그 제안은 현명한 것이거나 그렇지 않거나 둘 중 하나일 것이다. 만약 현명한 제안이라면 그 제안을 받아들임으로써 좋은 선례를 남기게 된다. 현명하지 않은 제안을 했다면 그런 행동은 해서는 안 된다. 그러니까 선례가 남든지 말든지, 그런 것은 별 상관이 없는 일이다. 그 결정이 지닌 장점에 비추어 의사 결정을 할 뿐이다. 더욱이 법정 안이 아닌 다음에야 아무도 선례(판례)에 얽매일 필요가 없다. 지나간 과거는 바꿀 수 없다. 과거의 유일한 효용은 이따금 과거에서 뭔가를 배울 수도 있다는 것뿐이다. 전통적 관례를 따르기는 쉽다. 하지만 어떤 것이든 바꾸려면 대개 치열하게 생각해야 하고, 그렇게 생각해서 나온 의견도 반대에 부딪치기 십상이며, 타성에서 벗어나려면 어마어마한 에너지를 동원해야 한다. 이러한 변화의 어려움은 규모가 큰 여러 조직들의 특징, 특히 아마도 공공 부문의 특징일 것이다.

이 장은 일종의 막간극, 쉬어 가는 페이지다. 여기서는 개인의 비합리성이 아니라 조직의 비합리성을 고찰한다. 우리는 합리적인 조직이 목표를 추구하는 데 가장 유용한 수단을 채택할 거라고 가정한다. 그런데 현실에서 이러한 가정이 실현되는 확률은 희박하다. 조직 구성원들은 곧잘 태만하거나 욕심을 좇기도 하고 자기 발전이나 위험 회피 같은 개인의 목표를 조직의 목표보다 앞세우기 때문이다. 그 결과, 조직은 전반적으로 비합리적으로 움직인다. 분명히 조직은 가능한 한 구성원들이 이기적인 행위를 하지 못하게끔 설계해야 한다. 그러나 많은 조직들이 이기적인 행위를 벌하기는커녕 오히려 상을 주어 격려하는 비합리적 구조를 띠고 있다. 이제 자기 보존 욕구에서 비롯되는 조직의 비합리성을 집중적으로 살펴보겠지만 심사숙고하지 않거나 편파적인 사고 때문에 빚어지는 조직의 비합리성도 몇 가지 예를 들고자 한다.

많은 조직이 이기주의를 조장한다

먼저 공공 부문을 살펴보자. 리즐리 채프먼(Leslie Chapman)은 《말 안 듣는 당신의 종(Your Disobedient Servant)》[1]이라는 재기 넘치는 책에서, 자신이 영국 공무의 한 분야에서 불필요한 낭비를 줄이려고 얼마나 애썼는가를 상세히 밝혔다. 그는 영국 공공건설공사부 남부지청에서 지역본부장을 맡았다. 이 부처는 다른 부처들과 군대를 포함한 정부 단체들에 건물과 용역을 공급하는 업무를 맡고 있었다. 채프먼은 자기 지역에서 늘상 벌어지는 예산 낭비를 살펴보기로 마음먹었다. 그가 구성한 팀은 다음과 같은 불필요한 낭비를 발견했다.

1. 항공기 격납고처럼 엄청나게 넓으면서 거의 쓰지도 않는 창고들도 백열등을 켜두고 있었다. 어쩌다가 백열등이 하나 나가면 두 사람이 고가 수송 활차를 밀고 와서 전등을 갈았다. 전등이 하나둘쯤 나가도 전체 조명 밝기에는 별 영향이 없었기 때문에 채프먼은 주기적으로 점검해서(이를테면 6개월에 한 번꼴로) 이상이 있는 전등은 한꺼번에 교체하도록 했다.

2. 이러한 창고들도 사무실과 똑같은 온도로 난방을 하고 있었다. 채프먼은 평상시에는 난방 스위치를 내려놓고 누가 창고에 들어갈 일이 있을 때에만 난방을 가동하도록 했다.

3. 그는 대부분의 창고들이 불필요하다는 것을 알고 일부는 매각했다. 매각할 수 없었던 창고들은 누군가가 유용하지 못하도록 헐어버렸다.

4. 그는 지역에서 소유하고 있던 기중기를 여섯 대만 남기고 다 팔아버렸다. 그밖에도 콘크리트 믹서나 화물용 자동차 등 남아도는 장비들도 팔아치웠다. 채프먼은 이러한 장비들은 그때그때 필요할 때마다 임대해서 사용하는 게 훨씬 더 싸게 먹힌다고 계산했던 것이다.

5. 그는 대지 잉여분도 팔아치웠다. 이렇게 함으로써 자본 비용을 충분히 감당할 수 있었을 뿐 아니라 대지 잉여분을 관리하는 데 드는 비용까지 절감했다.

6. 그는 텝와셔 같은 자질구레한 물건을 보관했다가 지급하는 데 드는 비용이 3파운드(1972년 당시 물가)나 된다는 것을 알았다. 그래서 이

러한 물건의 보관을 금지하고 직원들이 그때그때 필요할 때마다 지역 상점에서 사서 쓰도록 했다.

7. 그의 지역에서는 직원들에게 운전수 딸린 자가용을 제공했다. 그의 부처에서나 다른 정부 조직에도 이러한 관행은 있었다. 그는 이 서비스를 중단했다. 그다음부터 직원들은 자기 차를 몰고 다니거나 정당한 이유가 있을 때에는 사설 회사에서 리무진을 렌트해서 사용했다.

8. 마지막으로, 그는 정부 부처에서 직접 노동력을 고용하기보다는 대부분의 지역 내 직장과 계약을 맺는 편이 더 싸게 먹힌다는 것을 알았다. 그래서 노조의 동의를 얻고 퇴직자들이 다른 직업을 구할 수 있는 기구를 마련한 다음에 노동력을 절반으로 감축했다.

채프먼이 이렇게 비용 감축을 비상하게 주도한 결과, 영국 공공건설공사부 남부지청의 연간 지출 경비는 1천만 파운드에서 650만 파운드로 3분의 1이나 줄었다. 다른 여섯 개 지역 청사에서는 채프먼이 동원한 경비 절감법을 알고 난 뒤에도 이를 본받으려고 별로 노력하지 않았다. 그래서 채프먼이 예산의 3분의 1을 절감한 반면, 그들은 고작 평균 8퍼센트밖에 절감하지 못했다. 채프먼은 경비 절감 노하우를 확실히 배운 자기 팀원들까지 보내주었건만 다른 지역 청사에서는 하나같이 채프먼처럼 체계적으로 경비를 절감하지 못했다.

채프먼은 결단력이 있는 사람이었고 공공건설공사부뿐만 아니라 다른 공공 업무 분야에서도 낭비를 줄이려고 노력했다. 공공 분야 제도의 비합리적인 자기 만족[2)]은 채프먼이 윌리엄 암스트롱 경(Sir William Armstrong)에게 편지를 보낸 후 받은 답신에서 잘 드러난다. 암스트롱은 당시 영국 공무원의 우두머리였다. 암스트롱(오늘날 "진실을 아끼다"*

라는 애매모호한 발언으로 잘 알려져 있는 바로 그 사람)이 친히 답장을 쓰지는 않았다. 하지만 그의 수하에 있는 사람이 간단명료한 답신을 보내기는 했다. "귀하의 편지가 제대로 도착했으며 …… 윌리엄 암스트롱 경께 전달되었음을 알리고자 이 글을 씁니다. 경께서는 편지를 흥미 있게 읽어보셨습니다. 친애하는 아무개 드림." 윌리엄 경과 그의 각료들은 분명히 납세자의 지갑 사정에 관심이 없었지만, 나중에 윌리엄 경은 국가에 봉사한 공로를 인정받아 귀족 작위를 받았다. 한번은 어느 공무원이 이런 지적을 하기도 했다. "공무원은 철밥통, 무슨 일이 있든지 계속 해먹을 수 있지요. 이보다 더 좋은 시스템이 있겠습니까?" 그 사람 말이 맞을지도 모르지만, 어떤 이들은 아마 이런 발언에 경악할 것이다.

채프먼 이야기로 다시 돌아와서, 그는 공공 행정 부문의 낭비 습속을 신랄하게 까발리는 책을 쓰려고 행정 공무원직을 그만두고 런던 대중교통공사 실무위원회에 들어갔다.[3)] 런던 대중교통공사는 정부와 대런던의회(Greater London Council) 기금으로 상당 부분이 운영되는 공공 법인이다. 그는 다시 한 번 끔찍한 예산 낭비 사례들을 밝혀냈다. 예를 들어, 런던 대중교통공사에서는 신임 부장이나 전 부장이나 할 것 없이 마음 내키는 대로 거대한 자가용을 공동 이용하고 있었다. 그네들이 불편하고 지저분하며 지체되기 쉬운 버스나 지하철보다 자가용을 선호했다는 사실은 별로 놀랍지 않다. 경영진은 다른 면에서도 호

* "진실을 아끼다(be economical with the truth)"는 구어적으로 '사실대로 말하지 않다'라는 뜻으로 통용되지만 암스트롱 경은 진실을 다소 감춤으로써 덕을 행할 수 있다는 의미로 이 말을 사용했다고 한다.

사를 누리고 있었다. 최고경영진이 이용하는 식당에는 엄청난 지원금이 돌아갔고 사장의 개인 집무실은 무려 900평방피트(25평 남짓)나 되었다. 채프먼은 철도 선로 관리에서 최소한 30퍼센트의 비용을 절감할 수 있다는 것을 알았다. 그밖의 활동에서도 비슷한 규모로 절감할 수 있었다. 예를 들어 청소 같은 일은 런던 대중교통공사가 직접 고용한 직원들에게 맡기는 것보다 외부 용역업체에 넘기는 게 훨씬 비용이 덜 들었다. 그밖에도 비용 절감 방법은 얼마든지 있었다.

런던 대중교통공사에서 채프먼은 혁혁한 성과를 거두지 못했다. 실무위원회의 다른 위원들이 반대하고 나섰고, 특히 위원회 의장이 한사코 반대했던 탓이다. 그는 낭비를 줄일 제안을 여러 가지 내놓았지만 모두 냉정하게 거절당했다. 더욱이 채프먼은 실무위원회에 들어간 지 2년도 안 되어 쫓겨나고 말았다. 나중에 그는 이 괴상한 경험들을《헛되이 낭비하라(Waste Away)》라는 두 번째 책에서 조목조목 이야기한다. 내가 간략하게 전달한 내용으로는 영국 공공 부문에서 자행되는 비합리적이고 수치스러운 낭비 습속을 믿을 수 없다면 채프먼의 책들을 읽어보라. 그러면 믿을 수 있을 것이다. 공공 법인의 헛된 낭비는 한도 끝도 없다. 채프먼은 많은 예를 들어 보이는데, 그중에서도 특히 괴상한 예를 세 가지만 들면 다음과 같다. 이즐링턴 의회는 관목숲 2평방미터(0.6평)의 잡초를 제거하는 대가로 어느 회사에 730파운드를 지불했다. 리버풀 의회는 가스등 점등기 두 개와 담당자 1명을 두느라 8년에 걸쳐 25만 파운드를 지불했다. 그런데 리버풀에는 가스등이 하나도 없다. 레스터셔에서는 의회가 보조금 지급을 중단함으로써 200명의 신체 장애 아동들에게서 휴일을 빼앗았다. 그런데 의회는 의장에게 엄청난 수당을 안겨주기 위해 보조금 지급을 중단한 것이었다. 의장이 받은 수당은 신체 장애 아동들이 휴일을 즐길 수 있도록 지급되는 보조금의 네 배에 달했다.

공공 부문 낭비는 왜 일어날까

지금 우리 목적에 비추어 가장 중요한 문제는 '왜 이런 낭비가 일어나느냐?'다. 그 이유는 여러 가지다.

1. 채프먼이 지적하듯이, 공공 법인에서는 개인이 다른 누구에게 분명히 해명하고 책임을 져야 하는 경우가 별로 없다. 대부분의 의사 결정을 위원회에서 내리기 때문이다. 우리는 이미 상당수 위원회에서 구성원들이 의장의 환심을 사기에 여념이 없다는 점을 살펴보았다. 그들은 의장의 관점을 지지하는 논증을 구사하고, 심지어 의장의 관점보다 더 극단적인 사례까지 제시할지도 모른다. 이로써 의장은 위원회가 지향하는 기존 방향으로 더 밀고나간다. 으레 있는 일이지만 이러한 경향은 의장이 다른 구성원들의 향후 전망이나 승진 여부를 쥐고 있을 때 더욱 심화된다. 그러므로 대부분의 위원회들은 합리적 의사 결정의 수단을 제공하지 못한다. 위원회는 그저 의장의 책임을 덜어주면서 그의 태도를 더 확고하게 만들거나, 더 나쁘게는 안 좋은 방향으로 부채질할 따름이다. 그러나 책임이 없으면 일이 제대로 굴러가도록 자극을 줄 수도 없다. 공무원들이 모두 자신들에게 월급을 주는 국민들에게 신세를 지고 있다는 암묵적인 의무감을 느끼지 않는 이상은 말이다.

2. 채프먼은 공무원의 진급을 상당 부분 선임자가 결정한다고 말한다. 아주 예외적인 상황을 제외하면 일단 공무원이 되면 정년을 보장

받는다. 그래서 공무원들은 다시 한 번 타성에 젖는다. 변화는 위험을 수반하게 마련인데 뭔가 이익이 돌아온다면 모를까 굳이 위험을 무릅쓰려는 사람은 거의 없다.

3. 사실 대부분의 공공 조직 구조는 낭비를 조장한다. 승진이라는 것도 수하에 몇 명이나 거느리느냐 혹은 얼마나 큰 돈을 주무를 수 있느냐에 달린 문제다. 이것이 쓸데없이 돈을 펑펑 낭비하는 관행으로 직결된다.

4. 상당수 공공 조직에서 어느 한 부문에 일 년간 할당되는 예산 총액은 대개 전년도 비용을 근거로 잡는다. 아무도 예산이 불필요하게 낭비되었는지 실제로 타당하게 사용되었는지 따지지 않는다. 이 점이 다시 한 번 낭비를 직접적으로 조장한다. 공공 법인에서 (그리고 일부 회사에서도) 각 분야들이 가급적 지출을 줄이는 게 아니라 늘리도록 하기 때문이다. 한 해 예산을 절감했다고 다음해 부서 예산을 삭감하여 불이익을 안겨준다면 이는 비합리적이다. 돈이 사실상 어떻게 쓰이는지 꼼꼼하게 조사하는 것 외에는 다른 방법이 없다. 채프먼은 이 방법이 가능하고 실제로 폭넓은 비용 절감을 이룰 수 있음을 직접 증명해 보였다.

5. 제도의 어느 한 면을 바꾸려면 분명히 누군가를 곤란에 빠뜨릴 것이다. 비용 절감의 경우를 보면, 분명히 일자리를 잃는 사람이 생길 수 있다. 그런 결과를 사람들이 좋아할 리도 없다. 채프먼이 여러 사례를 들어 말했듯이 런던 대중교통공사에서도 비용을 절감하려고 노력했던 직원들은 해고를 당하거나 잘릴지도 모른다는 위협을 받았다. 잔잔한 수면에 파문을 일으켜서 실업자가 되거나 승진에서 제외될지도 모른다는 두려움은 비용 절감의 강력한 장애물이다.

6. 욕심이나 특혜를 누리려는 심리도 한몫 한다. 두 가지 모두 결과적으로는 꼭 필요하지도 않은 호화판 식당과 운전기사 딸린 자가용 같은 고위경영진의 사치스러운 편의시설로 이어진다. 경영자가 누리는 특혜는 그가 운용하는 예산과 휘하에 거느리는 직원 수에 비례하기 때문에 그는 더욱더 쓸데없이 돈을 낭비하기 십상이다.

7. 채프먼은 공공 부처들이 출자하는 정부 산하 법인들이 대단히 비효율적이라고 주장한다. 공무원은 국민이 낸 돈으로 월급을 받기 때문에 국민에게 봉사할 의무가 있다(군 의회, 구 의회도 마찬가지다). 언론은 강력한 무기이고 불필요한 낭비가 언론의 관심을 끈다면 그 사실이 금세 공개되어 좋든 싫든 뭔가 조치가 뒤따를 것이다. 하지만 불행히도 영국은 서방 세계에서 민주화가 가장 덜 된 나라다. 최근에 더욱 강화된 공직자 비밀 엄수법(Official Secrets Act)은 정부 직원들이 의무를 수행하는 과정에서 알게 된 것들은 그 어떤 것이든 허가를 받지 않은 채 외부에 누설할 수 없도록 규정하고 있다. 지방 의회도 같은 목적의 규칙을 직원들에게 적용하고 있다. 그 결과, 영국의 공공 법인들은 비밀의 장막을 쳐놓고 일하는 셈이다. 그러니 공공 법인의 과오나 경영 실책은 국민에게 잘 알려지지 않는다. 공공 법인들은 분명히 국민에게 책임이 있는데도 말이다. 영국 정부는 기밀 엄수에 집착하며 이를 극단적으로 밀고나간다. 소비자에게 직접 영향을 끼치는 정보들은 알려지지 않는다. 정보를 활용할 수 없는 여러 가지 문젯거리 중에는 약물과 식수(食水) 실험, 식당 위생, 농약의 안전성, 육류 공장 감사 등이 들어 있다. 최근에 정부는 학생들의 영어 구사 능력을 향상시키기 위해 교사들을 훈련시키는 방안에 대해 장학사들이 작성한 감사 보고서를 숨기기까지 했다. 민주주의 국가의 시민들에게 당연히 정보란 없어서

는 안 되는 것이다. 정보가 없으면 선거에서 합리적으로 투표권을 행사할 수도 없고 일상생활에서 의미 있는 선택을 할 수도 없다. 비밀에는 다른 연쇄 효과들도 있다. 국제사면위원회에 따르면 영국은 서유럽 국가 가운데 인권 보호가 가장 뒤처진 나라라고 한다. 하지만 영국인들이 다른 나라 국민들보다 덜 인간적이라고 말할 수는 없다.

공공 업무를 개선할 만한 개혁안으로는 두 가지가 있다. 첫째, 모든 국민이 공공 업무에 접근할 수 있는 방법을 마련하는 것이다. 둘째, 공공 분야에 고용된 모든 사람들은 그들이 이용할 수 있다면 공공 서비스를 이용해야 한다. 의회 의원과 공무원들이 공무를 처리할 때 택시가 아니라 지하철로 이동해야 한다면, 사설 개인 병원이 아니라 줄을 서서 자기 차례를 기다려야 하는 국가보건서비스(NHS) 병원을 이용해야 한다면, 자녀들을 공립학교에 보낸다면, 우리는 이 모든 서비스 분야에서 신속한 발전을 이룰 것이다. 물론 공공 법인에서 일하는 개인들이 비합리적인 것은 아니다. 개인이 욕심이나 야심을 좇거나 게을러서 일을 열심히 안 하는 건 얼마든지 합리적이라고 할 수 있다. 문제는 조직, 자기들이 존재하는 목적을 달성하지 못하는 조직이다. 따라서 그러한 조직들은 집합 비합리성의 실례들이다. 더욱이 그런 비합리성은 공공 법인을 합리적으로 구조화하면 확 줄어들 수 있다. 공공 법인은 거기에 속하지 않은 일반 국민의 대표자들에게 책임을 져야 한다. 승진은 "때가 되면 저절로" 되는 게 아니라 조직의 목표에 얼마나 다가갔는가를 기준으로 삼아야 한다. 해고, 특히 고참 직원의 해고는 지금보다 더 빈번해야 한다. 또한 언론과 대중이 조직의 활동을 알 수 있어야 한다.

경영자의 탐욕이 기업을 망친다

집합 비합리성은 분명히 민간 기업에서도 볼 수 있다. 하지만 민간 기업의 비합리성을 채프먼의 책처럼 상세한 자료를 바탕으로 파헤친 보고서는 보지 못했다. 물론 최근에 출간된 경영 재배치에 대한 경영자 가이드는 경영자들이 회사 이익이 아니라 자기 자신의 이익을 최대화하는 방향으로 행동한다는 사실을 폭로했다. 혹자는 경영자들이 회사 건물이나 부지를 재배치하면서 평당 임대 비용, 교통의 편리성, 원자재 공급(제조업 회사들의 경우), 적절한 노동력 가용성 등을 고려할 거라고 기대할지도 모른다. 하지만 전혀 그렇지 않다. 한 회사는 노팅엄으로 이전했다. 그 이유는 노팅엄이 (평당 임대 비용이 낮아서가 아니라) 평당 금발 미녀 비율이 가장 높은 도시였기 때문이다. 그리고 그 도시의 골프 클럽 대기자 명단이 얼마나 긴지도 중요하게 고려했다. 어떤 회사는 사옥을 이전하면서 실사팀을 보내 그 도시에 강이 있는지, 그 강에는 백조가 몇 마리 사는지까지 세어보게 했다.

최근 들어 많이 알려진 심각한 직권 남용이 한 가지 있다. 경영진은 직원들에게 임금 인상률을 못박아놓거나 고작 물가 인상분을 감안한 수준의 임금 인상을 받아들이라고 하면서 사장이나 중역들은 엄청나게 연봉을 높이는 것이다. 영국 경영협회에 따르면 1990년에 영국 회사 사장들은 연봉이 평균 22.7퍼센트 인상되었다. 이 수준을 훨씬 뛰어넘는 연봉 인상도 많았다. 예를 들어 영국의 거대 보험 기업 프루덴셜의 최고경영자 믹 뉴마치(Mick Newmarch) 씨는 연봉이 43퍼센트 인상되어 무려 50만 파운드가 넘는 거액을 받았다. 그런데 그가 회사 발전에 기여했다고 보기는 어려웠다. 프루덴셜사는 최근에 매입했던 부동산 업체들을 3억 4000만 파운드 손실을 보면서까지 모두 팔아치워야 했고, 그 때문에 프루덴셜 보험증권 보유자들은 50년 만에 처음으로 배당금이 깎이는 사태까지 겪었다. 하지만 뉴마치 씨의 연봉 인상은 차라리 애교로 봐줄 만큼 더 어이 없는 사례도 있다. 예를 들어 같은 해에 이언 맥로린 경(Sir Ian MacLaurin)은 연봉 330퍼센트 인상으로 150만 파운드 가까운 돈을 챙겼다. 그 사람이 회사에 많은 기여를 했다면 이 정도 대규모 인상도 괜찮지 않느냐고 할지도 모르지만, 그렇게 볼 만한 증거는 별로 없다. 사실 맥로린이 이끄는 테스코는 그의 연봉이 폭등하기 전 해의 자산 비율에서 수익분이 크게 떨어졌다. 극도로 이기적인 경영진의 행위는 직원들과 맺는 관계에도 해로운 영향을 끼친다. 그러나 그러한 행위 자체는 비합리적이지 않다. 그러나 사장의 탐욕은 회사 전체가 비합리적으로 행동하게끔 만든다. 또한 회사 구조가 그러한 이기적 행위를 허용하도록 짜여 있다면 그 자체도 비합리적이다. 경영자의 연봉 인상을 실적에 따라 결정한다든가 모든 주주의 우편 투표로 허락을 받도록 한다면 좀 더 합리적일 것이다.

대부분의 경우, 공개 매수에 나서는 동기를 정확히 알기는 어렵다. 하지만 상당수 공개 매수에는 사장의 야심이 작용하는 듯 보인다. 확실한 것은, 공개 매수를 하는 회사의 주식은 거의 예외 없이 가격이 떨어진다는 것이다. 여기에는 그럴 만한 이유가 있다. 회사를 인수하면 보통 4년 동안은 심각한 적자가 나고 수익이 날 때까지 평균 8년이 걸린다는 사실이 알려졌기 때문이다. 특히 1960년대 말 스타블리산업의 인수 합병은 불합리한 예로 꼽을 만하다. 스타블리산업은 크레이븐브라더스를 인수했는데, 이 회사는 당시에 수요가 거의 없던 증기 엔진을 주로 만들면서 손실만 내고 있었다.

이러한 인수 합병은 사태를 똑바로 보지 않은 결과일 것이다.(그렇게 된 이유는 10장과 11장에서 살펴보자.) 산업 부문에 만연한 비합리성의 예를 좀 더 들어보는 게 좋겠다. 딤플렉스는 전기 축열 히터와 석유를 넣는 방열기를 전문으로 제조하는 회사였다. 그런데 1974년에 석유 파동이 일어나면서 전기 요금이 4년 동안 두 배나 올랐다. 그러니 사람들이 좀 더 저렴한 에너지, 특히 석탄이나 가스를 사용하는 난방 수단을 찾게 된 것은 당연하다. 하지만 딤플렉스는 제품의 다양화를 시도하기는커녕 전기 기반 난방에 계속 열을 올렸다. 회장은 그 당시 상황을 제대로 보지 못했고 1975년에는 "전기가 가정에서 에너지 주공급원이 될 겁니다."라고 선언하기까지 했다. 심지어 1977년에는 전년도 하반기에 기록적인 손실을 낸 이유가 소비자들이 "가정용 난방에서는 전기 난방이 다른 연료를 이용한 난방을 뛰어넘는 장점이 있다는 점을 깨닫지 못하고 있기 때문"이라고 했다. 그로부터 몇 달 후에 결국 딤플렉스는 법정 관리에 들어갔다.

비합리적인 전통에 집착한 또 다른 예는 페란티의 변압기 사업부다. 이 회사는 고전압 변압기 생산을 토대로 설립되었다. 3명의 경영자 가운데 두 사람이었던 서배스천 페란티와 배질 페란티는, 아마도 감상적인 이유에서 그랬겠지만 이 사업부를 매각하거나 폐쇄하려 들지 않았다. 변압기 산업에서 제조 노하우가 풍부했던 그들은 소비자의 변압기 수요를 지나치게 과대평가했던 것이다. 게다가 일본은 세계 시장에서 페란티보다 훨씬 싼 가격으로 변압기를 팔 수 있었다. 그래서 페란티의 사업에서 변압기 부문은 1974년까지 해마다 150만 파운드씩 적자를 내고 있었다. 당시에 회사는 전체적으로 큰 위기에 빠졌지만 정부에서 2000만 파운드를 수혈해줌으로써 겨우 회생할 수 있었다. 다소 뒤늦은 감은 있으나 변압기 사업은 1978년에 문을 닫았다. 〈포춘〉 지는 미국 사업가의 50퍼센트 이상이 이윤을 내는 것보다 전통을 따르는 것이 중요하다고 생각한다는 사실을 밝혀냈다. 딤플렉스와 페란티의 경우에는 전통을 따르는 게 가장 쉬운 일이기는 했지만 가장 현명한 일은 못 되었다. 세상은 변하고 있다.

상당수 회사, 특히 소규모 회사에서 끔찍하게 비합리적인 관행 중 하나는 회계 관리를 제대로 건사하지 못한다는 것이다. 그러니까 회사의 어느 특정 부문에서 얼마가 나가고 얼마가 들어오는지 확실하게 기록하지 않는다는 말이다. 일례로, 1976년에 퀸스웨이 디스카운트 웨어하우스는 손실을 보았다. 가구와 카펫 등을 판매하는 이 회사는 정확한 기록을 남기지 않았기 때문에 27개 지점 가운데 수익을 낸 지점과 내지 못한 지점을 가릴 수조차 없었다.

마지막으로 두 가지 예를 더 들 것이다. 모두 선견지명이 부족했기 때문에 일어난 예들인데, 정말 믿어지지 않을 정도다. R. F. D. 그룹은 낙하산을 비롯한 인명 구조 장비를 생산하는 회사였는데 공장을 벨파스트에서 뉴캐슬로 이전하기로 했다. 회사 이전은 숙련 기술자 대부분이 북아일랜드를 떠나려 하지 않는다는 사실을 간과한 채 내린 결정이었다. 그 결과, 새 공장은 3분의 1도 채워지지 않았다. 어떤 가구 회사는 관리부는 노리치에 있고 생산부는 던디에 있었다.* 결과적으로 고작 전구 몇 개 갈아 끼우려고 노리치에서 던디까지 화물용 자동차를 보내야만 했다. 위의 예는 경영자들이 지리 공부를 좀 더 해야 한다는 가

* 노리치는 런던 북동부 160킬로미터 지점에 있지만 던디는 그보다 훨씬 더 북쪽에 있는 스코틀랜드의 항구 도시다.

르침을 주지만, 과연 지리를 공부한다고 경영자들의 고질적인 비합리성이 없어질지는 의심스럽다.

민간 기업을 다루면서는 비합리성의 예를 산발적으로밖에 들지 못했다. 채프먼이 공공 부문의 한 분야에 제공했던 것 같은 상세한 보고서를 민영 부문에서는 찾을 수 없었기 때문이다. 그래도 사업하는 사람들이 과장된 희망을 품고 사는 것만은 틀림없어 보인다. 미국에서 새로 작은 사업을 시작하는 사람 4명 중 3명은 운이 나빠서인지 경영을 잘못해서인지는 모르지만 4년 내에 파산한다고 하니 말이다.

투자 분석가도 군중 심리에 휩쓸린다

어떤 직업에 종사하든 사람들은 때때로 비합리적으로 행동한다. 그러나 자산 관리사들의 비합리성에 필적할 만한 것은 오직 그 고객들의 비합리성뿐이다.[4] 대부분의 투자자들은 자신들의 어리석음을 의식하지 못하는 듯 보인다. 하지만 데이비드 드레먼(David Dreman)은 《역발상 투자 전략(Contrarian Investment Strategy)》이라는 꽤 읽을 만한 책에서 그 실상을 잘 입증해 보였다. 이제부터 나올 내용은 대부분 이 책에서 빌려온 것이다. 10여 차례의 연구로 주식 전문가들은 일관적으로 시황보다 낮은 수익률을 내는 것으로 밝혀졌다. 심지어 그들이 떼어가는 수수료를 감안하지 않더라도 말이다. 연기금, 계약형 투자신탁, 보험 회사 포트폴리오 관리자들도 예외는 아니다. 그들의 실적이 저조한 가장 큰 이유는 다수가 어떻게 움직일 것인가를 예측하기보다는 다수를 쫓아가기에 급급하기 때문이다. 그래서 주가가 높을 때 사들이고 주가가 떨어지면 판다. 그들의 가엾은 고객들은 손실을 안겨줄 조언을 따르거나 자산 관리사가 추천하는 계약형 투자신탁을 사지 말고 증권거래소 상장 종목에 오랫동안 돈을 묻어두는 게 나을 것이다. 한두 가지 예를 살펴보면 이 점을 분명히 알 수 있다. 1970년에 기관투자자 2,000명이 뉴욕에서 열린 회의에 참석했다. 한 조사에 따르면 참석 대표들이 가장 선호하는 주식은 당시에 상종가를 달리던 내셔널스튜던트마케팅이었다. 그런데 그로부터 6개월 만에 이 회사 주식은 120달러에서 13달러로 폭락했다. 이듬해에도 투자자들은 전문가의식견이 어떤 것인가를 한층 더 극명하게 보여주었다. 그들은 그 다음해에 가장 유망할 것으로 예상되는 종목으로 항공주를 선택했는데, 사실 항공주는 주식 시장이 전반적으로 상승세였음에도 불구하고 50퍼센트나 하락했던 것이다.

주식의 미래 가치를 예측할 때에는 주로 두 가지 방법이 쓰인다. 첫 번째 방법은 꽤나 그럴 듯하게 들린다. 투자 분석가는 회사의 활동을 구획별로 쪼개 그 회사의 전망을 예측한다. 예를 들어 보험회사를 분석한다면 생명 보험, 자동차 보험, 주택 보험, 콘텐츠 보험 등으로 세분하여 각각의 매출과 최근 성장률을 따져볼 것이다. 나아가 투자 분석가는 이러한 다양한 종류의 보험을 보험업자들의 지역별로 나누어보려 할지도 모른다. 그가 필요로 하는 정보의 일부는 회사 경영진에서 밝히지 않으려는 것일 수도 있고, 이미 누설된 정보의 상당수는 정확하지 않은 것일 수도 있다. 그는 또한 경쟁업체들의 향후 전망도 고려해야 할 것이다. 투자 분석가는 이 모든 정보들을 수집하여 종합하고 판단해야만 한다. 하지만 사실상 이것은 세 가지 이유에서 불가능하다. 첫째, 인간 정신의 한계 때문에 방대한 양의 정보를 체계적으로 이용하여 올바른 결론을 끌어낼 수 없다. 투자 분석가는 과중한 정보에 시달린다. 두 번째 이유는 투자 분석가는 정보를 제대로 종합하고 판단할 수 있는 방법을 알 도리가 없다는 점이다. 마지막으로, 한 기업의 자산에는 운이라는 게 크게 작용한다. 그런데 운을 감안하기란 불가능하다. 아무리 회사를 효율적으로 운영하더라도 파업이나 전반적인 경기 후퇴 때문에 실적이 크게 떨어질 수 있다. 어떤 이유에서든지 이러한 방법을 이용하는 자산 관리사들은 그들이 속한 시장보다 나쁜 실적을 낸다. 1974년에 36명의 투자 상담가들에게 그들이 가장 선호하는 주식 5종을 꼽아 달라고 했다. 그들의 선택은 대개 비슷비슷했다. 하지만 그들이 가장 선호했던 주식 10종의 2년간(1972~1973) 주가 추이를 조사한 결과, 그 주식들은 하락장에서 일반적인 주식의 평균 하락폭보다 27퍼센트나 더 급락했던 것으로 밝혀졌다.

주식의 미래를 전망하는 두 번째 방법은 '차트 분석'으로 알려져 있다. 이 방법은 전반적인 주식 시장은 물론 개별 주에도 적용할 수 있다. 주가 추이를 그래프로 정리하고 투자 분석가는 거기에서 트렌드를 찾는다. 그는 사소한 하락이나 반등은 무시하고 '기본 트렌드(primary trend)' 같은 특징을 관측하여 시장이 전반적으로 상승세인지 하락세인지 밝히려 한다. 차트 분석가들에게는 안된 말이지만, 이미 수학적 분석으로 주가는 완전히 임의로 변하는 것이라는 결론이 나와 있다. 과거 추이를 아무리 살펴본다 한들 미래의 주가를 예측할 수는 없다. 이러한 발견 덕분에 차트 분석가들이 크게 줄어들기는 했지만 여전히 이 쓸데없는 접근법에 매달려 있는 이들이 많다.

투자할 돈이 있는 일반인이나 대규모 회사에서 여전히 투자 분석가들에게 투자 의뢰를 한다는 게 수수께끼다. 투자 분석가들은 쓸모가 없는 정도가 아니라 오히려 손실을 끼치는 것으로 밝혀졌으니까. 이건 아무렇게나 고르는 것만도 못한 약을 처방해준 의사가 꼬박꼬박 돈을 받는 꼴이다. 투자 분석가들은 공무원이나 사업가와는 다르다. 공무원이나 사업가는 자신의 이기심과 비합리성 때문에 집합 비합리성을 낳지만 투자 분석가들은 다수를 좇느라 자기 직업에 걸맞은 일을 하지 못하기 때문이다. 투자 분석가들이 인기 있는 주식을 사고 유행에 뒤떨어진 주식을 판다는 점도 그들이 항상 시장이 돌아가는 대로 좇아가기 급급하다는 사실을 분명히 보여준다.

6장

잘못된 일관성

사람들은 자기 신념에 일관성을 부여하려고 종종 진실을 희생시키기까지 한다.[1] 그 예가 이미 앞에서 살펴본 후광 효과다. 어떤 사람이 두드러진(가용적인) 좋은 면을 지니고 있으면 다른 특성도 모두 그 좋은 면에 비추어 보는 경향이 있다. 사람들의 시선은 다른 특성을 왜곡해서라도 좋게 봐줄 만한 한 가지 특성에 꿰어맞춘다. 사람들은 다른 특성 중에는 좋은 것도 있고 나쁜 것도 있다는 사실을 인정하려 들지 않는다. 그들은 모든 특성을 일관된 전체로 보려고만 한다.

다른 사람이나 대상을 완전히 좋게(혹은 완전히 나쁘게) 봄으로써 아무런 이익이 없더라도 후광 효과는 충분히 작용한다. 하지만 막대한 투자를 했다면 일관성을 바라는 욕망은 더 강력한 결과를 낳을 것이다. 어떤 커플이 집을 보러 다닌다. 그들은 자신들이 원하는, 좀 더 정확하게는 살 만한 여력이 되는 이러저러한 집을 살펴볼 것이다. 그리고 각 집에서 꼭 맞게 설계된 주방(그들이 좋아하는 부분)과 좁아터진 식당(그들이 싫어하는 부분)을 발견할 것이다. 물론 그들은 어느 한 부분을 평가하면서 다른 부분을 대하는 태도의 영향을 받을 것이다(이것도 후광 효과다). 또한 집에서 받은 첫인상도 중요할 것이다. 결국에는 상당한 마음의 갈등을 겪은 다음 마음이 가는 집을 산다. 집을 보러 다니는데 들인 시간과 노력은 제쳐두고서라도, 두 사람은 큰 돈을 썼을 것이다. 그러니까 자기들이 바보짓을 했다고 느끼지 않으려면 그 집을 사기로 한 결정을 정당화해야만 한다. 그래서 집을 산 다음에 그들이 처음에 좋게 보았던 점은 더 좋게 과장하고 나쁘게 보았던 점은 축소해버린다. 꼭 맞게 설계된 주방은 이보다 좋을 수 없는 이상적인 주방이 되고 좁아터진 식당은 아늑해 보이기까지 한다. 사람들이 이미 산 주택의 장점을 드높이는 이유는 일관성을 원하기 때문이다. 대부분의 사람들은 의사 결정을 분별 있게 했다고 믿는다. 특히 어떤 것을 두고 고민을 많이 했을 때는 더욱더 그렇다. 그러니까 집이 좋을수록 그 집을 사기로 한 것은 탁월한 결정이 된다. 여기에는 어떤 동기 요인이 작용할 수도 있다. 그렇게 큰 돈을 잘못 사용했다고 생각하면 너무나 화가 나기 때문에 구매자들은 무의식적으로 옳은 선택을 했다고 자신을 안심시키려 한다. 물론, 이런 태도는 합리적이지 않다. 주관적으로 좀 더 호감이 갈 수는 있지만, 내가 샀다고 해서 그 집이 더 좋아지거나 나빠지지는 않기 때문이다.

신 포도 콤플렉스 : 못 가질 거면 낮추어 본다

의사 결정의 이러한 효과는 여러 차례 입증되었다. 여기 두 가지 사례가 있다.[2] 십대 소녀들에게 폭넓게 선별한 음반을 보여주었고 각 음반을 얼마나 좋아하는지 평점을 매기게 했다. 그다음에 소녀들은 (그들이 매긴 평점에 따라) 자기가 아주 좋아하지는 않지만 그럭저럭 좋게 생각하는 두 음반 중에서 하나를 선택해야 했다. 그렇게 선택한 음반은 소녀들에게 선물로 주었다. 나중에 그 두 음반에 새로 평점을 매겨 달라고 하자 소녀들은 자기가 골라 선물로 받은 음반은 처음보다 훨씬 호의적으로 평가한 반면 자기가 고르지 않은 음반은 처음보다 안 좋게 평가했다.

두 번째는 실생활 연구였다.[3] 이 연구는 경영자 과정 수료를 앞둔 학생들을 대상으로 실시했다. 그들은 이미 자기가 일할지도 모르는 회사들을 방문한 상태에서, 가장 매력적이라고 생각하는 세 가지 유망한 직업에 평점을 매겼다. 이 단계에서는 그들이 호의적으로 생각하는 직업들의 평점에 별 차이가 없었다. 학생들이 어떤 분야로 갈지 정해졌지만 아직 정식 근무는 시작하지 않은 시점에서 다시 한 번 평점을 매기게 했다. 이제 그들이 실제로 선택한 직업은 지난번보다 훨씬 높은 평점을 얻은 반면, 그들이 선택하지 않은 직업은 그리 좋게 평가받지 못했다. 학생들은 이미 의사 결정을 했기 때문에 자신이 내린 결정을 정당화해야 했던 것이다. 틀리고 싶은 사람은 아무도 없다. 위의 두 연구는 모두 비합리성의 또 다른 면을 보여준다. 사람들은 자기가 갖지 않았거나 가질 수 없는 것은 낮추어 본다. 이러한 효과는 아주 잘 알려져 있다. 이게 바로 '신 포도 콤플렉스'다.

일반적으로는 선택한 뒤에 비로소 선택안의 호감도가 높아지는 것으로 나타나지만, 이러한 현상이 (비합리적이기는 마찬가지지만) 의사 결정 과정에서도 일어날 수 있다는 것이 밝혀졌다.[4] 오스트레일리아에서 실험에 자원한 여학생들에게, 기분 나쁜 자극이 지적 과업을 수행하는 데 끼치는 영향을 알아보는 실험에 참여할 거라고 설명했다. 그들은 구역질 나는 음식을 먹든지 매우 불쾌한 소음에 노출되든지 둘 중 하나를 선택해야만 했다. 실험자는 두 가지 자극 모두 단기적으로 어지러움, 두통, 구토 같은 불쾌한 결과를 일으킬 수 있다고 설명한 뒤, 여학생들에게 각 자극이 얼마나 불쾌할 것 같은지 예측해보라고 했다. 그다음에 한쪽 집단에는 실험에 들어가기 전에 구역질나는 음식과 소음의 결과에 대해 좀 더 알려주겠다고 했다. 반면, 다른 한쪽 집단에는 이제 더 알아야 할 것이 없다고 했다. 몇 분 후에 두 집단에게 다시 한 번 각 자극이 얼마나 불쾌할 것 같은지 대답해보라고 했다. 추가 정보를 주겠다고 한 집단은 답변에 별다른 변화가 없었다. 하지만 다른 쪽 집단에서는 상당히 큰 변화가 일어났다. 그들은 처음에는 두 가지 선택지(역겨운 음식과 시끄러운 소리)를 예상할 때 거의 차이가 나지 않았다. 그런데 두 번째에는 처음에 아주 약간 낫다고 생각했던 선택지가 훨씬 더 나을 것으로 예상했다. 나중에 실제로 그들은 모두 맨 처음에 더 낫다고 생각했던 선택지를 골랐지만, 다행스럽게도 그런 끔찍한 실험은 실제로 행해지지는 않았다. 이 실험은 선택을 하기도 전에 그 선택지에 대한 호감을 증폭시킬 수도 있음을 보여준다. 그러한 과정이 힘든 결단을 내릴 수 있도록 도와줄 뿐 아니라 여기서도 다시 한 번 올바르게 선택한다는 확신을 굳혀주기 때문이다.

차를 새로 산 사람은 그 차의 가속 능력, 조종 성능, 연비에 대해 신나게 떠벌릴 것이다. 그러한 자랑은 종종 그 사람에게 확신이 없다는 표시로 여겨도 좋다. 확신하려고 애쓰는 사람은 누구인가? 브루노 베텔하임(Bruno Bettelheim)은 의사 결정을 굳히는 극단적인 형태를 보여준다.[5] 나치 집단수용소에서 일부 수인들은 자신을 간수와 동일시했다. 그들은 나치 간수들의 소름 끼치는 가치 체계를 받아들이고 게슈타포 제복 쪼가리를 걸치고 다녔으며, 심지어 간수들의 행동을 흉내 내느라 다른 수인들을 고문하는 데 한몫하기도 했다. 그들은 아마도 저항하려는 희망을 완전히 버리고 완벽한 공모자가 되기로 마음 먹었을 것이다. 그래서 그러한 결심을 굳히기 위해 간수들의 가치 체계를 받아들였던 것이리라.

의사 결정에 만족보다 후회가 따르는 두 가지 방식이 있다. 첫째, 연구자들은 사람들이 결정을 하고 나서 얼마 지나지 않아 사실은 그 결정을 후회한다는 사실을 밝혀냈다. 결정을 하고 나서 과연 그게 잘한 짓이었는지 확신이 없는 것이다. 그렇지만 그다음부터는 결정의 장점을 과대 평가함으로써 스스로 자신을 확신시키는 과정을 밟는다. 후회는 다른 방식으로도 일어난다. 어떤 결정의 결과가 예상했던 것보다 더 나쁘면 아무리 좋은 척하려 해도 할 수가 없다. 집을 사고 나서 보니까 지붕도 새로 얹어야 할 것 같고 오만 가지 더러운 것들이 다 말라붙어 있다. 이럴 때는 그 집을 산 것이 실수였다는 사실을 자신에게도 위장할 수 없는 법이다. 그래서 집을 산 사람은 그 집의 좋은 점을 이러저러하게 생각하며 자기 결정을 정당화하기는커녕 실수를 인정하고 후회할 확률이 높다.

사람들은 어떤 결정을 뒤집어야 할 때에 그에 따른 안 좋은 결과를 극도로 확대하여 생각하는 경우가 많다. 내가 아는 한 이 주제를 다룬 실험 연구는 없지만 재니스와 만은 보즈웰*의 일기에서 아주 좋은 사례를 지적해주었다.[6] 1792년에 보즈웰은 루이자라는 젊고 아름다운

* 영국의 전기작가 제임스 보즈웰(James Boswell, 1740~1795)을 가리킨다.

여배우와 연애를 시작했다. 보즈웰은 너무나 열렬한 사랑에 빠진 나머지 루이자 한 사람에게만 충실한 남자가 되었다. 그 전까지는 마음에 드는 사람이면 아무하고나 그때그때 성관계를 맺던 사람이었는데 말이다. 보즈웰은 루이자의 장점을 잔뜩 과장해서 떠벌렸지만 그의 친구들은 그 말을 믿지 않았다. 그리고 여섯 달 후에 보즈웰은 자기가 임질에 걸렸다는 것을 알았다. 루이자는 자기가 아주 오래 전에 임질에 걸렸던 적이 있기는 하지만 보즈웰을 만났을 때에는 완치되었다고 생각했노라고 변명했다. 하지만 보즈웰은 그 말을 믿어주지 않았고 루이자에게 "가면을 쓴 창녀"라고 비난했다. 그녀에 대한 사랑은 증오로 변했다. 그는 루이자를 심하게 욕하고 그녀 곁에서 떠났다. 명백히 잘못된 것으로 밝혀진 결정이나 태도를 뒤집기 위해서 그 결정이나 태도가 불러온 결과를 극도로 나쁘게 생각하는 것이다.

또 다른 책략은 그냥 과거를 잊는 것이다. 혹은 과거를 연상시키는 것은 깡그리 잊어버리는 것이다. 헤어진 사람들은 상대의 사진을 불태운다. 배우자에게 버림받은 남편이나 아내는 예전에 함께 살던 집에서 살아가기가 힘들다. 그 집에는 두 사람의 과거를 떠올리게 하는 것이 너무 많기 때문이다. 그래서 뮤지컬 영화 〈남태평양〉에서처럼 "난 그 남자를 내 머리에서 지워버릴 거야."라고 하는 것이다. 과거를 나쁘게 보는 것은 진실을 왜곡하는 셈이기 때문에 분명히 비합리적이다. 그러나 과거를 잊으려고 노력하는 것은 완전히 사리에 맞는 일이다. 다만 대부분의 사람들이 으레 그렇듯이 과거를 잊으려고 너무 애쓴 나머지 아무런 교훈도 얻지 못하고 똑같은 실수를 반복하는 것은 문제다.

바늘 도둑이 소 도둑 된다

어떤 태도를 뒤집는 것과는 정반대로, 도리어 그 태도를 점점 더 극단적으로 밀고 나갈 수도 있다. 사람들은 종종 어떤 결정을 분명히 의식하면서 내리는 것이 아니라 단계적으로 다음 행동으로 미끄러지곤 한다. 범죄자 가운데 상당수는 사소한 경범죄로 시작해서 점진적으로 죄질이 나빠진다. 그들은 나중에 무장 강도나 살인범이 될지도 모른다. 그들도 처음에 가벼운 죄를 저질렀을 때는 살인은 생각만 해도 끔찍하다고 했을 것이다. 하지만 점점 더 무거운 죄를 저지르다가 어느 시점에 이르면 그들의 태도나 행동도 처음부터 흉악 범죄를 저지르는 사람들의 태도나 행동과 엇비슷해진다. 우리 행동은 상당수 이렇게 비합리적으로 점진적으로 진전된다. 어떤 여성이 어떤 브랜드 향수를 샀는데 그 향수를 아주 좋아하게 되었다. 그 이유는 그녀가 그 향수를 처음 뿌린 날 유난히 기분이 좋았기 때문일 수도 있다. 이제 그녀는 그 향수를 사는 게 습관이 되었고 결코 다른 브랜드 향수를 사서 비교해볼 생각은 하지 않는다.

이러한 인간의 약점을 이용해 먹는 사람들이 있다. 그중에서도 '발부터 들이밀기' 기법을 사용하는 보험 설계사를 꼽을 수 있다. 일단 문을 열어주면 보험 설계사는 어떻게든 집 주인을 구워삶아 집 안으로 들어오려 한다. 이게 먹히면 우선 일반적인 보험의 장점을 늘어놓다가 집 주인의 개인적인 상황을 알아낸다. 그다음에는 너무나 놀랍게도 때마침 집 주인에게 꼭 맞춘 듯한 상품, 게다가 보험료도 아주 저렴한 상품이 있다고 말한다. 이렇게 알게 모르게 착착 진행되는 단계를 거쳐 집 주인은 결국 원하지도 않고 감당할 여력도 없는 보험을 들고 만다.

이 경우에는 한 단계에서 다음 단계로 진전되는 것보다 더 크게 작용하는 것이 있다. 그건 바로 당혹감이다. 인간의 수많은 비합리성 이면에는 당혹감이 똬리를 틀고 한다. 집 주인은 보험 설계사도 생계를 꾸려야 하는데, 벌써 저 사람이 우리 집에서 시간을 엄청 잡아먹었는데, 보험을 못 팔면 무척 실망할 텐데, 어쨌거나 저 사람도 꽤 좋은 사람 같은데,라고 착각할지도 모른다. 하지만 여기에는 일관성도 한몫하고 있다. 어떤 행동에 발을 들인 사람은 반드시 그 과정을 계속 밟음으로써 처음 결심을 정당화해야 한다는 기분에 빠질 수 있다.

이러한 과정이 다른 사람에게 그 사람이 원래 하지 않았을 법할 행동을 하게 만드는 데 효과적이라는 사실은 여러 실험으로 증명되었다. 한 연구에서 캘리포니아의 가정들을 방문하여 그 집 주부에게 "안전운전 하세요"라는 작은 표지판을 집 밖에 세워도 좋은지 허락을 구했다.[7)] 대부분의 주부들은 표지판을 세우라고 허락했다. 다음 단계로, 그 주부들과 이전 단계에 참여하지 않은 또 다른 주부들에게 "운전 좀 조심해주세요"라는 무례한 문안이 담긴 큼지막한 표지판을 집 밖에 세워도 되는지 물어보았다. 예전에 표지판 세우는 것을 허락했던 주부들은 이번에도 4분의 3 정도가 허락한 반면, 실험에 처음 참여한 주부들은 고작 6분의 1만이 자기 집 앞에 보기 싫은 표지판을 세우도록 허락했다.

인간사에서 아마 가장 오래되었으며 지금까지도 흔히 볼 수 있는 점진적으로 진전되는 형태는 성적 유혹일 것이다. 두 사람이 모두 그 유혹에 빠져드는 과정을 즐긴다면 그건 완전히 합리적인 일이다. 하지만 단계적으로 말려들어 처음에는 동의하지 않았거나 나중에 후회할 만한 일을 저지르게 된다면 분명히 비합리적인 일이다.

흔히, 얻기 힘들면 더 탐난다고들 한다. 이 말은 사실로 밝혀졌지만, 그건 어디까지나 그 힘든 것을 얻기 위해 수고를 감내하기로 자발적으로 선택했을 때 이야기다. 실생활에 가깝게 설계한 한 실험에서, 여성들에게 성 심리 토론에 참여해줄 수 있는지 부탁해보았다.[8] 한 집단에게는 수줍음을 털어버리기 위해 먼저 좀 괴로울 수도 있는 경험을 할거라고 했다. 야한 단어나 성행위를 묘사한 외설적인 글을 소리 내어 읽어 달라고 했던 것이다.(오늘날에 비해 이 실험을 했던 때에 젊은 여성들이 이런 일을 하기란 훨씬 더 곤혹스러웠다.) 두 번째 집단에게는 이 괴상한 사전 과정을 밟아 달라는 부탁을 하지 않았다. 각 토론에서 진짜 피험자를 뺀 다른 여성들은 모두 바람잡이였다. 그들은 동물의 성행위에 대해 산만하고 입에 올리기 껄끄러우며 고루한 이야기를 늘어놓았다. 지루한 한담이 끝난 다음 진짜 피험자들에게 그 무가치한 토론을 평가해 달라고 요청했다. 토론에 들어가기 전에 입문 절차를 거친 여성들은 그렇지 않은 여성들보다 토론이 흥미로웠다는 평가를 내렸다.

좀 더 설득력 있는 연구로, 과체중 여성들에게 새로운 체중 감량 치료 방법에 참여하게 해주겠다고 했다.[9] 그들은 별로 유쾌하지 않은 다양한 과업을 수행해야 했다. 이를테면 동요 따위를 큰소리로 읽어야 했는데, 이때에 자기 목소리가 약간 간격을 두고 다시 들리도록 방해해서 말을 더듬거나 머뭇거리느라 제대로 읽어내기 힘들게 만들었다. 피험자의 절반은 이러한 과업을 다섯 차례 수행했는데, 한 번에 한 시간 정도 걸렸다. 나머지 절반도 똑같이 다섯 차례 수행했지만 한 번에 고작 몇 분밖에 걸리지 않았다. 일 년 후에 이 여성들의 체중을 재어보았다. 훨씬 노력을 많이 했던 첫 번째 집단은 평균 3킬로그램이 감소했다. 하지만 두 번째 집단은 겨우 0.1킬로그램밖에 줄지 않았다. 물론 치료를 가장한 실험 과정은 체중 감량과 아무 상관도, 의미도 없는 짓이었다. 그런데도 실험 과정에서 더 많은 노력을 기울였던 집단은 자신의 노력을 정당화해야 했기 때문에 실제로 체중이 감소했던 것이다.

재미없는 영화를 끝까지 보는 이유

이와 관련하여 좀 더 극단적인 형태의 비합리성이 있다. 어떤 것을 하기 위해 희생(돈, 시간, 노력 등)을 치른 사람들은 그것을 계속하려는 경향이 있다.[10] 그렇게 계속함으로써 얻는 것보다 잃는 게 더 많은데도 그렇다. 이 책을 읽는 독자들도 대부분 지독하게 재미없는 영화나 연극을 자기 돈 내고 본 적이 있을 것이다. 그런데 사람들은 대개 지루해서 죽을 지경이 되어도 중간에 나가려 하지는 않는다. 정말로 너무 재미가 없어서 그 영화나 연극을 안 볼 수만 있다면 되레 돈을 내놓고 싶은 상황일 때도 마찬가지다. 이리하여 그들은 불합리하게도 돈은 돈대로 쓰고 쓸데없이 한두 시간 지겨워 죽는 이중의 고통을 감내한다. 그들이 할 수 있는 분별 있는 행위는 당장 그 자리를 박차고 나오는 것이다. 그러면 이미 나간 돈만 아까워해도 되니까.

이러한 사례(그리고 실험으로 잘 입증된 이와 비슷한 다른 사례)는 지금까지 논의했던 사례들과는 조금 다르지만 이해할 수 없다는 점에서는 결코 뒤지지 않는다. 사람들은 재미없는 구경거리를 끝까지 본다. 그걸 보기로 한 게 잘한 짓이라고 아무리 자신을 속이려 해도 속일 수 없을 상황에서조차 말이다. 왜냐하면 그들이 "헛돈을 쓴 셈이 되어서는 안 된다."고 마음 먹었기 때문이다. 손실을 보는데도 멈추지 않으려는 태도는 의식적이든 무의식적이든 흔하게 나타나는 비합리성이다. 보유한 주식이 가격도 떨어지고 앞으로도 전혀 오를 가망이 없는데 사람들은 손실을 보게 됐다는 이유로 팔아버리지 못한다. 심지어 그 주식을 계속 가지고 있으면 얼른 손실을 인정하고 다른 데 투자하는 경우보다 더 큰 손실이 분명히 예상될 때에도 그렇다.

군사령관들은 그들의 전략이 명백히 무익한 것으로 드러난 뒤에도 그 전략을 계속 밀고 나가는 걸로 악명 높다. 제1차 세계대전에서 이 사실은 명약관화하게 드러났다.[11] 80만 명이 목숨을 잃은 베르됭 전투 하나만 봐도 그렇다. 참호전에서 직접 공격은 참패가 불 보듯 뻔한 일일 뿐 아니라 방어하는 편보다 공격하는 편에서 더 많은 사상자가 나오게 마련이다. 그러나 헤이그 사령관은 솜 전투에서 전투 개시 몇 시간 만에 5만 7천 명을 잃은 걸로도 모자라서 방어 태세를 잘 갖춘 독일군 진영을 계속 공격하라는 명령을 내려 군대에 끔찍한 손실을 입혔다. 물론 이 경우에 고통을 뒤집어쓴 것은 헤이그가 아니라 그가 거느린 군사들이었다. 이미 막대한 재원을 투자한 계획을 중단하기 싫어하는 성향은 덴턴 상원의원의 발언으로도 드러난 바 있다. 그는 미국 상원에서 발전 가능성이 전혀 없는 운하 사업을 계속 밀고 나가야 한다고 주장하면서 이렇게 말했다. "이미 11억 달러를 투자한 사업 계획을 중단한다는 것은 국민의 귀중한 혈세를 부당하게 운용했다는 뜻입니다."[12] 하지만 그는 그 사업을 계속 추진하는 것은 더욱더 부당한 운용이 될 것임을 몰랐다.

이미 큰돈을 잡아먹은 쓸모없는 계획을 포기하기 싫어하는 태도는 '매몰 비용 오류(sunk cost error)'로 잘 알려져 있다. 이러한 오류는 잘못된 일관성이 극단화된 형태다. 사람들은 그저 처음부터 그 일에 돈을 쏟아붓지 않았어야 했다는 사실을 인정하기 싫어서 그래도 뭔가를 건지리라는 헛된 희망을 안고 계속해서 재화와 노력을 투자한다. 그렇게 해봤자 얻을 것이 없음이 비교적 명백할 때조차 말이다. 다음 장에서 알아보겠지만 비합리성의 가장 근본적인 원인 중 하나는 자기 자신에게조차 자신의 과오를 인정하지 못하는 바로 이러한 태도다.

매몰 비용 오류의 흥미로운 변형인데, 실험으로 멋지게 증명한 것이 있다.[13] 여러분이 극장에 연극을 보러 갔다고 치자. 극장에 도착해서 보니 입장권을 잃어버렸다. 매표소에 가서 불쌍한 척하며 통사정을 했지만 엄격한 관리직원은 사정을 봐주지 않는다. 하지만 아직 빈 좌석이 남아 있었기 때문에 극장 사람은 원래 가격대로 다시 표를 사서 연극을 보라고 권한다. 입장권 가격이 15파운드라고 치자(합리적인 가격을 책정하는 극장이거나 복도에 놓은 보조의자에 앉기로 했었나 보다). 그러면 입장권을 두 번 샀기 때문에 연극을 보는 데 30파운드가 든다는 계산이 나오고 여러분은 그렇게 큰돈을 주고 볼 만한 연극은 아니라고 생각해서 그냥 집으로 돌아간다. 대부분의 사람들이 이런 식으로 생각한다는 사실이 실험으로 밝혀졌다. 하지만 그들은 틀렸다. 처음에 입장권을 사면서 지불한 돈은 입장권을 잃어버림으로써 이미 날아갔다. 그걸 되돌릴 방법은 없다. 그러므로 처음부터 그 연극에 15파운드를 지불할 자세가 되어 있었다면 똑같은 가격에 다시 입장권을 살 자세도 되어 있어야 한다(물론 그 사이에 그만한 가치가 있는 연극이라는 생각이 바뀌지 않았다면). 한번 생각해보라. 만약 (입장권이 아니라) 20파운드짜리 지폐를 잃어버렸다면 그 연극 입장권 사는 것을 단념하겠는가.

매몰 비용 오류와 비슷한 이런 실수는 오로지 앞으로의 이익과 손실만이 중요하다는 점을 깨닫지 못해서 일어난다. 과거는 과거일 뿐, 지금과는 아무 상관이 없다. 지금 이 순간에 내가 어떤 일을 계속함으로써 손실을 입는다면 지금까지 거기에 얼마나 투자했든 당장 그만둬야 한다. 지금 이 순간에 내가 어떤 활동을 감당함으로써 이익을 본다면(위의 예에서는 재미있는 연극을 볼 수 있다는 이익) 지금까지 한 투자로 이미 손실을 보았다는 사실(잃어버린 입장권) 때문에 그것을 철회해서는 안 된다. 모든 의사 결정은 오로지 현재 상황을 토대로 내려야 한다. 미래를 바라보면서 무언가를 배우는 경우가 아닌 이상 과거는 무시해야 하는 것이다. 위에서 살펴본 두 경우 모두에서 우리가 배울 수 있는 모든 교훈은 다음과 같다. 첫째, 재미없는 연극표를 사서는 안 된다. 둘째, 입장권은 안전한 곳에 보관해야지 주방 싱크대 옆 같은 데 두면 안 된다.

앞서 기술한 두 가지 오류는 모두 잘못된 일관성에서 비롯되었다고 볼 수 있다. 매몰 비용 오류에서는 어떤 활동을 일단 시작했으니까 계속해야만 일관성이 있다. 그리고 이 오류의 변형에서는 어떤 활동을 중단하는 것이 통상적인 수준 이상으로 많은 돈(혹은 노력)을 투자하지 않으려 한다는 점에서 일관적이다.[14)]

이것과 관련 있으면서 거의 보편적인 비합리성의 한 형태가 있다. 어떤 사람이 한 병에 6파운드를 주고 보르도산 적포도주를 몇 상자 샀다. 그런데 몇 년 뒤에 그 포도주 가격이 껑충 뛰어서 한 병에 60파운드에 팔린다. 그 사람은 평소에 한 병에 10파운드가 넘는 포도주는 사지 않는다는 가정을 덧붙여보자. 이때 그 사람이 논리적으로 행동한다면 값이 오른 포도주를 팔아야 한다. 실제로 그가 그 포도주 한 병을 딸 때마다 60파운드를 소비하는 셈이기 때문이다(한 모금 들이킬 때마다 2파운드가 날아간다). 그런데 대부분 혹은 상당수 사람들은 포도주를 팔지 않는다. 그들은 그 포도주를 6파운드에 샀으니까 자기에게는 6파운드짜리라는 논리를 편다. 하지만 현실적으로 물건 가격은 그 물건을 팔 때에 얻을 수 있는 돈이다. 이러한 흥미로운 실수는 우리의 일상생활 전반에서 일어난다. 1,000파운드짜리 화병을 깨뜨렸다고 치자. 만약 그 화병이 몇 년 전에 1파운드를 주고 샀는데 그렇게 가격이 뛴 거라면 바로 전날 1,000파운드를 주고 산 화병을 깨뜨렸을 때처럼 길길이 뛰며 화를 내지는 않을 것이다. 하지만 두 경우 모두 깨뜨린 화병을 화폐 단위로 환산한 가치는 똑같이 1,000파운드다. 이러한 비합리성의 특정한 면을 이해하기란 어렵다. 아마도 편의성의 대가(포도주를 팔고 어쩌고 하려면 귀찮기 때문에)가 물건을 팔아서 얻는 대가보다 더 가용적인 모양이다.

자기를 속이는 사람들의 심리

흔하게 볼 수 있지만 비합리적이기는 마찬가지인 또 다른 일관성이 있다. 내키지 않거나 부도덕한 일을 하게끔 설득당한 사람은 그 일을 할 수밖에 없었던 이유를 지어냄으로써 자신을 정당화한다. 만약 그런 짓을 하고서 괜찮은 대가를 받았다면 그것만으로도 충분하다. 대가가 시원찮아서 내키지 않은 짓을 보상하기에 부족할 때에는 자신을 정당화할 수밖에 없는 것이다. 이러한 현상을 밝혀낸 초기 연구 가운데 하나에서 체험자들은 죽 나열해놓은 나무못 뒤집는 일을 20분 동안 했다.[15] 그들은 이렇게 단조롭고 의미 없는 일을 하고 난 다음에 다음 사람(바람잡이)에게 배턴을 넘기면서 참여를 북돋우는 뜻에서 그 일이 아주 재미있다고 말해야만 했다. 이렇게 다음 사람에게 거짓말을 한 대가로 어떤 사람들은 1달러를 받았고 어떤 사람들은 20달러를 받았다. 모든 피험자들은 거짓말을 하는 데 동의했다. 피험자들은 그렇게 거짓말을 하고 나서 정말로 그 일이 얼마나 흥미 있는가를 평가해 달라는 부탁을 받았다. 보상을 적게 받은 사람들은 보상을 많이 받은 사람들보다 작업이 흥미롭다는 평가를 내렸다. 아마도 20달러를 받은 사람들은 그 정도 대가면 별로 해로울 것도 없는 거짓말을 할 만하다고 생각했을 것이다. 반면 1달러를 받은 사람들에게는 이러한 구실이 없었다. 그래서 그들이 한 거짓말을 축소하기 위해 그 작업이 실제보다 덜 지루하다고 스스로 믿으려 했던 것이다.

이어진 실험[16]에서는 거짓말을 들은 바람잡이들이 그 일을 하지 않겠다고 했다. 따라서 피험자들의 거짓말은 안 좋은 결과를 가져오지 않았다. 나중 실험에서 거짓말을 해야 했던 피험자 집단은 그들의 거짓말이 효과가 없었기 때문에 자기들은 아무 잘못도 없다고 생각할 수 있었다. 따라서 그들은 그 작업이 얼마나 지루한가를 굳이 축소해서 평가할 필요도 없었다. 또한 사람들이 선택의 여지가 없다고 생각할 때에는 이런 효과가 발생하지 않는다는 사실도 밝혀졌다. 실험자가 그들은 실험에 자원했고 거짓말도 실험의 일부이기 때문에 하지 않으면 안 된다고 했을 때에는 작업의 지루함을 축소 평가하지 않았다. 어떤 일을 억지로 할 때에는 그 일을 정당화할 필요가 없는 것이다.

위의 실험에서 혹시 피험자들이 스스로 자신을 기만했다기보다는 실험자의 눈에 바보처럼 보일까 봐 작업이 지루하지 않다고 대답한 것은 아닌가, 라는 지적이 나올 수 있다.[17] 여러 연구에서 이 가능성도 검토했다. 대부분은 '보거스 파이프라인(bogus pipeline)'이라는 기발한 장치를 사용했다. 피험자들은 머리에 전극을 붙이고 그들의 뇌파가 모두 기록된다는 말을 들었다. 실험자는 그들에게 이러한 뇌파 기록은 거짓말 탐지기보다 더 확실하고 정확하게 그들이 거짓말을 하는지 여부를 밝혀줄 거라고 했다. 피험자들은 전부 다 미국 대학 재학생들이었다. 그들은 교수의 말을 철석같이 믿었기 때문에 모두 다 이 농간에 분명히 넘어갔다고 봐도 좋다. 이러한 실험 대부분에서 보상을 적게 받은 집단은 보상을 많이 받은 집단보다 지루한 일을 좋게 평가해주는 양상을 계속 보였다. 그러나 그 차이가 그렇게까지 두드러지지 않았음을 감안하건대, 피험자들은 그들 자신을 정당화하기 위해 스스로 자신을 기만하는 동시에 실험자에게 거짓말을 하는 경향도 있었다고 하겠다.

체크리스트

01 내가 선택한 결과는 과대평가하기 쉽다는 것을 의식하라. 특히 막대한 시간, 노력, 돈을 쏟아부었다면 그럴 가능성이 더욱 농후하다.

02 처음부터 받아들였을 리 없는 행동이나 태도에 단계적으로 빠져들지 않도록 조심하라.

03 어떤 계획에 아무리 많은 시간, 노력, 돈을 투자했더라도 계속 투자하는 것이 이익이 되지 않는다면 그 시점에서 손실을 끝내라.

04 어떤 활동이나 소유물의 가치는 과거와 상관없이 지금 현재 나에게 미치는 가치로 평가하라.

05 내키지 않는 일을 하도록 설득당했다면 스스로 정당화하기 위해 그 일의 불쾌함을 축소하려 들지 말라.

06 절대로 보험 설계사를 현관에 들여서는 안 된다.

7장

보상과 처벌

앞 장을 마무리하면서 불쾌한 일을 한 대가로 하찮은 보상(혹은 무보상)을 받으면 그 일을 실제보다 불쾌하지 않은 것처럼 여기게 된다고 말했다.[1] 그렇다면 '유쾌한' 일을 하는 대가로 큰 보상을 주면 어떤 효과가 있을지 궁금할 것이다. 그 답은 명료하다. 그러한 보상을 받으면 사람들은 그 일의 가치를 낮게 본다. 어린이집 아이들에게 노는 시간에 선명하고 예쁜 색깔의 매직펜과 멋있는 도화지를 주었다. 그림에 흥미를 보이는 아이들에게는 나중에 수업 시간에도 같은 그림 도구를 주고 그림을 그려보라고 했다. 이때 한 집단에는 그림을 잘 그리면 근사한 상장을 준다고 했고, 다른 집단에는 보상을 내걸지 않았다. 2주 후에 다시 그림 도구를 주고 아이들에게 그림을 그리고 싶으면 그리고 싫으면 말라고 했다. 지난번에 상장을 받았던 아이들은 눈에 띄게 그림에 흥미가 떨어졌지만 보상을 받지 않은 집단 아이들은 앞서와 마찬가지로 많은 수가 그림을 그렸다.[2] 이 결과는 아마도 아이들이 그림을 그리는 데 보상을 준다면 그림 그리는 게 그렇게 재미있지 않은 거라고 생각했기 때문일 것이다.

이런 유형의 실험은 아이와 어른 모두를 대상으로 하고, 퍼즐 맞추기에서 자원봉사 교사 역할까지 다양한 과업으로 여러 차례 반복되었다. 하지만 결과는 언제나 같았다. 실생활 상황에서의 예를 들어보겠다.[3] 12주 동안 8명의 학생을 2교대 조로 나누어 그들이 재학하는 대학의 대학신문사에서 헤드라인을 쓰게 하고 일하는 모습을 관찰했다. 한쪽 조에 속한 4명의 학생들은 헤드라인 하나를 쓸 때마다 50센트를 받았다. 반면 다른 쪽 학생들은 보수를 받지 않았다. 마지막 몇 주를 관찰한 결과, 보수를 받지 않은 조 학생들이 보수를 받은 조 학생들보다 헤드라인을 훨씬 더 많이 썼다. 더욱이 그들은 처음 4주 동안 했던 일과 비교해서도 더 많은 일을 해냈다. 하지만 보수를 받은 조는 실적이 나아지지 않았다. 그들이 돈을 받음으로써 일의 가치를 낮추어 보았기 때문일 것이다. 또 다른 연구[4]에서는, 1,200명의 성인들에게 헌혈차에서 헌혈을 해 달라고 부탁했다. 그런데 사례금을 받지 않은 사람들이 사례금으로 10달러를 받은 사람들보다 훨씬 더 많이 헌혈했다. 이 연구 결과는 보상을 받으면 비단 즐겁고 유쾌한 일뿐만 아니라 할 만한 가치가 있는 활동도 평가 절하된다는 것을 시사한다.

본래 즐겁지 않은 활동에 보상이 미치는 효과를 알아보는 연구도 있다. 그러한 연구 가운데 상당수는 '토큰 경제(token economy)'와 관련된 것이다.[5] 일부 정신병원과 몇몇 기관에서는 환자들이, 이를테면 혼자서도 옷을 잘 입는다든가, 양치질을 한다든가, 밥을 지저분하게 먹지 않는다든가 같은 바람직한 행동을 했을 때 토큰을 주곤 한다. 환자들은 토큰을 내고 텔레비전을 본다든가 간호사와 수다를 떨 수 있다든가 하는 혜택을 누릴 수 있다. 이러한 토큰은 기관 내에 있는 사람들이 좀 더 바람직한 행동을 하도록 돕는 역할을 곧잘 한다. 하지만 사람들이 일단 기관에서 나가고 보상이 쓸모없게 되면 그들의 행동 방식은 원래 수준으로 되돌아간다. 토큰을 많이 받았던 환자들도 기관을 벗어나면 토큰이라는 보상을 받지 않은 환자들보다 전혀 나을 게 없다는 말이다.

돈과 사탕은 학습 의욕을 꺾는다

이러한 실험은 보상의 역할에 근본적인 의문을 제기한다. 비전문가는 물론이고 심리학자들도 어떤 일을 하게 만들려면 그 일에 칭찬을 하든 사탕이나 돈을 주든 보상을 하는 게 최선의 방법이라고 주장하는 경향이 있다. 단기적인 관점에서 보면 그 말이 맞을지도 모른다. 하지만 적어도 원래부터 그 자체로 재미있는 일의 경우에는 전혀 보상을 받은 적이 없는 사람들에 비해 일단 보상을 받고 난 사람들의 참여도가 떨어진다는 사실이 실험으로 분명히 입증되었다. 이 결과는 보상을 받으면 그 활동에 참여하려는 욕망이 결국 자동화될 거라는 심리학의 동기 이론(theory of motivation)에 정면으로 위배된다. 보통 사람들은 흔히 그러한 동기 이론을 액면 그대로 믿는데 이는 잘못이다.

일상생활에서 보상이 비합리적으로 활용되는 경우를 살펴보기 전에 한 가지 단서를 붙일 필요가 있다. 심리학자들이 설계한 실험에서는 대부분 돈이나 증명서 같은 보상을 활용한다. 그런데 그러한 보상은 실험에서 해야 하는 과업 자체와 자연스럽게 연결된 것이 아니다. 그렇지만 학생이 여러 가지 과업을 배우려면 자기가 맞았는지 틀렸는지 알아야 한다. 이런 종류의 피드백을 전문 용어로 '결과 지식

(knowledge of results)'이라고 한다. 종종 사람이 개입하지 않아도 저절로 이런 피드백이 이루어질 수 있다. 예를 들어, 다트 게임을 어떻게 하는지 배우려고 수업을 받는 사람은 없다. 다트를 얼마나 세게 던져야 하는지 가늠하고 과녁 위아래로 조준하다 보면 조금씩 더 정확하게 다트를 던질 수 있게 되는 법이다. 이와 비슷하게, 자기에게 익숙하지 않은 차를 몰 때에도 차가 얼마나 곡선 밖으로 나가는지 잘 보면서 코너를 돌 때 적정 속도를 가늠하게 마련이다.

그렇지만 대수 방정식을 푸는 법처럼 다른 사람이 결과 지식을 주어야만(오늘날 어떤 경우에는 사람이 작성한 컴퓨터 프로그램으로 받을 수도 있지만) 배울 수 있는 지식이나 기술도 있다. 학생은 자기가 맞았는지 틀렸는지 누가 말해주지 않으면 그런 것을 배울 수 없다. 이러한 종류의 정보는 주어지면서 별개의 두 가지 기능을 한다. 정보는 제자에게 능력을 향상시킬 수 있는 방법을 알려준다. 또한 정보는 잘한 일에는 칭찬으로, 잘못한 일에는 비난으로 해석될 것이다. 그러한 칭찬과 비난이 보상과 처벌에 해당한다. 요컨대, 칭찬하거나 비난하지 않으면서 어떤 기술을 가르치는 것이 불가능할 때가 많다는 말이다. 학생들은 교사가 자신들을 평가한다기보다는 더 잘할 수 있도록 돕기 위해 지적한다고 여길 때 최상의 학습을 할 것이다. 분명한 것은, 교사가 학생의 수행에 대해 구체적이고 특화된 지적을 할수록 학생은 교사가 그들을 도와주려고 그런 말을 한다고 생각할 것이다. 구체적인 지적은 일반적인 칭찬과 비난보다 학습에 훨씬 도움이 된다.

위의 내용을 보건대, 교사의 비위를 맞추기 위해(사실 교사가 아니라 그 누구가 됐든 간에) 공부하는 사람은 그러한 공부의 가치를 얼마나 낮게 생각하겠는가라는 의문을 품음직하다.[6] 하지만 칭찬은 돈 같은 다른 보상과는 다른 방식으로 기능하며, 그러한 보상처럼 바람직하지 않은 효과를 낳지 않을 수 있다. 이것은 실제로 실험으로 뒷받침되었다. 실험 결과, 잘한 일을 칭찬한다고 해서 그 일의 가치를 평가 절하하지는 않았다. 칭찬은 근본적으로 두 가지 방향에서 물질적 보상과 다르다. 첫째, 칭찬은 내면화될 수 있다. 다시 말해, 다른 사람이 없어도 어떤 일을 잘해내면 스스로 칭찬할 수 있다는 말이다. 사람들은 자신이 성취한 것에 만족감을 느끼는데 그러한 만족감은 자기 자신을 칭찬하는 것과 아주 비슷하다. 십자말풀이를 완성한 사람은 남에게 칭찬을 듣거나 돈을 받지 않아도 기분이 좋다. 둘째, 어떤 일들은 잘해내면 반드시 친구, 친척, 동료 같은 타인들에게 칭찬을 듣게 마련이다. 이런 일들은 다른 사람의 칭찬이라는 보상이 끊어지는 시점이 없다. 하지만 금전적 보상은 어느 시점이 지나가면 중단되는 일이 아주 많다. 이 두 가지 사항은 칭찬이 외부에서 받는 보상 형태와는 아주 다른 효과를 발휘할 수 있음을 시사한다. 칭찬은 내면화될 것이고 다른 사람들의 칭찬은 계속 들을 수 있을 것이다.

위의 내용은 여담이긴 하지만 모든 강화, 특히 칭찬과 자기 내부로부터의 보상(자기 칭찬)은 유해하다고 볼 수 없음을 분명히 하려고 하는 말이다. 이제 단서도 달았으니 활동을 강화하는 효과가 별로 없는 보상이 우리 일상생활에 얼마나 비합리적으로 적용되는지 살펴볼 것이다.

행동주의 심리학의 맹점

물질적 보상은 일단 하고 나면 본래 재미있는 활동의 호감도를 떨어뜨리고 그보다 재미없는 활동에도 큰 효과를 발휘하지 못한다. 그러나 서구 사회의 교육이나 그밖의 다양한 활동은 대개 이러한 보상을 활용한다.

보상 효과를 다룬 연구에서 밝혀진 사실은 학교에서 성적을 매기는 관행에 문제를 제기한다. 아이들이 읽기는 물론 산수도, 가능하다면 언제나 그 자체로 가치 있는 공부라는 사실을 깨닫도록 설득해야 한다. 그게 어렵다면 그런 공부들이 더 큰 목표를 이루는 데 필요한 수단임을 알게 해야 한다. 모든 포유류, 특히 인간과 가장 가까운 원숭이와 유인원은 세상을 알아 나가려는 호기심과 세상을 능숙하게 다루고 싶은 욕구를 타고난다. 어떤 것을 제대로 알고 무엇인가를 발견할 때 느끼는 만족감은 그 자체로 강력한 보상이다. 안타깝게도 행동주의 심리학자들은 이 점을 보지 못했다.

칭찬과는 다른 외부에서 주는 보상의 해로운 효과는 병원, 대학, 공장 같은 모든 기관에 시사하는 바가 있다. 대부분의 회사는 직원들에게 동기를 부여하기 위해 금전적 보상을 폭넓게 활용한다. 이러한 금전적 보상에는 월급이나 주급뿐 아니라 특별수당, 수수료, 성과급 등이 모두 포함된다. 이러한 보상 시스템은 일에 대한 직원들의 흥미를 반감시킨다.[7] 1960년대 초반에 Y 경영 이론*을 도입했던 미국에서는 일부나마 이 점을 인식하고 있었다. 이러한 접근은 직원들이 일을 잘 하고 싶다는 마음에서 스스로 동기를 부여할 수 있도록 직장을 구조화

* 미국의 사회심리학자 더글러스 맥그리거가 주창한 이론. X이론은 인간들이 본능적으로 일하기를 싫어하며 일을 되도록 피하기 위해 수단과 방법을 가리지 않는다는 생각에서 출발한다. 이와 반대로 Y이론은 사람들에게 쉬거나 노는 시간이 필요한 만큼, 일하는 것도 생활에 반드시 필요한 요소라는 생각을 바탕에 깔고 있다.

하고자 했다. 그리고 가능한 한 어떤 일의 계획과 실무를 결합하도록 했다. 조직의 의사 결정에 직원들의 참여를 최대화한 것이다. 그 이유는 앞으로 보겠지만 사람들은 선택의 여지 없는 행동보다 자신이 자유롭게 선택한 행동을 더 열성적으로 수행하기 때문이다. 불행히도 이런 경영 스타일은 미국에도 아직 흔치 않고 영국에서는 더욱더 찾아보기 힘들다. 모든 직업을 이런 식으로 구조화하기는 불가능하거나 아주 어렵겠지만, 그래도 상당수는 그렇게 할 수 있고 실제로 일본에서는 현실화되고 있다. 이러한 접근이 생산성, 효율성, 직원들의 사기에 끼치는 긍정적인 효과[8]는 공장 실험으로 증명되었지만, 영국의 경영자들은 자기 만족에 빠진 탓인지 무지한 탓인지 그러한 효과들을 무시한다. 한결같이 입증된 사실은 노동자들이 일을 잘하게 하려면 관습적으로 당근과 채찍을 활용할 것이 아니라 유능한 일꾼이라는 자부심을 심어주어야 한다는 것이다.

상을 주는 것도 우리 사회에 만연한 희한한 풍조다. 1930년대에 있었던 두 사건을 예로 들어보자. 독자들은 아마 금방 이 사건들을 오늘날의 관행에 대입해서 읽을 수 있을 것이다. 여학교 교장 선생님이 아침 기도를 마치고 으레 할 법한 말을 잠시 들어보자. "자, 여러분, 중요하게 할 말이 있어요. 여러분에게 셀리아 블래그워시가 올해 가장 긴 머플러를 짠 학생에게 주는 상을 받게 되었다는 소식을 전하게 되어 정말 기쁘군요. 학생 일동의 열렬한 만세삼창을 들어볼까요? 자, 이제 셀리아 블래그워시는 앞으로 나오세요." 셀리아는 얼굴이 빨개져서 단상에 올라가 부상으로 책 한 권을 받는다. 그래봤자 나중에 보니 그건 셀리아가 이미 갖고 있는 책인 데다 더럽게 재미 없는 책이다. 어쨌거나 학생들의 열렬한 환호만으로도 충분히 기쁜 상이다. 하지만 셀리아의 친구 모니카 문스토퍼는 기분이 어떨까? 사실 모니카가 짠 머플러는 셀리아의 걸작보다 겨우 1.2센티미터 짧을 뿐이다. 사실 모니카의 머플러를 좀 더 힘주어 잡아당기면서 길이를 쟀더라면 모니카는 셀리아를 이기고도 남았다. 모니카는 실망과 질투를 견디지 못하고 화장실로 뛰어 들어간다. 그녀는 눈물이 북받쳐서 결국 그날 오전 수업을 몽땅 빼먹는다.

한편, 스웨덴 국왕은 교장 선생님이 했던 역할처럼 셀리아의 아버지 마틴 블래그워시 교수가 학계에서 누구나 탐내는 상을 받게 되었다고 소개하는 중이다. 바로 노벨상이다. 상장에는 "검은머리장식두꺼비의 눈에 대한 세기의 연구"로 그의 공이 인정받았다고 씌어 있었지만 그 연구를 뛰어넘을 만한 것은 또 있었다. 모니카의 아버지 문스토퍼 박사는 일반적인 개구리의 눈에 대해 모든 것을 알아낸 장본인이었다. 그는 블래그워시 교수가 노벨상을 탄다는 소식을 듣고는 어찌나 화가 났던지 실험용 버너를 홱 던져버렸다. 하필이면 그해에 학계에서 개구리가 지고 두꺼비가 뜨는 분위기였다고 생각하니 문스토퍼 박사는 마음을 달랠 수가 없었다. 그는 자신이 연구 종을 잘못 선택했다고 뼈아프게 자책했다.

이상하기는 남학교도 여학교 못지않지만 어른들의 기관도 대부분 마찬가지다. 그해의 최고 소설에 주는 상(좀 더 정확히 말하자면 심사위원단이 최고라고 생각하는 상이다. 그런데 심사위원들은 대개 비난을 두려워하기 때문에 관습적인 선택에서 과감하게 벗어나지 못한다)이 있는가 하면 최고의 사무용 건물에 주는 상, 최고의 모터카 상, 최고 희곡상, 최고 회화상, 최고 기자상 등 오만 가지 분야에서 각기 최고상을 수여한다. 가장 도전적인 기업에 주는 상, 작품상, 감독상, 여우주연상……. 공정을 기하려면 그해에 가장 상을 잘 준 사람들에게 주는 상도 있어야 할 것이다. 영국은 명예상까지 수여함으로써 상의 온갖 결점을 다 가지고 있을 뿐 아니라 속물주의를 부추긴다는 부가적인 결점까지 있는 포상 시스템을 더욱 복잡하게 만들고 있다.

위의 두 가상적 사례에서 분명히 알 수 있듯이 수상자에게 끼치는 해악과 수상자의 라이벌에게 끼치는 불행은 구별해야 한다. 하지만 그 두 가지 모두 불합리한 제도의 산물이다. 실험(다음 장에서 다시 한 번 볼 것이다)으로 증명된 바에 따르면, 재능이 비슷하다는 전제에서 상을 타려고 의식적으로 노력하는 사람은 그러지 않은 사람보다 상상력과 유연성이 부족한 작업을 하게 된다고 한다. 노벨상 효과를 알아보는 연구는 없었지만 노벨상 수상자 가운데 상당수는 수상 후에 현저하게 위축된다는 인상을 준다. 물론 그러한 이유를 어느 정도는 수상자가 연로한 탓으로 돌릴 수 있기는 하다. 많은 노벨상 수상자들이 자기 과신에 빠지거나 적합하지 않은 분야로 선회한다. 또 어떤 이들은 의식의 본질 같은 거창하지만 무의미한 주제에 매달리거나 암에서 보통 감기까지 모두 효과를 볼 수 있는 만병통치약이라고 떠들면서 비타민C 판매에 매진한다(불행히도 이런 예들은 가상이 아니라 실제다). 많은 이들이 노벨상을 받고 나면 자기 분야에서 더는 이룰 것이 없다고 느끼는 모양이다.

수상자의 라이벌에게 끼치는 효과는 증명이고 뭐고 필요 없을 것이다. 상을 타는 사람이 있으면 못 타는 사람이 열 배는 많다. 소설가 데이비드 로지(David Lodge)는 소설 부문에서 휘트브래드상도 받았고 부커상 심사위원도 했으므로 상에 대해 할 말이 있을 만하다. 그는 이렇게 썼다. "상은 불공정하고 분란을 일으킬 수밖에 없다. …… 어떤 부류의 소설가는 자기가 부커상을 받을 가능성이 공공연하게 논의되지 않는 한 소설을 출간하지도 않는다. 그러니까 자기 책이 후보작 명단에 못 오르지나 않을지 미리부터 실패감을 느끼는 것이다. …… 나는 개인적으로 증언할 수 있다. 이러한 상황은 후보자 못지않게 심사위원들도 불안하게 만든다. 사실 걱정은 심사위원들이 더 많다."[9)]

상은 그것을 받으려고 각축을 벌이는 사람들만큼 심사위원들도 괴롭힌다. 셀리아 블래그위시의 교장 선생님도 틀림없이 머플러 길이를 심사하느라 몇날 며칠 밤을 새웠을 것이다. 하지만 포상 제도는 고통을 일으키는데도 불구하고 여전히 점검되지 않은 채 시행되고 있다. 이게 합리적인 일인가? 이 책의 테제, 즉 '복잡한 판단은 대개 틀린다'를 감안하건대 꼭 필요한 정도를 넘어선 심사나 판단을 하는 게 과연 합리적인가?

인간의 불행의 총계를 늘리는 포상과, 보상이 없다면 할 수 없었을 법한 쓸모 있는 일을 보상을 주어 완수하도록 장려하는 행위는 구분해야 한다. 예를 들어 포르투갈 항해사를 다룬 획기적인 책이 한 권 나오는 게 바람직하다고 생각한다면 유망하지만 형편이 어려운 작가에게 지원금을 주어 그 작가가 리스본이나 로도스 섬에 있는 관련 자료를 참고할 수 있도록 도와주는 게 합당하다. 마찬가지로, 오늘날의 과학 연구는 너무나 돈이 많이 들기 때문에 모든 선진국에서 보조금을 주는 기관들이 없으면 거의 손을 댈 수가 없다. 1장에서 입증되었듯이 과학적 연구의 우수성에 대한 다른 과학자들의 의사 결정은 별로 믿을 게 못된다. 하지만 누구에게 보조금을 줄 것인가를 가릴 필요가 있으니 그런 의사 결정이라도 있기는 있어야 한다. 하지만 상은 없어도 사는 데 아무 지장 없다. 상은 아무짝에도 쓸모가 없다.

금지할수록 더욱더 원한다

어떤 활동에 보상을 주면 사람들은 그 활동을 평가 절하한다. 그러면 어떤 일을 하라고 처벌로 위협을 가하면 그 일의 가치를 더 크게 생각하지 않겠는가라고 물을 수도 있다. 잘못된 행동을 했을 때 온건한 꾸지람만 들은 아이들은 심한 벌을 받은 아이들에 비해 아무런 제재를 하지 않더라도 못된 짓을 하지 않을 확률이 더 높다는 설득력 있는 증거가 있다.[10] 아이들에게 특정 장난감을 갖고 놀지 못하게 했을 때의 반응을 다룬 연구도 여럿 있다. 어떤 아이들에게는 그 장난감을 갖고 놀지 말라고 조용히 타일렀고 어떤 아이들은 심한 벌로 위협했다. 그런데 모든 경우를 통틀어, 무거운 벌로 다스린 아이들이 금지된 장난감을 더 좋아하는 것으로 나타났다. 게다가 처벌의 위협이 사라지자 조용히 타이른 아이들보다 호된 벌로 다스린 아이들이 금지된 장난감을 더 많이 가지고 놀았다.

아이들에게 벌을 주는 관행에는 구구절절 자료를 제시할 필요도 없다. 하지만 여기서는 최근에 행동주의 심리학자들이 부모들에게 주는 몇 가지 도움이 안 되는 조언을 예로 들어볼까 한다.[11] "조금만 요령이 있으면 이러한 기본적인 과정을 조금 바꾸어 아이들 잠재우기 문제에 활용할 수 있습니다. 습관은 길들이기 나름입니다. 조명등이나 아이가 좋아하는 담요를 활용할 수 있겠죠. 다시 말해, 아이가 어떤 행동을 보이느냐에 따라서 아이 방의 불을 끄거나 그냥 켜두는 거죠. 혹은 아이가 바르게 행동하지 않으면 좋아하는 담요, 혹은 장난감이나 곰인형을 치워버리는 겁니다." 요컨대 정리하자면 다음과 같다.

애한테 호통치듯 말하세요.
훌쩍거리면 때려주세요.
애는 그냥 귀찮게 하는 거예요.
조르면 된다는 걸 아는 거죠.

실제로 가정에서 한 연구들은 아이들이 처벌을 덜 받을수록 부모가 있을 때나 자기들끼리 있을 때나 말을 더 잘 듣는다는 결과가 나왔다.[12] 게다가 울어도 엄마가 무시해버리는 아이들은 울 때마다 엄마가 즉각 반응을 보여주는 아이들보다 더 많이 운다고 한다. 그냥 사람들이, 애들을 포함해서 고집이 센 거라고 생각할 수도 있을 것이다. 어떤 것을 금지하면 금지할수록 사람들은 그것을 더욱더 원한다. 그러나 좀 더 따져보면 외부 보상을 노리는 반응을 결정하는 요소들과 유사한 인지적 요소들이 작용하는 것 같다. 가벼운 처벌만 있을 때에도 어떤 것을 하지 않기로 선택한 아이는 처벌이 아예 사라지더라도 여전히 그것을 하지 않을 것이다. 왜냐하면 그 아이는 그것을 하지 않기로 자발적으로 선택했기 때문이다. 하지만 벌 받을 게 두려워서 잘못된 행동을 삼가는 아이는 그러한 행동이 외적 위협으로 통제되는 거라고 생각한다. 그러므로 위협이 철회되면 버릇없이 굴어서는 안 될 이유가 없는 줄 안다.

이 모든 것은 행동주의자들이 우리에게 주장하는 것처럼 단순한 방식으로 사람들이 — 아주 어린 아이들까지 포함해서 — 외적인 보상과 처벌에 반응하지 않는다는 결론에 이르게 한다. 인간은 자기만의 내적 가치를 키우고 그러한 가치는 장기적으로 보아 보상이나 처벌로 통제할 수 없다. 특히 그러한 보상과 처벌이 장려하거나 금지하려는 활동

자체와 실질적인 관련이 없다면 더욱더 그러할 것이다. 이러한 가치 있는 행위들이 어떻게 발달하느냐는 까다롭고 난처한 문제다. 존경하는 타인들의 행동을 본받는 것이 한몫한다는 점은 분명해 보이지만 말이다. 우리의 당면 목표에서는 상벌을 영원히 유지할 수 없는 한 그러한 상벌로 행동을 통제하려는 시도가 어리석고 비합리적이라고 지적하는 정도로 충분하겠다.

선택의 자유가 자발성을 키운다

앞의 5장과 6장에서는 선택의 효과를 강조했다. 사람들은 자유롭게 선택한 행동의 결과가 안 좋을 때에만 그 결과의 불쾌감을 최소화한다. 또 그들 스스로 의사 결정을 내렸을 경우에만 그 결정의 결과를 실제보다 더 나은 것으로 생각한다. 만약 어떤 일이 강제되어 선택의 여지가 없다면 어떻게 될까?

일반적으로 사람들은 똑같은 일이라도 강제로 해야 하는 것보다는 자유롭게 선택하는 것을 선호한다. 한 연구에서 그 효과가 극적으로 드러났는데, 이 연구는 보상과 처벌을 직접적으로 개입시키지는 않았다.[13] 한 장에 1달러 하는 복권을 두 회사의 직원들에게 판매해보았다. 어떤 직원들은 복권 번호를 직접 선택할 수 있었고 어떤 직원들은 선택의 여지 없이 복권을 넘겨받기만 했다. 직원들이 당첨 번호를 맞혀보기 직전에 실험자는 한 사람씩 따로 만나 복권을 되팔지 않겠느냐고 제의했다. 선택권이 없었던 직원들은 평균 1.96달러를 제시했을 때 복권을 도로 팔겠다고 한 반면, 번호를 직접 선택한 직원들은 평균 8.67달러를 제시해야만 복권을 되팔았다. 우리가 자유롭게 선택한 것을 얼마나 비합리적으로 과대 평가하는가를 보여주는 데 이보다 더 좋은 증거는 없을 것이다.

또 다른 실험에서 10살 가량의 아이들에게 장난감을 주겠다고 했다.[14] 아이들에게 받고 싶은 장난감을 직접 고를 수 있다고 말한 다음에, 각 아이들에게 어떤 장난감을 좋아하는지 물어보았다. 그런 후 실험자는 이렇게 말했다. "여기 장난감이 있어. 음, 그런데 내가 보기에는 이거나 저거나 똑같은걸. 내 생각에 너에게는 이걸 줘야겠다." (말은 이렇게 했지만) 아이들은 처음에 자기가 갖고 싶다고 했던 바로 그 장난감을 받았다. 그런데 단순히 마지막 순간에 선택의 자유가 박탈당했다는 이유로 아이들은 자기가 원래 제일 좋다고 했던 것인데도 그런 말을 듣기 전보다 그 장난감을 덜 좋아했다. 게다가 이 아이들은 장난감을 받고 난 후에도 좋아하는 장난감을 정말로 자유롭게 선택한 아이들 집단에 비해 선물 받은 장난감을 덜 좋아했다. 선택의 자유를 가치 있게 생각하는 것은 옳다. 하지만 어떤 대상을 선택의 여지 없이 받았다고 해서 그것을 갑자기 낮추어보는 태도는 합리적이지 않다. 자기가 선택할 수 없다는 불쾌함이 선물에 영향을 주는 것 같은데, 이는 인간 사고의 엉성함을 보여주는 전형적인 예다.

대학생들을 대상으로 비슷한 실험을 했다.[15] 대학생들에게 암송하고 싶은 시를 말해보라고 했다. 그다음에 모두 자신들이 좋아하는 시를 암송해야 했다. 그런데 학생의 반은 암송하고 싶다고 말했던 바로 그 시만을 암송해야 했고, 나머지 반은 어떤 것이든 자기가 원하는 시를 암송할 수 있었다. 암송할 시를 스스로 선택할 수 있었던 학생들은 그렇지 않은 학생들에 비해 수업에 더 많이 참석했고 수업도 더 재미있게 들었으며 실제 암송도 더 잘했다.

이러한 실험과 그밖의 비슷한 발견들은 의료나 그밖의 직업 분야에서 중요한 함의를 띤다. 보스턴 병원에서 임신중절 수술을 받은 여성들을 연구 조사한 결과, 어쩔 수 없이 수술을 받는다고 느끼는 여성들은 자신이 수술을 선택했다고 생각하는 여성보다 수술 후의 정신적 고통이 훨씬 더 심한 것으로 밝혀졌다.[16] 영국에서는 유방암 환자들을 대상으로 조사를 해보았다. 어떤 여성들은 의사와 수술 이야기를 나눈 다음 종양만 제거할지 유방 전체를 제거할지 스스로 결정했다. 다른 여성들은 그러한 결정을 의사에게 일임했다. 수술에서 선택권을 행사한 여성들은 그러지 않은 여성들보다 수술 후의 불안이나 걱정이 한결 덜했다.[17] 좀 더 극적인 이야기지만, 어쩔 수 없이 양로원에 들어왔다고 생각하는 할머니가 17명 있었다.[18] 이 할머니들은 단 한 명만 빼고 양로원에 들어간 지 10주 내에 사망했다. 하지만 자신의 자유로운 선택으로 양로원에 들어왔다고 생각하는 할머니들은 10주 내에 사망한 사람이 38명 중에서 한 명뿐이었다. 두 집단 모두 처음에 양로원에 들어올 때의 건강 상태는 큰 차이가 없었다.

보통은, 하고 싶지 않은 일만을 강요당하는 법이다. 그다음에는 일관성에 의해서 어떤 일이든 강요된 것은 나쁜 일일 수밖에 없다고 믿게 된다. 이것도 비합리적이지만 다른 사람들이 무조건 따라주기를 강요하는 것도 똑같이 비합리적이다. 그러한 강요는 의도했던 것과 정반대 효과를 낳기 십상이다.

이 장의 내용이 너무 이상주의적이라고 생각하는 독자들이 많을 것 같다. 불행히도 모든 과업을 새로이 구조화해서 원래부터 재미있는 것처럼 생각할 수는 없다. 그런 과업들에서는 처벌의 위협만이 아이 혹은 어른에게 나쁜 행동을 금지시키는 유일한 방법일지도 모른다. 그리고 어떤 환자의 삶이 특정 치료에 달려 있다면 그밖의 다른 치료를 제안해서는 안 될 것이다. 그럼에도 불구하고 상과 벌은 둘 다 유해한 효과를 낳을 수 있으며 가능한 한 자유로운 선택의 기회를 주는 것이 이롭다는 것을 명심하라.

체크리스트

01 누군가가 어떤 일을 가치 있게 생각하고 잘할 수 있게 하고 싶거든 그 사람에게 물질적 보상을 하지 마라.

02 경영자라면 가능한 한 참여적이고 평등한 경영 방식을 채택하라.

03 아이에게 어떤 일을 금지하고 싶다면(분명히 대부분의 어른들이 그렇겠지만) 처벌을 내세워 위협하지 말고 아이를 설득하려고 노력하라.

04 사람들에게 최대한 선택의 자유를 부여하라. 특히 의료와 교육 분야에서는 더욱더 그래야 한다.

05 어쩌다 노벨상을 받게 되거든 수상을 거절하라.

8장

욕구와 정서

연인의 매력을 심하게 과대 평가하는 사람부터 특정한 두려움을 떨치지 못해 명줄을 놓는 겁쟁이에 이르기까지, 누구나 강렬한 정서(emotion)를 느낄 때에는 비합리적으로 생각하고 행동할 수 있다. 정서는 규정하기도 어렵고 아무리 꼼꼼히 따져봐도 쉽게 알 수 있는 게 아니다. 개괄적으로 말해서 정서는 어떤 감정들과 결합하여 특정 방식으로 생각하고 행동하게 되는 경향을 가리킨다. 강렬한 정서는 아주 흥분했을 때에 심장 박동이 빨라진다든가 입이 바짝바짝 마른다든가 하는 변화, 즉 생리적인 요소를 포함한다. 이러한 생리적 변화들이 정서에 따라 얼마나 많이 다른가도 논의해볼 만하다. 하지만 이 정의에 딱 들어맞지 않는 주변적인 사례들이 있기 때문에 이러한 설명만으로는 만족할 수 없다. 수줍음은 정서인가? 호기심도 정서인가? 어째서 허기나 갈증은 정서라고 하지 않는 걸까? 정서가 비합리성을 야기하는 한 가지 방식으로서 단순한 성적 질투심, 우울함이나 슬픔 같은 강렬한 정서 때문에 너무 깊이 생각하거나 강박적이 되는 경우를 들 수 있다. 그 결과 사람들은 합리적 사고 혹은 합리적 의사 결정에 필요한 집중력을 잃고 마는 것이다. 정서 때문에 세상을 보는 우리 시각이 왜곡되어 실제 사태에서 볼 수 없는 것을 보는 경우도 있다. 특히 성적 질투심은 그러한 왜곡을 낳기로 악명이 드높다. 그러한 시각의 왜곡은 근거 없이 미래를 어둡게 바라보는 우울증에도 적용되며 사람을 지나치게 낙관적으로 만드는 자기 과신은 말할 것도 없다. 많은 정서는 악순환을 불러온다. 우울한 생각은 때때로 외부 사건 때문에 일어날 수 있지만 일단 그러한 생각 때문에 우울한 기분이 되고 나면 그러한 기분 때문에 더욱더 우울한 생각에 빠져든다. 이런 건 흔해빠진 일이지만 강렬한 정서가 직관에 반하여 어떤 효과들을 발휘하는지 살펴보기 전에 (본능적) 욕구(drive)에 대해 조금 이야기를 해볼 필요가 있다. 나는 욕구라는 용어를 특정한 목표를 추구하도록 자극하는 내적 상태라는 뜻으로 사용할 것이다. 배고픔, 야심, 탐욕은 모두 이러한 욕구들이다.

똑같은 사람이라 해도 욕구의 강도는 달라질 수 있다. 방금 크림빵을 10개나 먹었다면 비프스테이크가 그렇게까지 구미를 당기지는 않을 것이다. 다른 때 같았으면 비프스테이크를 너무나 맛있게 먹을지라도 말이다. 게다가 욕구는 그와 관련된 목표를 성취하게 되리라는 기대, 그에 대한 유인책(誘引策, incentive) 때문에 더욱 강화될 수도 있다. 먹을 것을 보면 허기가 더 심해진다. 딱 맞는 상대를 만나면 성욕이 일어난다. 그 이전에 그러한 욕구가 아무리 오랫동안 잠들어 있었을지라도 말이다. 윤리적으로 문제가 되는 까닭에, 실험으로 강렬한 정서를 유발하기는 어렵다. 그래서 앞으로 논의할 대부분의 연구들은 욕구의 크기가 보통은 금전적 보상인 유인책의 크기에 따라 조종될 수 있는

가에 대한 것이다. 하지만 앞으로 볼 수 있듯이 강한 욕구, 강렬한 정서, 스트레스는 합리성에 극심한 타격을 준다는 점에서는 모두 마찬가지다.

지갑을 잃어버린 사람은 같은 장소를 맴돈다

앞 장에서는 어떤 활동에 큰 보상을 주면 일단 그 보상이 사라진 후에는 그 활동의 가치를 평가 절하하고 활동 자체를 중단하게 된다고 했다. 이제 보상에 대한 기대가 과업을 수행하는 데 어떤 효과를 미치는지 살펴보자. 행동주의자 스키너(B. F. Skinner)의 단순하기 짝이 없는 추종자들은 — 아직도 이런 사람들이 더러 있다. — 보상이 클수록 성과가 좋아야 한다고 생각했다. 이 문제를 다룬 초기 실험 중 하나에서 8살짜리 아이들에게 사람들이 그려져 있는 그림을 100여 쌍 보여주었다.[1] 그런데 각 쌍의 그림에는 '빌'이라는 소년이 그때그때 다른 옷과 다른 포즈로 나타나 있었다. 아이들은 각 쌍의 그림을 보면서 어디에 빌이 있는지 알아맞혀야 했다. 피험자들에게는 그들의 답이 맞는지 틀리는지 말해주었다. 그리고 어떤 아이들은 정답을 말할 때마다 50센트를 받았고 어떤 집단 아이들은 1센트를 받았다. 제3 집단 아이들은 정답을 말해도 돈을 주지 않았다. 그런데 보상을 받지 않은 이 집단 아이들이 돈을 받은 아이들보다 훨씬 답을 잘 맞혔다. 그리고 보상을 많이 받은 아이들보다 보상을 적게 받은 아이들이 근소하게나마 정답률이 높았다. 이런 종류의 연구는 아이와 어른 모두를 대상으로 하여 여러 차례 반복했고 과제도 퍼즐 맞추기에서부터 에세이 쓰기까지 다양하게 바뀌었다. 그러나 결과는 항상 같았다. 대개 유인책이 클수록 사람들의 성과는 낮았다. 직관적으로 생각하기에는 보상이 클수록 사람들이 잘하려고 애쓸 것이고 결과적으로 성과도 좋을 것 같다. 그런데 도대체 무엇 때문에 이런 결과가 나오는 걸까?

사실, 보상은 쉬운 업무에서는 성과를 향상시키지만 좀 더 어려운 일에서는 성과를 떨어뜨린다. 피험자들이 '공통(common)'이나 '가을(fall)' 같은 쉬운 단어들을 빨리 알아보는 실험에서는 보상을 받는 피험자들이 보상을 받지 않는 피험자들에 비해 속도가 빨랐다.[2] 하지만 '당초무늬(vignette)'나 '엘레지(elegy)' 같은 어려운 단어를 제시하자 보상을 받은 피험자들은 정확도도 떨어지고 대답하는 데도 더 오래 걸렸다.

보상 효과를 좀 더 밝혀준 한 실험[3]에서는 피험자들에게 다음과 같은 유형의 문제를 냈다. "21쿼트, 127쿼트, 3쿼트를 각각 담을 수 있는 빈 항아리 세 개가 있다. 이 세 개의 항아리만을 이용하여 100쿼트의 물을 담으려면 어떻게 해야 할까?" 답은 아주 명백하다. 먼저 127쿼트 항아리에 물을 가득 채운다. 그다음에는 그 항아리의 물을 21쿼트 항아리로 하나 가득 덜어낸다. 그리고 3쿼트 항아리를 두 번 써서 6쿼트의 물을 덜어낸다. 이렇게 하면 가장 큰 127쿼트들이 항아리에는 100쿼트의 물만 남을 것이다. 실험에서는 이런 식의 문제들을 연달아 냈는데, 모두 다 똑같은 방식으로 풀 수 있는 문제였다. 처음에 가장 큰 항아리에 물을 가득 채우고 그다음에는 그보다 조금 작은 항아리를 한 번 쓰고 마지막으로 가장 작은 항아리를 두 번 사용하면 되는 것이다. 이 단계에서는 금전적 보상을 받은 피험자들이나 아무 보상도 받지 않은 피험자들이나 성과는 비슷한 수준이었다. 하지만 장벽이 나타났다. 마지막 문제는 지금까지와는 다른 방식으로 풀어야 했던 것이다. 주어진 세 개의 항아리 중에서 두 개만 사용하면 되었다. 예를 들어 100쿼트, 26쿼트, 5쿼트가 각각 들어가는 세 개의 항아리를 가지고 52쿼트를 담아보라고 하면 26쿼트들이 항아리를 두 번 사용하여 100쿼트들이 항아리에 52쿼트의 물을 채울 수 있다. 이 문제에 부딪치자 보상을 받은 피험자들은 그렇지 않은 피험자들보다 훨씬 결과가 나빴다. 그 이유는 어떤 일을 너무 열심히 할수록 마음속에 제일 먼저 떠오르는 대로 계속하려는 경향이 강하기 때문이다. 이 경우에는 피험자들이 앞의 문제들을 풀면서 발견한 기법을 계속 사용하여 마지막 문제도 풀려고 했다. 새로운 유형의 문제를 풀려면 새로운 방법으로 전환해야 했지만 그들은 그러한 전환을 어려워했던 것이다.

많은 이들이 어렵게 생각하는 기발하면서도 간단한 문제가 또 하나 있다.[4] 여러분이 양초, 라이터, 압정 한 상자를 가지고 있다고 상상해보자. 여러분에게 이 물건들만을 사용하여 벽에다가 양초를 고정시키려면 어떻게 해야 할지 물어보았다. 잠시 그 답을 생각해보라. 3, 4분도 안 되어 답을 내놓았다면 그 사람은 보통이 아니다. 답은 이렇다. 먼저 압정 상자에서 압정을 치우고 라이터로 양초를 조금 녹여 촛농으로 빈 상자를 벽에 붙인다. 촛농이 굳어 상자가 완전히 고정되면 그 상자 안에 양초를 세우면 된다. 이 문제의 어려움은 대부분의 사람들이 상자를 그냥 수납 용도로만 생각하기 때문에 벌어진다. 일반적인 기능에 집중하는 한 그 물건이 다른 용도로, 이를테면 양초를 세우는 받침대로 쓰일 수도 있다는 생각은 하기가 어렵다. 마찬가지로, 양초를 불을 밝히는 데에만 쓸 수 있다고 생각하면 양초를 만드는 물질인 밀랍이 접착제 구실을 할 수 있다는 생각은 떠오르지 않는다. 이 문제를 풀면 보상을 받기로 한 피험자들은 보상을 약속받지 않은 피험자들보다 답을 내놓기까지 평균 3분 30초가 더 걸렸다. 여기서도 다시 한 번 너무 열심히 하려다 보니 사고의 유연성이 저해된 것이다. 머릿속에 떠오르는 것에 너무 집착한 까닭이다(이것 역시 '가용성' 오류다).

지나친 노력의 일상적인 예로서, 지갑을 잃어버린 사람의 비합리적인 행동을 생각해보자. 지갑에는 현금 100파운드와 신용카드, 운전면허증 등이 들어 있었다. 지갑을 잃어버린 사람은 똑같은 장소를 자꾸 왔다 갔다 하면서 지갑을 찾으려고 하는 경향이 있다. 그곳에서 지갑을 잃어버렸을 확률이 가장 높기 때문이다. 그는 제정신이 아니어서 마지막으로 지갑을 언제 봤는지 그때 이후로 어디에 있었는지 차근차근 떠올리지 못한다. 지갑을 찾고 싶다는 마음이 너무 강해서 기억을 구석구석 파헤쳐볼 수가 없는 것이다. 그래서 그저 머릿속에 처음 떠오르는 몇몇 장소에 집착하게 된다.

야전사령관들이 엉뚱한 명령을 내리는 이유

감정이 격앙된 수준에서는 다양한 대안들을 신중하게 고려하기 어려운 것으로 알려져 있다. 보상 혹은 처벌의 위협에서 비롯된 사유 과정의 전형화 또한 어떤 작업에 참여할 때 그 작업을 지배하는 일반 원리를 추론하는 데 방해가 된다. 한 연구에서 피험자들에게 5개씩 5열로 나열한 25개의 사각형을 보여주었다.[5)] 가장 왼쪽 상단에 있는 사각형에는 불이 들어와 있고, 여기에는 L과 R이라고 쓴 버튼들이 있었다. L을 누르면 현재 불이 들어온 위치에서 한 칸 아래 사각형에 불이 들어오고, R을 누르면 한 칸 오른쪽 사각형에 불이 들어왔다. 첫 번째 집단의 피험자들에게는 불이 들어오는 모습을 보고 버튼을 어떤 순서대로 눌렀는지 맞게 대답하면 금전적 보상을 주겠다고 했다. 두 번째 집단에게는 버튼을 누르는 순서에 어떤 일반적 규칙이 있는지 알아내라고 했다. 그 규칙은 어떤 순서로 불이 들어오든 간에 L이 네 번, R이 네 번 들어간다는 것이었다(예 : LRLRLRLR 혹은 LLLLRRRR). 또한 어떤 순서든 간에 불은 사각형 배열판의 가장자리를 빠뜨리지 않고 맨 밑줄 오른쪽 끝 자리로 옮겨 가게 되어 있었다. 보상을 받기로 한 집단은 보상을 얻는 법을 배운 후에 버튼을 누르는 순서에 어떤 규칙이 있느냐는 질문을 받았다. 이 집단은 그저 LLLLRRRR 같은 고정된 패턴으로밖에 대답하지 못했지만 다른 집단은 좀 더 일반적인 원칙을 발견하여 제시했다. 그게 뭐가 놀랍냐고, 한 집단에는 일반적 규칙을 찾으라고 했고 다른 집단에는 그렇게 요구하지 않았으니까 그런 게 아니냐고 말할 수도 있다. 하지만 이 실험에는 다음 단계가 있었다. 이번 단계에서는 앞에서 보상을 받았던 집단도 보상을 받지 않는 조건에서 일반 원칙을 찾아내야 했다. 그런데 이때에 그들은 앞 단계에서 똑같은 요구를 받고 아무 보상 없이 일반 원칙을 찾아냈던 집단들보다 성과가 훨씬 낮았다. 이 실험은 보상에서 비롯된 경직된 행동이 보상이 사라진 다음에도 지속될 수 있음을 보여주었다.

의욕이 지나치게 앞설 때에만 사고가 경직되는 것은 아니다. 스트레스도 어떤 형태로든 사고를 경직시킨다. 한 연구[6]에서는 피험자들에게 애너그램을 풀게 했다. 그들은 어떤 단어를 접하고 나서 다른 여섯 개의 단어들 중에서 첫 번째 단어의 애너그램이 어떤 것인지 대답해야 했다. 피험자의 일부에게는 오답을 말할 때마다 전기 충격을 가함으로써 스트레스를 주었고 나머지 집단에게는 그러지 않았다. 스트레스를 받은 집단은 여섯 개의 보기를 잘 검토하지 못하는 비율이 스트레스가 없었던 집단보다 네 배나 높았다. 그들은 체계적으로 보기를 검토하는 능력이 떨어졌다. 게다가 오답 비율도 스트레스를 받은 집단이 두 배나 높았다. 많은 군사령관들의 경직된 사고 또한 부분적으로는 스트레스가 원인일 것이다. 그 예는 다음 두 장에서 살펴볼 것이다.

스트레스는 기억력에도 영향을 끼치는데, 기억력은 추론 능력과도 밀접한 연관이 있다. 실생활 실험에서 공군기에 탑승하는 군인들에게 비행 중 응급 상황에서 빠져나가는 법을 강의했다.[7] 그중 한 집단은 인터콤으로 승무원들끼리 하는 이야기를 들을 수 있었다. 그들이 탄 비행기가 기기 결함으로 불시착할 거라는 그 이야기는 미리 짜고 연습한 것이었다. 그런데 인터콤으로 이 거짓말을 들은 군인 집단은 두 번째 집단에 비해 배운 내용을 기억해내는 능력이 한참 뒤떨어졌다. 두 번째 집단도 비행기가 위험하다는 대화를 엿듣지 않았을 뿐이지 똑같은 교육 과정을 밟았는데 말이다.

스트레스, 보상, 처벌, 강렬한 정서는 사고의 유연성을 떨어뜨리고 비합리적인 행동으로 이끈다. 이런 것들이 일상생활에 해로운 효과를 미친다. 예를 들어 생산하는 물건의 개수에 따라 보상을 받는다면 노동자들은 상품의 질을 무시하면서까지 생산량을 늘리는 데에만 집중할 것이다. 부분적으로는 이런 이유 때문에 과거에 비해 성과급 제도가 줄어들었지만 영국의 일부 기업들은 여전히 관행에 따라 성과급을 지급하고 있다. 교육에 도입되는 보상에 대해서도 비슷한 주장을 할 수 있다. 보상은 아이들이 쉬운 문제들만 풀게 만든다. 게다가 아이들이 단순히 그때그때 정답을 맞히게 하려 할 뿐 일반적인 원리를 생각해 보도록 유도하지 못한다. 선생님 칭찬이라는 보상만 준다고 해도 그럴 수 있다. 단순히 문제의 정답을 내놓았다고 해서 칭찬해서는 안 된다.

칭찬은 일반 원리를 이해하는 데 발전을 보였을 때에 해야 한다. 오늘날에는 그러한 창의성을 북돋워주는 방안을 제대로 고려하지 않는다. 창조성 전문가인 에드워드 드 보노(Edward de Bono) 같은 작가들이 일깨우듯이, 의미는 없지만 기발한 것을 만들어내는 능력을 창의성이라고 잘못 생각하고들 있기 때문이리라. 진정한 창의성은 벽돌 한 장을 어떻게 오만 가지 용도로 쓸 수 있는가를 생각하는 게 아니다. 창의성은 새로운 문제를 풀고 일반 원리를 도출하며 타당성 있게 설명할 수 있는 이론들을 수립하는 것이다. 캔버스에 아무렇게나 물감 얼룩을 칠하는 것도 창의성과는 거리가 멀다. 보는 사람을 어떤 식으로든 감동시킬 수 있는 그림을 그려야만 창의적이라고 할 수 있는 것이다.

암 환자의 3분의 1은 병원을 회피한다

다른 정서들과 마찬가지로, 두려움 역시 합리적 사고를 저해한다. 하지만 두려움은 더욱더 해로운 결과를 낳는다. 심각한 병이 있을지도 모른다고 생각하는 많은 이들이 최악의 소식을 듣고 싶지 않다며 의사를 찾아가는 것을 미룬다. 대부분의 의사들이 도움이 되기보다는 해만 끼친다는 비합리적인 신념이라도 있지 않은 이상, 이건 정말 어리석인 짓이다. 의사를 찾아간다고 해서 무서운 병에 걸리는 건 아니다. 이미 병에 걸렸든가 그렇지 않든가 둘 중 하나일 뿐이다. 병원 예약을 미루는 경향은 증상들이 어떤 병을 의미하는지 몰라서가 아니다. 미국에서 실시한 한 조사[8)]에 따르면 암 환자의 3분의 1은 처음 증상을 자각하고 나서 3개월 이내에 병원에 가지 못했다고 한다. 게다가 즉시 의사를 찾아오는 사람들보다 의학적 조언을 곧장 따르지 않는 사람들이 오히려 자신의 증상이 의미할 수도 있는 병에 대해 더 잘 알고 있다고 한다.

사람들은 최악의 소식을 들을 수도 있는 시기를 뒤로 미룬다. 하지만 사람들은 원하는 소식을 진득하게 기다렸다가 듣지도 못한다. 장기적으로는 좀 더 기다리는 게 좋을 때나 단기적 수익보다 장기적 이익을 바라보고 행동해야 할 때에도 충동적으로 행동하는 것이다. 흡연, 과음, 과식, 중독성 약물 복용, 그리고 에이즈 확산과 더불어 문제가 되고 있는 무분별한 성행위 등이 그러한 행동이다.

이러한 사례들은 모두 다 생리적 욕구와 관련이 있다. 그러한 욕구를 자주 만족시킬수록 다음번에 만족 없이 그냥 넘어가기는 더욱 어려워진다. 그러나 자기 통제는 생활의 모든 면에서 거의 확실하게 성급한 충동을 억제해준다. 아내가 저녁밥을 늦게 차린다고, 혹은 요즘 시대에 걸맞게 남편이 저녁밥을 차렸는데 아내가 늦게 들어왔다고 화를 내는 사람은 다음번에도 화를 내지 않고 넘어가기 어려울 것이다. 자기 통제가(혹은 자기 통제의 결여도) 습관이 될 수 있음은 거의 분명한 사실이다. 이 주제는 이 책의 마지막 장에서 다시 다룰 것이다.

우리 인간은 매일매일 생존을 위해 분투해 온 동물들의 후손이다. 그러한 동물들은 충분한 식량과 살아남는 데 필요한 물을 찾기 위해, 자손을 보게 해줄 짝을 찾기 위해, 자손의 목숨을 유지하고 포식자들의 습격을 피하기 위해 무던히도 애를 썼다. 동물은 생각이 아니라 즉각적이고 본능적인 행동으로, 이를테면 그 자리에서 도망가든지 싸우든지 함으로써 이러한 문제들을 해결한다. 물론 동물 가운데 일부는 미래를 위해 필요한 것들을 비축하기도 한다. 그들은 둥지를 만들거나 땅굴을 파고 봄과 가을에는 더 살기 좋은 곳을 찾아 아주 머나먼 거리를 이동하기도 한다. 하지만 이런 행동은 본능적으로 하는 일이다. 이런 활동은 선천적이며 결코 의식적으로 계획한 결과가 아니다. 오직 사람만이 광범위한 계획을 세울 수 있다. 하지만 인간은 즉각적인 욕구 충족을 바라는 갈망도 동물 선조들에게 물려받았고, 그러한 갈망이 합리적인 계획을 세우는 능력을 발휘하는 데 방해가 될 때도 종종 있다.

우리가 살아가는 금욕의 시대에는 우리가 항상 즉각적인 욕구 충족에 넘어가서는 안 된다는 말을 수고스럽게 할 필요도 없을 것이다. 역설적으로, 장기적인 이익이 정말로 가치가 있는지 생각해보지도 않고 무조건 욕구 충족을 회피하는 태도가 얼마나 어리석은지를 강조하는 게 더 중요할 듯싶다. 미국은 몇 시간씩 목적 없이 조깅을 하거나 형편없는 먹을거리 외에는 아무것도 섭취하지 않는 마조히스트들의 나라가 되었다. 쾌락에 대한 합리적인 계산은 거의 이루어지지 않는다. 심지어 온갖 악습 가운데 사망 원인으로 가장 많이 지목되는 흡연조차 흡연자의 인생에서 평균 2년 정도는 중단되는데, 아마 그 2년도 당사자에게는 그다지 행복한 시기는 아닐 것이다. 혈중 콜레스테롤 수치가 우리가 섭취하는 음식의 영향을 받는다는 뚜렷한 증거는 전혀 없다. 하지만 콜레스테롤 수치를 낮춘다고 해서 기대 수명이 연장되는 것은 아니라는 증거는 분명히 있다. 이 증거는 나중에 다시 다룰 것이다. 여러분은 콜레스테롤 때문에 심장병에 걸려 죽기보다는 그저 암으로 죽을 확률이 더 높다. 그리고 조깅을 하다가 자동차 사고, 심장 발작, 노상 강도의 습격 등으로 죽을 확률도 꽤 높아 보이며, 조깅이 산책을 하는 것보다 덜 안전하고 힘만 더 든다는 사실은 거의 확실하다고 보아도 좋다. 이러한 자기 처벌 성향도 언제나 손쉬운 쾌락을 취하는 것 못지않게 비합리적이다.

의사들이 세상 사람 모두에게 조깅을 권한다고 믿고 싶겠지만 의학

문헌들은 대개 다이어트와 극단적인 운동에 아주 조심스러운 입장을 보인다. 언론과 소위 '건강식품'으로 대중의 등골을 빼먹는 회사들은 실험 결과들을 왜곡하고 선정적으로 다룬다. 하지만 이게 다가 아니다. 영원히 살고 싶다는 욕망과 그러한 욕망에 뒤따르는 자기 처벌적 활동들은 분명히 크리놀린(페티코트)이나 미니스커트 같은 유행에서 상당 부분 비롯된다. 그러한 유행 이면에는 모든 두려움 가운데 가장 비합리적이고 강력하며 널리 퍼져 있는, 죽음에 대한 두려움이 숨어 있다.

어떤 사람의 동기는 그 사람이 세상을 보는 시각에 영향을 끼치고 선입견을 불러올 수 있다. 이 사실을 입증한 실험에서 피험자들은 얼음처럼 차가운 물에 참을 수 없을 때까지 팔을 담근 다음에 운동용 자전거를 탔다.[9] 피험자들은 이어서 강의에 참석했다. 피험자 중 절반은 심장이 튼튼한 사람은 운동을 한 뒤에 추위를 아주 잘 참을 수 있다는 내용의 강의를 들었다. 나머지 절반은 심장이 튼튼하다면 운동을 한 뒤에 추위를 견디는 능력이 더 떨어진다는 내용의 강의를 들었다. 마지막으로, 피험자들은 다시 한 번 차가운 물에 팔을 담그고 참는 실험에 참여했다. 그런데 피험자들이 찬물에서 견디는 시간은 강의에서 들은 내용에 따라 심장이 튼튼하다고 볼 수 있는 방향으로 변화했다. 다시 말해, 심장이 튼튼하면 운동이 추위에 대한 저항력을 높여준다는 말을 들은 피험자들은 처음에 실험했을 때보다 찬물에서 버티는 시간이 조금 늘어났지만, 심장이 튼튼하면 운동을 하고 나서 추위를 못 참게 된다는 말을 들은 피험자들은 아까보다 더 일찍 찬물에서 팔을 꺼냈다. 실험 후에 물어보니 의식적으로 찬물에서 버티는 시간을 줄이거나 늘렸다는 사람들은 소수였다. 대부분의 피험자들은 자기가 그랬다는 것조차 모르고 있었다. 심장이 건강하기를 바라는 욕망은 피험자들이 미처 의식도 못한 상태에서 고통을 지각하는 데 영향을 주었던 것이다.

이러한 결과는 '희망적 사고(wishful thinking)'의 한 형태다.[10] 물론 희망적 사고가 공허한 말이 아니라 현실이라는 점을 보여주는 증거들은 차고 넘친다. 담배를 피우는 사람들은 담배를 피우지 않는 사람들에 비해 흡연이 해롭다는 증거들을 잘 믿지 않는다. 한 연구에서는 피험자들에게 커피가 일으킬 수 있는 질병을 강의했다.[11] 커피를 마시는 사람들은 그렇지 않은 사람들보다 강의 내용이 그럴듯하지 않다고 생각하는 비율이 더 높았다. 사람들이 복권에 당첨될 확률은 과대 평가하면서 교통 사고나 강도의 희생양이 될 확률은 낮추어 생각한다는 사실을 우리는 이미 살펴보았다. 또한 자기 중심적 편향(self-serving bias)들을 다룬 실험들도 많이 있었다. 이러한 실험으로 알려진 바, 사람들은 성공하면 자기 탓이라고 생각하고 실패하면 상황 탓을 한다. "워낙에 시험이 어려웠어." "새로 산 라켓이 마음에 들지 않아." 등등. 이러한 편향은 동기 부여와는 무관하며 잘못된 생각에 불과하다. 사람들은 성공하려고 계획을 세운다. 그래서 성공을 이루면 자신의 계획과 기술 덕분이라고 생각하는데, 이것은 마음속에서는 그러한 계획과 기술이 성공과 관련되어 있기 때문이다. 하지만 실패했을 경우에는 생각을 다시 해야 한다. 그런데 계획 자체는 실패와 연결되어 있지 않으므로 상황 탓을 하게 된다. 이 문제는 아직 풀리지 않았다. 아마도 '자존심'과 불완전한 사고가 다같이 작용하는 탓으로 보아야 할 것이다.

지루함 때문에 일어나는 대형 사고들

정서 자체는 합리적이지도 않고 비합리적이지도 않다. 다만 인간에게는 정서가 있고 그러한 정서를 억누르기가 쉽지 않을 뿐이다. 하지만 정서는 여러 가지로 더 나아가 비합리적인 행동으로 이끌 수 있다. 시기심의 힘을 생각해보자. 한 심리학자가 어린 두 아들을 대상으로 시기심에 대한 실험을 해보았다.[12] 심리학자는 아들들에게 땅콩 접시를 내밀었다. 한 접시에는 땅콩 세 알이 놓여 있고 그 옆에 땅콩 네 알이 있었다. 다른 접시에는 땅콩 두 알이 있고 그 접시 바로 옆에 한 알이 놓여 있었다. 아버지는 아이들을 한 사람씩 불러서 어떤 접시의 땅콩을 먹을지 고르라고 하면서 땅콩 접시를 고르면 다른 형제는 그 접시 옆에 있는 땅콩을 먹을 거라고 했다. 작은아들은 땅콩 두 알이 놓인 접시를 골랐다. 형이 자기보다 땅콩을 한 알 더 먹게 된다는 것을 참을 수 없었던 것이다. 한편, 형은 땅콩 세 알이 놓인 접시를 골랐다. 하지만 형도 성인군자는 아니었음이 밝혀졌다. 동생이 자기보다 땅콩을 한 알 더 먹으려고 하자 동생의 머리통을 후려갈기려고 했으니까 말이다. 동생의 행동을 합리적이라고 생각하느냐 마느냐는 시기심이라는 비루한 정서를 만족시키기 위해 땅콩 한 알쯤 덜 먹는 게 더 합리적이라고 생각하느냐에 달린 문제다.

어떤 이는 지루함은 기분 좋지는 않지만 특별히 해될 것은 없는 정서라고 생각할지도 모르겠다. 하지만 실제로 지루함은 미국에서 종종 일어나는 수많은 무의미한 총기 사고의 큰 원인이라고 해도 좋다. 또한 부분적으로는 축구 훌리건 난동이나 그밖의 무분별한 행동도 위험과 소란의 흥분으로 지루함을 상쇄하려는 의도에서 비롯된다. 1973년에 DC10 항공기가 뉴멕시코 상공을 자동 감속시스템에 따라 날고 있었다.[13] 기장과 항공기 엔지니어는 할 일이 전혀 없었다. 나중에 조종실 녹음장치를 재생해 확인한 결과에 따르면, 엔지니어는 기장에게 1번 감속 매뉴얼을 실행하면 자동 감속장치가 반응하느냐고 물어본 모양이다. 기장은 자기도 몰랐지만 엔지니어에게 그러면 엔진이 전속력으로 가동될 거라고 경고했다. 그럼에도 둘은 실험을 해보기로 합의했다. 그들은 간단한 조작으로 지루함을 상쇄했지만 항공기 우측 엔진은 속도가 점점 더 붙다가 결국 고장나버렸다. 비행기 창문이 깨졌고 그 옆에 앉아 있던 승객 한 사람이 압력 차이로 날아가 1만 2천 킬로미터 상공에서 추락하고 말았다. 체르노빌 참사 역시 지루함이 원인이었을지 모른다.[14] 공장 잔해만으로 정확한 참사 원인을 재구성할 수는 없지만, 기계 조작자 한 사람이 허락을 받지 않고 통제 장치를 가동했을 거라는 가설이 있다. 만약 그렇다면 그러한 행위는 지루함에서 나왔을 가능성이 있다. 사람들은 아무것도 하지 않는 것을 힘들어한다. 배우가 아무것도 안 하고 무대에 서 있기만 해야 한다면 이 점을 증명해줄 수 있으리라.

마지막으로 욕구와 정서가 비합리적인 행동을 이끌 수 있는 측면을 하나 더 들어보자. 동기들은 서로 갈등을 일으킬 수 있다. 어떤 사람은 남들을 지배하기를 바라면서 동시에 남들이 자기를 좋아해주기를 바랄 것이다. 그런데 보통 이 두 목표는 양립할 수가 없다. 허영심이 강한 사람에 대해서도 똑같이 말할 수 있다. 자기 외모(혹은 외모 아닌 어떤 개인적 속성에 대해서라도)에 유난히 자부심이 강하다면 친구를 사귀기 힘들 것이다. 합리적인 행동은 자기가 지닌 지식을 전제로 하여 자기 목표를 성취할 확률이 가장 높은 방식을 따르는 행동이다. 그러므로 합리적으로 행동하려면 목표들 간에 우선 순위를 정해야 한다. 또한 자신의 행동이 어떤 목표에 도움이 될지, 반드시 피해야 하는 결과를 불러오지는 않을지 행동의 가능한 결과들을 모두 살피려고 노력해야 한다. 목표를 열심히 생각하는 사람은 적고, 자기 행동이 불러올 결과를 진지하게 생각하는 사람은 더더욱 적다.

권위 있는 심리학 사전에는 '사랑'이라는 단어를 "표준 진단 편람에서는 아직 찾아볼 수 없는 정신 질환의 한 형태"라고 정의해놓았다.[15) 아무리 그렇더라도 사랑에 빠지는 것 자체는 비합리적이지 않다. 하지만 사랑에 빠지면 비합리적으로 행동할 수 있다. 연인을 좇는 이는 자신의 장기적인 우선 순위들을 고려하는 건 고사하고, 어쩌다 가끔 나타나는 그녀의 피상적인 장점들보다 악덕들이 훨씬 더 많다는 점은 꿈에도 생각하지 못할 것이다. 사랑도 다른 강렬한 정서나 욕구처럼 사람의 머리를 차지하는 지배적 생각 이외의 것들을 차분하게 짚어보지 못하게 한다. 그들은 "플러스 혹은 마이너스를 잘 계산하여 알려 하지 않는다." 많은 이들이 연인의 낭만적이고 감복할 만한 행위에 찬사를 보내겠지만 그런 것들은 합리성을 고찰하는 우리와는 아무 상관도 없다. 그런 행위 가운데 합리적으로 보일 만한 것은 드물 것이다.

최근에 정서를 연구한 어느 심리학자는 "정서를 논한 10여 가지의 뛰어난 이론들이 있으며, 같은 주제를 다룬 책은 수백 권이 있고, 인간 정감의 다양한 측면을 다룬 논문은 수만 편이 있다."고 했다. 이건 참 우울한 소식이다. 심리학자들은 정서에 대해 문외한보다 더 아는 게 거의 없으니 말이다. 이런 이유 때문에 이 장의 후반부는 독자가 새롭다거나 놀랍다고 여길 만한 정보를 별로 전달하지 못했다.

체크리스트

01 스트레스를 받거나 강렬한 정서에 사로잡혀 있을 때에는 중요한 결정을 내리지 마라.

02 교사라면 다지선다형 문제를 내지 마라. 학생들이 일반적인 원리들을 습득할 수 있도록 장려해야 한다.

03 충동을 못 이기고 넘어갈 때는 다음번에도 그럴 확률이 높다는 점을 기억하라.

04 지루하더라도 재미있는 자극을 삼가라. 특히 항공기를 조종하는 중이라면 더욱더 그래야 한다.

05 조깅과 저지방 요구르트의 이점이 비참한 기분보다 정말 더 가치 있는 것인지 스스로 물어보라.

9장

증거 무시

누구든 일단 결정을 내리면 대개 그 결정을 바꾸기를 아주 싫어한다. 그 결정이 잘못되었다는 명백한 증거가 있는 상황에서도 그렇다. 잘 알려진 전함 참사 사건을 보면 이 점이 잘 드러난다. 그 사건은 부분적으로는 결정 번복을 거부하고 반증들을 고려하려 하지 않았기 때문에 발생했다. 일본의 진주만 공습이 있기 전에 일어났던 일련의 사건을 기술한 다음 내용은 대부분 재니스와 만에게서 빌려온 것이다.[1)]

1941년 여름에 미 태평양함대 총사령관이었던 키멀 제독(Husband Kimmel)은 워싱턴으로부터 일본이 공격해 올 가능성을 숱하게 경고받았다. 미군은 준비가 제대로 되어 있지 않았기 때문에 키멀은 훈련 과정을 시작했지만 진주만에는 매주 60대의 군함이 정박해 있고 하와이 공항에 항공기가 빽빽하게 들어서 있는 형편이라서 즉시 평시의 상륙 허가를 금지할 만큼 긴박한 상황이라고는 생각지 않았다.

"일본군은 진주만을 공격 못합니다."

키멀은 장기적인 훈련 계획을 그대로 밀고 나가기로 마음먹었던 듯하다. 따라서 해군을 경계 태세로 가동하면 훈련 계획에 차질이 생길 터였다. 11월 24일에 그는 해군사령부로부터 "필리핀 제도나 괌 공격을 포함하여, 어떤 방향으로든 일본의 급습 가능성이 있다."는 경고를 받았다. 키멀은 부하들과 회의를 열었지만 부하들은 상관의 비위를 맞추고 싶은 마음과 복종과 순응이 이래저래 결합하여 되레 제독을 안심시켰다. 회의에 참석한 사람 중 하나는 워싱턴의 메시지가 진주만을 꼽고 있지 않으니 진주만은 위험하지 않을 거라고 말했다. 비록 "어떤 방향으로든 급습 가능성이 있다."는 메시지가 진주만을 분명하게 거론하지는 않았다고 하나, 회의는 별다른 행동을 취할 필요가 없다는 결론만 내리고 끝났다. 키멀은 명백한 증거들이 있는데도 기존 신념을 옹호했던 것이다. 메시지가 정말로 정확하지 않다고 생각했다면 그는 워싱턴에 확인을 했어야 했다. 게다가 키멀은 대공포화요원들이 배치된 부대가 경계 태세에 들어갔을 거라고 잘못 짚었다. 그저 전화기를 들고 자기의 추측을 확인만 했으면 됐을 텐데도 그렇게 하지 않았다. 재니스는 키멀이 자신의 잘못과 진주만이 공습을 당할지도 모른다는 사실을 인정하기 싫어서 그런 확인 절차를 밟지 않은 거라고 해석한다.

11월 27일과 12월 3일에도 추가 경고가 있었다. 12월 3일의 경고는 미국 암호 해독가들이 일본이 전 세계 자국 대사관에 보내는 "암호들 대부분을" 없애라고 명령했다는 메시지를 해독했다고 전했다. 사람들은 영리하게도 이런 메시지를 자기 신념에 잘 맞게 해석해낼 수 있다.

키멀과 부하들은 '대부분'이라는 단어에 주목했다. 분명히 일본이 미국과 전쟁을 할 생각이라면 대사관에 '모든' 메시지를 없애라고 명령했을 거라고 해석했던 것이다.

12월 6일, 그러니까 진주만 공습 하루 전날에는 공격이 임박했다는 더 뚜렷한 증거가 있었다. 키멀은 외따로 떨어져 있는 태평양 섬 관련 기밀문서를 모두 불태워 없애라는 긴급명령을 포착했다. 게다가 수석 정보장교는 '일본 항공모함의 위치가 잡히지 않는다', '벌써 며칠째 그들의 전파 신호를 포착할 수가 없다'라는 보고까지 올렸다. 이 정보는 일본군이 곧 공격에 나설 것이라는 확신을 주었다. 문제는 바로 여기에 있었다. 키멀의 부하들은 이 상황에서도 다시 한 번 상관을 안심시키면서 일본군은 아시아에서 수행 중인 작전을 멈추고 진주만을 공격할 수 없을 거라고 주장했다.

일본군 공격 다섯 시간 전에 미국 소해정* 두 대가 잠수함 한 대의 위치를 파악했다. 그들은 일본 소속 잠수함이 진주만 가까이 접근했음을 알았다. 그런데도 해군은 당시 경계 태세가 아니었기 때문에 이를 보고하지 않았다. 하지만 진주만 공습 한 시간 전에도 일본군 잠수함 한 대가 진주만 입구 가까이에 다가오고 있었다. 경비대 장교는 접선할 수 있는 모든 해군 장교들에게 이 사실을 알렸고 결국 키멀의 귀에도 들어갔다. 그런데도 키멀은 즉각 행동에 나서는 대신 정말로 일본군 잠수함인지 확인될 때까지 기다리는 쪽을 택했다. 그다음에는 미군 함대가 파괴되었다. 키멀 제독은 이 일로 군사재판에 회부되어 강등당했다.

소해정(掃海艇) 지뢰가 부설된 수역에서 기뢰를 제거할 때 사용하는 해군 함정.

키멀이 경계 태세에 들어가라는 명령을 내리기만 했더라면 미 군함의 대부분은 파괴되지 않았을 것이다. 레이더 감시망을 전격 가동했어도 일본 폭격기의 공세를 분명히 파악했을 것이고 잠수함 건도 훨씬 빨리 보고받았을 것이다. 게다가 미군은 대공포화 방어 시스템도 갖췄고 경계 태세를 취하기만 했다면 주말이 지나도록 진주만에 전함들을 정박해놓지도 않았을 것이다. 키멀이 왜 경계 태세를 취하지 않았는가는 논의해볼 필요가 있다. 공중 사찰 체제를 유지했더라면 넉넉지 않게 공급되는 연료를 소진했을 것이며 키멀의 훈련 프로그램에도 차질이 생겼을 것이다. 그렇더라도 키멀은 중도적인 조처들을 취할 수 있었다. 이를테면 대공포화 체제와 레이더 감시망을 전격 가동한다든가, 전함들을 분산시켜놓는다든가, 주말 상륙을 해제한다든가, 일본군의 움직임을 감지하면 즉각 본부에 보고하라고 지시한다든가 하는 식으로 말이다. 재니스와 만은 키멀 제독이 어떤 위협적인 존재를 부정하고 싶은 불안감 때문에 아무것도 하지 않는 것과 전면적인 경계 태세를 갖추는 것이라는 극단적인 두 가지 방안에 고착되어 있었다고 말한다. 우리가 이미 보았듯이 스트레스를 받는 상황에서는 이렇게 고착된 사고방식이 나타나는 경향이 있다.

왜 잘못된 가설을 버리지 못하나

자신의 관점을 포기하기 싫어하는 경향은 사회 전반에 널리 퍼져 있다. 그러한 경향 때문에 의사들은 명백한 오진을 번복하기 어렵다. 또한 그러한 경향은 엄청난 불의를 낳기도 한다. 이를테면 내무부에서는 죄없는 사람들에게 유죄 판결을 내렸던 사건의 재심을 몇 년째 거부하고 있다. 또한 과학자들은 거짓으로 증명된 이론에 집착한다. 노벨상 수상자인 라이너스 폴링(Linus Pauling)마저도 그의 주장과 상충되는 증거가 나왔는데도 비타민C 다량 섭취가 단순 감기에서부터 암에 이르기까지 모든 질병을 낫게 할 수 있다는 신념에 매달리고 있다. 자기 시각을 포기하기 싫어하는 경향은 경영자들 대부분이 우리가 앞에서 보았듯이 올바른 결정을 내리는 것보다 전통에 더 주의를 기울임으로써 비효율성을 보이는 데에도 부분적으로 책임이 있다.

자기 시각을 바꾸지 않으려는 경영자의 태도는 나 자신의 경험으로도 설명할 수 있다. 나는 아주 젊은 시절에 유명한 진(gin) 주류 회사에서 그렇고 그런 구매 동기 조사를 지휘했다. 영국 각지의 사람들을 인터뷰하여 그 회사 제품 병이나 라벨에 대한 반응을 알아내고 제품의 '브랜드 이미지'를 확실히 밝히는 것이 임무였다. 나는 회사에서 나온 일행 앞에서 조사 결과를 구두(口頭)로 프레젠테이션 했는데, 일행의 우두머리 격인 전무이사는 덩치가 크고 무뚝뚝한 스코틀랜드 사람이었다. 내가 그 사람 마음에 맞는 말을 하면 그는 부하직원들을 돌아보면서 'r' 발음을 있는 대로 굴려가며 "서덜랜드 박사님은 정말 똑똑한 분이구먼. 정말 옳은 말씀을 하시는군."이라고 했다. 그렇지만 내가 발견한 것들이 자신의 시각과 일치하지 않을 때면 그는 "헛소리, 그건 완전 부질없는 소리요."라고 했다. 나는 그가 받아들인 모든 지적에 대해 굳이 연구 조사까지 했어야 할 필요성을 느끼지 못했다. 그는 자기 회사 상품에 대한 자신의 견해가 그 상품을 사는 사람들, 즉 아마도 그가 상품을 팔아야 할 고객들의 견해와 다를 수도 있다는 것을 이해하지 못하는 사람처럼 보였다. 요컨대, 그는 어떤 증거를 들이대든 자기 신념을 고수하기로 작정한 사람이었다.

이제 나는 왜 사람들이 그토록 고집스럽게, 심지어 거짓으로 입증된 후에도 자신의 신념에 매달리는지 그 이유들을 제시할 것이다. 이러한 경향은 너무나 깊숙이 배어 있어 우리가 무엇을 보거나 듣는 방식에까지 영향을 끼칠 수 있다. 예를 들어, 다음 세 줄의 영어 단어들을 한번 보라.

PARIS

IN THE

THE SPRING

많은 독자들이 얼핏 한번 봐서는 무엇이 잘못되었는지 잘 모를 것이다. 왜냐하면 사람들은 THE가 두 번 연속 나올 거라고는 생각하지 않으므로 'PARIS IN THE SPRING'이라고 (자기 마음대로) 읽어버리는 경향이 있기 때문이다.

이때 우리는 무의식적으로 우리의 사전 지식에 매달린다. 그러나 이 사례는 더는 우리와 상관이 없다. 비합리성은 지각되는 상태가 아니라 의식적인 생각이나 자발적인 행동을 통해서만 일어나기 때문이다. 사람들이 신념을 번복하기 싫어하는 것은 그저 자기가 틀렸다는 것을 인정하기 싫어해서라고 생각할 수 있다. 사과를 하기는 어렵고 자신이 잘못된 신념에 사로잡혀 행동했다고 인정하자면 자존심이 상하는 것이다. 수많은 이들, 특히 정치인들이 보기에는 잘못을 인정하느니 아무리 나쁜 논증이라도 갖다 붙여서 뻔뻔스럽게 밀고 나가는 게 백 배 낫다. 이러한 요인이 작용한다는 점은 의심할 여지가 없지만 의견을 바꾸지 않으려는 이유 가운데는 훨씬 더 교활한 것들도 많다. 그 가운데 두 가지를 이 장에서 다룰 것이다. 첫 번째 이유는 사람들이 종종 자기 신념을 반박할 수 있는 증거들을 피해 아주 멀리 갈 수도 있다는 것이다. 심지어 위신이나 자존심이 결부되지 않은 상황에서도 그렇다. 두 번째 이유는 사람들이 자신의 태도와 상반되는 증거를 찾을 때도 그것을 믿으려 하지는 않기 때문이다.

반증 가능성의 대표 주자 '검은 백조'

2, 4, 6이라는 수열을 살펴보자.[2)] 이 수들이 따르는 일정한 규칙을 알아내야 한다. 여러분은 또 다른 숫자 세 개를 골라서 제시할 수 있고 이때 그 숫자들이 수열의 규칙에 맞는지 답변을 들을 수 있다. 또한 여러분은 수열이 어떤 규칙을 따르는지 알아내면 즉시 답을 말해야 한다. 그러면 그 규칙이 맞는지 대답해줄 것이다. 만약 답이 틀렸다면 다시 다른 숫자 세 개를 골라 물어볼 수 있고, 이런 식으로 맞는 규칙을 찾을 때까지 계속한다.

이러한 과제를 제시하면 사람들은 대부분 처음에 14, 16, 18 같은 수열을 선택한다. 그러면 문제를 내는 사람은 그 수열이 규칙에 맞는다고 대답해주고 문제를 푸는 사람은 다시 100, 102, 104 같은 수열을 제시한다. 아마도 이 사람들은 '2씩 늘어나는 짝수들' 같은 규칙을 떠올렸을 것이다. 사람들은 선택한 수열이 모두 규칙에 맞다고 하니까 결국 이것이 답이 아니냐고 묻지만 틀렸다는 답변만 돌아온다. 그러면 사람들은 머리를 싸매고 고민하다가 '2씩 늘어나는 세 개의 수' 같은 규칙을 검사해보기로 한다. 그래서 15, 17, 19 같은 수열을 선택해서 물어보면 규칙에 맞는다는 답이 돌아온다. 비슷한 수열들을 몇 가지 더 검사해보고는 두 번째 규칙이 맞는 것 같다고 느낀다. 하지만 그 규칙을 답으로 내놓으면 실망스럽게도 역시 틀렸다는 대답이 돌아온다. 사람들은 다른 규칙을 이것저것 시험해볼 것이다. 예를 들어 '+2 혹은 -2 단위로 변하는 숫자들'이라는 규칙이 될 수도 있다. 그래서 이번에는 11, 9, 7이라는 수열을 제시하면 그것은 규칙에 맞지 않는다고 한다. 가끔 올바른 규칙을 찾아내는 사람들도 더러 있지만 상당수는 그러지 못한다. 문제의 규칙은 이거다. '점점 더 커지는 세 개의 숫자들'. 그러니까 -2, 90, 100도, 1, 2, 3도, 1, 4, 1000도 모두 그 규칙에 맞는 수열이다.

이렇게 간단한 규칙을 찾아내기가 왜 그리 힘들까? 가장 큰 이유는, 사람들은 현재 가지고 있는 가설이 옳다는 것을 입증하려고만 노력한다. 그래서 자기 가설에 들어맞는 사례들만 검사해보고 가설에 맞지 않는 사례들은 생각하지도 않는다. 그런데 철학자 카를 포퍼(Karl Popper)가 지적했듯이, 어떤 일반 가설도 완전히 확증될 수는 없다.[3] 언제든지 일반 가설에 예외가 되는 것과 마주칠지도 모르는 법이다. 가장 유명한 경우는 앞에서 이미 언급했다. "모든 백조는 하얗다."라는 일반화된 명제는 오스트레일리아에서 검은 백조를 발견하고 난 뒤에야 비로소 거짓으로 밝혀졌다.

그러니까 어떤 그럴싸한 규칙을 정말로 참된 규칙으로 수립하려면 그것이 거짓임을 입증하려고 노력해보아야 한다. 바로 이 일을 사람들은 하지 않는다. 이것은 굉장히 중요하면서도 수많은 과학자들이 제대로 이해하지 못하고 있는 점이다. 왜냐하면 우리가 아무리 많은 경우의 수를 검토해도 그 경우마다 어느 시점에서 그 규칙에서 벗어나는 예외적 케이스를 만날 가능성이 항상 있기 때문이다. 논리적으로 완벽하게 증명할 수 있는 가설은 없다. "내 사무실 의자는 모두 검정색이다." 같은 가설처럼 해당 항목의 수가 한정되어 있어 모두 다 살펴볼 수 있는 사소한 경우를 제외하면 모를까. 비록 일반 가설은 결코 증명할 수 없지만 그래도 우리는 그 가설의 타당성을 어느 정도 신뢰할 수는 있다. 그러나 그 신뢰도는 우리가 얼마나 호되게 그 가설을 논박해보았는가에 달린 문제다. 우리가 앞에서 든 예에서는 '2씩 늘어나는 수'라는 가설을 논박하기 위해 그 가설에 들어맞는 수열들을 제시해봤자 소용이 없다. 그냥 8, 11, 17 같은 수열을 제시했으면 그것도 규칙에 맞는다는 답을 얻었을 것이고, 그렇다면 우리의 기존 가설이 잘못되었다는 것을 알았을 것이다.

많은 피험자들이 분명히 그 규칙이 아니라는 대답을 들은 뒤에도 약간 변형한 똑같은 규칙을 제시하는 것을 보면 잘못된 가설을 버리는 게 얼마나 어려운지 잘 드러난다. 언젠가 영국에서 가장 뛰어나다는 생물학자에게 이 문제를 내보았다. 그는 "동일한 양만큼 늘어나는 세 개의 숫자들"이라는 규칙이 답이 아니냐고 물었다. 내가 틀렸다고 했더니 그는 이렇게 말했다. "음, 그러면 마지막 숫자를 기준으로 해서 똑같은 양만큼 앞으로 점점 줄어드는 세 개의 숫자들이 답이겠구먼." 그가 처음에 말한 규칙이나 두 번째 말한 규칙이나 완전히 똑같다. 일부 피험자들은 틀렸다고 하는데도 똑같은 규칙을 무려 네 번이나 언급했다가 결국 포기하기도 했다. 심지어 자기들이 제시한 규칙에 어긋나는 수열들을 여러 개 내놓은 뒤에도 그랬다. 그들은 여기서 다루는 두 번째 오류까지 범하고 있었다. 그들은 상반되는 증거의 존재나 그러한 증거의 적절성을 부정했던 것이다.

원래 이 연구는 피터 웨이슨(Peter Wason)이 런던에서 실시했던 것이다.[4] 그는 동일한 주제를 좀 더 발전시킨 실험도 했는데, 그 역시 매우 독창적이었다. 웨이슨은 피험자들에게 탁자에서 카드 4장을 집어 보여주었다. 그중 2장에는 문자가 씌어 있고 2장에는 숫자가 씌어 있었다. 카드 앞면에 나와 있는 문자나 숫자는 다음과 같았다.

A D 3 7

피험자들은 각각의 카드에는 한 면에 숫자가 씌어 있고 그 반대 면에는 문자가 씌어 있다는 설명을 들었다. 그다음에 피험자들은 카드를 뒤집어보면서 "한쪽 면에 A가 있는 카드는 뒷면에 반드시 3이 있다."라는 규칙이 참인지 거짓인지 알아내야 했다. 규칙을 알아내기 전에 어떤 카드를 골라 뒤집어볼 것인지 선택해야 한다. 사실 대부분의 사람들은 A 카드와 3 카드를 골라본다. 그러면 이 규칙의 진위 여부를 확인하기 위해 어떤 카드를 선택하는 것이 합리적인지 생각해보자. 각 카드는 앞면에 나와 있는 숫자나 문자로 부를 것이다.

카드 A: 이 카드를 고르는 건 분명히 옳다. 만약 이 카드 뒷면에 3이 없으면 규칙은 참이 아닌 것으로 확인된다. 이 카드 뒷면에 3이 있으면 규칙이 맞다는 것을 다시 한 번 확인할 수 있다. 하지만 규칙을 완전히 참으로 확증할 수는 없다는 점을 기억해야 할 것이다.

카드 D: 사람들이 이 카드를 고르지 않는 건 잘한 일이다. 이 카드 뒷면에 무슨 숫자가 나오든 확인해야 할 규칙과는 아무런 상관이 없기 때문이다.

카드 3: 이 카드는 아주 흥미롭다. 대부분의 사람들이 이 카드를 집어보지만 그건 잘한 짓이 아니다. 이 카드 뒷면에 어떤 문자가 나오든, 즉 A든 B든 Z든 간에 규칙은 여전히 참일 수 있다. 확인해야 할 규칙은 "모든 3 카드는 뒷면에 A가 있다."가 아니라 "모든 A 카드는 뒷면에 3이 있다."였음을 기억하라. 그러니까 이 카드 뒷면에 A가 있든 없든 규칙은 여전히 참일 수 있는 것이다. 이 카드 뒷면의 문자가 규칙을 확인하는 데 아무런 정보도 주지 않기 때문에 이 카드를 고르는 것은 무의미하다.

카드 7: 이 카드를 집는 사람은 거의 없다. 하지만 이 카드는 결정적이다. 만약 이 카드 뒷면에 A가 있다면 규칙이 거짓으로 판명될 것이다. 확인해야 할 규칙은 분명히 "모든 A 카드는 뒷면에 3이 있다."이기 때문이다.

이 기발한 두 가지 실험은 모두 다 사람들이 현재 지니고 있는 가설을 논박하기 위해 노력해야 함에도 불구하고 오히려 그 가설을 증명하려는 경향이 있음을 시사한다. 어떤 규칙을 확실하게 증명하기는 불가능하지만, 거기서 어긋나는 것을 하나만 발견해도 그것을 논박할 수는 있다. 첫 번째 실험에서 피험자들은 그들의 현재 가설에 들어맞는 수열들만을 골라 제시했다. 두 번째 실험에서는 그들의 가설을 반박할 만한 카드(카드 7)를 고르지 못했고 그보다는 가설에는 맞지만 가설을 논박할 수는 없는 카드(카드 3)를 더 선호했다. 이러한 실험을 여러 차례 반복했는데 결과는 기본적으로 항상 같았다. 실험에서는 다양한 과제를 지시했는데, 그중에는 피험자들이 우주 전쟁 게임을 하면서 모양과 밝기가 다양한 표적에 총을 쏠 때 결과를 알아내는 것도 있었다. 여기서도 피험자들은 총알의 효과를 결정짓는 요소에서 그들이 현재 추정하는 가설을 논박해보려고는 하지 않았다.

이러한 과제를 해결하는 능력을 향상시킬 수 있을까? 예를 들어, 숫자 세 개로 이루어진 수열을 제시하는 실험에서 사람들에게 그들이 생각하는 규칙을 논박하는 데 집중하라고 귀띔한다면 성과가 향상될까? 실험 결과는 양가적이었다. 어떤 실험에서는 성과가 약간 향상되었고 어떤 실험에서는 별 차이가 없었다. 가설이 잘못되었음을 증명해보라고 정보를 주었을 때조차 피험자들은 그 가설에 계속 매달렸기 때문이다.

흥미롭게도 '2, 4, 6' 수열 실험의 경우에 피험자들은 실험자가 상호배타적인 두 가설 DAX와 MED를 생각하고 있다고 귀띔해주면 성과가 훨씬 나아졌다. 여기서 DAX는 '점점 커지는 세 개의 숫자'라는 규칙이고 MED는 '점점 커지는 순서로 배치되어 있지 않은 세 개의 숫자'라는 규칙이다. 그러니까 피험자들이 세 숫자의 수열을 제시하면 그것이 규칙에 맞는지 안 맞는지가 아니라 규칙 DAX에 맞는지 규칙 MED에 맞는지를 말해주는 것이다. 그러면 피험자들은 두 개의 다른 규칙을 밝혀 나가야 하므로 어느 한 규칙에 매달리지 않는다. 피험자들은 좀 더 넓은 범위에서 수열들을 선택하게 되고 각 수열은 어떤 규칙을 논박할 수 있게 해줄 것이다. 따라서 이때에 그들은 좀 더 빨리 문제를 해결할 수 있다. 이 실험은 하나 이상의 가설을 염두에 두고 각 가설을 논박하는 것이 바람직함을 잘 보여준다. 이 주제는 뒤에서 다시 다룰 것이다.

이 시점에서 카드 뒤집어보기 실험에서도, 비록 그 결과도 비합리적이기는 하지만 또 다른 대안적 설명이 있음을 알려주어야 할 것 같다. 규칙에 따르면 모든 A 카드에는 뒷면에 3이 있다. 그러므로 피험자가 카드를 고를 때에는 A와 3을 먼저 고려하게 된다. 아마 그러한 가용성 오류 때문에 피험자는 그저 A와 3 카드를 선택할 것이다. 이러한 설명은 어느 정도 타당하다. 왜냐하면 조너선 에번스(Jonathan St Evans)가 카드 네 장을 주고 "카드 한 면에 A가 있으면 그 뒷면에 있는 숫자는 3이 아니다."라는 규칙을 검증해보는 실험을 했기 때문이다.[5] 이때도 A 카드와 3 카드를 선택하는 경향이 두드러졌다. 하지만 이 새로운 실험에서는 A 카드와 3 카드를 뒤집어보는 것이 실제로 합리적인 선택이다. 만약 A 카드를 뒤집어서 3이 나오면 규칙은 거짓으로 밝혀진다. 또한 3 카드를 뒤집어 A가 나오면 이때에도 규칙은 거짓으로 밝혀진다. D나 7 카드는 카드 뒷면에 무엇이 나오든 규칙은 참일 수도 있고 거짓일 수도 있으므로 쓸모 있는 정보를 얻을 수 없다. 여기에는 비합리성의 또 다른 형태가 있다. 사람들은 논리적 토대에 기대어 카드를 선택하는 것이 아니라 단순히 그것들이 검증해야 하는 규칙에 등장했다는 이유만으로 카드를 선택한다. 여기까지는 가용성 오류의 한 예일 뿐이다. 원래 실험에서 피험자들이 올바른 카드를 선택하지 못했던 것도 이러한 가용성 오류와 반론의 증거들을 찾으려 하지 않는다는 두 가지 이유 모두가 개입한 까닭이다.

끼리끼리 어울리면 오류도 커진다

사람들이 자기가 지닌 가설을 반박하려고 노력하지 않는다는 사실을 보여주는 실험들은 그밖에도 많다. 그중 한 실험[6]에서는 몇몇 피험자들에게 어떤 사람(바람잡이)을 인터뷰하여 그 사람이 외향적인지 알아보라고 했고, 또 다른 피험자들에게는 그 사람이 내향적인지 알아보라고 했다. 두 집단 모두 그들에게 제시된 가설에 맞아떨어지는 질문만을 바람잡이에게 던지는 경향이 있었다. 예를 들어 그 사람이 외향적일 거라는 가설을 제시받은 피험자들이 "파티에 가는 걸 좋아합니까?"라고 묻는 반면에 그 사람이 내향적이라는 가설을 염두에 둔 피험자들은 "소란스러운 파티를 싫어합니까?"라고 묻는 식이었다. 두 경우 모두 '그렇다'는 대답이 나오면 피험자들이 원래 생각하고 있던 가설은 더욱 강화될 것이다.

자기 신념에 어긋나는 증거를 찾지 않는 심리는 '2, 4, 6' 실험에서와 마찬가지로 우리 일상생활에서도 강력하게 작용하는 것으로 알려져 있다. 사람들은 자기가 자신을 바라보는 것과 비슷하게 자기를 봐주는 이들과 어울린다고 한다. 만약 자신을 좋게 생각한다면 그런 생각을 공유하는 다른 이들과 교류하고 싶어 하는 것은 별로 놀랍지 않은 일이다. 하지만 한 연구에 따르면, 자신을 부족하다고 생각하는 미국 대학생들조차 실제로 자신을 높이 평가해주는 친구보다 별로 호의적이지 않은 친구와 같은 방을 쓰는 쪽을 택했다고 한다. 우리는 우리가 스스로 생각하는 방식을 확인받고 싶어 한다. 심지어 자신을 경멸할지라도 말이다.

실생활에서 이러한 경향을 드러내는 사례는 아주 많다.[7] 특정 정당을 지지하는 사람들은 반드시 그 정당 모임에만 참석한다. 다른 편의 주장을 들어볼 기회 자체를 아예 차단하는 것이다. 사람들은 자기네 정당에 호의적인 주장들을 밀어주는 신문을 사고 반대 정당에 힘을 실어주는 신문은 사지 않는다. 특정 자동차 제품을 소유한 사람은 다른 브랜드들은 대부분 무시하면서 자기 자동차 광고는 물론 그와 관련 있는 것은 무엇이든지 훨씬 더 열심히 읽어본다는 사실이 시장 조사에서 밝혀졌다. 반갑지 않은 소식을 받아들이지 않으려는 경향을 보면, 암에 걸렸다는 진단을 받은 사람 중 20퍼센트는 그냥 그 사실을 믿지 않는다고 최근의 한 연구가 밝혔다.[8)]

물론 사람들이 언제나 자신의 신념에 반하는 증거를 찾는 데 실패한다고 할 수는 없다. 그러나 예외를 통해 규칙이 증명되는 경우는 많다. 증거는 다른 이유 때문에 찾는 것이다. 그러한 사례 하나는 미국 대학생들의 베트남전쟁 징병에 대한 저항을 다룬 실생활 연구로 잘 증명되었다.[9)] 학생들은 징병 거부 서약서에 서명했는지 여부에 따라 두 집단으로 나뉘었다. 서약서에는 여러 가지 내용이 있었지만 그중에 특히 "우리는 양심상 이 전쟁에 참여할 수 없습니다. 그러므로 우리는 미국이 베트남과 싸우는 한 군대에 들어갈 수 없다는 우리 결심을 선언하는 바입니다."라는 문장이 있었다. 이미 서명을 한 학생들과 아직 서명하지 않은 학생들이 각각 어느 정도나 서명에 찬성하는 문건 또는 서명에 반대하는 문건을 읽겠다고 하는지를 두고 조사를 했다. 이미 서명한 학생들은 이 서약 찬성 문건을 읽겠다는 학생과 서약 반대 문건을 읽겠다는 학생의 수가 엇비슷했다.

그들을 인터뷰했더니 그들이 그렇게 나온 데에는 두 가지 이유가 있었다. 첫째, 부모나 다른 사람들이 그들의 결심에 어떤 이의를 제기할지 알고 싶어서 그런 것이었고, 그리하여 그러한 이의를 반박하는 입장에 서고 싶어서 그런 것이었다. 둘째, 일부 학생들은 징병을 피하는 최선의 방법을 찾고 싶어 했다. 예를 들어 양심에 따른 병역 거부자가 되거나, 징병을 면할 수 있는 교사 같은 직업을 갖거나, 이민을 가는 등의 방법이 있을 수 있었다. 징병을 피하겠다는 가장 큰 결심은 이미 했지만, 그 이후의 결심이 남아 있다는 점에 주목하자. 그러니까 학생들은 징병을 피하겠다는 결정이 옳으냐 그르냐를 결정하기 위해 징병 반대 문건을 읽은 게 아니었다. 가장 중요한 결정에 뒤따르는 차후의 행동들을 취하기 위해 읽은 것이었다. 그러나 반증을 위한 반증을 찾는 경우도 있다. 어떤 태도를 어설프게 지지할 때나, 중요하지 않은 결정이라서 번복해도 아무 손실이 없을 때가 그렇다. 하지만 일반적으로 사람들이 자기 신념에 끈질기게 매달리며 그러한 신념에 걸맞지 않은 것들은 피한다는 증거가 압도적이다.

지금까지 우리는 신념을 유지하기 위해 무의식적으로 사용하는 두 가지 방식을 살펴보았다. 그중 하나는 자신의 신념과 반대되는 증거를 찾지 않는 것이고 다른 하나는 어떤 것이 주의를 끌 때에 그것을 믿거나 그에 따라 행동하지 않는 것이다. 키멀 제독은 두 가지 잘못을 모두 범했다. 부정확한 메시지를 명확하게 파악하기 위해 워싱턴에 확인하지도 않았고, 진주만 외곽에 잠입한 잠수함이 일본의 것이라는 사실을 믿으려 하지도 않았기 때문이다.

체크리스트

01 내 신념에 어긋나는 증거를 찾아라.

02 상충하는 가설들을 생각하려고 노력하라.

03 내 신념과 충돌하는 것을 고려할 때에는 각별한 주의를 기울여야 한다.

04 어떤 사람은 항상 틀리지만 항상 옳은 사람은 아무도 없음을 기억하라.

10장

증거 왜곡

반대되는 증거를 무시하거나 찾으려 들지 않는 것은 신념을 유지하는 비합리적인 방법 가운데 고작 두 가지에 지나지 않는다. 증거를 왜곡할 때에도 똑같은 효과가 나타날 수 있고 실제로 그렇게 되기도 한다. 그 예는 또 다른 실패의 무용담이라 할 수 있는 아른험 전투다.[1)] 아른험 전투는 제2차 세계대전에서 영국 군대가 가장 쓸데없이 희생당했던 재앙 가운데 하나다. 몽고메리 장군(Bernard Montgomery)은 여느 장군들과 마찬가지로 전쟁에서 이기는 것보다 개인적 영욕을 더 추구했던 것 같다. 군대가 네덜란드 남부의 습지 앞에서 더 나아가지 못하고 있었기 때문에 장군은 아른험 근처에 낙하산을 투하할 계획을 세웠다. 그곳에서 독일군이 라인 강을 건너는 다리를 격파하기 전에 낙하산 공수부대가 다리를 먼저 차지한다는 계획이었다. 그들은 제30군단 종대의 보급이 이루어질 때까지 그곳을 지켜야 했다.

중대한 정보를 무시한 몽고메리 장군

노먼 딕슨과 또 다른 사람들이 지적했듯이, 이 계획은 다음과 같은 이유에서 잘못 구상되었다. 첫째, 몽고메리는 작전을 실행하기 전에 안트베르펜을 차지했어야 했다. 그것은 성가시지만 반드시 필요한 절차였다. 그런데 몽고메리는 라인 강을 먼저 건너고 싶다는 욕심 때문에 그렇게 하지 않았고, 덕분에 독일 제23사단은 네덜란드 북부에서 빠져나와 아른험을 방어하는 데 합류했다. 둘째, 제30군단이 아른험에 도달하려면 양 측면이 늪지로 둘러싸인 길을 지나갈 수밖에 없었다. 늪지는 수로가 많아 전차로는 진군할 수가 없었다. 게다가 길이 너무 좁아서 전차 한 대가 겨우 지나갈까 말까 했다. 그러니 적군이 다리를 폭파하거나 공격을 강행하면 제30군단의 지원은 한참 늦어질 것이 빤했다. 실제로 제30군단은 몽고메리가 작전상 할애했던 이틀은 고사하고 아흐레가 지나서도 아른험에 도착하지 못했다. 셋째, 이것이 가장 중요한 이유인데, 몽고메리의 작전 일체는 아른험 부근에 강력한 독일 군사력이 없다는 전제에서만 실행 가능했다. 그래야만 낙하산 공수부대가 공격을 받기 전에 집결한 만한 시간을 벌 수 있었다. 그밖에도 영국군이 사용했던 무선전신의 결함이나 9월에 영국은 안개가 아주 심해서 공수부원 선발대를 보강하는 낙하산 투하가 지연되었다는 점도 짚고 넘어갈 수 있다.

몽고메리는 아무리 잘 봐줘도 위험천만하고 나쁘게 보자면 아둔하기 짝이 없는 계획을 결정한 상태에서 계획이 실패할 수밖에 없다는 것을 보여주는 추가 정보들을 고려하지 않았다. 그는 연합군 최고사령부에서 지금까지 위치가 불확실했던 2개 독일 기갑사단이 낙하산 투하지점 바로 옆에 주둔해 있다는 정보를 얻었다. 그런데 몽고메리는 이것을 "웃기는" 보고라고 했다. 물론 그 정보가 자기 계획과 맞지 않는다는 뜻에서 그렇게 말했겠지만 어쨌든 몽고메리는 정보를 믿지 않았던 셈이다. 부하들은 아랫사람들이 으레 그렇듯이 그의 미친 짓에 장단을 맞춰주었다. 한 정보 장교가 브라우닝 중장에게 그 지역에 있는 독일 전차 사진을 보여주었는데 브라우닝은 "저것들 때문에 골치 아플 일은 없을 겁니다……. 아마 사용할 수 없는 전차들이겠지요."라고 말했다고 한다. 자신의 신념에 들어맞지 않는 증거들을 왜곡하는 전형적인 예다. 심지어 브라우닝은 의사를 통해 정보 장교가 너무 과로에 시달리고 있으니 휴식을 좀 취하라고 말하기까지 하면서 자기에게 껄끄러운 소식을 처리해버렸다.

영국군과 독일군은 양측 모두 대단한 무용을 발휘했지만, 앞에서 말했듯이 제30군단은 결코 아른험에 도착할 수 없었기 때문에 영국 공수부대는 낙하산으로 투하한 요원의 4분의 3을 잃고 나서야 전투를 포기할 수밖에 없었다. 물론 일이 다 끝난 다음에 현명한 평가를 내리기는 쉽다. 하지만 아른험 전투의 경우에는 군이 대단한 선견지명이 아니더라도 전투를 벌이기 전에 현명한 조처를 취할 수 있었다.

몽고메리와 부하들의 행동은 키멀과 부하들의 행동을 다시금 떠올리게 한다. 어떤 결정을 밀고 나가려는 고집, 결정과 충돌하는 메시지를 거부하거나 기막히게 왜곡하는 태도, 다수에게 순응하거나 리더의 입장을 더욱 부추기고 그에 복종하는 경향 등은 두 사례 모두에 공통적이다.

왜 신념은 시련 속에 더 강해질까

이 장에서는 자신의 신념에 부합하지 않은 증거를 왜곡하는 경향을 다룬다. 이미 오래 전에 프랜시스 베이컨 경(Sir Francis Bacon)은 이러한 현상을 인식하고 다음과 같이 썼다.[2)]

> 인간의 지식은 일단 어떤 견해를 채택하고 나면 그것에 동의하거나 지지하는 다른 모든 것들을 끌어들인다. 다른 쪽에 더 풍부하고 중요한 사례들이 있을지라도 이것들은 무시하고 깎아내리거나 구분을 지어 제쳐두고 거부한다. 이렇게 대대적이고 치명적인 작정으로 원래 내렸던 결론의 권위는 전혀 손상을 입지 않을 수 있을 것이다.

아마도 베이컨이 알았더라면 무척 좋아했을 법한 어느 기발한 연구에서, 증거 평가가 기존 신념에 따라 크게 편향된다는 사실이 밝혀졌다.[3)] 실험자들은 사형 효과에 대한 그럴듯한 증거 자료를 네 부 만들었다. 피험자들에게는 그 자료들이 살인 범죄 발생률 연구에서 나온 것이라고 말하면서 모두 읽어보라고 했다. 그중 두 부는 각각 미국의 여러 주에서 사형 제도를 도입한 후에 살인 범죄 발생률이 어떻게 변화했는지 다루고 있었다. 이 두 부 가운데 한 부의 자료에는 사형 제도가 살인 범죄를 억제하는 효과가 있다는 도표가 실렸고, 다른 한 부의 자료에는 그러한 효과가 없다는 도표가 실렸다.[4)] 그러니까 전자는 미국의 특정한 주에서 사형 제도를 도입하자 살인 범죄 발생률이 현저하게 낮아졌음을 보여주었고, 후자는 오히려 살인 범죄가 증가했음을 보여주었던 것이다. 한편 다른 두 부의 자료는 미국에서 사형 제도가 있는 주와 없는 주를 비교하여 동일한 시기에 살인 범죄가 얼마나 많이 일어났는가를 보여주었다. 이 자료들에도 도표를 조작하여 실었는데, 그중 한 부는 사형 제도가 살인 범죄를 억제하는 효과가 있는 듯 보이게 했고 다른 한 부는 그러한 효과가 없는 듯 보이게 했다. 그러니까 절반의 진술은 서로 다른 시기의 살인 범죄 발생률을 비교하고 나머지 절반의 진술은 동일한 시기에 서로 다른 주에서 일어난 살인 범죄 발생률을 비교한 것이기 때문에 나는 이것들을 각각 '연속' 진술과 '병행' 진술로 구분하여 부를 것이다. 분명히 연속 연구와 병행 연구 두 가지 모두 제시된 증거에는 얼마든지 이의를 제기할 수 있다. 같은 주 안에서 장기간의 시간 동안 변화하는 살인 범죄 발생률에는 사형 제도 도입 외에도 여러 가지 이유, 이를테면 마약 사용자가 늘어났다든가 등의 요인이 개입해 있다. 마찬가지로 동일 시기에 서로 다른 주에서 일어난 살인 범죄의 빈도에도 그 주가 사형 제도를 도입했느냐라는 것 외에 수많은 다른 요인들이 있다. 사실, 어느 주가 사형 제도를 도입했다면 그건 원래부터 그 주에 살인 범죄가 많이 일어났기 때문이라고 볼 수도 있다. 한마디로 말해, 실험자들이 제시한 네 부의 자료들은 모두 다 심각한 결함을 내포하고 있었던 것이다.

실험에 참여한 피험자들은 사형 제도가 필요하다고 믿거나 열렬하게 반대하거나 둘 중 하나였다. 피험자를 선발하는 과정에서 사형 제도에 뚜렷한 시각을 갖고 있지 않은 사람은 아예 제외했다. 각 피험자들은 먼저 네 부의 자료 가운데 두 가지를 읽었는데, 그중 하나는 연속 진술이었고 다른 하나는 병행 진술이었다. 그리고 둘 중 하나는 사형 제도가 효과가 있다는 진술이었고 다른 하나는 사형 제도가 무용하다는 진술이었다. 어떤 피험자들은 사형에 찬성하는 병행 진술과 사형에 반대하는 연속 진술을 읽고, 어떤 피험자들은 사형에 반대하는 병행 진술과 사형에 찬성하는 연속 진술을 읽도록 균형을 맞추어 자료를 배분했다.

실험 결과를 읽으면서 사형 제도에 찬성하는 피험자들이나 반대하는 피험자들이나 분명히 똑같은 연구 자료를 읽었다는 점을 명심하라. 실험 결과 세 가지가 밝혀졌다. 첫째, 모든 피험자들은 자기가 읽은 두 가지 자료 중에서 자신의 기존 시각에 들어맞는 자료가 자기 신념에 상반되는 자료보다 더 '설득력 있고' '조리 있다'고 보았다. 피험자들이 사형 제도에 찬성하느냐 반대하느냐는 상관없었다. 게다가 그들은 자신의 신념과 상반되는 연구 자료에서는 결함을 알아차린 반면, 신념에 부합하는 연구 자료에서는 결함을 알아차리지 못했다.

둘째, 두 자료 중 한 가지를 읽고 난 다음에 사형 제도에 대한 그들의 태도(찬성 혹은 반대)가 얼마나 강경한지 측정해보았다. 자료가 신념에 부합하는 경우에 그들은 더욱 열렬한 태도로 찬성 혹은 반대 입장을 취했다. 그러나 자료가 신념에 반대되는 경우에도 그들의 태도는 변하지 않았다. 사람들은 오로지 자기 시각과 일치하는 증거만을 받아들이는 것이다.

셋째, 두 자료를 모두 다 읽고 난 다음에도 피험자들의 원래 신념은 전혀 변하지 않았을 뿐 아니라 오히려 더욱 확고해졌다. 사형 제도에 찬성하던 사람은 더욱더 열렬한 지지자가 되었고 반대하던 사람은 더욱더 열렬한 반대자가 되었다. 결과적으로 서로 반대되는 방향을 지지하는 동일하게 강력한(혹은 동일하게 취약한) 증거들이 대립했을 때에 유리한 증거와 불리한 증거에는 서로 완전히 다른 기준이 적용됨을 알 수 있다. 더욱이 유리한 증거는 신념을 더욱 강화하지만 신념을 논박하는 똑같은 증거는 그냥 무시된다. 그러니까 신념은 전혀 손상되지 않고 고스란히 남는다.

신념은 기억력까지 좌우한다

적어도 대놓고 강하게 지지하지는 않는 태도, 개인의 다른 신념과 아무 상관 없는 태도조차 꽤 완강하다. 그러한 태도가 논박을 가하는 넘쳐나는 증거에 꿈쩍 않고 버틸 수도 있다. 미국에서 실시한 또 다른 연구에서는 피험자들에게 25장의 자살 비망록을 보여주었다. 피험자들은 그중 몇 장은 실제로 그 비망록을 쓴 다음에 당사자가 자살한 사연이 담겨 있고 나머지는 그냥 지어낸 글이라는 설명을 들었다. 피험자들은 과연 어떤 것이 진짜 자살자의 비망록이고 어떤 것이 위조된 것인지 밝혀내야 했다. 하지만 비망록은 모두 다 실험자가 지어낸 것들이었다. 실험자는 피험자 절반에게는 비망록을 정말 잘 가려냈다고 칭찬하고 나머지 절반에게는 잘못 판단했다고 말했다. 나중에는 피험자들에게 모든 내막을 밝히는 디브리핑을 했다. 피험자들은 모든 비망록이 위조된 것이라는 사실은 물론 그들이 잘했느니 잘못했느니 하는 평가가 아무 의미가 없음을 알게 되었다. 심지어 실험자는 어느 집단을 칭찬하고 어느 집단을 비난할 것인지 임의로 정하기 위해 써먹은 도식마저 공개했다. 마지막으로, 피험자들은 설문지를 작성했다. 설문 내용은, 다음에 진짜 자살 비망록을 포함해서 보여주고 이번처럼 진짜를 가려내라고 하면 얼마나 잘할 수 있느냐는 것이었다. 그런데 앞에서 잘했다고 칭찬을 들은 피험자 집단은 잘못했다는 말을 들은 피험자 집단에 비해 앞으로 다시 같은 일을 해도 좋은 성과를 낼 수 있을 거라는 예측이 훨씬 더 많았다.

위 실험을 변형한 다른 실험은, 피험자들이 '자신의' 성공 혹은 실패 여부에 정서적으로 매여 있기 때문에 이러한 결과가 나오는 것은 아니라는 사실을 보여주었다. 새로운 한 집단의 피험자들은 바람잡이들이 위 실험과 똑같은 일을 하는 모습을 지켜보았다. 이때에도 어떤 바람잡이들은 자살 비망록을 아주 잘 골라냈다는 칭찬을 들었고 다른 바람잡이들은 참 못한다는 소리를 들었다. 피험자들은 과제를 모두 마친 다음 모든 게 속임수였고 그들이 들은 칭찬이나 비난은 아무 의미도 없다는 사실을 전해 들었다. 물론 진짜 피험자들은 이 과정도 다 지켜보았다. 그런데 놀랍게도 관찰자였던 피험자들은 디브리핑이 끝난 다음에도 어떤 바람잡이가 실력이 좋고 어떤 바람잡이가 실력이 별로라는 생각에 여전히 매달려 있었다. 한편, 두 번째 피험자 집단은 어느 바람잡이가 실력이 뛰어난가를 평가하기 전에 반대되는 증거가 나왔는데도 기존의 신념이 꺾이지 않는 경향을 놓고 오랜 시간 토론을 했다. 이러한 토론을 거치자 기존 신념을 고수하려는 경향은 눈에 띄게 줄어들었지만 그래도 여전히 잘했다고 (거짓) 칭찬을 들은 바람잡이가 잘못한다는 말을 들은 바람잡이보다 실제로도 실력이 나을 것이라는 신념이 남아 있었다. 이 실험은 자기 자신에 대한 견해뿐만 아니라 타인에 대한 견해도 상당히 바뀌기 어렵다는 점을 잘 보여준다.

비슷한 다른 실험들은 이러한 발견에 힘을 실어준다. 예를 들어 피험자들에게 두 개의 바구니 실험을 해보았다.[5] A 바구니에는 빨간 공 60퍼센트와 검은 공 40퍼센트가 들어 있고, B 바구니에는 빨간 공 40퍼센트와 검은 공 60퍼센트가 들어 있다. 피험자들에게 한쪽 바구니를 주고 공을 몇 개 꺼내면서 그것이 어떤 바구니인지 알아맞히라고 했다. 단, 한 번 꺼냈던 공은 다시 바구니에 집어넣고 다음 공을 꺼내야 한다. 피험자들은 공을 몇 개 꺼냈다 넣었다 해보고는 저마다 그것이 어느 쪽 바구니일 거라는 가설을 세웠다. 빨간 공과 검은 공을 연속해서 꺼내면 그들의 가설은 더욱 굳건해졌다. 빨간 공 60퍼센트인 바구니일 거라는 가설을 세웠을 경우에 빨간 공과 검은 공을 연속해서 꺼내면 그 가설이 확고해졌다. 하지만 검은 공 60퍼센트인 바구니일 거라고 믿은 피험자들도 색깔이 똑같은 공을 연속해서 두 번 뽑아도 기존 가설이 확고해지기는 마찬가지였다. 그러니까 빨간 공을 꺼내든 검은 공을 꺼내든 그들의 생각에는 분명히 아무 영향도 끼치지 않았다. 이것은 사람들이 지극히 중립적인 증거를 자신의 신념을 뒷받침하는 증거로 잘못 해석하는 또 다른 예일 뿐이다.

이러한 실험들은 흔들림 없는 신념을 단지 자존심을 세우려는 욕구라는 관점에서만 해명할 수 없음을 설득력 있게 보여준다. 피험자들이 정서적으로 관여했다고 해서 모든 자살 비망록이 지어낸 거라는 설명을 들은 뒤에도 누구누구가 진짜 자살 비망록을 잘 골라내더라는 따위의 신념을 유지한단 말인가? 그러므로 잘못된 신념이 끈질기게 살아남는 이유는 적어도 부분적으로는 정서적 요인 때문에 올바른 사고를 할 수 없어서가 아니다.

지극히 사소한 관점인데도 사람들은 수많은 반증을 마주하고도 그것을 바꾸려 하지 않는다. 어떤 것이 진짜 자살 비망록인지 가려내는 자신의 능력 혹은 타인의 능력 같은 자질구레한 문제에서도 그렇다. 그렇다면 자신의 전체적인 신념 체계와 부합하는 중요한 사안에서는 얼마나 거세게 저항할지 알 수 없다. 예를 들어 보수주의를 신봉하고 공화당원인 사람은 별개의 것들이기는 하지만 서로 겹치는 일련의 정책들을 지지할 것이다. 그러한 정책은 자유 기업, 국가 역할의 최소화, 개인의 경제적 자립 장려, 빈곤층과 병자와 노인층 지원 최소화, 세금 감면 등등이 될 것이다. 그러한 신념은 일관된 패턴을 형성하며 개인은 대개 오랜 시간에 걸쳐 그러한 신념을 발전시키고 다듬는다. 나는 '숙고한다'는 표현 대신에 '발전시킨다'는 표현을 썼는데, 대부분의 경우에 신념은 그 사람의 지위라든가 그 사람이 직접 교우하는 타인들의 신념이라든가 하는 순전히 비합리적인 요인들이 작용하여 점점 발달하기 때문이다.

현재의 가설에 순응하고자 하는 욕구는 기억력에까지 영향을 끼친다. 한 실험에서 피험자들에게 어떤 여자를 상세하게 묘사한 글을 읽게 했다.[6] 이틀 후에 일부 피험자들에게 그 여자가 부동산 대행 업체에서 주택을 파는 일에 지원하려고 하는데 어울릴 것 같은지 물어보았다. 대부분 그러한 직업에는 외향적인 사람이 어울린다고 생각한다. 다른 피험자들에게는 그 여자가 연구 사서가 되면 잘할 것 같은지 물어보았다. 그런데 이 직업은 아주 내향적인 사람에게나 어울릴 법한 일이다. 그 여자가 좋은 부동산 중개업자가 될 것인가라는 질문을 받은 피험자들은 원래 읽었던 글에서 그 여자의 외향적인 면을 묘사하는 구절들을 더 잘 기억해냈다. 반면, 그 여자가 좋은 연구 사서가 될 것인지 평가하는 피험자들은 똑같은 글을 읽었음에도 내향적인 측면들을 주로 기억해냈다. 다시 말하자면, 피험자들은 그들이 생각해야 하는 가설에 부합하는 측면만을 기억했던 것이다. 물론 외향성과 내향성은 완전히 상반되기 때문에 두 가지 측면 모두가 그녀가 각각의 직업에 얼마나 잘 맞을 것인가를 판가름하게 해준다.

사람들은 언제든 그럴싸한 이유를 찾아낸다

이 장과 앞 장에서 나는 신념은 물론이고, 강력하게 지지할 만한 이유가 전혀 없는 현재의 가설도 상당히 바뀌기 힘든 것임을 보여주었다. 이는 크게 네 가지 이유에서 비롯되는데, 모두 실험으로 뒷받침된 것이다. 첫째, 시종일관 사람들은 자신의 신념을 논박하는 증거를 접하지 않으려 한다. 둘째, 자신의 신념에 반하는 증거를 접하면서도 종종 그러한 증거를 믿지 않으려고 한다. 셋째, 기존 신념은 새로운 증거를 왜곡하여 해석해서 그 증거가 원래 신념과 부합하는 것인 양 여기게 한다. 넷째, 사람들은 자기 신념에 부합하는 것만을 선별적으로 기억한다. 이러한 네 가지 이유에 하나를 덧붙일 수도 있는데, 바로 자존심을 지키려는 욕구다. 하지만 이 요소들을 모두 합친다 해도 자살 비망록 실험에서 나타났던 완강하고 끈질긴 신념을 해명하기에는 충분치 않을 성싶다. 반대되는 증거(피험자들이 잘했느니 못했느니 하는 평가가 완전히 무의미한 것이었다는 정보)는 최대한 강조되었고, 모든 자살 비망록이 날조되었다는 증거는 너무나도 분명해서 믿지 않을 수 없었다. 이 새로운 증거는 분명히 피험자들의 기존 신념을 뒷받침하는 방향으로 해석할 수 없었다. 게다가 여기에는 기억력 착오가 끼어들 여지도 없었다. 자살 비망록을 골라내는 바람잡이의 능력에 대한 평가를 번복하는 것은 피험자들의 자존심이 상할 만한 일도 아니다.

그래서 여섯 번째 이유, 즉 이러한 신념과 다른 모든 비합리적 신념의 완강함을 설명할 수 있는 기발한 메커니즘을 제시했다.[7)] 사람들은 사건 혹은 현상에 대한 설명을 지어내는 데 능하다. 예를 들어, 어떤 여자가 자살 비망록의 진위를 밝히는 과제를 마치고 나서 실험자에게 아주 잘했다는 평가를 받았다고 하자. 그러면 그 여자는 자기가 어떻게 그렇게 잘할 수 있었는지 이유를 찾으려 할 것이다.

그 여자는 어느 유명 소설가의 작품에 아주 친숙했다. 그런데 그 소설가는 최근에 자살로 생을 마감했다. 또한 그녀는 병원에서 시간제로 전문의를 보좌하는 일을 하고 있었고 부모나 친구와 대체로 '열린' 관계를 맺고 있었다. 이 모든 이유들 때문에 그 여자는 사회적 감수성을 요구하는 작업에 뛰어난 능력을 발휘할 수 있었을 것이다.

한편 과업을 잘하지 못했다는 평가를 받은 여자는 자기는 한 번도 자살을 접한 적이 없고 자살자의 글을 읽어본 적도 없다는 이유를 들어 자신의 실패를 설명하려고 할 것이다. 그런데 어떻게 그녀가 진짜 자살자의 비망록과 가짜 비망록을 가려내기를 기대했단 말인가? 피험자들은 디브리핑을 하고 난 뒤에도 여전히 그들이 만들어낸 설명에 매달렸을 것이고, 그래서 자기네들이 그 일에 특별히 뛰어나다든가 특별히 무능하다든가 하는 생각을 했을 것이다.

일상적인 대화에서도 현상을 설명하는 경향은 아주 흔하게 등장한다. 이 점은 이미 연구로 입증되었는데,[8)] 모든 발언의 15퍼센트는 어떤 설명을 찾으려는 시도에 해당한다고 한다. 더 중요한 발견은, 사람들은 너무나 쉽게 설명을 찾아내기 때문에 과거의 거의 모든 사건들을 나중에 어떠어떠한 일을 하게 된 이유로 갖다 붙일 수 있을 정도라고 한다. 피험자들에게 실제 어떤 인물의 일생을 담은 녹음 자료를 들려주었다. 그러고 나서 그 사람이 나중에 한 어떤 일을 과거의 이력에 비추어 설명해보라고 했다. 예를 들어, 피험자들은 그 사람이 나중에 자살을 했다든가, 뺑소니 교통사고를 저질렀다든가, 평화 운동 단체에 들어갔다든가, 정치가가 되었다는 말을 듣고 그 일을 생각해보아야 했다. 한편, 그 사람의 과거 행적 중에는 젊어서 해군에 들어갔던 사건이 있었다. 그 사람이 나중에 정치가가 된 이유를 생각해야 했던 피험자들은 그 사람이 조직 생활을 좋아하고 나라를 위해 일하고 싶은 마음이 있었기 때문에 해군에 들어갔던 거라고 설명했다. 반면 그 사람이 나중에 자살했다는 말을 들은 피험자들은 가족과 친구를 떠나고 싶었고 그들을 벌 주고 싶어서 해군에 들어갔을 거라고 했다. 자살은 삶에서 도피하는 것이며 가까운 친구와 친족에게 고통을 주는 행위로 볼 수 있기 때문이다. 피험자들이 이러저러한 설명을 내놓은 뒤에 실험자는 그들이 해명해야 했던 사건이 실제로는 일어나지 않았다고 말했다. 그리고 그 사람이 장차 정말로 그런 일이나 그밖의 다른 사건들을 겪을 법한지 물어보았다. 말할 것도 없이, 피험자들은 그 사람이 살아온 이력에 근거하여 자기들이 고려했던 사건(실제로 일어나지 않았다는 사건)이 정말로 일어날 가능성이 높다고 대답했다.

자기가 참이라고 믿는 어떤 것을 설명하기 위해 날조한 사연을 차마 버리지 못하고 비합리적으로 어떤 신념을 완강하게 유지하는 경향을 잘 보여주는 결정적인 실험이 있다. 피험자들은 두 명의 소방관 이야기를 들었다. 한 소방관은 아주 유능하지만 다른 소방관은 무능하다고 했다. 절반의 피험자들에게는 유능한 소방관은 위험을 무릅쓸 준비가 되어 있었던 반면에 무능한 소방관은 그렇지 못하다고 했다. 나머지 절반의 피험자들에게는 완전히 정반대로 이야기했다. 나중에 모든 피험자들은 그 소방관들은 실존 인물이 아니며 모두 실험자가 꾸며낸 이야기라는 설명을 들었다. 그럼에도 불구하고 나중에 피험자들에게 질문을 해보니 그들은 처음에 들었던 엉터리 정보에 근거하여 추론을 펼쳤다. 위험을 무릅쓸 줄 아는 소방관이 유능한 소방관이라는 말을 들었던 피험자들은 소방관을 선발할 때에 위험을 얼마나 기꺼이 무릅쓰는가를 고려해야 한다고 대답했던 것이다. 이 실험에서 결정적인 부분은, 실험자가 일부 피험자들에게 위험을 무릅쓰는 자세와 소방관으로서 유능함에 어떤 관계가 있는지 설명해보라고 요청한 데 있다. 피험자들의 신념은 디브리핑을 마친 뒤에도 처음에 들었던 내용에 아주 강한 영향을 받고 있었다. 그들은 다른 사람들보다 더 자세하게 해명해야 했고 그래서 잘못된 신념에 더욱더 집착하며 매달렸던 것이다.

그러니까 사람들은 어떤 것이 참이라는 말을 들으면 처음에는 임의로, 나중에는 더 그럴싸하게 설명을 지어낸다. 그다음에는 원래 정보가 거짓이라는 말을 듣더라도 그 신념을 계속 유지한다. 사람들은 설명을 갖다 붙이는 데는 너무나도 머리가 잘 돌아간다. 머리가 정말 잘 돌아가서 합리적일 수 없을 정도다. 정치가들의 허울 좋은 구변을 들어보는 것만으로도 사람들이 증거를 자기 신념에 맞게 곡해하는 재주가 얼마나 신통한지 여실히 깨달을 것이다. 하지만 사람들이 날조하는 설명들의 일관성, 바로 그것 때문에 그들은 자기들이 지어낸 설명과 차마 결별하지 못한다. 몽고메리도 틀림없이 그의 계획이 성공할 거라고 믿을 만한 이유들을 지어냈을 것이다. 그랬기 때문에 몽고메리는 선뜻 그 계획을 포기할 수 없었다.

체크리스트

01 새로운 증거를 왜곡하지 말라. 그 증거가 내 신념을 지지하기보다는 논박하는 것으로 해석할 수 있는지 주도면밀하게 살피라.

02 기억력을 경계하라. 우리는 현재 시각에 잘 들어맞는 것들만 기억해내기 쉽기 때문이다.

03 새로운 증거에 비추어 마음을 고쳐먹는다고 해서 유약한 사람은 아니다. 그건 오히려 강인한 사람이라는 표시다.

04 자신의 신념을 지지하기 위해 날조해냈을지도 모르는 설명에 휘둘리지 않도록 조심하자.

05 고대 그리스에서는 나쁜 소식을 전하는 심부름꾼은 사형에 처하거나 병가를 보내서 그 소식을 무시했다. 이런 시스템은 채택하지 말기를.

11장

잘못 관계 짓기

과학이 전에 없이 발전한 지금 세상에도 동종 요법, 자연 요법, 생체 역학, 약초 요법, 전자 심령학, 식이 요법 따위의 만병통치 의술이 이토록 번성하는 이유는 무엇일까? 정신 분석조차 그 기법들이 쓸모없다는 증거가 버젓이 나와 있건만 여전히 통용되고 있다. 대부분의 정신 분석가들은 정직한 사람들일 텐데 어째서 정신 분석이 도움이 된다고 여전히 믿는 걸까? 여기에는 여러 가지 이유들이 있다. 첫째, 정신 분석가들은 오랜 시간 동안 많은 비용을 들여 가며 대개는 고통스러운 분석 훈련을 받은 사람들이다. 이렇게 감내해 온 경험을 정당화하려면 이미 우리가 보아 왔듯이 반드시 정신 분석에 어떤 효용이 있다고 믿지 않을 수 없다. 둘째, 환자의 증상이 이따금 저절로 좋아지곤 하는데 정신 분석가는 물론 자기가 병을 호전시켰다고 생각할 것이다. 셋째, 정신 분석을 받고 상태가 더 나빠진 환자들은 상당수가 분석 치료를 중단해버린다. 그런데 정신 분석가는 그들이 치료를 계속 받았더라면 결국은

(어떤 분석 치료는 5년 혹은 그 이상도 걸린다) 좋아질 수 있었을 거라고 믿는다. 넷째, 정신 분석가는 환자의 병력 기록을 세심하게 보존하거나 참조하지 못할 수 있다. 다섯째, 정신 분석가는 다른 형태의 치료를 받거나 아무 치료도 받지 않은 환자들의 기록을 접할 수 없다. 그러므로 그는 다른 치료 방법들이 정신 분석보다 더 나은지 그렇지 않은지 말할 수 없다. 마지막으로, 조금도 나아지지 않는 환자들에 대해 정신 분석가는 — 내가 알기로는 확실히 자주 — 그들이 치료에 협조를 잘 안 해서 치료 효과가 없다고 믿어버린다.

이것은 인과 관계를 잘못 추론한 극단적인 예다. 분석 '그 자체'가 정신 건강을 호전시키는 원인이 되는 경우는 드물다. 정신 분석 기법의 무용성에도 불구하고 환자에게 공감해주는 정신 분석가가 이따금 좋은 성과를 거두기는 한다. 물론 정신 분석가의 마음속에서는 무의식적인 합리화가 자주 일어난다. 하지만 나는 당면한 목표에 비추어 다음과 같은 사실만 집중적으로 살펴보고 싶다. 그것은 정신 분석가는 자기 환자와 비슷한 증상을 보이면서도 정신 분석을 받지 않는 경우에 대한 정보를 찾으려 하지 않는다는 사실이다. 신경증의 대부분, 특히 가장 흔한 형태인 우울증은 스스로 제어하는 질병이다. 다시 말해, 환자는 어떤 치료를 받느냐와 상관없이 저절로 회복된다는 말이다. 정신 분석의 효과를 소위 플라시보 요법(placebo treatment, 정신 분석가가 아닌 사람이 환자를 만나서 그의 문제를 잘 들어주고 격려하는 말을 해주되 진짜 치료라고 할 만한 시도는 전혀 하지 않은 경우)의 효과와 비교하는 연구를 실시해보니 플라시보 요법은 정신 분석만큼, 혹은 그보다 더 좋은 효과를 나타냈다.[1)]

상관 관계 착각 : 의사와 기자가 범하는 실수

이 장에서는 사람들이 사건들을 '상투적으로' 연관지을 때에 저지르는 실수를 살펴볼 것이다. 인과론적 연관에서 벌어지는 실수는 다음 장에서 따로 살펴볼 것이다. 정신 분석가는 자신의 치료와 환자 상태의 호전을 잘못 연관짓는다. 이런 식으로 사건들을 잘못 연관짓는 실수는 대단히 널리 퍼져 있다. 이것을 '상관 관계 착각(illusory correlation)'이라고 한다.

어느 내과 의사가 특정 질병을 조사하고 있다고 치자. 그 병에서 보이는 증상들은 다른 질병에서도 나타날 수 있다. 따라서 그 증상들은 병의 초기 단계에서 확실한 진단 근거가 되지는 못하지만, 그 의사는 어느 한 가지 증상만은 다른 증상들보다 진단에 더 도움이 된다고 생각한다. 그는 이 특정 증상이 그 질병과 정말로 특별한 연관이 있다는 가설을 검증하기 위해 그 병에 걸렸을 것으로 추정되는 모든 환자들의 기록을 작성했다. 의사가 충분한 사례를 수집하고 나서 보니 그 특정 증상을 보였던 환자 가운데 80명은 실제로 나중에 그 병에 걸렸고 20명은 그렇지 않았다. 증상이 있는 사람들이 병에 걸릴 확률이 병에 걸리지 않을 확률보다 4배나 더 높았기 때문에 의사는 그 증상이 비록 확실하지는 않지만 진단을 내리는 데 꽤 믿을 만한 자료가 된다고 결론을 내렸다. 이러한 결론은 옳은가? 답은 '아니다'이다.

의사는 통계학자인 친구를 만났다. 의사가 자신의 발견을 이야기하자 통계학자는 콧방귀도 뀌지 않았다. 통계학자는 단지 증상이 있는 환자만을 살펴보아서는 아무런 결론도 내릴 수 없다고 지적했다. 의사는 반드시 증상이 있을 경우의 발병 빈도와 증상이 없을 경우의 발병 빈도를 비교해보아야 했던 것이다. 의사는 자기가 저지른 바보 같은 실수를 자책하면서 다시 조사 기록을 살펴보았다. 그 결과 증상이 없는 사람들 가운데 40명은 그 병에 걸린 반면, 10명은 그렇지 않다는 것을 알았다. 그는 이 발견이 자기 가설을 지지해준다고 생각했다. 증상이 있는 사람들이 병에 걸린 경우(80명)는 증상이 없는 사람들이 병에 걸린 경우(40명)의 두 배에 달했기 때문이다. 하지만 의사의 추론은 이번에도 틀렸다. 〈표1〉을 보면 왜 그런지 알 수 있다. 증상이 있을 때(100명 중 80명)나 증상이 없을 때(50명 중 40명)나 발병률은 5분의 4로 분명히 똑같다. 그러므로 그 증상은 그 병과 완전히 무관하다.

〈표1〉

	발병	무병	합계
증상 있음	80	20	100
증상 없음	40	10	50

좀 더 일반적으로 설명하자면 이렇다. 우리는 사건 A와 사건 B가 발생하거나 발생하지 않는 경우에 따른 빈도를 나타내는 네 가지 값을 모두 다 고려하지 않는 이상 두 사건(사건 A와 사건 B)의 연관에 대해 어떤 결론도 내릴 수 없다.

사건 A와 사건 B가 모두 발생함
사건 A는 발생하고 사건 B는 발생하지 않음
사건 B는 발생하고 사건 A는 발생하지 않음
사건 A와 사건 B가 모두 발생하지 않음

각각의 네 경우가 발생하는 빈도를 가장 빨리 파악하는 방법은 그러한 빈도를 다음에 나오는 것 같은 '2×2 표'로 정리하는 것이다. 의사가 잘못 생각한 이유는 네거티브 사례를 무시했기 때문이다. 그의 첫 번째 실수는 증상이 없는 환자들이 어떻게 되었는가를 고려하지 않은 것이다. 그리고 두 번째 실수는 증상도 없고 질병도 없는 10명의 환자들(〈표1〉에서 오른쪽 아랫줄)을 고려하지 않은 것이다.

앞으로 보겠지만 이렇게 네거티브 증거를 포착하지 못하는 실수는 학식깨나 있다는 사람들도 곧잘 범하곤 한다.[2] 이러한 실수는 아마도 가용성 오류 때문일 것이다. 사건 발생은 사건이 발생하지 않은 것보다 더 두드러진다(가용적이다). 증상도 없고 병에도 걸리지 않은 환자들은 둘 중 하나가 있거나 둘 다 있는 환자들에 비해 주목받지 못한다.

두 가지가 연관되는지 그렇지 않은지를 잘못 판단하는 경우를 보여주는 실험들은 많이 있다. 한 실험에서는 간호사들에게 100장의 카드를 살펴보라고 했다.[3] 카드에는 각 장마다 한 가지 사례를 기록해놓았다. 환자들은 앞에서 방금 논했던 것과 같은 네 개 집단으로 나누었다. 특정 증상과 질병이 모두 있는 환자, 증상은 있지만 질병은 없는 환자, 병은 걸렸지만 증상은 보이지 않는 환자, 질병과 증상이 모두 나타나지 않은 환자, 이렇게 네 집단이었다. 각 범주에 속하는 환자들의 수는 〈표2〉와 같다.

〈표2〉 100명의 환자에 대한 증상과 질병 발생률

		질병	
		있음	없음
증상	있음	37	33
	없음	17	13

이 표를 주의 깊게 살펴보면 증상과 질병이 아무 관계가 없음을 알 수 있다. 증상이 있든 없든 환자들의 발병률이 대체로 비슷하기 때문이다. 하지만 모든 개별 카드들을 살펴본 간호사들의 85퍼센트는 그 특정 증상이 질병을 진단하는 데 도움이 될 거라고 생각했다. 이런 종류의 과제에서 사람들이 실제로 발생한 것에 대한 정보에만 집중한다는 사실을 다시 한 번 확인할 수 있다. 간호사들은 카드에서 읽을 수 있는 다른 사례들보다 질병도 있고 증상도 있는 37개 사례에서 더 강한 인상을 받았던 것이다.

기자들은 네 가지 경우의 수를 모두 다 고려하는 데 특히 게으르다. 미국의 잡지 〈더위크(The Week)〉에 실린 한 기사는 자가용 운전자는 아침 7시에 운전할 때보다 저녁 7시에 운전할 때에 사망할 확률이 네 배 더 높다고 주장했다. 그들이 내세운 근거는 아침보다 저녁에 교통 사고로 죽는 사람이 네 배 더 많다는 것이었다. 하지만 이 논증은 오류다. 오전에 운전을 하다가 교통 사고로 죽지 않은 사람들의 수와 저녁에 운전을 하다가 교통 사고로 죽지 않은 사람들의 수를 간과하고 있기 때문이다(네거티브 사례). 사실 아침보다 저녁에 운전하는 수가 네 배로 많다면 자동차 운전을 하다가 죽을 확률은 아침이든 저녁이든 똑같은 것이다. 영국의 소비자 잡지 〈위치?(Which?)〉는 "영국에서 일어나는 교통 사고의 여섯 건 중 한 건은 음주 운전 때문이다."라는 이유로 음주 운전이 사망 사고를 유발한다고 주장한 바 있다. 하지만 이 주장은 모든 운전자 중에서 음주 운전자가 차지하는 비율을 모르는 상태에서는 올바르게 해석할 수가 없다. 또한 〈인디펜던트(The Independent)〉는 사설에 "철도 여행은 도로 여행보다 안전하다. 일 주일 동안 도로에서 교통 사고로 죽는 사람의 수는 일 년 동안 철도 사고로 죽는 사람의 수보다 더 많다."는 주장을 싣기도 했다. 이 결론이 어쩌면 참일 수도 있겠지만 주어진 전제에서 참인 결론이 도출되는 것은 아니다. 오직 1마일당 철도 사고 사망자 수와 도로 사고 사망자 수를 따져보아야만 의미 있는 비교가 될 것이다. 또한 철도 이용자 가운데 죽지 않은 사람과 도로 이용자 가운데 죽지 않은 사람이라는 네거티브 사례도 여기서는 고려하지 않았다. 그밖에도 무수히 많은 예를 들 수 있다. 그저 신문은 연관성에 대한 엉성한 논증을 유포함으로써 대중들에게 안 좋은 본보기를 보여주고 있다고만 말해두자.

"흠, 역시 당신은 동성애자였어."

지금까지 내가 주장한 바에 따르면 사람들이 동시 발생한 두 사건 정보를 해석하면서 실수를 저지르는 가장 주된 이유는 네거티브 사례들을 무시하는 경향 때문이다. 그러나 실생활에서 우리에게 경우의 수가 정리되어 제시되는 일은 드물다. 오히려 우리는 두 사건의 연관성을 합리적으로 판단하는 데 필요한 네 가지 경우의 예를 불규칙하게, 혹은 긴 시간 간격을 두고 접하곤 한다. 예를 들어 '눈동자가 파란 사람이 갈색 눈인 사람보다 더 순진한가'라는 문제를 판단할 때 발생하는 어려움을 생각해보자. 아무리 오랜 시간이 걸리더라도 경우의 수를 모두 염두에 둘 수 있는 사람은 없다. 이 연관은 그들이 만나는 네 가지 경우, 즉 파란 눈이고 순진한 사람인 경우, 파란 눈이고 순진하지 않은 사람인 경우, 갈색 눈이고 순진한 사람인 경우, 갈색 눈이고 순진하지 않은 사람의 경우를 주의 깊게 기록해 나감으로써만 검증할 수 있다.

이러한 경우들을 체계적으로 모으지 않은 상태에서 판단할 때 보이는 비합리성은 위스콘신대학의 로렌 채프먼(Loren Chapman)과 진 채프먼(Jean Chapman)이 실시한 일련의 주목할 만한 연구로 증명되었다.[4] 문제의 일부는 사람들은 무엇이 무엇과 연관되는지 결정하려고 애쓰면서 거의 예외 없이 자기가 사전에 기대한 바를 개입시키는 것이다. 그래서 그들은 관찰한 것을 해석할 때 왜곡하게 된다.

실험은 투사 검사(projective test)의 활용에 대한 것이었다. 투사 검사는 사람(정신적으로 문제가 있는 사람)의 특성을 드러내준다고 알려져 있다. 당사자가 공개적으로 드러내려 하지 않는 측면, 즉 수치스러워하거나 (프로이트 이론에 따르면) 억압 때문에 자기 힘으로는 의식적으로 접근하지 못하는 측면을 투사 검사로 알 수 있다는 것이다. 가장 잘 알려진 투사 검사로는 로르샤흐(Rorschach) 검사가 있다. 환자들은 일련의 복잡한 잉크 반점을 보면서 그것이 무엇처럼 보이는지 대답한다. 그러한 잉크 반점의 한 예는 다음 그림과 같다.

환자들은 이 잉크 반점을 괴물로 볼 수도 있고 박쥐를 닮은 여자로 볼 수도 있다. 혹은 그들은 반점의 일부만 보고 대답할 수도 있다. 이를테면 그림의 가운뎃부분은 엉덩이가 큰 남자가 거꾸로 서 있고 바깥쪽은 가슴이 큰 여자가 목이 잘린 모습 같다고 대답할 수도 있다.

로르샤흐 검사법을 이용하는 심리학자와 정신과 의사는 다양한 잉크 반점을 보고 내놓은 답변을 보면 그 사람이 동성애자인지, 편집증 환자인지, 자살할 가능성이 있는지 따위를 밝혀낼 수 있다고 주장한다. 직장이나 엉덩이, 여성의 의복, 성기를 언급하는 답변이나 성별이 모호한 사람 같다는 답변("남자 같은데 여자 같기도 하네요.") 혹은 성별이 혼재되어 있다는 답변("하반신은 남자 같지만 그 위쪽은 여자 같아요.")은 모두 다 동성애를 의심할 만한 것으로 여긴다. 특정 유형의 답변(예 : 항문을 언급하는 답변)은 어떤 것이든 일종의 '지표'로 여긴다. 주도면밀한 연구 결과 사실상 위의 다섯 개 지표는 동성애자의 답변이나 이성애자의 답변에서 동일한 빈도로 나타난다는 사실이 밝혀졌다. 그러니까 동성애자든 이성애자든 아무 차이도 없는 것이다. 로르샤흐 검사법을 비롯한 여타의 투사 검사는 사실상 진단 도구로서 아무 가치도 없지만 실제로 아주 광범위하게 사용되어 왔고 지금도 여전히 사용되고 있다(한 추정에 따르면 연간 600만 건의 로르샤흐 검사가 실시되고 있다고 한다). 심리학자들에게 팽배한 비합리성을 보여주는 명백한 사례가 아닐 수 없다.

채프먼 부부는, 면밀하게 수집한 증거에 따르면 그렇지 않은데도 임상심리학자들이 왜 계속해서 이러한 검사에 대한 환자들의 답변이 어떤 특징을 진단하는 근거가 된다고 믿는지 밝히고자 했다. 그들은 동성애 진단을 집중적으로 살펴보았다. 먼저 임상심리학자들에게 그들이 생각하기에 어떤 지표가 동성애와 가장 강하게 연관되어 있는지를 물어보는 설문지를 돌렸다. 가장 많이 지목한 것은 앞에서 제시한 관습적인 다섯 개 지표, 즉 항문 언급, 여성의 옷 언급, 남성이나 여성의 생식기 언급, 성별이 모호한 사람 언급, 양성의 특징을 공유한 사람 언급이었다. 동성애자라고 해서 이성애자보다 이런 식의 답변을 더 많이 내놓는 것도 아닌데 임상심리학자들은 임상 경험으로 이러한 답변이 동성애와 관련 있음을 알았다고 확신했다.

로르샤흐 잉크 반점에 대한 이러한 답변들이 동성애자가 순순히 내놓으리라고 기대할 만한 종류의 답변이 아님은 이제 명백하다. 그러한 답변 각각은 우리 마음 속에서 동성애와 연관되어 있을 뿐이다. 채프먼 부부는 이 사실을 확인하기 위하여 앞에서 말한 다섯 가지 답변과 임상심리학자들이 동성애의 근거가 아니라고 생각하는 다른 80가지 답변을 한데 모아 목록을 만들었다. 채프먼 부부는 이 목록을 30명이 넘는 대학 학부생들에게 보여주고 그들이 생각하기에 총 85개 답변이 각각 동성애와 얼마나 연관성이 있는지 평점을 매겨보라고 했다. 그 결과, 임상 경험이 없는 평범한 학부생들도 임상심리학자들이 동성애의 지표가 된다고 했던 바로 그 다섯 가지 답변을 정확하게 골라냈다. 이 실험은 임상심리학자들이 임상에서 사실 아무것도 배운 게 없음을 증명한다. 그들은 다만 자신의 잘못된 선입관에 휘둘렸을 뿐이다.

사실 이성애자들보다 동성애자들이 실제로 약간 더 많이 내놓는 예상외의 답변이 두 가지 있기는 했다. 그것은 잉크 반점을 보고 '괴물 같다'와 '반인반수(半人半獸) 같다'는 답변이었다. 채프먼 부부는 이 두 가지 유형의 답변을 동성애의 '타당한 지표'라고 불렀고 동성애를 나타낸다고 잘못 생각하는 전형적인 다섯 가지 답변은 '부당한 지표'라고 불렀다.

그다음 실험에서 새로운 학부생 집단에 30장의 카드를 주었다. 각 카드에는 로르샤흐 잉크 반점, 가상의 환자가 그 반점을 보고 내놓은 답변(지표), 그 환자가 겪고 있는 두 가지 정서 장애를 기록해놓았다. 피험자들은 그 카드들이 모두 실제 사례를 기록한 것이라는 설명을 들었다. 그다음에 각 피험자들에게 도합 네 가지 정서적 문제(동성애를 포함하여)와 다섯 가지 답변(부당한 지표 한 가지, 타당한 지표 두 가지, 잉크 반점이 음식이나 식물처럼 보인다고 답하는 중립 지표 두 가지)을 제시했다. 다섯 가지 부당한 지표들은 각기 다른 피험자들에게 한 가지씩 돌아가도록 분배했다. 지표와 정서 장애는 완전히 무작위로 짝지웠는데, 카드에 나타난 어떤 지표와 개인적 특성 사이에는 아무 관련도 없었다. 그리고 피험자들은 다음과 같이 문서화된 지침을 받았다.

> 나는 여러분에게 한 번에 하나씩 잉크 반점들을 여러 장 보여줄 것입니다. 각각의 잉크 반점에는 환자가 그 잉크 반점을 무엇으로 보았는지, 또한 그 환자의 두 가지 주요한 정서적 문제가 무엇인지 적혀 있을 겁니다. 30장의 카드는 각기 서로 다른 환자들을 다룹니다. 따라서 도합 30명의 환자들을 다루고 있습니다. 그러므로 여러분은 30명의 환자가 잉크 반점에서 무엇을 보았는지 알게 될 겁니다. 이제 내가 여러분에게 바라는 것을 알려드리겠습니다. 각각의 잉크 반점과 환자가 그 잉크 반점에서 무엇을 보았는가를 주의 깊게 살펴보십시오. 또한 환자의 두 가지 심각한 정서적 문제에 따른 진술을 눈여겨보십시오. 모두 다 카드를 보고 난 다음에 여러분은 설문지를 작성할 것입니다. 설문 내용은 환자가 어떤 문제를 겪고 있을 때에 잉크 반점에서 어떤 것들을 보는가에 대한 것입니다.

피험자들은 카드를 다 살펴보고 난 다음에 동성애자들이 가장 자주 내놓은 답변을 알아차렸는지 질문을 받았다. 학부생들은 다섯 가지 부당한 지표들(항문, 여성의 옷, 모호한 성별 등과 관련된 답변들)이 다른 지표들보다 자주 동성애라는 특징과 연관된다고 잘못 생각했다. 즉 그들은 '상관 관계 착각'을 보여주었던 것이다.

채프먼 부부의 다음 실험은 더욱더 놀랍고 떠들썩한 결과를 낳았다. 그들은 다시 한 번 30명의 학부생들에게 카드를 보여주었는데, 단 이번에는 두 개의 '타당한 지표'(실제로 동성애와 연관이 있는 답변인 '괴물'과 '반인반수')를 집어넣고 그 지표들은 '항상' 동성애와 관련이 있는 것으로 카드에 제시했다. 이러한 지표들이 동성애와 완벽하게 연관되어 있음에도 불구하고 학생들은 그것을 전혀 알아차리지 못했다. 고작 17퍼센트의 학생만이 그 두 가지 지표가 동성애와 가장 자주 연관됨을 알아차린 반면, 50퍼센트의 학생들은 부당한 지표들을 지목했다. 그 부당한 지표들은 카드에서는 동성애와 선별적으로 연관되어 있지 않았음에도 불구하고 학생들의 마음 속에서(실제로는 아니지만) 동성애와 관련되어 있었던 것이다.

이러한 발견의 의미를 좀 더 다루기 전에 채프먼 부부가 비슷한 일련의 실험들을 다시 한 번 해서 마찬가지 결과를 얻었다는 점을 밝혀둔다. 채프먼 부부는 새로운 실험들에서 '인물화 검사법(Draw-a-person test)'이라는 또 다른 투사 검사법을 사용했다. 이것은 환자에게 사람을 그려보라고 한 다음에 이를 치료자가 해석하는 것이다. 치료자들은, 경우에 따라서는 비전문가들도 그런 그림이 그림을 그린 이의 인격을 드러낸다고 믿는다. 예를 들어, 눈을 왜곡해서 그리면 편집증을 의미할 수 있다. 의존적인 환자들은 입을 강조하거나 여자 혹은 아이를 그린다. 임포텐츠 환자들은 힘이 세어 보이는 남자를 그리고, 그밖에도

다 그런 식이다. 사실 이런 식의 연관은 전혀 없다는 사실이 여러 차례 밝혀졌다. 사실 내가 알기로 사람을 그리는 방식을 보고 그린 이의 인격을 안다는 것은 불가능하다. 그렇지만 로르샤흐 검사법의 경우가 그렇듯이 심리학자들은 40여 년간 인물화 검사법을 사용해 왔고 많은 이들이 비합리적이게도 여전히 이 검사법을 사용하고 있다.

필적을 보면 인격을 알 수 있다고?

채프먼 부부는 사람들이 두 사건의 동시 발생을 파악하면서 겪는 어려움을 놀랍도록 잘 보여주었다. 피험자들은 단순히 다섯 개의 부당한 지표들에 대해 사전에 품었던 기대 때문에 동성애와 타당한 지표들 사이의 완벽한 연관을 알아차리지 못했다고 생각할 수도 있다. 하지만 채프먼 부부가 피험자들을 현혹시키는 부당한 지표들을 전부 다 없애고 실험했을 때에도 피험자들은 여전히 타당한 지표와 동성애의 연관성을 감지하지 못했다. 이때에도 분명히 카드에는 타당한 지표들을 항상 동성애와 함께 제시했는데도 말이다.

이러한 놀라운 결과들은 우리가 관찰을 수량화하지 않으면 무엇이 무엇과 연관되는지 알아차릴 수 없거나 거의 알아차리기 어렵다는 사실을 알려준다. 선입견을 품고 판단하면 그러한 선입견에 엄청난 영향을 받는다. 그러나 모든 선입견을 버렸을 때에도 숫자로 뽑아보면 너무나 명명백백한 연관성을 (그렇게 하지 않기 때문에) 알아차리지 못한다. 게다가 앞에서 기술한 실험 상황은 거의 이상적이었다. 각 피험자는 카드 한 장을 1분씩 보았으므로 시간에 쫓기지도 않았다. 겨우 30분 정도 걸리는 실험이었으니 기억의 오류도 없었다. 오직 다섯 개의 지표와 네 가지 정서적 문제만을 다루었으므로 각 피험자는 타당한 지표와 동성애의 연관성을 쉽게 알아차릴 수 있어야 했다. 이것을 심리학자나 정신과 의사가 어떤 답변이 어떤 특징과 관련되는지 결정하려고 애쓰는 작업과 비교해보라. 심리학자나 정신과 의사는 시간에 쫓길 수도 있다. 로르샤흐 검사를 실시하고 그 다음에 환자에게 어떤 정서적 문제가 있는지 발견하기까지 몇 주가 걸릴지도 모른다. 마지막으로, 로르샤흐 검사법에서 나타나는 지표는 다섯 개보다 훨씬 더 많으며 정서적 문제 또한 다양하다.

채프먼 부부의 발견은 분명히 우리가 일상 생활에서 하는 판단에도 의미를 지닌다. 파란 눈이 정말 순진함과 관련이 있을까? 아니면 파란 눈은 그저 갓난아기의 눈동자 색깔을 연상시키고 푸른 하늘이나 잔잔한 바다와 연관될 뿐인가? 빨강 머리는 정말로 화를 잘 낼까? 아니면 그저 빨간색이 분노를 연상시키는 불길한 색깔이기 때문인가? 더욱 중요한 것은, 유대인은 비열하다든가 흑인은 게으르다든가 하는 고정관념을 지지하거나 논박하려면 주의 깊게 관찰하고 세밀하게 기록해 나가야 한다는 점이다. 그러한 기록은 반드시 흑인 혹은 유대인이 아닌 사람들의 무작위 표본까지 포함해야만 한다.

체프먼의 실험에 참여한 피험자들이 저지른 오류가 너무 노골적이라서 여러분은 절대 그러한 오류를 저지르지 않을 거라 생각할지도 모른다. 정말로 그렇다면 여러분이 특별한 거다. 최근에 밝혀진 바에 따르면,[5)] 유럽 대륙에서 가장 규모가 큰 기업들 중 85퍼센트가 엄청난 비용을 들여 가며 똑같은 실수를 저지르고 있다고 한다. 이 기업들은 필적 감정인을 고용하여 기업 인사에 활용하고 있다. 미국에서는 은행 대부분을 포함하는 3,000개 기업이 필적 감정인을 고용하고 있다고 한다. 글씨에 그 사람의 인격이 드러난다고 생각하는 건 지극히 당연하지 않은가? 그러한 신념은 당연할 수 있지만 잘못된 것이다. 필적학 연구 조사[6]는 최근에 필적 감정인들이 내리는 인격 판단의 유효성은 '사실상 전무(全無)'하다는 결론을 내렸다. 한 연구에서는 필적학 '전문가'에게 상당량의 글씨 표본들을 맡겨보았다.[7] 그 표본 중에는 똑같은 글씨들도 한 번 이상 들어가 있었다. 하지만 전문가는 똑같은 글씨를 별도의 표본으로 제시했는데도 그때그때 다를 뿐 아니라 완전히 무관한 답변을 내놓았다. 어쩌다 운이 좋으면 모를까, 필적학은 효용이 없다. 하지만 일단 그럴싸해 보이고 아마도 약간 기발해 보이기 때문에 유럽 대부분의 거대 기업들이 어리석은 짓을 하는 것이다. 찻잎점*을 쳐서 중대한 결정을 내린다는 사업가의 수를 집계한 적은 없지만 합리성의 수준을 따지자면 찻잎점이나 필적학이나 오십 보 백 보다.

우리가 선입견에 영향을 받지 않을 때조차 주도면밀한 기록 없이 두 사건 사이의 연관을 알아차리기란 사실상 불가능하다. 예를 들어 의학계에서 흡연과 폐암의 연관성을 밝히기까지 얼마나 오래 걸렸는지 생각해보라. 흡연으로 신체 장기 중 어떤 부분이 손상된다면 그 부분을 폐라고 예상하는 건 너무나 당연하다. 그러므로 이 사례가 시사하는 바는 각별하다. 그런데도 수 세기 동안이나 흡연과 폐암의 연관성을 의심도 하지 않다가 마침내 돌(Richard Doll)과 페토(Richard Peto)가 면밀하게 수량화된 자료를 모아서 그 연관성을 밝혔기 때문이다.

찻잎점 차를 마신 후 잔에 남은 찻잎 모양을 보고 점을 치는 것.

소수자가 차별받는 진짜 이유

지금까지 나는 연관성을 파악하면서 발생하는 오류의 세 가지 이유를 밝혔다. 네 가지 가능성의 수가 모였을 때에 네거티브 사례를 주목하지 못하기 때문, 기대에 잘못 이끌리기 때문, (기대에 잘못 이끌리지 않을 때에도) 한번에 여러 가지 수를 생각하지 못함으로써 진짜 연관을 알아차리지 못하기 때문으로 정리할 수 있다. 여기에 오류를 저지르는 두 가지 이유를 더 추가할 수 있는데, 첫 번째 이유는 주로 사람의 인격에 대한 판단과 관련 있다.

우리는 어떤 집단을 관찰할 때에 나머지 구성원과는 다른 구성원에 특히 주목하게 된다. 예를 들어 남자만 있는 집단에 여자가 끼어 있다든가, 백인 집단 속의 흑인이라든가, 혹은 이 두 경우 모두 그 반대일 수도 있다. 이 현상 자체는 전혀 비합리적이지 않다. 그렇지만 피험자들에게 이러한 집단 내 구성원들의 상호 작용 비디오나 슬라이드를 보여주면 그들은 집단에서 차별화되는 구성원은 물론, 그 사람의 말이나 행동을 두고 다른 구성원들과 비교해 더 극단적인 평가를 내리곤 한다.[8] 이러한 실험에서 피험자들은 다른 구성원들을 바라볼 때보다 특이한 구성원을 더 긍정적으로 보거나 더 부정적으로 보았다. 그런데 같은 사람이 그와 비슷한 사람들 집단에 들어가면 그 사람이 눈에 띄는 집단에 있을 때와 똑같이 행동하더라도 피험자들은 그런 식으로 과장되게 바라보지 않았다.

마지막으로 연관에 대해서 비슷하긴 하지만 더욱 극단적인 형태의 비합리성이 있다. 어떤 집합의 각 원소들이 다른 집합의 한 원소와 대응한다고 치자. 그런데 첫 번째 집합의 원소 가운데 특이한 것이 있다면 사람들은 그 원소가 두 번째 집합의 특이한 원소와 대응할 거라고 잘못 생각한다. 이 사실을 처음 증명한 로렌 채프먼은 피험자들에게 다음과 같은 단어쌍을 보여주었다.[9)]

shy-coin

man-dark

trousers-book

clock-carpet

각 집합의 단어들은 모두 다 단음절어인데 오로지 두 단어(trousers, carpet)만 2음절어라는 사실에 주목하자. 피험자들은 특이한 단어(2음절어)들이 실제보다 훨씬 더 자주 한 쌍을 이루는 것으로 잘못 생각했다.

데이비드 해밀턴(David Hamilton)은 이러한 발견을 다시 조사했다.[10)] 피험자들에게 집단 A와 집단 B에 속한 사람들의 슬라이드를 보여줄 거라고 설명했다. 각 슬라이드에는 구성원의 이름, 소속 집단, 그 사람에게 호의적이거나 부정적인 진술 한 가지가 나타났다. "존, 집단 A 소속, 이웃들에게 성금을 기부하라고 권유하고 다녔다." "봅, 집단 B 소속, 이웃과 논쟁을 하다가 분을 못 이겨 주먹을 휘둘렀다." 이런 식의 진술들이었다. 호의적인 진술이 부정적인 진술보다 많기는 했지만 두 집단 모두 호의적인 진술과 부정적인 진술의 비율은 같았다. 그러므로 진술은 어느 집단이 다른 집단보다 좋게 평가받을 만한 이유가 될 수 없었다. 피험자들에게 두 집단을 어떻게 생각하느냐고 물어보았더니 그들은 집단 B를 집단 A보다 안 좋게 보았으며 집단 A보다 집단 B

에 부정적인 진술이 더 많았다고 잘못 생각했다. 그들은 특이한 진술(부정적 진술)을 구성 수가 더 적은 집단과 연관 지었던 것이다. 부정적 진술과 구성원이 적은 집단은 그들의 마음속에 뚜렷이 남아 있었다. 부정적인 진술이 호의적인 진술보다 더 많을 때에도 비슷한 결과가 나왔다. 이번에도 작은 집단이 큰 집단보다 더 주목을 받았다. 두 집단이 최소한의 차이만 있었음을 고려하건대(두 집단의 차이는 A와 B라는 꼬리표뿐이었으므로) 이것은 놀라운 결과다.

5장에서도 언급했지만 어떤 측면으로는 편견 어린 고정 관념도 이렇게 설명할 수 있을 것이다. 흑인이나 유대인 같은 소수 집단은 다수 집단보다 시선을 끈다. 게다가 난폭 운전, 비열함, 게으름 같은 안 좋은 행동은 정상적인 행동보다 더 시선을 끈다(더 드물기 때문에). 그러므로 다수 집단의 구성원보다 소수 집단의 구성원이 나쁜 행동을 더 자주 하는 것이 아닌데도 나쁜 행동을 소수 집단과 연관 짓는 경향이 나타날 것이다.

지금까지 기술한 두 가지 효과, 즉 다른 사람들과 차별화되는 사람의 특성을 과장하기, 보기 드문 성격을 보기 드문 인물 유형과 연관 짓기는 우리가 올바르게 연관성을 파악하는 것이 왜 그렇게 힘든지 밝혀주는 또 다른 이유다. 물론 이것 역시 또 다른 비합리적인 사고의 예일 뿐이다.

체크리스트

01 한 사건이 다른 사건과 연관되는지 판단하려 한다면 머리로만 두 사건의 동시 발생을 생각하려 들지 말라. 218쪽의 표처럼 네 가지 가능성을 써놓고 대조해보아야 한다.

02 A가 없을 때보다 A가 있을 때에 B의 시간당 발생 빈도가 더 높아야만 A가 B와 연관될 수 있음을 명심하라.

03 네거티브 사례에 각별히 주의를 기울여라.

04 나의 기대 때문에 혹은 그것들이 이례적이라는 이유만으로 연관을 짓는 일이 없도록 주의하라.

05 어떤 심리학자나 정신과 의사가 로르샤흐 검사법을 권하면 바로 나와라. 그 심리학자나 의사는 자기 분야를 제대로 모르는 사람이다.

12장

의학적 오류

데이비드 에디(David Eddy)가 의사들의 유방암 진단 오류를 통렬하게 파헤치면서 보여주었듯이[1)] 동시에 발생하는 사건들의 확률을 잘못 해석함으로써 끔찍한 폐해를 끼칠 수도 있다. 에디의 연구를 요약하여 보여주기 전에 먼저 '조건부 확률(conditional probability)'이라는 개념을 소개해야겠다. 이 거창한 표현이 온전히 의미하는 바는 우리가 어떤 것이 참이라는 것을 아는 한에서 다른 어떤 것이 참일 확률이다. 예를 들어 어떤 사람이 비에 젖는 것을 아주 싫어하거나 도회적인 신사이기 때문에 항상 우산을 가지고 다닌다고 하자. 그러면 비가 올 때에 그 사람이 우산을 가지고 있을 확률은 1(확실)이다. 그는 항상 우산을 가지고 다니니까 언제 비가 오든지 그에게는 우산이 있을 것이다. 그럼 이제 다른 확률, 그러니까 그가 우산을 가지고 있는데 비가 올 확률을 생각해보자. 다섯 번에 한 번은 비가 온다고 가정하자. 이 확률(첫 번째 확률의 역)은 겨우 0.2밖에 안 된다(그가 우산을 가지고 있을 때에 다섯 번

중 한 번은 비가 올 것이므로). 특별한 상황을 제외하면 역확률은 원래 확률과 같지 않다는 점을 분명히 아는 게 중요하다. 앞으로 보게 되겠지만 많은 의료계 종사자들이 이 점을 착각해서 엄청난 폐해를 끼쳤다. "Y(우산이 있음)이면 X(비가 옴)일 확률"이라는 표현 대신에 "Y인 한에서 X일 확률"이라는 표현을 자주 쓰는데, 수학자들은 간단하게 'pX/Y'로 표기한다. 앞으로 확실히 보겠지만 조건부 확률은 앞 장에서 다룬 2×2 표로 도출할 수 있다.

확률의 함정에 빠진 의사들

에디가 문제 삼은 기술은 가슴의 엑스선을 찍어서 유방암을 확인하는 유방암 뢴트겐 조영검사법이다. 대부분의 다른 엑스선이 그렇듯이 이 검사도 100퍼센트 확실한 진단을 내릴 수 있는 게 아니다. 의료계 연구자들은 검사의 정확도를 산출하여 그 검사를 활용하는 환자들에게 도움이 되도록 결과를 공개한다. 한 결과에 따르면, 어떤 여성이 유방암에 걸렸을 때 검사 결과가 양성(암이 있음)으로 나올 가능성은 0.92다. 달리 말해 유방암이 있는 여성 100명 중 92명은 유방암 뢴트겐 조영검사에서 양성이 나온다. 같은 연구자들은 유방암에 걸리지 않은 여성들이 검사에서 음성이 나올 확률은 0.88이라고 밝혔다.(연구에 따라 수치는 조금씩 다르다. 엑스선 기구의 상태나 방사선 학자의 기술에 따라 이렇게 차이가 난다.) 여러분은 왜 진단검사 평가가 이런 식으로 나오는지 의아스러울 것이다. 의사들이 유방암 뢴트겐 조영검사 결과를 보면서 필요한 것은 이미 암이 있는 여성이 검사 결과 양성일 확률이 아니라 검사 결과에서 양성으로 나온 여성이 실제로 암이 있을 확률(그리고 검사 결과 음성으로 나온 여성이 실제로 암이 없을 확률)이기 때문이다. 여러분이 볼 수 있듯이 후자의 두 확률은 검사를 받은 여성들에 따라 다르다. 보통 여성들이 집단 검진으로 이 검사를 받은 경우라면 이미 어떤 증상을 보이고 의사의 권고에 따라 검사를 받은 경우에 비해 두 확률이 훨씬 낮을 것이다. 그러므로 의학 교과서와 의학 저널은 암이 있거나 없는 환자들의 양성 혹은 음성 결과 확률이 더 안정적이고 확실하다는 이유로 그러한 수치들만을 인용하고 있다.

그렇지만 불행히도 많은 의사들이 두 가지 부류의 확률을 혼동하고 있다. 최근 미국에서 실시한 조사에 따르면 의사들의 95퍼센트는 유방암에 걸린 여성은 검사 결과 양성이 나올 확률이 0.92이므로 검사에서 양성이 나오면 유방암이 있을 가능성도 0.92라고 생각하는 것으로 나타났다. 이것은 완전히 잘못된 생각이다. 사실 검사에서 양성이 나왔는데 실제로 유방암이 있을 확률은 0.01 수준으로 아주 낮다(10명 중 1명이 아니라 100명 중 1명이라는 말이다). 조사에 응한 의사들의 95퍼센트는 역조건부 확률이 원래의 조건부 확률과 같다고 생각하는 초보적인 실수를 범했다. 이것이 바로 이 장 맨 처음에서 지적한 오류다.

(데이비드 에디의 연구를 토대로) 두 개의 도표로 정리해서 설명해보자. 〈표3〉은 의사들이 유방암의 신체적 증상을 이유로 검사를 받게 한 여성 1,000명의 결과를 보여준다. 〈표4〉는 일반적인 건강 진단으로 검사를 받았던 여성들의 결과를 보여준다. 이 표들은 검사 결과 양성 혹은 음성이었던 여성들이 나중에 정말 암으로 밝혀졌는지 그렇지 않았는지 그 수치들을 총망라하고 있다. 두 표 모두 암이 있으면서 양성 결과가 나온 여성의 비율은 거의 비슷하다.(〈표3〉에서는 80명 중 74명으로 0.92, 〈표4〉에서는 암이 있었던 여성이 단 1명뿐이었으므로 정확한 확률을 추

산하기가 어렵지만 일단 그 확률은 1이다.) 두 표 모두 암이 없으면서 음성 결과가 나온 여성의 비율은 0.88이다(〈표3〉에서는 920명 중 810명, 〈표4〉에서는 999명 중에서 879명). 그러나 두 표에서 역확률은 엄청나게 차이가 나버린다. 〈표3〉에서 검사 결과가 양성인데 실제로 암이 있을 확률은 0.4(184명 중 110명)다. 반면 〈표4〉에서는 0.01(121명 중 1명)로 100명 중 1명이 될까 말까다. 이와 비슷한 추론을 통해 음성 결과인 사람이 암일 확률은 〈표3〉에서는 0.01, 〈표4〉에서는 0이 나온다.

〈표 3〉 비정상적 소견을 보인 여성 1,000명의 엑스선 결과와 암 존재 여부

	암이 있음	암이 없음	합계
검사 결과 양성	74	110	184
검사 결과 음성	6	810	816
합계	80	920	1000

〈표 3〉에 따른 조건부 확률은 다음과 같다.

암이라는 조건에서 유방암 검사 결과 양성일 확률: 80명 중 74명 =0.92

암이 아니라는 조건에서 유방암 검사 결과 음성일 확률: 920명 중 810명=0.88

유방암 검사 결과 양성이라는 조건에서 암일 확률: 184명 중 74명 =0.4

유방암 검사 결과 음성이라는 조건에서 암일 확률: 816명 중 6명 =0.01

〈표 4〉 증상이 없는 여성 1,000명의 엑스선 결과와 암 존재 여부

	암이 있음	암이 없음	합계
검사 결과 양성	1	120	121
검사 결과 음성	0	879	879
합계	1	999	1000

〈표 4〉에 따른 조건부 확률은 다음과 같다.

암이라는 조건에서 유방암 검사 결과 양성일 확률: 1명 중 1명=1

암이 아니라는 조건에서 유방암 검사 결과 음성일 확률: 999명 중 879명=0.88

유방암 검사 결과 양성이라는 조건에서 암일 확률: 121명 중 1명=0.01

유방암 검사 결과 음성이라는 조건에서 암일 확률: 879명 중 0명=0

〈표3〉에 나타난 확률과 〈표4〉에 나타난 확률의 차이는 암이 있을 확률의 기본 차이에서 비롯된다. 분명히 어떤 증상들이 이미 나타났고 암일 가능성이 높다면(〈표3〉) 보통 여성들이 검진을 받을 때보다 더 높은 비율의 여성들이 실제로 암으로 밝혀질 것이다. 이 점이 〈표3〉의 양성이면서 암이 있을 확률 0.4와 〈표4〉의 양성이면서 암이 있을 확률 0.01의 큰 차이를 설명해준다. 하지만 많은 의사들이 잘못된 확률을 적용하고 있다. 그들은 검사 결과가 양성이면서 암이 있을 확률이 0.92이고 검사 결과가 음성이면서 암이 아닐 확률은 0.88이라고 생각하는 것이다.

에디는 의학 서적과 저널에서 방대한 인용문을 발췌하여 보여주었다. 그 인용문들에서 의사들은 이런 식으로 유방암이 있을 때에 양성

일 확률과 양성일 때에 유방암일 확률을 혼동하고 있다. 명망 있는 의학 자료인 〈산부인과 저널〉에서 인용한 글을 보자. "1. 유방의 악성 종양이 확인된 여성들의 유방 엑스선 사진을 촬영해보면, 검사를 받은 환자 5명 중 1명은 엑스선 사진으로 악성 종양 여부를 전혀 입증할 수 없다(다시 말해 암이 있는 여성이 검사로 그 사실을 재확인할 확률은 0.8이다). 2. 음성 결과에 근거하여 유방의 단단한 조직에 대한 생체 검사 실시를 미룬다면 5분의 1 확률로 우리는 유해한 손상 부위에 대한 생체 검사를 미루는 셈이 된다." 이 글을 쓴 사람은 암이라는 조건에서 음성 결과가 나올 확률(진술 1)과 음성 결과라는 조건에서 암일 확률(진술 2)을 혼동하고 있다. 놀랍게도, 이 글을 쓴 사람은 그냥 의사가 아니라 연구를 수행하는 의사인데도 두 수치가 동일하다고 생각한 것이다.

또 다른 이는 여성들의 집단 유방암 검사를 다루면서 음성으로 결과가 나온 사람 중에서 85퍼센트만이 실제로도 암이 아니기 때문에 나머지 15퍼센트는 "검사 결과가 잘못 해석된 것으로 판명되거나 그들의 유방 엑스선 사진이 그저 질병을 입증하지 못했을 뿐일 것이다. 이 15퍼센트의 여성들은 엑스선 사진이 정상으로 나오면 그들의 유방은 안전하다고 잘못 생각하게 된다는 뜻이다. 이 여성 집단이 안고 있는 질병에 접근하기란 쉽지 않다……." 여기서도 다시 한 번 저자는 암이 아니면서 음성 결과가 나올 확률과 음성 결과이면서 암이 아닐 확률을 혼동하고 있다. 그의 말대로라면 유방암 검사를 받는 1만 명 가운데 1,500명이 자기의 유방은 안전하다고 착각한다는 것이다. 하지만 그의 말은 틀렸다. 에디는 집단 검진을 받는 여성 1만 명 가운데 유방암 검사 결과가 음성으로 나왔으면서 실제로는 암이 있을 확률은 고작 1명 수준으로 아주 낮은 확률임을 계산해 보였다. 부적절한 진단에 대한 이런 식의 잘못된 추론 때문에 일부 내과의들은 집단 검진을 실시해서는 안 된다고 주장하기도 했다.

의학 저널이 저지르는 실수

의사들이 인정하든 인정하지 않든 간에 대부분의 의학적 진단은 비록 수치로 표현되지는 않을지라도 분명히 확률에 의존한다. 의사는 유방의 종양에 대해 거의 확실히 무해하거나, 아마 무해하거나, 악성일 수도 있거나, 아마도 악성이거나, 거의 확실히 악성이거나 중 하나라고 생각할 것이다. 그는 자신이 당면한 사례와 비슷한 사례들이 얼마나 유방암으로 밝혀졌는가를 토대로 삼아, 또한 의학 교과서와 저널에 각각의 증상이 얼마나 암일 가능성이 있는지 그 지표들을 참조하여 판단의 근거를 찾는다. 그는 유방암이 의심되면 유방암 검사를 지시할 것이다. 진단의 다음 단계는 생체 검사일 것이다. 이 검사는 마취를 해야 하는 골치 아픈 외과적 절차다. 마취를 당한 환자는 1만 명에 2명꼴로 치명적인 상태에 빠질 수 있으며 몹시 성가신 결과를 초래할 수도 있다.

의사들이 합리적이라면 유방 조직 생체 검사를 실시할지 여부를 어떻게 합리적으로 결정해야 할까? 생체 검사를 실시하는 것도 위험하고 유방암을 치료하지 않은 채 내버려두는 것도 위험하다. 유방암에 걸릴 확률이 100만 분의 1이라면 어떤 여성도 생체 검사를 받으려 하지 않을 것이고 생체 검사를 추천하는 의사도 없을 것이다. 하지만 2명 중 1명꼴로 유방암에 걸린다면 아마 모든 여성들이 생체 검사를 받겠다고 할 것이다. 여성들이 생체 검사를 선택하는 분수령은 아마 두 확률 사이의 어디쯤에 있을 것이다. 실제로 에디는 유방암일 확률이 6분의 1 이하라면 30퍼센트 이상의 여성이 생체 검사를 거부할 것임을 입증해 보였다. 의사가 모든 정보를 제공하고 나면(그런데 의사들은 그렇게 하지 않으려고 할 때가 많다. 환자에게 많은 정보를 줄수록 의사도 수월하다는 점을 감안하면 이것도 참 희한한 비합리성의 한 단면이다.) 생체 검사를 받을 것인지 말 것인지를 결정하는 것은 환자의 몫이다. 그러한 정보는 암이 있을 가능성, 실제로 암이 있다고 밝혀질 때에 환자가 생체 검사를 받느냐 받지 않느냐에 따라 어떤 결과가 나타날 수 있는가를 포함해야 한다. 그런데 의사가 유방암 검사 결과를 근거로 환자에게 유방암이 있을 확률을 오인한다면(실제로 많은 의사들이 이렇게 하고 있다) 수많은 환자들이 필요하지도 않은 생체 검사를 받게 될 것이다.

의사들은 유방암 검사 결과를 신체적 증상의 유무를 포함하는 다른 증거들과 함께 고려해야 한다. 그러나 의학 저널에 실린 혼란스러운 진술들은 많은 의사들이 실제로 그러지 못하고 있음을 알려준다. 명망 있는 저널 〈아카이브즈 오브 서저리(Archives of Surgery)〉의 특이한 발췌문을 보자. "환자들은 유방에 관계되는 증상들을 가지고 있지만 어떤 별개의 덩어리나 '현저한 손상'을 가지고 있지 않다. 외과의와 임상의는 이 범주의 환자들을 대상으로 유방암 검사를 하여 수확을 극대화할 것이다. 그 이유는 양상이 확증적(confirmatory)이기 때문이다. 임상적으로 무해하다는 인상을 받았다면 여기서 유방암 검사 엑스선 사진은 확증하고 고무하는 역할을 할 것이다. 그렇지만 유방암 검사가 생체 검사에 대한 의사의 처음 견해를 철회하게 해서는 안 된다." 다시 말해서 검사 결과가 양성으로 나오면 생체 검사를 실시해라, 음성으로 나오면 검사 결과를 그냥 무시하고 생체 검사를 밀고 나가라, 라는 얘

기다. 에디가 발췌한 의학 자료들의 다른 인용문들도 상당수가 그렇지만 이런 식의 추론은 완전히 뒤죽박죽이다. 이 추론은 유방암 검사 결과 음성인 환자가 실제로 유방암일 확률은 극도로 낮다는 사실을 고려하지 않고 있다. 에디는 이러한 추론의 또 다른 예들을 잔뜩 들어 보인다. 일례로 같은 저널에서 발췌한 이 글을 보자. "검사 결과 무해하다고 여겨진 임상적 양성 종양에 대한 생체 검사를 미룬다면 유방의 악성 종양 근절은 퇴보하는 셈이다." 에디는 "임상적 양성 종양"이 실제로 암이 될 확률은 고작 5퍼센트인데 여기에 유방암 검사 결과까지 음성으로 나온다면 그 확률은 100분의 1로 더 줄어든다고 지적한다. 그런 상황에서 의사는 무조건 유방 조직 생체 검사를 실시할 게 아니라 환자의 상태를 좀 더 지켜봐야 한다.

왜 의사들은 환자에게 설명을 안 하나

대부분의 의학적 치료는 불확실한 상황을 다루며, 특히 진단은 대개 불확실하다는 점을 강조해야 한다. 여기서 드러나는 최종적인 핵심은 두 가지다. 첫째, 정확한 진단을 내리려면 불확실한 주관적 느낌을 수학적 확률로 변환하려고 시도해야 한다. 연령, 인종, 성별 등이 질병의 가능성에 영향을 준다면 그러한 변수들을 고려해야 하지만, 그렇더라도 각각의 가능한 증상들을 전제로 어떤 병이 실재할 확률은 계산 가능하다. 일부 의사들은 확률 이론에 무지하기 때문에 이러한 사실마저 부인하는 형편이다. 예를 들어 에디가 인용하는 또 다른 의학 자료를 보자. "젊은 여성들 중에는 분명히 악성 종양이 있는 사람이 적다. 그렇지만 이 사실이 개별 환자들의 사례에는 큰 영향을 끼치지 않아야 한다." 나는 뒤에서 형식에 맞는 확률 계산으로 얻는 진단이 의사들의 진단보다 더 정확할 수 있다는 점을 증명할 것이다.

둘째, 직관적 추론의 빈약함이 알려졌는데도(이 책 19장을 보라) 많은 의사들은 통계에 알레르기를 일으킨다. 그들은 자기들이 개별 사례를 다룬다고 생각하지만, 그러한 사례에 대한 치료가 오로지 비슷한 다른 사례에서 발견한 내용에 달려 있다는 점은 보지 못한다. 에디는 다른 의학 교과서에서 다음과 같은 대목을 인용한다. "환자가 진단 미확정의 병을 안고 의사를 찾을 때는 최종 진단이 떨어질 때까지 환자도 의사도 그 병이 희귀한 병인지 그렇지 않은지 알지 못한다. 통계적 방법은 오직 다수에게만 적용할 수 있다. 개인은 희귀병을 앓든지 그렇지 않든지 둘 중 하나다. 희귀병과 그렇지 않은 병의 상대적 발생률은 진단을 내린다는 문제와 완전히 무관하다." 이 글을 쓴 사람들은 어떤 병이 희귀한 것이라면 환자가 그러한 병을 앓을 가능성도 그만큼 낮다는(실제로 그 병이 희귀해야 하기 때문에) 사실을 인식하지 못하는 것으로 보인다.

덧붙일 사항이 있다. 앞에서 열거한 오류들을 종합하여 이제는 50세 이하 여성들 가운데 정기적으로 유방암 검사를 받는 사람이 그렇지 않은 사람보다 유방암으로 사망하는 경우가 더 많다는 사실까지 밝혀졌다. 5만 명의 캐나다 여성들을 조사한 연구에서 이러한 사실이 맨 처음 발견되었다. 그 이유는 복합적이겠지만 아마도 엑스선 사진을 찍지 않으면 감지할 수 없는 종양, 즉 진행이 완만하고 크기가 작은 종양들까지 유방암 검사에서 드러나기 때문인 듯하다. 종양을 제거한 후의 방사선 치료는 2차적 면역 체계의 능력을 떨어뜨린다. 그렇기 때문에 영국에서는 50세 이하 여성(미국의 경우에는 40세 이하)들에게는 유방암 집단 검진을 더는 권장하지 않고 있다. 그렇다고 유방암 검진이 원래 비합리적이라는 말은 아니다. 유방암 검진은 그 당시에 알려진 지식과 그 시점에서의 지식에 비추어 합리적인 것이 무엇이냐에 근거를 두고 있었다. 그런데 지식이 부적절했던 것이다. 합리적인 결정을 한다고 항상 최선의 결과가 나오는 것은 아니다.

불행히도 의사들은 조건부 확률과 관련된 이유에서만 연관 관계를 잘못 생각하는 게 아니다.[2)] 예를 들어 위궤양은 크기가 클수록 악성일 가능성이 높다는 객관적 증거가 나와 있지만 방사선 학자들을 대상으로 조사를 해보니 9명 중 7명이 작은 궤양이 악성일 가능성이 높다고 생각했다.

더욱이 의사들은 정당화할 수 있는 수준 이상으로 자신들의 진단에 자신만만하다. 한 연구에서 폐렴 진단을 내린 의사들을 대상으로 조사를 해보았다.[3)] 88퍼센트는 자신의 진단이 옳다고 자신 있게 생각했다. 하지만 폐렴 진단을 받은 환자들 가운데 20퍼센트만이 진짜 폐렴으로 밝혀졌다. 잘못된 진단은 환자에게 해가 되지만 불가피한 것일지도 모른다. 잘못된 자신감은 불가피한 것이 아니지만 의사가 더 많은 증거를 수집하고 다른 증거들을 찾아서 진단을 수정할 수 없게 만들기 때문에 해롭기로는 잘못된 진단에 뒤지지 않는다. 미국의 수학자 존 파울로스(John Paulos)에 따르면 워싱턴대학의 의사 2명은 의사들은 수술과 약물 치료의 위험도를 엄청나게 잘못 평가하고 있으며, 실제 위험도가 의사들이 생각하는 것보다 10배, 아니 100배까지 높을 때도 종종 있음을 밝혀냈다.[4)] 일정 기간 동안 어떤 의학적 치료를 받을 때의 위험도는 대개 확실하게 정립되어 있으므로 이렇게까지 과오를 범한다면 변명의 여지가 있을 수 없다.

마지막으로, 의학적 치료를 받는 환자에게 그 사람이 무엇을 기대할 수 있는지 설명해주는 것이 이롭다는 것은 수많은 증거들이 있다. 예를 들어, 병원에서 복부 절개 수술을 받기로 한 환자들을 무작위로 두 집단으로 나누어 연구했다.[5)] 한쪽 집단의 환자들은 수술을 받기 전에 수술이 얼마나 오래 걸리는지, 의식을 되찾을 때 상황은 어떠할지, 어떤 통증을 겪을지 등등 모든 정보를 제공받았다. 두 번째 집단에는 이러한 정보를 제공하지 않고 병원의 일반적 절차만 밟게 했다. 수술에 대해 철저하게 설명을 들은 환자들은 통증에 대한 불만을 덜 호소했을 뿐 아니라 진통제도 덜 복용하고 회복도 빨랐다. 이 집단의 환자들은 다른 집단의 환자들보다 평균 3일 먼저 퇴원했다. 앞으로 일어날 일에 대해 미리 설명을 들은 환자들은 미리 준비를 할 수 있었던 것이다. 이런 환자는 나중에 일어난 사태로 동요하는 것도 덜하고, 수술을 받기로 했던 결정을 후회하는 것도 덜하며, 병원 관계자들에게 불만을 품는 것도 덜하고, 통증이 있더라도 수술이 뭔가 잘못됐을 거라고 생각하지는 않을 것이다. 그렇지만 소수의 예외가 있을 뿐 의사들은 지난 30년간 이 주제를 다룬 연구 결과들을 깡그리 무시하고 있다. 최근에 어떤 외과의는 나에게 자기 동료에 대해 이런 말을 했다. "아, 그래, 우리도 그 친구를 좋아하지. 그 친구는 환자들하고 이야기하느라 시간을 낭비하지 않거든." 오만해서 그런 건지, 무식해서 그런 건지, 시간을 아끼려는 잘못된 생각에서 그러는 건지 모르겠지만 이러한 태도는 확실히 비합리적인 것으로 보아야 한다.

어떤 독자들은 여느 사람들이 일상에서 오류를 저지르듯이 의사들도 환자를 다루면서 오류를 저지른다는 사실을 알게 되어 자신의 지적 능력에 자신감이 생기고 기분이 좀 좋아질지도 모르겠다. 하지만 의사에게 진료를 받으러 갈 일이 있는 사람은 용기가 확 꺾일 것이다. 공평하게 하자면, 의사들이 다른 이들에 비해 특별히 더 무능하지는 않을 거라고 말해두어야겠다. 그렇지만 의사들의 실수는 환자들에게 명백한 해악을 입히기 때문에 파장이 더 크다.

체크리스트

01 의사라면 기본적인 확률 이론을 알아두라.

02 환자라면 의사가 기본적인 확률 이론을 아는지 간단하게 시험을 해보라.

03 의료계의 연구를 더 망치지 않으려면 통계학, 확률 이론, 실험 계획을 잘 알지 못하는 사람을 의학 저널 편집자로 앉혀서는 안 된다. 의학 저널 수가 엄청나게 줄어드는 사태를 무릅쓰더라도 절대 그래서는 안 된다.

13장

인과 관계의 오작동

사건들 간의 올바른 연관을 수립할 때에 오류를 낳는 다섯 가지 요인은 원인을 추론할 때에도 똑같이 작용하여 오류를 낳는다. 왜냐하면 원인을 찾을 때의 첫 단계가 바로 두 사건 사이의 연관성을 파악하는 것이기 때문이다. 그런데 사람들은 이러한 연관을 찾으면서 곧잘 비슷한 것이라고 해서 연관 짓는 실수를 범한다(로르샤흐 검사에서 부당한 지표들을 동성애와 연관지었던 것처럼). 이러한 오류는 원인을 추론할 때 두드러진다. 18세기 말까지도 의사들은 '특징설(doctrine of signature)'이라는 것을 배웠다. 어느 의사의 말을 빌리자면, 특징설이란 약으로 사용하는 음식물은 반드시 "명백하고 두드러진 외적 특징을 통해 그 음식물이 효과를 볼 수 있는 질병을 알려준다. …… 여우의 허파는 천식에 특히 효과적인 치료약임에 틀림없다. 그 이유는 여우는 호흡 기능이 탁월하게 좋은 동물로 알려져 있기 때문이다. 강황은 선명한 노란 빛을 띠는데 이것은 강황이 황달을 치료하는 데 특히 효과가 좋음을 의미한다. …… 지치의 씨앗은 단단하고 표면이 반들반들하기 때문에 결석 및 요사성 질환에 뛰어난 효과가 있음을 알 수 있다……."[1]

밀(John Stuart Mill)은 "현상의 조건이 현상과 반드시 닮아야 한다는 편견"을 기술함으로써 처음으로 이러한 오류를 파헤친 인물이다. 이 오류는 우리 문화보다 원시 문화에서 더 흔하게 나타난다. 인류학자 에번스-프리처드(Edward Evans-Pritchard)가 지적한 바에 따르면, 아잔데족*은 닭이나 거위 같은 가금류를 떨어뜨리면 백선(白癬)이 낫는다고 믿는다. 가금류와 백선은 비슷한 데가 있기 때문이다. 또한 원숭이 해골을 태워서 먹으면 간질을 고칠 수 있다고 믿는데, 간질 환자가 발작을 일으킬 때의 모습이 원숭이의 몸짓과 비슷하기 때문이다.

정신 분석학은 원시적 사고방식?

이러한 사례들은 니스벳과 로스의 연구에서 빌려온 것이다. 그들은 이어서 정신 분석학 전체가 이런 식의 원시적 사고방식을 포함하고 있다고 지적한다.[2] 구강기(젖가슴) 고착은 성년으로서의 삶에서 흡연, 키스, 지나친 수다 등 입과 관련된 것에 관심을 드러내게 된다. 이와 마찬가지로 인색함(돈을 모으려는 성향)은 어린아이가 항문기에 배설물을 몸 밖으로 내보내지 않고 붙잡아두려는 성향으로 설명한다. 오늘날에도 오류는 다른 방식으로 남아 있다. 예를 들어 동종 요법(同種療法)은 건강한 사람에게 막대한 양을 투여하면 동일한 증상을 일으키는 물질을 찾아 실제로 그러한 병을 앓는 사람에게 극소량 사용하면 치료가 가

아잔데족(Azande) 수단 남부에서 중앙아프리카 콩고에 이르는 지역에 거주하는 원주민.

능하다는 신념을 토대로 삼는다. 현대 과학이 놀라운 성공을 거둔 것은, 면밀한 기록 보존으로 잘못된 연관의 '발견'을 막고 이러한 기록으로 확증된 연관들 덕분에 과학자들이 같은 것이 같은 것을 치료한다는 신념을 멀리할 수 있었기 때문이다. 비록 많은 이들이 지금도 일상생활의 판단에서는 그러한 신념을 드러내고 있지만 말이다.

하지만 과학자들도 원인을 착각할 수 있다. 최근 의학계의 연구 조사에서 보여준 한 예는 같은 것이 같은 것을 치료한다는 오류를 좀 더 잘 설명하는 데 이용할 수 있다.[3] 혈중 콜레스테롤 수치가 높은 사람은 동맥경화에 따른 심장병에 걸리기 쉽다고 알려져 있다. 그렇다면 콜레스테롤을 많이 섭취할수록 심장병에 걸릴 확률이 높다고 생각하는 건 지극히 당연하지 않을까? 한 연구에 따르면 실제로 국가별 포화지방 섭취량과 심장병 발생률은 관련이 있다고 한다. 하지만 또 다른 연구는 그 연관성이 그리 높지 않음을 보여주었다. 더욱이 포화 지방 섭취를 나라마다 다른 여러 요인들, 이를테면 심장병을 예방하는 데 도움이 되는 운동량이나 심장에 무리를 주는 스트레스 같은 요인들과 따로 떼어 고려하기도 매우 힘들다. 그런데도 많은 이들이, 특히 미국처럼 건강에 각별하게 신경 쓰는 나라에서는 유제품과 동물성 지방 섭취를 계속 줄여 왔다.

개인을 대상으로 한 연구에서, 콜레스테롤 섭취가 혈중 콜레스테롤 수치를 정말로 높이는지 규명하려고 시도했다. 예를 들어, 실험 자원자들에게 일정 기간 동안 매일 1핀트(약 0.5리터) 이상의 우유를 마시게 했다. 그러나 그들의 혈중 콜레스테롤 수치는 변하지 않았다. 최근에 영국 의학연구위원회(British Medical Research Council)가 후원한 두 건의 개별 연구 역시 콜레스테롤 섭취가 심장에 좋지 않다는 가설을 크게 반박할 만한 결과를 보였다. 한 연구에서는 우유를 전혀 마시지 않는 사람은 매일 1핀트 이상의 우유를 마시는 사람보다 심장 발작을 일으킬 확률이 열 배나 높다는 사실을 밝혀냈다. 또 다른 연구에서는 마가린을 먹는 사람이 버터를 먹는 사람보다 심장 발작을 일으킬 확률이 두 배나 높다는 사실을 밝혀냈다. 사실 식이요법으로 콜레스테롤 수치를 조절할 수 있다고 기대해서는 안 될 만한 이유들이 버젓이 나와 있다. 첫째, 간은 일반적으로 섭취하는 양보다 서너 배 더 많은 콜레스테롤을 생성한다. 둘째, 우리 몸 자체가 혈중 콜레스테롤 양을 조절한다. 그래서 혈중 콜레스테롤 수치는 무엇을 먹느냐와 상관없이 정상 수준으로 유지된다. 비록 몇몇 운 나쁜 사람들은 혈중 콜레스테롤 수치가 너무 높게 유지되어 젊은 나이에 심장병으로 죽기도 한다. 혈중 콜레스테롤 수치가 올라가는 원인이 무엇인지는 밝혀지지 않았다. 우리는 약물을 써서 콜레스테롤 수치를 떨어뜨리고 심장병 발병률을 낮추더라도 그게 꼭 수명을 연장시키지는 않는다는 사실을 알 뿐이다. 이런 사람들은 심장병은 걸리지 않을지 모르지만 암으로 죽기 십상이다. 콜레스테롤 섭취가 혈중 수치에 영향을 끼친다는 확고한 증거는 없다. 그렇지만 불충분한 증거를 바탕으로 한 비약적 결론은 엄청난 폐해를 남긴다. 사실 이 문제는 내가 기술한 것보다 훨씬 더 복잡하지만 같은 것이 같은 것을 치료한다고 착각하는 오류를 잘 보여주는 예다.

의학계에 왜 이렇게 잘못된 이론들이 만연한지 의아할 것이다. 그 이유는 아주 흥미롭다. 어떤 성격 유형의 사람들이 특히 심장 발작을 일으킬 가능성이 높은가를 연구한 이론의 역사를 살펴보면 알 수 있다.[4)] 그런 사람들을 A유형이라고 하는데, 그들은 맹렬한 야심, 급박한 시간 감각, 공격성 등의 특징이 두드러진다. 성격이 이런 사람들이 심장 발작에 취약하다고 주장하는 보고서는 1955년경에 처음 나왔다. 이러한 상관 관계를 지지하는 논문과 A유형 성격과 심장병은 전혀 무관하다고 주장하는 논문의 수를 비교해보면 처음에는 상관 관계를 옹호하는 비율이 압도적으로 높았다. 그런데 이 비율이 최근 몇 년 동안 꾸준하게 떨어지더니 지금은 양쪽에서 발표하는 논문의 수가 거의 비슷하다. 어떻게 이런 일이 일어날 수 있을까? 원래 그러한 발견은 새롭고 흥미로운 것이었다. 그러니까 그것을 지지하는 논문들이 발표되었던 것이다. 부정적 결과를 얻은 연구자들은 공개하지 않거나 별 관심을 끌지 못한다는 이유로 거부당했다.(앞 장에서도 살펴보았듯이 네거티브 사례들은 무시하는 경향이 있다.) 하지만 일단 A유형 성격이 심장병에 취약하다는 가설이 널리 알려진 후에는 그 가설을 반박하는 논문이 흥미를 끌게 되면서 더 많이 발표되었다. 오늘날에도 진실은 밝혀지지 않았다. 부정적 결과를 발표하지 않는 방침이 꼭 비합리적인 것은 아니다. 학술 저널 발행인들도 결국은 과학의 진보를 앞당기는 것보다는 과학자들 덕에 돈을 버는 데 관심이 있을 뿐이다.(과학자들이 투고한 논문에는 대개 보수를 지급하지 않는다.) 하지만 그러한 방침은 너무 쉽사리 잘못된 결론을 끌어낼 뿐이다.

결과를 원인과 혼동하는 사례들

원인을 파악할 때 흔히 범하는 또 다른 오류는 여러 요인 중에서 가장 두드러진(가장 가용적인) 요인을 원인으로 꼽는 것이다. 다음 예에서 보듯이 이 문제는 역학*을 성가시게 했다.[5] 1930년대에 미국의 한 의학 저널이 미국 남부의 주들보다 뉴잉글랜드 주, 미네소타 주, 위스콘신 주에서 암이 더 자주 발생한다고 경종을 울리는 논문을 게재했다. 또한 영국이나 스위스에는 암 환자가 많지만 일본에서는 암 발생률이 아주 낮았다. 논문은 암이 많이 발생하는 지역은 그렇지 않은 지역보다 우유 소비량이 많다고 지적하면서 우유 섭취가 암의 원인이라고 결론을 내렸다. 이 결론은 그럴싸하게 들리기는 하지만 틀렸다. 우유를 많이 마시는 지역 사람들은 비교적 잘산다. 그러니까 이 지역 사람들은 우유를 많이 마시지 않은 가난한 지역 사람들보다 훨씬 더 오래 산다. 당시의 평균 수명을 비교해보면 영국 여성은 일본 여성보다 12년이나 더 오래 살았다. 그런데 암은 주로 노년층에게서 나타나는 질병이기 때문에 오래 사는 사람들이 많은 곳에서 암이 더 많이 나타나더라도 전혀 놀라울 게 없다. 범인은 우유가 아니라 고령(高齡)이었던 것이다.

고의인지 아닌지는 모르지만 정치가들도 역학자들과 똑같은 실수를 저지른다. 예를 들어 마거릿 대처 정부는 학생들에 대한 보조금 지급을 줄이려고 안달이었다. 정부는 대학에 가야만 소득 능력이 높아진다고 여러 차례 주장했다. 대졸 학력자들이 그렇지 않은 사람들보다 평균 소득이 높다는 사실은 부인할 수 없지만 그렇다고 해서 이것을 인과관계로 볼 만한 뚜렷한 이유는 없다. 사실 대학생들은 일반인들의 평균치보다 지능지수(IQ)가 높고 결단력도 더 뛰어나다. 게다가 자녀를 대학에 보낼 수 있었던 그들의 부모는 사회적으로 안정된 위치에 있고 중산층이나 상류층에 속할 가능성이 높기 때문에 자녀들이 좋은 직장

역학(疫學) 질병의 분포, 결정 요인, 이들 질병의 발생을 막는 예방법을 개발하는 학문.

을 얻을 수 있도록 도움을 줄 수 있는 경우도 많다. 이러한 요인들은 분명히 높은 소득을 설명하는 데 적합하다. 그러므로 대학 교육과 높은 소득이 인과 관계가 있다고 증명된 것은 아니다. 영국 교육부는 반복적으로 이러한 연관성을 주장했지만 결국은 영국 교육 체계가 교육부 사람들에게 생각하는 법을 가르치지 못했다는 사실만 입증한 셈이다.

지금까지 나는 두 사건 가운데 어떤 것도 다른 것의 원인이 아니지만 사람들의 선입견 때문에 인과성이 있다고 잘못 추론되는 사례들을 다루었다. 그런데 진짜 인과 관계가 있을 법한 상황에서도 원인을 결과로 착각하는 오류가 일어나곤 한다. 이 오류 역시 대개는 사람들이 판단에 편견을 개입시키기 때문에 일어난다. 그 예를 두 가지 들 것이다.

첫 번째 예는 정신 분석가인 크리스토퍼 볼라스(Christopher Bollas)의 책에서 발췌한 글이다.[6] 저자는 "내가 지켜보았거나 치료를 감독했던 모든 (약물) 중독자들은 어린 시절에 어머니와 아버지가 정신적으로 제거된 듯 보였다." 그래서 그는 약물 사용자는 "어렸을 때에 심하게 고립되었거나 외로움을 경험했던 사람"이라고 결론을 내린다. 약물 중독 자녀를 둔 부모가 이 글을 읽는다면 굉장히 당황하고 자기가 자녀를 이해하지 못한 채 점점 소원해진 것처럼 느낄 거라는 점은 정신 분석가가 아닌 이상, 누구든지 알 것이다. 달리 말하자면, 아마도 자녀의 약물 중독 때문에 부모와 관계가 소원해진 것이지 볼라스가 생각한 것처럼 그 반대는 아니리라. 책의 나머지 부분에서도 명백히 알 수 있듯이 볼라스는 정신 분석학을 열렬하게 신봉한다. 이러한 편파성에 눈이 멀어서 그는 대안적 설명들을 합리적으로 고려해보지 못했던 것이다.

두 번째 예는 임상심리학에서 빌려왔다.[7] 자신을 치료하는 심리 치료사를 좋아하는 정신 질환 환자들은 그렇지 않은 환자들보다 회복이 빠르다고 알려져 있다. 그러므로 환자가 치료자에게 보이는 호감이 치료에서 중요한 요인으로 작용한다는 결론이 나와 있다. 그렇지만 치료를 받고 호전된 환자들은 자기를 도와준 치료자를 좋아하게 되고 상태가 호전되지 않거나 회복이 더딘 환자들은 좋아하지 않는다고 역으로 결론을 내릴 수도 있다.

이러한 예들은 단지 두 사건이 동시에 일어나는 경향이 있음을 증명하는 것만으로는 원인과 결과를 결정하는 데 충분치 않음을 보여준다. 앞에서 지적한 것과 같은 오류를 방지하려면 대개 인과 관계를 설명하는 일반적인 이론이 있어야 한다. 폐암과 흡연 문제로 돌아가보면, 비흡연자에 비해 흡연자의 폐암 발생률이 월등히 높기 때문에 두 사건 사이에 강력한 연관이 있음은 논란의 여지가 없다. 그렇지만 금세기 최고의 통계학자로 손꼽히는 피셔(Ronald Fisher)는 이러한 연관이 유전의 결과라고 했다.[8] 흡연과 폐암을 유발하는 어떤 유전자 혹은 다수의 유전자들이 있다는 것이다. 피셔의 주장은 다른 증거들에 비추어 보아야만 받아들일 수 없는 것임을 확인할 수 있다. 담배를 피우면 폐의 섬모 조직 기능이 위축된다는 사실이 밝혀졌다. 또한 담배에는 타르라는 발암 물질이 들어 있다.[9] 폐암 발생률은 금연 인구 집단, 이를테면 의사들에게서 훨씬 낮게 나타난다. 하지만 이 마지막 논증은 좀 미묘하다. 만약 단순히 담배를 끊은 의사들이 담배를 피우는 의사들보다 폐암에 걸리는 확률이 낮다는 사실만 밝혀진 거라면 피셔는 그들은 자기가 거론하는 유전적 형질이 약해서 담배를 끊을 수 있었던 거라고 이 논증을 다시 반박할 수 있기 때문이다. 담배를 피우게 하는 유전자의 효과가 별로 강하지 않다면 그들이 폐암에 걸릴 가능성도 그만큼 크지 않다고 봐야 한다는 말이다. 하지만 사람을 의사로 만드는 유전자가 따로 있다고 생각하기는 어렵다. 그러므로 일반인보다 의사가 담배를 잘 끊고 담배를 끊는 사람은 폐암에 걸릴 확률이 그만큼 줄어든다는 사실은 흡연과 폐암의 인과 관계를 보여주는 강력한 증거다. 피셔가 모든 증거들을 파악한 후에도, 그리고 나중에는 심리학자인 한스 아이젱크(Hans Eysenck)마저도 흡연이 폐암을 유발하지 않는다는 주장을 끈질기게 밀고 나갔다는 사실을 말해두어야겠다.[10] 그들의 끈질긴 고집은 언뜻 보기만큼 비합리적이지는 않은데, 왜냐하면 두 사람 모두 담배 제조업자 상무위원회의 지원을 받고 있었기 때문이다.

사건들 사이에 실제로는 존재하지 않는 연관성을 파악하고 근거가 되는 이론이 없는 상황에서도 인과성을 끄집어내려는 경향은 의학계가 다양한 치료 효과에 대해 여전히 범하고 있는 실수로 설명할 수 있다. 심리학자 폴 밀(Paul Meehl)이 지적했듯이[11] "다발성경화증은 비타민, 투열법, 척수의 경구 투약, 유제품 섭취 억제, 요오드화칼륨, 황산키니네, 그리고 지금 사용되고 있는 히스타민을 써서" 치료했다. 한때 정신병 환자와 우울증 환자는 모두 다 효과도 없는 메르라졸과 인슐린으로 치료를 받았다. 이 두 가지 성분은 모두 경련을 일으킨다. 또한 이러한 환자들의 뇌를 상당 부분 제거하는 수술(전두엽 절제술)을 실시하기도 했다. 이 수술을 받은 환자들은 아무것에도 관심이 없는 무기력한 인간이 되어버렸다. 또한 오랫동안 어린아이들에게 양치용으로 감홍(甘汞) 가루를 권장하기도 했다. 그런데 감홍은 수은 성분이 들어있어 신경계를 영구적으로 손상시킬 수도 있는 위험한 물질이다. 의학적 처치는 여성 패션 못지않게 유행에 휘둘린다. 예를 들어 1950년대 중반까지는 아이들의 편도선을 무조건 제거했다.[12] 뉴욕에서 실시한 한 연구 조사에 따르면 11세 아동 1,000명을 진찰한 결과 그중 61퍼센트는 이미 편도선 제거 수술을 받은 상태였다. 나머지 39퍼센트를 내과의에게 보였더니 그중 4퍼센트는 편도선 제거 수술을 받는 게 좋다는 소견이 나왔다. 그런데 편도선 제거 수술이 필요치 않다고 한 나머지 아이들을 다른 의사들에게 보내 진찰을 받았더니 이번에는 그중 46퍼센트는 편도선을 제거해야 한다는 소견이 나왔다. 요컨대 의사들은 상태가 나쁜 편도선을 제거해서 아이들을 돕는다고 생각하지만 정작 그들 자신은 상태가 나쁜 편도선을 어떻게 알아내는지조차 모른다는 말이다.

물론 의사들이 특별히 더 비합리적이지는 않다. 하지만 그들은 가장 까다롭다고 알려진 실체, 즉 인체를 다루는 사람들이며 인체 못지않게 까다롭고 인체가 걸리기 쉬운 질병들을 다루는 사람들이다. 더욱이 지금까지 입증해 보였듯이 여러 심리학자들도 신뢰성 없는 심리 치료 형식의 장점과 진단에 대해 근거 없는 잘못된 신념을 유지하기는 마찬가지다. 오늘날 의학은 좀 더 합리적인 접근법을 취하기 시작했다. 이제는 치료를 육감에 따라서 널리 실시하지는 않는다. 어떤 치료법을 일반 대중에게 실시하려면 그 전에 조심스럽게 접근해 체계적으로 연구조사해야 한다.

"나의 행동은 상황 탓, 너의 행동은 성격 탓"

인과 추론에 관한 기묘한 사항 세 가지를 살펴보자. 우선, 사람들은 결과에서 원인을 추론하는 것보다 원인에서 결과를 추론하는 데 더 자신감을 보인다.[13] 딸이 푸른 눈이면 엄마도 푸른 눈일 경우와 엄마가 푸른 눈이면 딸도 푸른 눈일 경우 가운데 무엇이 더 그럴듯하냐고 물어보면 4명 중 3명꼴 이상으로 엄마가 푸른 눈일 때 딸도 푸른 눈인 경우가 더 그럴듯하다고 대답한다. 원인이 결과를 낳기 때문에 그쪽이 더 설득력 있게 보일지는 모르겠으나 결과에서 원인을 추론하는 것보다 원인에서 결과를 추론하는 편이 더 적법하다고 생각하는 경향은 분명히 잘못이다.

둘째, 원인에 대한 추론은 결과의 성격에 영향을 크게 받는다. 적어도 인과 행위 주체가 사람이라면 분명히 그렇다. 어떤 사건의 결과가 극적일수록 우리는 원인을 행위 주체에게 돌리기 쉽다. 한 연구에서는 피험자들에게 어떤 남자가 언덕배기에 차를 세웠는데 남자가 차에서 내린 후에 자동차가 언덕에서 미끄러져 내려가 소화전을 받았다고 이야기했다.[14] 한편 다른 집단의 피험자들에게는 똑같은 이야기를 해주면서, 단 자동차가 소화전이 아니라 지나가던 보행자를 치었다고 말했다. 두 번째 집단, 즉 운전자의 과실이 심각한 결과를 일으켰다는 이야기를 들은 피험자들은 자동차가 단순히 소화전을 들이받았다는 이야기를 들은 피험자들에 비해 운전자의 책임을 더 엄중하게 물었다. 하지만 이러한 평가는 합리적이지 않다. 두 경우 모두 운전자의 행위는 완전히 똑같다. 이러한 오류는 어린아이들이 곧잘 저지르는 실수와 비슷한 데가 있다.[15] 아이들은 실수로 마멀레이드 단지를 깨뜨렸을 때 혼나는 것과 화가 나서 일부러 단지를 바닥에 던져서 깨뜨리고 혼나는 것의 차이를 구분하지 못한다. 아이들은 행동의 결과(혼이 난다는 사실)만을 생각하고 행동 그 자체(실수와 고의)를 고려하지 않는 것이다.

마지막으로, 우리는 어떤 사람이 우리가 모르는 사람을 다치게 할 때보다 친구를 다치게 할 때에, 나아가 친구를 다치게 할 때보다 우리 자신을 다치게 할 때에 그 사람에게 더 큰 책임을 묻기 쉽다고 한다. 어떤 행동의 결과가 두드러지면 두드러질수록, 그것이 가용적이기 때문에 우리는 그 행위 주체에게 책임을 엄중하게 묻는다. 결과의 정서적 중요성 때문에 우리 마음은 행위와 결과의 인과 관계를 더 굳게 믿는 듯하다.

논의를 이어나가기 전에 어떤 사건의 원인으로 여겨지는 것이 무엇인지 살펴보자. 여러분이 불을 켰다고 치자. 그럼 당연히 스위치를 눌렀기 때문에 불이 켜졌다고 할 수 있겠다. 하지만 실제로는 우리에게 여러 가지 다른 조건들이 있어야만 한다. 그 조건들을 원인으로 여길 수 있어야 하고, 때로는 그 조건들이 실제 원인이기도 하다. 예를 들어, 불이 들어오려면 전선이 제대로 기능해야 하고 전구도 멀쩡해야 한다. 그런데 만약 전구가 나가서 새 전구로 갈아 끼웠다면 이 경우에 우리는 스위치를 눌러서 계속 불이 잘 들어오는 이유가 새 전구 때문이라고 생각할 것이다. 여러 가지 사건에는 다양한 원인이 있다. 어떤 차가 전복사고를 일으켰다. 과속을 했기 때문이기도 하고, 도로가 빙판길이었기 때문이기도 하고, 사고 지점이 가파르게 솟아 있었기 때문이기도 하다. 이렇듯 어떤 사건이 일어날 만한 여러 원인 가운데 우리는 가장 평범하지 않은 원인(때로는 가장 관심을 끄는 원인) 하나만을 '원인'으로 꼽는 경향이 있다.

한 사람의 행동은 그 사람의 원래 기질 때문에 나온 것일 수도 있고 그가 처한 상황 때문에 나온 것일 수도 있다. 예를 들어 어떤 사람이 심하게 화를 낸다면 그 사람이 유난히 화를 잘 내는 사람(기질)이라고 할 수도 있고 참다 참다 더는 못 참아서 그랬다고(상황) 할 수도 있다. 기질과 상황이 모두 다 작용하여 그런 행동을 한 것일지라도 앞에서 든

전구의 예처럼 우리는 가장 특이한 것 한 가지만 원인으로 들곤 한다. 만약 그 사람이 유난히 화를 잘 낸다면 우리는 그 사실에만 집착할 것이다. 그 사람이 평소에 차분하다면 상황 때문에 화가 난 것뿐이라고 생각할 것이다. 실제로 사람들은 행동의 원인을 추론할 때에 거칠면서도 철저한 오류를 범하곤 한다.

피험자들이 낯 모르는 사람들에게 (가짜) 전기 충격을 주어야 했던 밀그램의 실험을 생각해보자.[16] 여러분은 샘이라는 사람이 극대치의 전기 충격을 주었다는 사실밖에 모른다고 치자. 그러면 여러분은 샘이 그런 행동을 한 원인은 그가 특히 잔인하고 무자비한 사람이기 때문이라고 추론할지도 모른다. 하지만 일단 밀그램의 실험에 참여한 대부분의 피험자들이 전기 충격을 극대치까지 밀고 나갔다는 사실을 알고 나면 아까 내렸던 판단을 수정해야 할 것이다. 대부분의 사람이 그런 짓을 했다면 샘이라고 해서 특별할 게 없다. 그가 그렇게 행동한 원인은 그가 처했던 상황의 특이성이었다. 하지만 사람들은 이런 식으로 생각하지 않는다. 한 실험에서 피험자들에게 밀그램의 실험에 참여했던 사람들의 65퍼센트가 전기 충격을 최고치까지 주었다고 설명했다.[17] 그런데도 샘 이야기를 꺼내자 피험자들은 여전히 그가 보통 사람 이상으로 잔인하고 무자비한 성격이라고 생각했다. 이러한 오류, 즉 행위의 원인을 상황보다 사람의 기질에서 찾는 오류는 굉장히 흔하다. 위에 소개한 실험을 포함한 수많은 실험들로 다음과 같은 사실이 증명되었다. 사람들은 행동의 원인을 판단하면서 행위 주체가 비슷한 상황에서 항상 그렇게 행동하는가 아니면 어쩌다 그런 것인가를 굉장히 많이 따지고 그러한 정보에 크게 휘둘린다. 하지만 그들은 같은 상황에서 다른 사람들도 그렇게 행동할 것인가에 대한 증거 — 올바른 판단을 내리려면 반드시 필요한 증거 — 는 무시한다.

다음 연구는 상황을 무시하는 극단적인 예를 보여준다. 피험자들은 두 사람을 관찰했다.[18] 한 사람은 일종의 퀴즈 같은 문제들을 만들어서 제시하고 다른 사람은 그 문제에 답변을 하려고 애썼다. 당연히 문제를 내는 사람은 답을 다 알고 있었지만 푸는 사람은 그렇지 못했다. 이러한 모의 퀴즈가 끝나고 나자 대부분의 피험자들은 문제를 내는 사람이 문제를 푸는 사람보다 아는 것도 많고 영리하다고 생각했다. 그러니까 피험자들은 상황을 무시했던 것이다. 누구든 자기가 답을 아는 문제를 고를 수 있다. 하지만 퀴즈를 푸는 사람은 그 답을 모를 수도 있는 것이다.

다른 사람들의 행동을 상황보다 성격적 특징이나 기질로 풀어서 이해하려는 보편적 경향은 '기본적 귀인 오류(fundamental attribution error)'로 알려져 있다.[19] 기본적 귀인 오류는 두 가지 이유 때문에 발생한다. 첫째, 어떤 주어진 상황에서 무엇을 하느냐는 대단히 시선을 끈다(가용적이다). 그런데 똑같은 상황에서 다른 사람들이 어떻게 할 것이냐는 얼른 떠오르지 않는다. 둘째, 행위는 일반적으로 상황보다 행위 주체에 더 밀접하게 연결되어 있다. 두 번째 요인의 영향력은 여러 실험으로 증명되었다. 이 요인이 작용할 때에 행위 주체는 그를 관찰하는 사람들에 비해서 자기 자신에 대한 기본적 귀인 오류를 범할 가능성이 적다. 왜냐하면 행위 주체는 자기 자신이 아니라 상황을 볼 수 있기 때문이다. 그래서 행위 주체에게는 상황이 더 눈에 두드러져 보인다.

어떤 연구에서 피험자들을 2인 1조로 짝짓고 그들에게 자기 짝을 서로 잘 알기 위해 대화를 나누라고 했다.[20] 그다음에 다른 피험자(관찰자)들에게 그 2인 1조의 목소리를 들려주되 둘 중 한 사람만 눈으로 볼 수 있게 했다. 대화가 끝난 다음에 2인 1조로 대화에 참여했던 피험자들에게 그들이 불안하고 신경질적인 행동, 친밀감, 수다스러움, 우월성 등을 얼마나 보였는가를 질문했다. 그리고 관찰자들에게도 그들이 지켜본 피험자들을 똑같은 항목으로 평가해보라고 했다. 관찰자들은 거의 모든 항목에서 피험자 자신이 내린 평가보다 더 강도 높은 평가를 내렸다. 하지만 피험자들에게 그들 자신의 모습을 녹화한 비디오테이프를 보여주자 피험자들이 그들 자신에게 내린 평가가 바뀌었다. 피험자들은 이제 관찰자들이 내린 평가보다 더 강도 높은 평가를 자신들에게 내렸던 것이다. 이 실험은 우리가 타인의 행동에 비해 자신의 행동을 어떤 기질 때문으로 설명하지 않는 이유가 단순히 자신이 행동하는 모습을 볼 수 없기 때문임을 강력하게 시사한다.

타인의 행동을 기질적 요인으로 돌리는 경향이 보편적이기는 하지만 그것이 비합리적이지는 않다. 그러나 그러한 경향은 전혀 정당화할 수 없는 비난을 낳을 수 있다. 배런(Jonathan Baron)은 가상적인 예를 들었다. 어떤 회사에서 중요한 직책을 뽑는데 지원자가 너무 일찍 와서 점심 식사를 같이 하게 됐다. 그 지원자는 긴장한 나머지 불안한 기색을 감추지 못할 것이다. 그를 고용할 수도 있는 사람들은 다른 지원자들도 그렇게 당황스러운 상황에서 점심을 먹는다면 똑같이 행동할 거라는 생각을 잠시 해보지도 않고 지원자가 너무 불안하고 소심하다며 불합격시킬지도 모른다.

성격적인 특징이 우리가 생각하는 것만큼 중요하지 않은 이유는 또 있다. 그러한 특징은 흔히 생각하는 것만큼 일관적이지 않다.[21] 똑같은 사람이 어떤 상황에서는 정직하고 다른 상황에서는 그렇지 않을 수 있다. 어떨 때는 화를 잘 내지만 어떨 때는 전혀 그렇지 않다. 때에 따라서는 욕심을 부리지만 아주 소박할 때도 있다. 더구나 동반해서 나타난다고 여기는 특징들도 실제로는 그렇지 않다. 예를 들어 속임수를 쓰지 않는 아이라고 해서 지금 초콜릿 한 개를 안 먹으면 나중에 다섯 개를 먹게 해주겠다고 할 때에 기꺼이 만족을 지연시킬 줄 아는 것은 아니다(그 두 가지 특징은 완전히 무관하다).

성격적 특징이 변하기 쉽다는 점은 여러 차례 입증되었다. 여기서 한 가지 예를 들어보자. 면접을 하면서 일부 피험자들에게 내향적인 답변이 나오게끔 미리 짠 질문("시끄러운 파티에 가면 어떤 점이 싫은가요?")을 던졌다. 반면 다른 피험자들에게는 외향적인 답변이 나오기 쉬운 질문("파티에서 분위기를 살리고 싶다면 어떤 것을 하겠어요?")을 던졌다. 피험자들은 면접이 끝난 다음에 바람잡이와 대화를 나누었는데, 이때 후자의 피험자들은 실제로 전자의 피험자들보다 훨씬 더 외향적인 모습을 보여주었다. 이를테면 그들은 대화의 물꼬도 더 일찍 텄고 의자를 바짝 당겨서 상대(바람잡이)와 더 가까이 앉곤 했다. 몇 가지 질문을 받은 것만으로도 비교적 굳어진 성격적 특징(외향성-내향성)으로 여기는 것도 이렇게 변할 수 있는데 실제 상황에서 중요한 변화들은 얼마나 더 큰 영향을 끼치겠는가?

여러분은 분명히 그동안 경험한 바로는 인간의 성격적 특징이 일관성이 없는 것 같지 않다고 생각할 것이다. 하지만 4장 끝부분에서 제시한 아홉 가지 이유 때문에 사람들에게 고정관념을 갖게 되고 사람들의 행동이 실제보다 더 일관적이라고 생각하기 십상이다. 다른 사람들의 성격과 기질이 어떻다는 식으로 정리해버리면 번번이 골치 아프게 생각하는 수고를 덜 수 있다. 어떤 이를 이렇게 못박아놓으면 그 사람의 행동 중에서 자기 판단에 들어맞는 것만 알아차리게 마련이다('상관 관계 착각'이다). 어떤 이가 유독 화를 잘 내는지 또는 차분한지 확증하려면 반드시 그 사람의 행동뿐 아니라 다른 사람들의 행동까지, 그것도 양쪽 상황을 따져서 기록해보아야 한다. 하지만 자기 맘대로 편리하게 판단을 내려두면 훨씬 재미도 있고 시간도 절약될 것이 분명하다.

인간 행동의 원인을 잘못 귀착시키는 것은 가볍게 넘길 일이 아니다. 미국 정치가들은 러시아의 핵무기 강화를 세계를 지배하려는 무분별한 시도라고 비난을 퍼부었지만 이를 러시아가 처한 '상황', 즉 미국 같은 다른 강대국들이 핵무기를 늘리고 있었던 상황에 대응한 것으로 볼 수도 있었을 것이다. 어떤 학생이 성적이 형편없다면 그게 학생의 성격(게으름) 때문인지 그가 처한 상황, 이를테면 여자 친구와의 이별이나 사랑하는 할머니의 죽음 때문인지 살펴봐야 할 것이다. 모든 행동이 상황에서 나오지는 않는다. 나는 사망률이 끔찍하게 높은 할머니가 10명이나 있다는 (이상한) 학생들도 봤다. 그럼에도 불구하고 우리는 분명 상황에서 오는 원인을 지나치는 경향이 있다.

사람들의 기질에 관한 또 다른 오류는 다른 사람이 실제보다 우리와 비슷할 거라고 생각하는 데 있다. 피험자들에게 대학 교정에서 '회개하라'라고 적힌 커다란 표지판을 들고 다니라고 한 실험이 있었다.[22] 어떤 이들은 이에 동의했고 어떤 이들은 싫다고 했다. 그런데 동의한 사람들 가운데 대다수는 다른 학생들도 자기처럼 표지판을 들고 다니겠다고 할 거라고 생각한 반면, 싫다고 한 학생들은 대다수가 다른 학생들도 싫다고 할 거라고 했다. 다른 사람을 자기와 비슷하게 보는 이유에 대해서는 논란이 한창이다. 어쩌면 이것은 가용성 오류의 또 다른 한 예일 것이다. 우리 행동은(우리 기질과는 반대로) 우리에게 대단히 가용적이기 때문에 다른 사람을 판단할 때에도 우리라면 같은 상황에서 어떻게 할까를 맨 먼저 떠올리고 판단의 근거로 삼는 것이다. 다른 사람을 우리와 비슷하게 생각하는 오류는 '투사(projection)'라고 하는 정신 분석학의 방어기제를 떠올리게 한다. 프로이트에 따르면 인색함 같은 바람직하지 않은 면이 있는 사람은 그것을 다른 이들에게서 보려 한다. 그렇게 해서 자기 자신이 지독하게 인색하다는 사실을 어떻게든 자신에게 감추려는 것이다. 이러한 관찰은 아마도 타당하겠지만 내가 아는 한 증거는 없다. 리비도의 비밀스런 작용에서 비롯되든 단순히 가용성 오류에 지나지 않든 간에, 투사라는 현상은 단지 또 다른 비합리성의 한 예일 뿐이다.

내 마음을 판단하기 어려운 이유

이 책에서 나는 행위와 신념의 이유를 잘못 생각하는 사람들의 예를 들어 보였다. 사람들은 순응하고, 그들이 많이 투자한 것의 가치를 과장하며, 후광 효과에서 벗어나지 못하고, 자기 신념에 맞게 증거를 왜곡하며, 자기 행동과 태도의 진정한 원인을 깨닫지 못한다.

또한 기분이나 정서의 원인도 잘못 생각할 수 있다. 어느 유명한 실험에서 피험자들에게 에피네프린을 나누어줬다.[23] 에피네프린은 각성 효과가 높은 자극성 약물이다. 일부 피험자에게는 그 약이 비타민이라서 아무 효과도 나타나지 않을 거라고 했다. 나머지 피험자들에게는 각성 효과가 있는 자극제라고 사실대로 말해줬다. 나중에 피험자들은 바람잡이들로 가득 찬 방에 들어갔다. 바람잡이들은 풍선을 불거나 폭소를 터뜨리는 등 아주 기분 좋게 들떠 보이거나 진짜 피험자들에게 욕설을 퍼붓거나 공격적인 태도를 보였다. 대부분의 피험자들은 바람잡이가 어떻게 행동하느냐에 따라 어느 정도 같이 기분이 들뜨거나 불쾌하고 성가신 느낌을 받았다. 하지만 핵심은 약에 대해 비타민이라고 거짓 정보를 받은 피험자들은 제대로 알고 먹은 피험자들에 비해 기분이 더 심하게 바뀌었다는 사실이다. 그들은 자기도 모르게 약물 때문에 일어난 신체적 각성 효과를 자기 자신에게 설명해야만 했다. 그래서 그러한 효과가 다른 실험 참여자(바람잡이) 때문에 일어났다고 생각하고 여느 사람들보다 더 심하게 들뜨거나 화를 냈던 것이다. 그밖의 다른 실험들도 우리가 우리 자신의 정서를 잘 판단하지 못함을 보여준다. 남성 피험자들에게 몇 분 동안 연습용 정지 자전거를 타게 하고 여성의 누드화를 보여주었다.[24] 그들은 자전거를 타지 않고 평온한 상태에 있는 남성 피험자들보다 누드화의 성적 자극도를 더 높게 평가했다.

이러한 현상들은 우리 자신을 포함하는 사람들의 행동과 느낌을 설명하기 위해 그럴싸한 이야기를 찾아내는 능력과 관계가 있다. 우리는 자기 기분이나 정서의 원인을 설명하려고 노력하고 그러다 보니 생각이 엇나가는 때가 많다. 시험이나 연애에 실패한 사람들은 스스로 핑계를 댄다. 질투심에 사로잡혀 못되게 구는 사람들 가운데 자기 행동의 진짜 이유를 인식하는 사람이 몇이나 될까? 나는 전에 몇 번 우울증을 겪었는데 그중 한번은 집과 가까운 땅에 자라는 나무 때문에 우리 집이 내려앉고 있다는 두려움 때문에 우울증이 생긴 거라고 철석같이 믿기에 이르렀다. 나는 우울증의 원인을 찾아야 했던 것이다. 하지만 우울증이 사라지자 나무들이 더는 불길해 보이지 않았다. 자기 기만은 엄청나게 강력하다. 프로이트도 이 점은 옳게 보았다. 다만 그러한 자기 기만을 전부 다 리비도, 즉 근본적인 성적 충동에 귀인시킴으로써 그는 길을 잘못 들었다.

사람들이 실패의 원인을 잘 파악하지 못한다는 사실을 아주 설득력 있게 보여준 실험이 하나 있다.[25] 하버드대학에서 실시한 실생활 연구 조사가 그것인데, 여성들에게 두 달 동안 매일매일 기분이 어땠는지 기록하는 일기를 쓰라고 해보았다. 여성들은 기분에 영향을 끼칠 수 있는 (미리 정해놓은) 여러 요소, 이를테면 전날 밤의 수면 양, 날씨, 건강 상태, 성행위, 월경 주기의 단계 등도 기록했다. 연구자들은 여성들이 제출한 일기를 수학적으로 분석하여 각 요소들이 여러 가지 기분과 실제로 얼마나 연관이 있는지 알아보았다. 예를 들어 잠을 잘 자고 난 다음날은 기분이 좋고 잠을 설친 다음날은 기분이 나쁘다면 수면의 질과 기분 사이에는 분명한 상관 관계가 있을 것이다. 한편, 수면 양이 다음날의 기분과 무관하다면 상관 관계도 없거나 수면이 기분에 영향을 끼치지 않아야 할 것이다.

여성들은 기록을 끝낸 다음 그들이 생각하기에는 각 요소들이 실제로 기분에 얼마나 영향을 끼치는지 평점을 매겼다. 놀랍게도 그네들이 매긴 평점은 수학적 분석으로 밝혀진 것들과 무관하거나 거의 관계가 없었다. 수학적 분석에 따르면 요일은 매우 중요한 요소로 작용했지만('선데이, 블러디 선데이') 수면의 질은 기분에 거의 영향을 끼치지 않았다. 그렇지만 여성 집단은 수면이 가장 중요한 요소라고 생각한 반면 요일은 비교적 중요하지 않게 여겼다. 게다가 각 요소별 개인 평점과 객관적으로 드러난 중요성은 관계가 없었다. 실제로 기분이 요일이나 날씨에 더 크게 휘둘리는 여성일수록 그러한 영향력을 중요하지 않게 여겼다. 요컨대, 사람들은 자기 기분이나 정서에 대해서도 원인을 잘 모른다는 말이다.

체크리스트

01 어떤 사건을 원인과 결과가 서로 비슷한 것으로 설명한다면 아무리 권위 있는 설명일지라도 의심해보아야 한다.

02 좀 더 믿을 만한 증거로 뒷받침되지 않는 역학적 발견들은 모두 의심해보아야 한다.

03 어떤 사건에 대해 맨 처음 떠올린 원인 외에 다른 원인들이 있지는 않은지 생각해보라.

04 원인과 결과를 구분할 때에는 처음 생각했던 원인과 결과가 혹시 반대 방향으로 작용했을 가능성은 없는지 생각해보라.

05 어떤 인과 관계든지 그 관계를 설명하는 기초 이론이 없다면 의심해보아야 한다.

06 대부분의 상황에서, 결과에서 원인을 추론하는 거나 원인에서 결과를 추론하는 거나 마찬가지로 타당하다는 점을 기억하라.

07 어떤 행동의 책임을 떠넘기면서 그 행동이 낳은 중대한 결과에 영향을 받지 말라.

08 똑같은 상황에서 다른 사람이라면 어떻게 했을까를 먼저 생각해보지 않은 채 어떤 사람에게 책임을 묻지는 말라.

09 남들도 다 나 같을 거라고 짐작하지 말라.

10 자기가 좋아하는 음식을 먹어라.

14장

엉뚱한 해석

이미 우리는 사람들이 자기 신념에 맞도록 증거를 왜곡하는 양상을 살펴보았다. 이 장에서는 아무 선입견이 없는 상황에서도 사람들이 철저하게 증거를 잘못 해석한다는 사실을 보여줄 것이다.

여기 간단한 문제가 두 개 있다. 첫째,[1] 동전을 여섯 번 던져서 다음과 같은 세 가지 경우가 나온다고 치자(H는 동전의 앞면, T는 동전의 뒷면을 가리킨다).

1. T T T T T T
2. T T T H H H
3. T H H T T H

위의 특정한 세 가지 결과 가운데 어떤 경우가 가장 실제로 일어날 법한지 생각해보자. 이때 대부분 T H H T T H를 고르지만 실제로 세 가지 결과가 일어날 확률은 똑같다. 이러한 오류는 첫 번째 결과와 두 번째 결과에 순서라는 요소가 보이기 때문에 발생한다. 동전을 던져서 앞면만 계속 나오거나 뒷면만 계속 나오는 게 특이하다는 이유로 이러한 결과가 무작위로 일어나지 않을 것처럼 생각하는 것이다. 사람들은 아마도 무의식적으로 순서 있는 결과보다는 무질서한 결과가 더 많이 나올 거라고 생각하고, 그래서 1번이나 2번 결과보다는 3번이 더 그럴싸하다고 여긴다. 그러나 이러한 추론은 오류를 범하고 있다. 이것이 순서를 무시한 '개별' 결과이므로 순서대로 나타나는 다른 특정 결과들보다 더 많이 일어날 이유가 없다는 점을 고려하지 않았기 때문이다. 동전이 어느 쪽으로 치우치지 않은 이상, 던져서 앞면이 나올 확률과 뒷면이 나올 확률은 똑같이 2분의 1이고 그렇다면 위의 세 가지 결과들이 일어날 확률은 전부 다 64분의 1로 완전히 똑같다.

이것이 바로 '대표성 오류(representativeness error)'의 한 예다. 우리는 뒤섞여 있는 다양한 결과들을 쉽게 구별하지 못한다. 그런데 동전을 여러 번 던지면 어느 한 면만 계속 나올 때보다 앞면과 뒷면이 번갈아 나올 때가 더 많기 때문에 우리는 1, 2번보다 3번이 일반적인 결과를 대표한다고 생각한다. 그러므로 우리는 3번이 다른 두 결과에 비해 더 발생할 확률이 높은 듯 착각하게 된다.

두 번째 문제는 이렇다.[2)] "런던에서 우리 옆집에 사는 사람은 교수입니다. 그는 시를 쓰기 좋아하고, 수줍음을 타는 편이며, 키가 작습니다." 이 말을 듣고 나서 그 교수가 중국학 교수일 확률이 높은지 심리학 교수일 확률이 높은지 물어본다 치자. 이때에도 대부분의 사람들은 틀린 답을 내놓는다. 이웃에 산다는 그 교수가 중국학 교수일 확률이 높다는 대답이 더 많이 나오는 것이다. 하지만 정답은 이웃집 교수가 심리학을 가르칠 확률이 높다는 쪽이다. 비록 인물 묘사가 중국학 교수에 더 잘 맞아떨어질지라도 영국에는 중국학 교수보다 심리학 교수가 훨씬 더 많다. 사실 중국학 교수는 거의 없다시피 하기 때문에 수줍음을 타고 시를 쓰고 키가 작은 심리학 교수들이 동일한 특성을 지닌 중국학 교수보다 더 많을 법하다. 하지만 사람들은 인물 묘사가 중국학 교수를 대표한다는 생각에 빠져서 중국학 교수들이 극히 소수라는 사실을 고려하지 않은 채 성급하게 결론으로 비약하고 만다.

변호사들이 잘 써먹는 속임수

어떤 사람이 어떤 집단의 전형적인 예라는 생각에 너무 기대면 훨씬 더 이상한 오류까지 범할 수 있다.[3] 피험자들에게 개별 인물들을 간단하게 묘사해보았다. 예를 들어 "린다는 서른한 살이고, 독신이며, 직설적이고, 아주 영리하다. 그녀는 철학을 전공했다. 학창 시절에는 사회정의와 차별 문제에 깊은 관심을 가졌고 반핵 시위에도 참여했다."라고 하자. 그다음에 피험자들에게 린다에 대한 다음 진술들을 보면서 어떤 것이 가장 사실일 것 같은지 순위를 정해보라고 했다. 진술들은 모두 같았지만 피험자에 따라 순서를 달리했다.

a. 린다는 초등학교 선생님이다.
b. 린다는 서점에서 일하고 요가 강좌를 듣는다.
c. 린다는 페미니스트 운동에 적극적이다.
d. 린다는 정신 보건 사회복지사다.
e. 린다는 여성 유권자 동맹 회원이다.

f. 린다는 은행원이다.

g. 린다는 보험 설계사다.

h. 린다는 은행원이고 페미니즘 운동에 적극적이다.

말할 것도 없이 피험자들은 린다가 페미니스트일 가능성(진술 c)이 은행원일 가능성(진술 f)보다 높다고 생각했다. 하지만 린다가 은행원이면서 페미니스트일 가능성(진술 h)은 단지 은행원이기만 할 가능성보다 높다고 생각했다. 그런데 이 판단은 옳을 수가 없다. 은행원 중에는 페미니스트가 아닌 사람들도 있기 때문에 분명히 은행원이면서 페미니스트인 사람보다는 단지 은행원인 이들이 더 많게 마련이다. 린다를 묘사한 내용이 전형적인 페미니스트를 나타내기 때문에(대표하기 때문에) 피험자들은 그들이 판단해야 하는 두 가지 범주가 결합했을 때 하나가 대표성에 맞는다는 이유로 이러한 오류를 범한 것이다. 피험자들은 비합리적이게도 린다가 페미니스트일 확률이 높다고 해서 린다가 두 가지 범주에 동시에 속할 확률(은행원이자 페미니스트)까지 높게 보았다. 좀 더 기술적으로 따져보면, 피험자들은 두 가지 확률을 곱하지 않고 단순하게 두 확률의 평균치를 낸 셈이다. 린다가 페미니스트일 확률이 0.7이라고 하고 은행원일 확률은 0.1이라고 하자. 그러면 린다가 은행원이자 페미니스트일 확률은 0.07이지 0.4(두 확률의 평균)가 아니다. 그런데 이런 문제를 제시하면 심리학과나 교육학과를 졸업해서 통계나 확률 이론을 좀 안다고 하는 사람들조차 똑같은 오류를 범한다. 의사나 경영 연구원들도 마찬가지다.

이런 종류의 오류는 다음과 같은 결과를 낳을 수 있다. 어떤 사람에게 아주 믿기 힘든 이야기를 하면서 정말 그럴싸한 이야기도 같이 하면 그 사람은 전자의 이야기도 믿을 가능성이 높아진다. 하지만 정말 그럴싸한 이야기가 약간 연관된다고 해서 믿기 힘든 이야기, 즉 있을 법하지 않은 이야기가 그럴 듯해지지는 않는다. 사실 모든 이야기들이 참일 확률은 아무리 그럴싸한 이야기를 덧붙인대도 (그 이야기가 사실일 확률을 또 곱해야 하기 때문에) 더 낮아진다. 앞에서 기술한 실험이 딱 그런 상황이다. 그럴싸한 소재가 등장함으로써 그렇지 않은 진술의 신뢰도가 높아질 것처럼 보인다. 하지만 이건 수많은 변호사들이나 수완 좋은 거짓말쟁이들이 잘 써먹는 속임수다. 여기에는 또 다른 메커니즘이 작용한다.

어떤 사람이 우리에게 믿을 만한 진술을 다양하게 들려준다면 우리는 그 사람의 진실성을 점점 더 믿을 것이다. 나아가 그 사람이 조금 신빙성이 떨어지는 말을 하더라도 우리는 그 말을 믿을 것이다. 이런 수법은 광고 대행사들이 널리 써먹고 있다. 실제로 광고를 만드는 사람들은 이걸 한 단계 더 발전시켜서 그들이 광고하는 상품을 구매하는 집단은 믿지만 다른 집단은 믿지 않을 법한 선전 문구를 찾는다. 예를 들어 얍얍이라는 애견 푸드를 광고하면서 "개들은 꼭 사람 같죠."라는 선전 문구를 내세운다 치자. 애견 인구 중에는 그 문구를 믿는 사람들이 많을 것이고 다른 사람들은 그렇지 않을 것이다. 개를 기르는 사람은 그 문구를 믿음으로써 광고가 내세우는 다른 주장들, 이를테면 "얍얍을 먹는 개는 털 색깔이 윤이 나고 자신감이 넘칩니다." 등도 신뢰하게 된다. 하지만 개가 사람 같다는 근거 없는 주장을 내세우는 이 문구는 두 가지 부가 효과도 낳는다. 첫째, 애견 인구라는 선택적 집단은 선전 문구가 일반 대중과 공유할 수는 없지만 자기에게는 각별한 진실을 전달하고 있기 때문에 광고가 아주 통찰력 있고 믿을 만하다고 생각할 것이다. 둘째, 이 문구는 광고주와 애견 인구 집단을 동일시한다. 그 결과, 앞에서 다룬 내집단 충성도가 작용해서 구매 가능성이 더 높아진다. 요컨대, 개를 기르는 사람들은 광고주가 믿을 만하고 통찰력 있으며 개를 사랑하는 자기 자신과 같은 집단에 속한다고 착각하고는 얍얍 애견 푸드를 사러 쏜살같이 달려갈 것이다.

이와 관련 있지만 더욱더 예기치 못할 오류가 입증되었다. 이 실험[4]에서 피험자들은 사회복지학에서 좋은 성적을 받은 학생들이었다. 그들은 특수한 정서적 문제를 안고 있는 가상의 고객 정보를 제공받았다. 이 고객이 단순히 "가학성 · 피학성 성적 환상"을 품고 있다고 했을 때에 사회복지학과 학생들은 그가 아동 성추행자일 가능성이 높다고 보았다. 하지만 다른 사회복지학과 학생들에게 그 고객이 "가학성 · 피학성 환상을 품고 있으며, 여가 시간에는 오래된 자동차를 수리하는 취미가 있고, 예전에 한 번 학교에서 도망친 적이 있다."고 묘사하자 학생들은 그가 아동 성추행자일 가능성을 훨씬 더 낮게 보았다. 그렇지만 추가 정보들은 그 사람의 성적 취향과는 관계 없는 것들이다. 사회복지학과 학생들은 추가 정보들이 정상적이기 때문에 그 사람의 성적 취향도 정상에서 벗어나지 않을 거라고 잘못 생각했던 듯하다. 하지만 우리가 아는 한 아동 성추행자도 얼마든지 오래된 차를 수리하는 취미가 있을 수 있다. 이러한 오류는 무의식적으로 오래된 차를 수리하는 사람이 아동 성추행자일 확률은 낮을 거라고 생각해서 일어났을 수도 있다. 하지만 이것 역시 오래된 차를 수리하지 않는 사람이 아동 성추행자일 확률도 똑같이 낮다는 사실을 지나쳤기 때문에 오류를 범하기는 마찬가지다. 11장에서 다루었던, 네거티브 사례에 주의를 기울이지 못한 또 다른 예라고 할 수 있다. 간단하게 요약하면, 어느 하나에서 다른 것을 추론하는 인간의 능력은 무관한 정보가 끼어듦으로써 무너져 내릴 수 있다.

지금까지 서로 다른 세 가지 오류를 기술했다. 다시 말해 어떤 것이 특정 범주의 전형이라고 해서 그 범주의 크기를 고려하지 않은 채 그것이 반드시 그 범주에 속할 거라고 추정하는 오류, 전체 기술의 일부가 참이라는 이유로 전체 기술도 참일 거라고 믿어버리는 경향, (관련도 없는) 다른 면에서 정상으로 묘사되었다고 해서 그 사람에 대한 비정상적인 정보의 효과를 축소해서 생각하는 경향이 그것이다. 이러한 오류는 모두 우리가 특정 집단을 대표하는 듯 보이는 것에 휘둘리기 때문에 벌어진다. 대표성에 현혹되어 신빙성이나 확률을 무시하는 것이다.

거짓말 탐지기는 거짓말쟁이다

우리가 특별한 훈련을 받지 않으면 확률을 다룰 수 없다는 점은 예를 들어 설명할 수 있다. 영국에서 해마다 심장병으로 죽는 사람은 30만 명쯤 되고 폐암으로 죽는 사람은 5만 5천 명쯤 된다. 담배를 많이 피우면 심장병으로 죽을 확률이 두 배로 높아지고 폐암으로 죽을 확률은 열 배나 높아진다. 그래서 사람들은 흔히 흡연이 심장병을 일으킬 확률보다 폐암을 일으킬 확률이 더 높다고 생각하고, 실제로 영국이나 다른 나라 정부는 이런 짐작을 근거로 금연 운동을 펼친다. 하지만 이 짐작은 틀렸다. 심장병 발병률이 훨씬 더 높다는 사실을 고려한다면, 폐암에 걸린 흡연자 한 사람당 심장 계통 질병이 두 가지가 넘을 것이다. 다음과 같은 간단한 계산(계산을 쉽게 하려고 성인의 절반은 담배를 피운다고 가정했다)으로 어떻게 이런 결론이 나오는지 알 수 있다. 흡연이 심장병에 걸려 사망할 확률을 두 배로 높이니까 해마다 20만 명의 흡연자가 심장병으로 죽는다면 비흡연자 중에서 심장병으로 죽는 인구는 10만 명이다. 하지만 담배를 피우지 않았어도 심장병으로 죽는 사람이 10만 명이라는 이야기는 결국 담배 '때문에' 심장병으로 죽는 사람이 해마다 10만 명이라는 뜻이다. 마찬가지로, 5만 5천 명의 흡연자들이 폐암으로 죽는다면 그중 5천 명은 담배를 피우지 않았어도 폐암으로 죽을 것이다. 따라서 흡연이 원인이 되어 폐암으로 죽는 사람은 5만 명이다. 그러므로 흡연 때문에 심장병으로 죽는 사람은 흡연 때문에 폐암으로 죽는 사람의 두 배에 달한다.

이러한 경우의 수를 다루는 것보다 더 중요한 게 있다. 바로 어떤 사건의 확률에 대해 새로운 정보가 주어지면 그 확률은 새로운 정보가 없었을 때의 사건 확률(기준율 혹은 사전 확률이라고 한다)과 반드시 결합해야 한다는 것이다. 이러한 확률을 어떻게 다루어야 하는가를 결정하는 형식적 공리는 18세기 초반에 살았던 영국의 수학자 토머스 베이즈(Thomas Bayes)가 처음 수립했다. 이 공리가 이토록 오래되었는데도 우리는 확률 이론에 너무나 서툴다. 그 점은 의사, 변호사, 경영자, 군사령관 등도 마찬가지다.

이러한 오류는 실험 연구로 여러 차례 입증되었는데, 다음에 소개하는 실험이 가장 잘 알려진 사례다.[5)] 피험자들에게 어떤 도시에 택시 회사가 두 곳 있다고 설명했다. 파란 택시 회사 차는 전체 택시의 85퍼센트를 차지한다. 초록 택시 회사 차는 나머지 15퍼센트를 차지한다. 그런데 한 택시가 뺑소니 사고를 냈다. 목격자는 자기가 본 게 초록 택시 같다고 했다. 몇 가지 검사를 해본 결과, 목격자가 당시 사고가 일어난 장소의 조명 상태에서 택시 색깔을 제대로 식별했을 확률이 80퍼센트라고 한다. 그러니까 목격자가 파란 택시를 초록 택시라고 했을 가능성도 20퍼센트는 된다는 말이다. 문제는 뺑소니 사고를 낸 택시가 파란 택시일까, 초록 택시일까 하는 것이었다. 피험자들은 대부분 "초록 택시"일 것 같다고 대답했다. 하지만 이 대답은 틀렸다. 비록 목격자의 증언이 대체로 정확할지라도 초록 택시보다 파란 택시가 훨씬 더 많기 때문이다. 목격자가 파란 택시를 보았는데(0.85) 초록 택시라고 잘못 말했다면(0.2) 이 경우의 확률은 0.85×0.2=0.17이다. 반면 목격자가 초록 택시를 보고(0.15) 초록 택시라고 제대로 말했다면(0.8) 이 경우의 확률은 0.15×0.8=0.12이다.(두 경우의 수를 합쳐도 1이 되지 않는 이유는 목격자가 초록 택시가 아니라 파란 택시를 보았다고 대답할 수 있는 경우도 있기 때문이다.) 따라서 문제의 택시가 파란색일 가능성보다 초록색일 가능성이 17 대 12로 더 낮다. 조금 달리 표현하면 그 택시가 실제로 초록 택시일 확률은 40퍼센트밖에 안 된다. 피험자들은 사건의 일반적인 빈도(초록 택시일 확률)에 충분한 주의를 기울이지 않고 새로운 사건 정보(목격자의 증언)에만 너무 신경을 썼기 때문에 이러한 실수를 했다.

실생활에서 기준율을 고려하지 못한 흥미로운 사례가 있는데, 미국 기업계와 거짓말 탐지기에 대한 것이다.[6] 워싱턴에서 닉슨에 이르는 미국 대통령들이 그랬듯이 이 나라는 거짓말(혹은 참말) 여부에 특히 관심을 보여왔다. 그래서 미국은 영국보다 거짓말 탐지기를 훨씬 더 자주 사용한다. 거짓말 탐지기는 사람이 스트레스를 받거나 흥분할 때에 나타나는 모든 반응, 즉 피부 전도성, 호흡도, 목소리 떨림 등을 측정한다. 심문을 하는 사람은 악의 없는 여러 가지 질문들을 던지면서 간간이 정도의 차이는 있지만 미묘한 유도 질문("어제 체이스맨해튼 은행에서 강도짓을 했지요?")을 던진다. 만약 그 사람에게 죄가 있다면 거짓말 탐지기에 변화가 나타난다고 한다. 사람들은 고발을 당했다는 두려움만으로도 흥분할 수 있고, 그밖의 여러 이유에서 거짓말 탐지기는 불완전하다. 거짓말 탐지기 결과 때문에 도둑으로 몰렸다가 나중에 다른 사람이 그걸 갖고 있는 걸 보고서야 혐의가 풀린 경우도 많았다. 이런 이유 하나만으로도 거짓말 탐지기는 틀리기 쉽다. 그런데도 미국 기업에서는 사원들의 도둑질을 가려내겠다고 여전히 거짓말 탐지기를 폭넓게 활용하고 있다.

이제 거짓말 탐지기가 거짓말을 가려낼 확률이 90퍼센트라고 해보자(물론 실제는 이것보다 낮다). 그러니까 죄 없는 사람도 10명 중 1명은 거짓말을 한다고 여겨질 수 있고 죄 있는 사람도 10명 중 1명은 거짓말이 아니라고 여겨질 수 있다(실제로는 두 경우의 수가 일치하지 않을 가능성이 더 높다). 어떤 사원이든 죄가 있다고 여겨지면 회사에서 쫓겨난다. 얼핏 보기에는 거짓말 탐지기가 9명의 범인은 제대로 짚어내고 죄 없는 1명만 억울하게 될 것 같다. 회사 경영자들은(다른 상당수는 그렇지 않겠지만) 그 정도 확률이면 꽤 괜찮다고 여긴다. 하지만 이 추론은 틀렸다. 도둑질을 하는 사원보다는 도둑질을 하지 않는 사원이 절대적으로 많을 것이다. 어떤 회사에서 1천 명의 사원들이 일한다고 치자. 그리고 일 년 동안 전체 사원의 1퍼센트(10명)는 회사 재산을 도둑질하고 나머지 99퍼센트(990명)는 그렇지 않다고 치자. 모든 사원들이 거짓말 탐지기 조사를 받는다면 죄 있는 10명 중 9명(90퍼센트)은 조사를 통과하지 못할 것이다. 그렇지만 아무 죄도 없는 990명 중에서 99명(10퍼센트) 또한 조사를 통과하지 못할 것이다. 그러니까 진짜 죄 있는 사람 한 명을 잡겠다고 아무 죄도 없는 사람을 10명 가까이 잘못 지목하는 꼴이다. 일단 '기준율'을 고려한다면 죄 있는 사람보다 다수의 무고한 사람들이 더 괴로워진다는 사실을 알 수 있다.

덧붙여 말하면, 거짓말 탐지기를 좀 더 영리하게 사용하는 법도 있다. 예를 들어 데스크톱 컴퓨터 한 대가 없어졌다면 사람들에게 여러 가지 타입의 컴퓨터들을 보여줄 수 있다. 잃어버린 컴퓨터의 외관을 아는 사람들만 가려서 그 컴퓨터에 대해 거짓말 탐지기 조사를 받게 한다. 이론상으로는 거짓말 탐지기에 긴장감이 드러난다는 이유만으로 무고한 사람을 죄인으로 지목할 수는 없다. 하지만 이렇게 좀 더 미묘한 방법을 사용하는 경우는 드물 뿐더러 그렇더라도 오류의 가능성은 여전히 있다. 결과적으로 죄 있는 사람보다는 죄 없는 사람이 더 많기 때문에 거짓말 탐지기는 범인을 잡기보다 헛다리를 짚을 가능성이 더 높다. 이러한 문제점에도 불구하고 미국의 여러 주에서는 거짓말 탐지기를 계속 사용하고 있다.

기준율을 고려하지 않으면 의학적 검사의 결과를 해석할 때 심각한 오류를 저지를 수 있다. 12장에서 보았듯이 많은 의사들이 유방암 뢴트겐 조영검사법을 제대로 활용하지 못하는 이유도 그 바탕은 같다. 여기서 다른 예를 더 들 것이다.[7] 세계 최고의 의료 기관이라고 할 수 있는 하버드 메디컬스쿨 재학생과 관계자에게 질문해보았다. 어떤 질병이 1천 명에 1명꼴로 발병하며 질병이 없는 사람도 검사를 하면 양성 반응이 나올 확률이 5퍼센트라고 치자. 이 질병 검사에서 양성 반응이 나온 환자에게 실제로 그 질병이 있을 확률은 몇 퍼센트나 될까? 이 질문을 받은 의대생과 인턴 60명 가운데 절반이 95퍼센트라고 대답했다. 정답인 2퍼센트를 맞힌 학생은 고작 11명이었다. 머리가 좋다고 해서 엄청난 오류를 저지르지 말라는 법은 없나 보다.

확률은 계산할 필요가 없을 때에도 사람들을 당황시킨다. 예를 하나 들어보자. 역시 의료계에서 빌려온 예인데, 원래는 배런이 제시했던 것이다.[8] 피험자들에게 이런 질문을 던졌다. "움피티스가 있을 확률이 0.8인 환자가 있는데 Z선 검사 결과가 양성으로 나오면 진단을 확증해 줄 것이다. 하지만 결과가 음성으로 나오더라도 단정할 수는 없다. 결과가 음성이라면 확률은 0.6으로 떨어진다. 움피티스 치료는 워낙 고통스럽기 때문에 만약 그 병이 아닌데도 치료를 시행한다면 그건 실제로 병이 있는데도 치료를 하지 않고 내버려둔 것과 마찬가지로 나쁜 일이라고 생각할 정도다. Z선 검사 외에는 달리 해볼 수 있는 검사가 없다면 그 검사를 해야 할까?"

많은 피험자들이 검사를 해야 한다고 대답했다. 하지만 사실은 검사를 하지 않아야 하는 게 맞다. 검사 결과가 음성으로 나온다 한들 환자에게 병이 있을 확률은 병이 없을 확률보다 높다(확률이 최소 0.6이므로). 그러니까 모든 환자들이 검사 결과에 상관없이 치료를 받아야 한다. 배런은 어떤 의사가 휴식 외에는 치료 방법이 없는 환자라는 걸 알면서도 고가의 CAT 스캔 검사를 받게 하려 했던 일화를 전해준다. 그 의사는 "진단을 확증하고 싶었다."고 하지만, 쓸모도 없는 진실을 얻어내려고 그런 검사를 한다면 검사를 받느라 환자의 몸에 무리를 주거나 너무 비싸서 환자의 주머니 사정에 부담이 된다. 일화만 보고 하는 말이라고 생각지 말라. 1990년에 영국 방사능 진단과 및 마취과 왕립학회가 발표한 보고서를 보면 영국에서 해마다 쓸데없는 엑스선 검사로 죽는 사람이 250명이라고 한다. 의학적 검사 결과가 치료와 상관 없다면 검사를 해서는 안 된다.

여기서 확률을 계산하는 지식이 필요 없는 문제를 하나 살펴보자.[9]

카드가 세 장 있는데, 한 장은 양면이 다 하얀색이고 또 한 장은 양면이 다 빨간색이며 나머지 한 장은 한 면은 하얀색, 한 면은 빨간색이라고 한다. 탁자 위에 카드 한 장이 놓여 있는데 윗면이 빨간색이다. 그렇다면 그 카드가 뒷면도 빨간색일 확률은 얼마일까? 다음으로 넘어가기 전에 대답부터 해보기 바란다. 대다수 사람들은(나를 포함해서) 처음에 이 문제를 보면 2분의 1이라는 답을 내놓는다. 그 카드가 양면 다 하얀색일 확률은 없다. 그러니까 문제의 카드는 빨간색-빨간색 카드거나 빨간색-하얀색 카드거나 둘 중 하나다. 하지만 이 답은 틀렸다. 테이블 위에 놓여 있는 빨간색은 세 개의 빨간색 면 중 하나다. 빨간색-하얀색 카드의 한 면일 수도 있고 빨간색-빨간색 카드의 두 면 중 하나일 수도 있다는 말이다. 이 세 가지 가능성 중에서 각각 뒤집으면 두 번은 빨간색이 나올 것이고 한 번은 하얀색이 나올 것이다. 그러므로 카드를 뒤집어서 빨간색이 나올 확률(즉 빨간색-빨간색 카드일 확률)은 2분의 1이 아니라 3분의 2다. 왜 사람들이 이런 실수를 하는지는 명확하지 않다. 아마도 가능한 카드의 수(2)가 가능한 빨간색 면의 수(3)보다 더 가용적으로 보이기 때문일 것이다.

결과가 확률로 이야기되지 않고 확실하게 나타난다면 사람들이 다양한 증거의 파편들을 좀 더 잘 결합할 수 있을 거라고, 그러니까 이 장에서 다룬 실수들이 그렇게까지 중요하지는 않다고 주장할 수도 있다. 하지만 불행히도 모든 중대한 판단은 대개 불확실한 요소를 포함하고 있다. 예를 들어 어떤 전략이 성공할 가능성이 가장 높은지 알아보려는 군사령관, 일련의 증상을 보고 환자의 질병을 추론하는 의사, 상반되는 증거를 듣고 나서 피고인의 유죄 여부를 결정해야 하는 판사를 생각해보라. 실생활에서 좀 더 사례를 들어 보이기 전에 먼저 통계 사용을 언급할 것이다.

"줄담배 우리 아버지, 100살까지 사셨지."

대부분의 사람들은 통계 지식이 전무하거나 아주 초보적이다. 많은 이에게 '통계'는 불쾌한 단어다. 때로는 "무엇이든 통계로 입증할 수 있다."는 터무니없는 주장도 듣는다. 하지만 이것은 통계가 잘못 사용될 때에만 참일 수 있다. 실제로 통계를 비방하고 헐뜯는 짓은 무식한 사람들이 자존심을 지키려고 써먹는 수법일 뿐이다. 많은 독자들은 사람들에게 통계나 기본적인 확률 이론을 기대할 수 없다고 느낄지도 모른다. 하지만 우리 모두는 직관적으로 통계적 판단을 내리는 때가 많고, 우리의 잘못된 직관은 가히 통탄할 만한 오류를 낳기도 한다. 많은 이들이 앞에서 보았던 것 같은 계산을 할 수는 없더라도 기준율을 반드시 고려해야 한다는 점만 깨닫는다면 훨씬 더 합리적으로 생각할 것이다. 정확한 답을 구할 수는 없어도 진실에 좀 더 가까이 다가갈 수 있을 것이다. 그럼으로써 사람들은 분명히 확률들이 결합하는 일반적 방식, 11장에서 보았던 것 같은 두 사건을 연관 지을 때에 필요한 사항에도 민감해질 수 있다. 형식 통계학이나 확률 이론(모든 통계의 기초가 된다)을 일부러 배우지 않더라도 말이다. 나중에 보겠지만, 많은 상황에서 합리적 사고, 다시 말해 좀 더 옳을 가능성이 높은 결론을 내리기 위한 사고는 반드시 숫자를 다룸으로써 뒷받침해야 한다. 프랑스의 수학자이자 과학자인 푸앵카레(Jules-Henri Poincaré)가 지적한 것처럼 "수학은 부정확하거나 뜬구름 같은 생각을 표현할 수 없는 언어다."

간단한 통계적 추론에서 직관적 이해가 결여된 경우는 다음 두 실험에서 잘 드러난다. 피험자들에게 어느 마을에 병원이 두 곳 있다고 했다.[10] 큰 병원 산부인과 병동에서는 아기가 하루에 평균 45명 태어나고 작은 병원에서는 평균 15명이 태어난다. 일 년 동안 태어나는 아기의 남녀 비율은 반반으로 두 병원 모두 같다. 피험자들에게 신생아의 60퍼센트가 남자 아기인 날이 더 많은 병원은 어디일 것 같은지 물어보았다. 그러자 대부분은 두 병원에 차이가 없을 거라고 대답했다. 하지만 실제로는 남자 아기 비율이 60퍼센트인 날은 큰 병원보다 작은 병원이 두 배로 많았다. 이 예는 중요한 원칙을 알려준다. 서로 다른 사건들이 어떤 특정한 확률로 일어난다고 할 때, 사건들의 연쇄가 넓은 범위에 걸쳐 일어날수록 서로 다른 사건들이 실제로 발생하는 빈도는 그 사건들의 원래 빈도(정해져 있는 확률)에 더 가까워진다. 이 원칙을 이해하기 위해 동전을 연속 네 번 던진다고 생각해보자. 앞면과 뒷면이 이루는 가능한 경우는 16가지이다(2분의 1을 4회 곱하면 16분의 1이 나오므로). 그중에서 앞면만 연속으로 나오는 경우는 단 하나다. 그러니까 100퍼센트 앞면만 나올 확률은 16분의 1이다. 이제 동전을 연속 100번 던진다고 치자. 그러면 가능한 경우는 1,024가지가 나오고 그중 앞면만 나오는 경우는 오직 하나다. 그러므로 100퍼센트 앞면만 나올 확률은 1000분의 1도 안 되는 값으로 떨어져버린다. 하지만 내가 앞면이 75퍼센트만 나올 확률을 선택한대도 똑같이 생각할 수 있다. 동전을 던지는 횟수가 적을수록 앞면만 나올 확률이 다시 커질 법하다. 표본의 크기가 클수록 그 표본 내에서 사건 발생 빈도가 진짜 빈도와 가까워진다는 규칙은 '대수의 법칙(law of large numbers)'으로 잘 알려져 있다. 이 법칙은 스쿼시 선수를 포함하여 누구에게나 의미가 있다.

카너먼(Daniel Kahneman)과 트버스키(Amos Tversky)가 지적했듯이 스쿼시 경기는 9점 혹은 15점을 먼저 얻어야 한다. 그런데 실력이 뛰어난 선수는 15점제 게임에서 이길 확률이 더 크다.

잘못된 추론의 두 번째 예는 대수의 법칙을 모르는 데서 온다.[11] 피험자들에게 빨간 공과 하얀 공이 들어 있는 항아리를 떠올려보라고 했다. 항아리에 있는 공 가운데 3분의 2는 어느 한 색깔이고 나머지는 다른 색깔이다. A라는 사람이 공을 다섯 개 꺼냈는데 그중 네 개가 빨간 공이었다. B라는 사람이 20개의 공을 꺼냈는데 12개가 빨간 공이었다. 피험자들에게 A와 B 중 어떤 사람이 좀 더 자신 있게 항아리의 3분의 2를 차지하는 공이 빨간색이라고 말할 수 있을까 물어보았다. 대부분은 A가 꺼낸 빨간 공의 비율이 더 높기 때문에 A가 더 자신이 있을 거라고 대답했다. 그 답은 틀렸다. 대수의 법칙을 고려하면 B가 꺼낸 표본의 크기가 더 크기 때문에 똑같이 빨간 공이 전체의 3분의 2일 거라고 추측하더라도 B의 추측이 A의 추측보다 두 배는 더 옳을 가능성이 높다.

큰 수의 사건들(모집단)에서 선택한 제한된 수의 사건들(표본)에서 얻은 정보로 결론을 끌어내려면 일단 그 전에 표본 통계를 다소 이해하는 게 중요하다. 여론 조사는 치밀하게 계산한 표본 사용으로 투표 의향을 밝힌다. 선택치를 넘어서지 않는 약간의 고정된 오차 범위, 이를테면 20회 중 19회 오차 범위 ±1퍼센트 식으로만을 허용하는 결과를 얻는 데 필요한 표본 크기는 사전에 결정할 수 있다. 물론 설문 조사자가 통제할 수 없는 여러 가지 요인, 그러니까 거짓 답변이나 투표장에서의 변심 등이 여전히 꽤 큰 오류를 낳을 수 있다.

표본 크기를 고려하지 못하는 실수를 보여주는 실험은 많이 있다.[12]

한 실험에서는 미국 학생들에게 10여 명의 상급생들이 작성한 강의 평가를 나타내는 표를 보여주거나 그 과목을 들었던 상급생 2, 3명을 만나서 직접 강의 이야기와 그네들의 주장을 뒷받침하는 간단한 코멘트를 듣게 했다. 학생들이 선택한 과목을 보니 더 많은 수의 상급생들에게서 나온 강의 평가보다 소수의 상급생과 대면했던 경험이 더 큰 영향을 끼쳤다. 자주 그렇듯이 여기서도 가용성 오류가 판단을 흐렸다. 학생들은 가용성 때문에 표본 크기의 중요성을 잊었다. 몇 안 되는 상급생들과 나눈 대화는 대표성 있는 표본이라고 하기 어렵지만 더 많은 학생들에게서 취합한 무미건조한 데이터보다 더 깊은 인상을 남겼던 것이다.

니스벳과 로스는 이러한 오류가 미국의 사법 제도에 깊이 배어 있다고 지적한다. 사형 제도를 폐지한 주와 유지하고 있는 주의 살인 범죄 발생률 통계는 미국 대법원에서 거의 회자되지 않는다. 그 대신 소수의 판례를 토대로 중대한 결정을 내리고 있다. 이런 현상은 흡연자들이 흔히 하는 말을 떠올리게 한다. "우리 아버지는 하루에 담배를 100개비는 족히 피웠지만 그래도 아흔아홉 살까지 사셨지." 과음을 즐기는 사람들이 하는 말도 똑같다. "우리 할아버지는 아침 댓바람부터 진한 병을 다 비웠지만 잔병치레라는 걸 모르는 분이셨어." 이러한 사례들은 항상 찾기 쉽고 드라마틱하기 때문에 쉽게 써먹을 수 있고 어떤 사람들은 흡연이나 과음이 해롭지 않다고 생각하게 될지도 모른다. 그렇지만 중요한 것은 개별 사례가 아니다. 개별 사례는 예외일 수도 있고 그렇지 않을 수도 있다. 중요한 것은 흡연이나 과음 때문에 병이 나거나 사망할 확률이다. 이러한 확률은 오로지 흡연 인구와 과음 인구를 대표하는 충분한 크기의 표본을 살펴봐야 얻을 수 있다.

종종 크기가 작은 표본에 지나치게 신경을 쓰는 바람에 비합리적인 판단이 빚어지기도 한다. 그러한 표본은 전형을 벗어난 결과를 낳기 쉽다. 하지만 또 다른 방식으로 표본에 근거한 판단이 종종 빗나가기도 한다. 표본 수가 충분하더라도 표본이 편향되어 있는 경우가 그렇다. 나도 이러한 오류에 빠진 적이 있다. 런던 얼스코트 로드를 따라 자리 잡은 술집에서 마주치는 오스트레일리아 남자들은 대개 시끄럽고 기운이 넘친다. 오스트레일리아 여자들도 튼튼하고 다리가 길다. 게다가 영국 언론에서는 대개 오스트레일리아 사람들을 코르크가 덜렁거리는 모자를 쓰고 다니는 약간 촌스러운 모습으로 그리곤 한다. 하지만 내가 처음으로 시드니에 가서 보니 놀랍게도 코르크 달린 모자는 전혀 볼 수 없었다. 더욱이 오스트레일리아에 사는 사람들은 남녀를 불문하고 대단히 예의 바르고 얌전하다는 걸 알게 됐다. 분명히 내가 런던에서 만났던 오스트레일리아 사람들의 표본은 편향되어 있었고, 다시 말해 대부분의 오스트레일리아 사람을 대표하지 못했다. 아마도 오스트레일리아는 거친 사람들은 외국으로 내보내고 그렇지 않은 사람들만 국내에 머무는 나라인가 보다.

사람들이 표본의 대표성을 고려하지 못한다는 것을 보여주는 몇몇 실험이 있었다. 그중 한 실험에서는 피험자들에게 교도관과 인터뷰한 비디오를 보여주었다.[13)] 피험자의 절반은 아주 비인간적인 교도관의 모습을 보았다. 그는 죄수들이 무슨 구제 불능의 짐승인 양 이야기했다. 나머지 절반의 피험자들은 죄수들의 갱생이 가능하다고 생각하는 인간적인 교도관의 모습을 보았다. 두 집단의 피험자들 가운데 일부에게는 자료 화면에서 본 것이 교도관들의 전형적인 모습이라고 말했고, 일부에게는 그 화면은 아주 예외적인 교도관의 모습이라고 했으며, 나머지 사람들에게는 아무 정보도 주지 않았다. 그런데 화면 속의 교도관이 얼마나 전형적인가 하는 정보는 교도소에 대한 피험자들의 견해에 별 영향을 주지 않았다. 선량한 간수를 본 피험자들은 대부분 교도관 전체가 죄수를 정당하게 대우하고 죄수들의 복지에 관심이 있다고 생각했다. 한편 성질 나쁜 교도관을 본 피험자들은 대부분 교도관 전체가 그런 식으로 행동한다고 생각했다. 눈에 띄는 사례 하나가 전형적인 것은 아니라고 미리 주의를 주었는데도 피험자들은 여전히 그것을 전형적으로 생각하고 모집단(이 사례에서는 교도관 전체)도 그럴 거라고 판단하는 경향이 있었던 것이다. 지나치게 크기가 작거나 편향된 표본을 보고 내린 판단은 비합리적인 신념을 유지하는 데 지대한 역할을 한다. 또한 앞에서 이미 보았듯이 부분적으로는 편견 어린 고정 관념을 형성하는 데도 작용을 한다.

불행히도 개인들만 표본의 크기와 대표성에 무신경한 게 아니다. 마땅히 그런 부분을 잘 알아야 하는 조직도 종종 그런 행태를 보인다. 주목할 만한 사례로 〈리터러리 다이제스트(Literary Digest)〉가 우편 설문조사에 의거하여 루스벨트가 1937년 대통령 선거에서 큰 표 차로 패배할 것이라고 예측했던 사건을 들 수 있다.[14)] 사실 설문지를 작성해서 반송한 사람들은 23퍼센트에 불과했고 그들은 전반적으로 미국 시민 중에서 부유층에 쏠려 있었다.

영국의 거대 소비자 단체가 내는 잡지 〈위치?〉의 발행인들은 으레 표본 크기의 중요성을 인식하지 못하는 우를 범한다. 이 잡지는 상품의 다양한 브랜드를 비교 평가하며 순위를 매기곤 하는데, 그들이 각 모델을 얼마나 많이 테스트해보았는가에 대해서는 일언반구도 없다. 어떤 모델의 제품을 항상 단 한 개만 테스트하는 것은 아닐지라도 자주 그러는 것 같다는 인상을 강하게 받게 된다. 그러고서 이 잡지는 여러 가지 다양한 규준에 근거하여 각 모델을 평가하는 단계로 넘어간다. 예를 들어 〈위치?〉 1990년 5월호는 43가지 진공 청소기에 대한 보고서를 게재했다. 각 모델은 먼지 수집 성능, 섬유 수집 성능, 먼지 봉투 막힘 방지 기능, 먼지 봉투가 가득 찼다는 표시 기능, 청소관 막힘 방지 기능, 흡입력, 먼지 비움 기능, 소음, 내구성 등 그밖에도 많은 항목들에 따라 순위를 매겼다. 〈위치?〉는 서로 다른 모델들 간의 차이만큼 같은 모델의 다른 제품들 간에도 차이가 발생할 수 있다는 가능성을 고려하지 않는다. 그들이 내세우는 '구매 추천' 제품은 단지 운이 좋아서 뽑힌 걸 수도 있다. 다양한 자동차 모델도 같은 식으로 순위를 매긴다면 같은 브랜드, 같은 모델이라 해도 개별적인 차량의 차이를 무시함으로 오류를 범할 가능성이 더욱 높아진다. 자동차는 극도로 복잡 다단한 제품이고 어느 부분에 작은 결함만 생겨도 많은 문제를 파생시킬 수 있기 때문이다. 이러한 사례들 가운데 각 모델의 단 한 제품, 혹은 소수 제품만 테스트하여 서로 다른 모델들의 특성이 어떤 차이가 있는지 결론 내릴 수는 없다.

체크리스트

01 겉으로 보이는 것만으로 판단하지 말라. 어떤 것이 Y보다 X 같아 보이더라도 X보다 Y가 더 많다면 Y일 가능성이 더 높을 수도 있다.

02 두 가지 이상의 정보를 포함하는 진술은 그중 한 가지 정보만 포함하는 진술보다 사실일 확률이 항상 낮다는 점을 명심하라.

03 진술의 일부가 참임을 안다고 해서 그 진술 전체가 참이라고 믿지 않도록 조심하라.

04 Y라는 전제에서 X일 확률을 알고자 할 때에는(목격자가 초록 택시라고 했는데 실제로 그 택시가 초록색일 확률) X의 진짜 확률을 알아내기 위해 기준율(초록 택시의 빈도)을 고려해야 한다는 점을 명심하라.

05 주어진 속성 혹은 사건의 빈도를 관찰할 때는 표본이 클 때보다 표본이 작을 때에 모집단에서의 빈도에서 멀어지기 쉽다는 사실을 명심하라. 그러므로 크기가 작은 표본을 믿어서는 안 된다.

06 표본의 편향성을 경계하라.

07 〈위치?〉는 믿을 게 못 된다.

15장

일관성 없는 결정

사람들은 투자할 준비가 되어 있는 내기에 대해서 상당히 일관성이 없다. 이 사실을 입증하기 전에 먼저 내기의 '기댓값'이라는 것을 정의할 필요가 있다. 기댓값은 내기 횟수가 많을 때에 내기 한 판당 따거나 잃을 것으로 예상되는 금액이다. 예를 들어 어떤 사람이 지면 여러분이 10파운드를 받고 여러분이 지면 그 사람에게 5파운드를 줘야 한다고 치자. 그 사람이 질 확률은 0.4이고 여러분이 질 확률은 0.6이다. 그러니까 10번 연속 내기를 한다고 치면 평균적으로 그 사람은 여러분에게 10파운드씩 4번을 주고 여러분은 그 사람에게 5파운드씩 6번을 줘야 한다. 그러므로 10번 내기를 기준으로, 여러분은 40파운드를 받고 30파운드를 내준다. 따라서 여러분은 10파운드 이익을 볼 확률이 높다. 그러면 내기 한 판의 기댓값을 계산하기 위해서 10파운드를 10(내기 횟수)으로 나누어야 하고 그 값은 1파운드다. 이건 다소 성가신 계산법이다. 획득 금액과 획득 확률을 곱한 값에서 손실 금액과 손실 확률을 곱한 값을 빼더라도 똑같은 결과를 얻을 수 있다. 그러니까 기댓값은 (10파운드×0.4)−(5파운드×0.6)=1파운드다.

그런데 내기 한 판에서 반드시 1파운드를 챙길 수 없다는 건 분명하다. 10파운드를 따든지 5파운드를 잃든지 둘 중 하나이기 때문이다. 기댓값이라는 것은 운이 작용하지 않을 정도로 내기 횟수가 많을 때에, 앞에서 다룬 대수의 법칙에 따라 가장 그럴 법한 결과가 나올 때의 값이다. 내기를 한 판만 했는데 운이 좋아 10파운드를 챙겨 갈지도 모르니 기댓값 따위는 아무 상관도 없다고 말할지도 모른다. 하지만 그건 빈약한 논증이다. 내기에서 이길지는 알 수 없는 거고 사실 이 예에서는 여러분이 질 확률이 더 크다. 이 내기는 한 판만 하더라도 인생은 도박의 연속으로 볼 수 있고 목표를 최대한으로 달성하고 싶다면 항상 도박의 기댓값이 높은지 분명히 알아두는 게 좋다. 운이라는 건 언젠가 바닥나겠지만 기댓값은 원하는 것을 만족시킬 가망성을 최대화해 주기 때문이다.(다음에 다루겠지만 기댓값을 항상 금전적으로 표현해야 하는 것은 아니다.) 기댓값은 획득치와 획득 확률을 곱한 값에서 손실치와 손실 확률을 곱한 값을 뺀다. 물론 마이너스 결과가 나올 수도 있는데, 이 경우에는 돈을 잃을 확률이 더 크므로 좋은 내기라고 할 수 없다.

왜 내가 하는 내기는 다 이길 것처럼 보일까?

이제 어떤 내기를 할 것인가를 결정하면서 사람들이 얼마나 비합리적인가라는 문제로 돌아가자. 실제로 사람들은 불리한 내기를 자주 한다. 10파운드를 걸고 동전 던지기 내기를 하자고 하면 싫다는 사람이 해당 관리 기관에 지불하는 비용이나 주최측이 떼어가는 돈을 감안하면 기댓값이 0에도 미치지 못하는 로또나 내기 경마에는 같은 금액을 기분 좋게 쓴다. 로또 한 장에 1파운드인데 상금이 50만 파운드라고 치자. 상금을 탈 확률은 100만 분의 1이다. 그러면 이 복권의 기댓값은 50펜스-1파운드, 즉 마이너스 50펜스다. 다시 말해서 이 로또나 그 비슷한 내기를 아주 많이 한다고 하면 평균 1회당 50펜스를 잃을 것으로 예상된다는 뜻이다. 이렇듯 명백하게 불리한 내기에 빠져드는 이유가 뭘까? 아마도 막대한 상금에 강한 인상을 받기 때문일 것이다. 상금은 엄청나 보이는 반면, 복권 한 장을 구입하는 비용은 있으나 마나 한 돈이라고 여기는 것이다. 상금의 규모는 승산이 아주 낮다는 사실을 묻어버린다. 돈을 버는 것만이 목적이라면 이런 내기는 분명히 비합리적이다. 하지만 50만 파운드가 생길지도 모른다는 기분 좋은 상상이 50펜스만큼 가치가 있다면 돈을 잃더라도 합리적인 내기가 된다.

그렇지만 내기에서의 비일관성은 합리적일 수가 없다. 물론 당사자의 기분에 따라서 똑같은 내기라 해도 어떤 날은 하고 다음날은 안 할 수 있다. 하지만 더욱 흥미로운 것은, 똑같은 내기를 어떻게 표현하느냐에 따라서 수락하기도 하고 거절하기도 한다는 사실이다. 한 실험에서 대부분의 피험자들은 확률 0.25로 30파운드를 받는 쪽(기댓값 7.5파운드)보다 확률 0.2로 45파운드를 받는 쪽(기댓값 9파운드)을 택했다.[1] 이러한 결정은 분명히 합리적이다. 하지만 이 두 내기는 한 단계밖에 없었다. 그런데 똑같은 내기를 두 단계로 설정하여 제시했을 때에는 피험자들의 선택이 달라졌다. 1단계가 끝나자 내기 참가자의 75퍼센트는 탈락해서 상금을 전혀 타지 못했다. 반면 25퍼센트의 참가자는 2단계로 넘어갔다. 2단계에 진출한 사람들은 100퍼센트 확실하게 30파운드를 받거나 0.8의 확률로 45파운드를 받을 수 있었다. 〈표5〉를 보면 이 실험 상황을 확실히 파악하는 데 도움이 될 것이다. 피험자들은 1단계를 시작하기 전에 2단계 진출할 경우 어느 쪽을 택할 것인지 미리 정했다. 그런데 피험자 대부분이 2단계에 진출하여 30파운드를 100퍼센트 확실하게 챙기겠다고 했다. 표를 보면 알겠지만 기댓값으로 따져본다면 아까 보았던 한 단계짜리 내기와 전혀 다를 바가 없다. 참가자의 25퍼센트만 2단계로 진출할 수 있기 때문에 한쪽 옵션의 기댓값은 0.25×0.8×45파운드=9파운드이고 다른 옵션의 기댓값은 0.25×1.0×30파운드=7.5파운드다. 어째서 피험자들은 이렇게 일관성 없게 행동했을까? 아마도 1단계를 무사히 통과하면 30파운드를 확실히 받을 수 있다는 사실에 깊은 인상을 받았기 때문이리라.

〈표5〉

	2단계 진출 확률	획득 확률	획득 금액	기댓값
한 단계짜리 내기				
옵션A	N/A	0.2	45파운드	9파운드
옵션B	N/A	0.25	30파운드	7.5파운드
두 단계짜리 내기				
옵션A	0.25	0.8	45파운드	9파운드
옵션B	0.25	1.0	30파운드	7.5파운드

사람들이 확실성에 비합리적으로 휘둘린다는 사실을 보여주는 실험들은 그외에도 많다. 그러한 실험 중 하나는 피험자들에게 전체 인구에 대한 감염 확률이 20퍼센트인 새로운 바이러스가 발견되었다고 했다.[2)] 이 바이러스 예방 접종은 성가시고 괴롭기는 해도 치명적인 부작용은 없다. 일부 피험자들에게는 예방 접종을 받으면 바이러스를 막을 수 있는 확률이 50퍼센트라고 했다. 다른 피험자들에게는 문제의 바이

러스에는 두 가지 변종이 있는데 둘 다 감염률은 전체 인구의 10퍼센트 수준이고 예방 접종을 받으면 한 가지 종류는 완벽하게 막을 수 있지만 다른 종류에는 전혀 효과가 없다고 했다. 두 경우 모두 예방 접종으로 바이러스 감염을 막을 확률이 50퍼센트로 동일하다는 점을 눈여겨보자. 하지만 실험에서는 첫 번째 집단보다 두 번째 집단이 훨씬 더 예방 접종을 지지하는 결과가 나타났다. 똑같은 문제에 서로 상이한 태도가 나타난 것이다. 앞의 실험에서 피험자들이 1단계를 통과하면 100퍼센트 확실하게 30파운드를 받을 수 있다는 사실에 휘둘렸던 것처럼 두 번째 집단은 바이러스의 두 가지 변종 중 하나를 '확실히' 막아준다는 점에 영향을 받았다. 어느 단순한 연구 실험에서도 피험자들에게 99퍼센트 확률로 100네덜란드길더를 받든가 50퍼센트 확률로 250길더를 받든가 둘 중 하나를 선택하라고 했다.[3] 두 번째 옵션의 기댓값이 훨씬 더 높은데도(99길더 대 125길더) 사람들 대부분이 첫 번째 옵션을 택했다. 그 옵션이 거의 확실하기는 하나 100퍼센트는 아닌데도 말이다.

사실 사람들은 확률과 획득 혹은 손실 가능치를 결합하면서 몹시 어려워한다. 일상생활에서 확률은 굉장히 중요하게 생각하면서 비용에는 그만큼 신경을 안 쓰는 사례는 결함을 찾을 때에 볼 수 있다. 어느 자동차 정비공에게 시동이 안 걸리는 자동차가 들어왔다. 결함은 점화플러그에 있을 수도 있고, 리드에 있을 수도 있고, 배전기에 있을 수도 있다. 이제 그는 예전의 경험(혹은 자동차 제조사의 매뉴얼)에 따라 각각의 결함 확률을 알아야 한다. 또한 각각의 결함을 확인하는 데 얼마나 시간이 걸리는지도 알아야 한다. 문제는 있을 수 있는 결함 가운데 무엇을 가장 먼저 확인하느냐다. 이것은 분명히 각 결함을 확인하는 데 걸리는 시간과 각각의 가능한 결함이 실제 결함일 확률에 좌우된다. 확률이 높을수록 그 결함을 먼저 확인하는 게 사리에 맞지만, 마찬가지로 확인하는 데 걸리는 시간이 짧을수록 그것 먼저 확인해야 말이 된다. 다시 말해, 획득 확률과 획득 금액을 모두 고려해야 기댓값을 구할 수 있듯이 결함 확률과 결함을 확인하는 시간을 모두 고려해야 하는 것이다. 그렇지만 사람들은 결함을 찾으면서 가장 그럴싸한 것부터 먼저 확인하는 것으로 밝혀졌다.[4] 어떤 결함을 확인하는 데 걸리는 시간은 별로 고려하지 않는다는 말이다. 아마도 그들은 결함을 찾는 데 관심이 쏠려 있기 때문에 걸리는 시간보다는 결함 가능성에 더 주의를 기울이는 까닭일 것이다. 이러한 행동은 시간 낭비일 뿐 아니라 비합리적이다. 결함을 찾는 일을 담당하는 모든 기관들은 가능한 결함들을 확인하는 최적의 순서를 계산해서 얻은 정보에 따라 업무를 처리할 거라고 기대할지도 모르겠다. 안된 말이지만 그런 경우는 거의 없다. 이것도 조직이나 기관의 또 다른 비합리적인 과오라고 해야 할 것이다.

확률을 제대로 평가하지 못하는 희한한 행태는 다음 실험으로 잘 설명할 수 있다.[5] 피험자들에게 검은색 카드와 빨간색 카드를 연달아 보여주고 특정 카드에 '예스'를 외치거나 그 카드가 아닌 경우에 '노'를 외칠 때마다 보상을 주겠다고 했다. 실제로 그들은 무작위로 검은색 카드에 '예스'를 외칠 때마다 80퍼센트는 보상을 받았고 빨간색 카드에 '예스'를 외치면 그중 20퍼센트는 보상을 받았다. 그러자 피험자들은 이 추론을 적용하여 검은색 카드가 나오면 80퍼센트는 '예스'를 외치고 빨간색 카드가 나오면 20퍼센트 '예스'를 외치는 식으로 실험을 진행했다. 하지만 그들이 최대한의 보상을 받고 싶으면 검은색 카드가 나올 때는 무조건 '예스', 빨간색 카드가 나오면 무조건 '노'를 외쳤어야 했다. 그렇게 해야만 68퍼센트 보상을 받는 대신 80퍼센트 보상을 확실히 굳힐 수 있으니 말이다. 피험자들이 규칙이 무엇인지 알아내려고 애쓰느라 그랬을지도 모르니, 이러한 행동은 보기만큼 비합리적이지는 않을 수도 있다. 하지만 그들은 검은색 카드가 나올 때마다 '예스'를 외치면서 그 결과를 관찰하는 데 집중했어도 충분히 규칙을 알아낼 수 있었을 것이다.

본전만 찾겠다는 노름꾼의 심리

어떻게 포장했느냐에 따라 일관성 없는 결정을 내릴 때의 문제는 다음과 같다. 피험자들에게 어떤 희귀병이 발생했는데 족히 600명이 그 병으로 사망할 것으로 예상된다고 말했다.[6] 이 병을 물리치는 방법은 두 가지가 있는데 한꺼번에 두 방법을 모두 쓸 수는 없다. 각각의 프로그램이 불러올 결과는 아래와 같다.

프로그램 A – 200명의 목숨을 확실히 구할 수 있음.
프로그램 B – 600명의 생존율은 33퍼센트임.

문제가 이런 식으로 주어졌을 때에는 대부분의 피험자들이 프로그램 A를 선택했다. 그들은 죽게 마련인 600명 가운데 '아무도' 구하지 못할 엄청난 위험을 무릅쓰고 싶지 않았던 것이다.

실험자들은 똑같은 문제를 형식만 바꿔서 다른 피험자들에게 제시해보았다.

프로그램 A – 400명은 확실히 사망함.

프로그램 B – 600명의 사망률은 67퍼센트임.

이런 식으로 정보를 제공하자 대부분의 피험자들은 프로그램 B를 선택했다. 아마도 사망자 400명과 600명의 차이가 그렇게 크지 않은데다 각 사람이 목숨을 부지할 확률이 33퍼센트라는 점이 더 크게 작용했기 때문일 것이다.

물론 두 가지 형식으로 기술한 프로그램 A와 프로그램 B의 결과는 똑같다. 유일한 차이점은 하나는 획득(생존자)이라는 관점에서 다른 하나는 손실(사망자)이라는 관점에서 제시했다는 것뿐이다. 이 점을 분명히 하기 위해 생존자와 사망자를 모두 함께 제시했을 때 각 프로그램에 대한 다음 진술을 살펴보라.

프로그램 A – 200명의 목숨을 확실히 구할 수 있음. 따라서 400명은 확실히 사망함.

프로그램 B – 600명의 생존율은 33퍼센트임. 따라서 600명의 사망률은 67퍼센트임.

프로그램 A에서 프로그램 B로 일관성 없이 옮겨간 이유는 사람들이 무엇을 얻을 때보다는 손실을 막을 때에 더 기꺼이 위험을 감수하기 때문이다. 이를 입증하기 위해 다음 상황들에서 어떤 옵션을 선택할 것인가 생각해보라.

상황 1

옵션 A: 50파운드를 확실히 받음.

옵션 B: 100파운드를 받을 확률은 50퍼센트임.

상황 2

옵션 A: 50파운드를 확실히 잃음.

옵션 B: 100파운드를 잃을 확률은 50퍼센트, 돈을 전혀 잃지 않을 확률도 50퍼센트임.

피험자들에게 두 가지 옵션 중에서 무엇을 선택할지 물어보면 대개 상황 1에서는 옵션 A를, 상황 2에서는 옵션 B를 택한다. 그들은 100파운드를 얻을 수도 있다는 이유로 50파운드라는 확실한 금액을 날릴 위험은 무릅쓰지 않으려 했지만 50파운드의 손실을 막기 위해 100파운드를 날릴지도 모르는 위험은 좀 더 기꺼이 감수했다. 그러니까 사람들은 뭘 얻자고 위험을 무릅쓰기는 싫어해도(상황 1) 손실이 걸린 문제라면 위험을 감수할 준비가 되어 있는 것이다(상황 2).

질병을 치료하는 두 가지 프로그램의 예도 이러한 일반적 발견과 맞아떨어진다. 사람들은 위험 부담이 있는 프로그램(B)을 획득(생존자)이라는 관점에서 제시할 때보다 손실(사망자)을 예방한다는 관점에서 제시할 때 더 많이 지지했다. 하지만 똑같은 문제를 어떻게 포장해서 내어놓느냐에 따라 다르게 결정한다면 합리적이지 않다. 사람들이 왜 이렇게 행동하는지 그 이유는 확실히 알려지지 않았다. 아마도 사람들은 확실하게 얻는 걸 만족스러워하는 모양이다. 얻을 수 있는 양이 더 크더라도 불확실하다면 그때에 얻는 만족감은 내기가 잘 풀리지 않아서 아무것도 못 얻을 때의 실망감을 상쇄하기에 부족한가 보다. 그런 상황에서는 자신의 결정을 후회할 위험이 있다. 손실과 관련된 경우에 만약 확실한 손실을 선택한다면 그것 자체는 실망을 안겨줄 것이다. 그러므로 사람들은 손실을 완전히 피하고, 나아가 실망도 완전히 피할 수 있는 보상의 가망성이 있다면 더 큰 손실 위험도 무릅쓸 가치가 있다고 생각한다. 어떤 것도 잃지 않을 가망성이 내기가 풀리지 않아 동요할 가능성을 보상해준다. 이러한 태도를 합리적이라고 말할 수는 없지만 일단 정서의 영역으로 들어서면 합리성을 따지는 게 별 의미가 없다. 다만 똑같은 문제를 다르게 제시한다고 해서 결정이 달라지니까 비합리적이라고 하는 것이다.

사람들은 같은 양이더라도 획득보다 손실을 중요하게 생각하기 때문에 무엇을 얻을 때보다 손실을 피할 때에 더 위험을 감수할 자세를 취하는 듯하다. 다음 실험은 이 점을 멋지게 입증해 보였다.[7)] 몇몇 피험자들에게 5달러짜리 머그잔을 주고 그 머그잔을 가져도 좋다고 말했다. 그다음에 나중에 그 잔을 정해진 가격에 도로 팔 수 있다고 하면서 얼마 정도면 합당한 가격이라고 생각하는지 물어보았다. 다른 피험자들에게는 머그잔을 주지는 않고 그냥 하나 보여주기만 하면서 얼마 정도면 그 머그잔을 사겠느냐고 물어보았다. 머그잔을 팔려는 사람들이 생각한 평균 가격은 9달러였지만 그 잔을 사는 입장에서 제시한 가격은 고작 3.5달러였다. 사람들은 자기가 갖고 있는 것과 떨어지기 싫어한다. 그들은 똑같은 물건을 살 때에 지불할 만한 금액보다 더 높은 금액을 받을 수 있을 때에만 자기 소유의 물건을 내놓을 것이다.

일상생활에서 사람들이 손실이라는 범위에서 위험을 기피하는 한 예가 있음을 추가로 지적해두어야겠다. 때로는 사람들이 더 큰 손실 가능성을 피하기 위해 확실한 손실을 감수하기도 한다(그러니까 앞에서 기술한 것과 정반대로 행동하는 것이다). 보험 가입은 가장 좋은 예다. 기댓값으로 따져보자면 보험은 결코 괜찮은 내기가 아니다. 보험회사가 자기들 몫을 챙기므로 보험 비용이 기대되는 손실(손실 발생 확률×손실 금액)보다 크기 때문이다. 그렇지만 대부분의 경우에 보험 가입은 합리적이다. 화재로 몽땅 타버린 집이나 완전히 망가진 자동차를 대체할 수단이 없다면 그 사람의 생활은 엄청나게 혼란스러워질 수 있다. 그런 가능성은 비교적 적은 금액으로 재앙을 막을 수 있는 보험을 정당화한다.

비록 대체로 자신의 손실을 막기 위해 기꺼이 위험을 무릅쓴다지만 다른 사람을 대신해서 그러기는 쉽지 않다. 폐경 후 여성들을 위한 에스트로겐 치료는 골다공증 위험도를 크게 줄여준다. 골다공증이 있으면 골절이 일어나기 쉬우며, 골절 때문에 죽을 수도 있다. 하지만 애석하게도 에스트로겐 치료는 비록 아주 낮은 비율이기는 하나 여성에게 자궁암을 일으킬 위험이 있다. 의학 연구진의 치밀한 계산에 따르면 에스트로겐 치료 때문에 (결국에는) 자궁암으로 죽게 될 여성의 수보다 그 치료를 받음으로써 골절에 따른 사망을 면할 수 있는 여성의 수가 훨씬 더 많다고 한다.[8] 그런데도 의사들은 웬만해서는 에스트로겐 치료를 하지 않으려 한다. 아마 의사들은 그 치료를 실시하면 자궁암으로 죽게 될 소수의 여성에게 책임을 져야 하지만 골절은 자연히 발생할 수 있기 때문에 그에 따른 사망자에게는 자기들의 책임이 없다고 생각하는 것 같다. 현재는 에스트로겐과 프로게스틴을 함께 사용하면 암의 위험이 제거된다고 알려져 있지만 아직도 많은 의사들이 웬만해서는 이 두 가지 약물을 함께 쓰지 않는다. 오랜 전통, 특히 나쁜 전통은 끈질긴 법이다.

자동차 할인 금액을 따로 붙여놓는 까닭

비일관성을 낳을 수 있는 또 다른 사고의 비합리적 오류가 있다. 사람들은 무언가를 예측하면서 그들에게 제시된 증거의 사소한 차이를 무시하고 비교적 큰 차이에만 초점을 맞추는 경향이 있다. 한 연구에서 피험자들에게 여러 지원자들 가운데 대학 입학생으로 선호할 만한 사람이 누구인지 결정해보라고 했다.[9] 피험자들에게는 〈표6〉과 같은 수치를 주었다. 이 표는 5명의 지원자들을 지성, 정서적 안정, 사회성의 세 항목으로 나누어 평점을 매겼다. 분명히 학교 생활의 성취도를 가장 잘 알려줄 수 있는 지표는 지성이겠지만 지원자들의 지성 평점은 차이가 그리 크지 않은 반면 다른 두 항목은 평점 차이가 대단히 크다는 점을 알 수 있을 것이다. 이에 따라 피험자들은 E보다는 D가 낫고, D보다는 C가 낫고, C보다는 B가 낫고, B보다는 A가 낫다고 보았다. 그런데 A와 E 가운데 어느 지원자가 더 적합하냐고 물어보자, A와 E는 지성 항목에서 큰 차이를 보이는데도 피험자들은 E를 선택했다. 이 결정은 분명히 일관성이 없다. 논리적으로 보자면 A를 B보다, B를 C보다, C를 D보다, D를 E보다 선호하면서 E를 A보다 선호하는 건 말이 안 된다. 앞의 네 가지 선호에서 A를 E보다 선호해야 한다는 결론이 나오기 때문이다. A를 가장 선호해야 하며 E는 가장 덜 선호해야 한다. 그렇지만 피험자들은 A와 E 중에서 선택하라고 하자 E가 A보다 낫다고 했다.

〈표6〉

지원자	지성	정서적 안정	사회성
A	69	84	75
B	72	78	65
C	75	72	55
D	78	66	45
E	81	60	35

이 실험이 피험자들을 모순적인 결정으로 몰아넣도록 교묘하게 꾸몄다고 느낄 수도 있다. 물론 타당한 지적이다. 그럼에도 불구하고 실생활에서 우리들은 위험을 무릅쓰고 작은 차이를 무시한다. 경력이든, 집이든, 자동차든, 결정을 내릴 때에는 여러 가지 선택지 가운데 고작 세 가지 항목의 차이만 있는 게 아니라 훨씬 더 다양한 차이들이 있다. 그리고 언제든지 작은 차이가 추가됨으로써 가장 두드러진 차이보다 더 큰 중요성을 띨 수 있는 법이다.

덤으로, 아주 낮은 가능성이 무시되고 있다는 증거도 있다.[10] 미국 운전자들에게 혼자 차를 몰고 가다가 사망할 확률이 0.00025퍼센트라고 했더니 고작 10퍼센트가 앞으로 안전벨트를 꼭 매겠다고 했다. 하지만 평생 동안 교통 사고로 죽을 확률이 1퍼센트라고 했더니(이 수치도 앞에 나온 운전 횟수 대비 사망률을 토대로 나온 것이다) 39퍼센트의 운전자가 안전벨트를 매겠다고 했다. 다시 한 번 문제가 어떻게 포장되느냐에 따라 답변이 달라진 셈이다.

종류는 좀 다르지만 비일관성을 잘 보여주는 결정적인 실험을 소개하겠다.[11] 이번에도 피험자들에게 두 가지 옵션을 제시했다.

옵션 A: 29/36 확률로 2달러 획득.

옵션 B: 7/36 확률로 9달러 획득.

첫 번째 내기의 기댓값은 1.61달러이고 두 번째 경우에는 1.75달러다. 그러니까 두 가지 옵션 중에서 신중하게 고르고 말고 할 것도 별로 없다. 사실 피험자들에게 어느 쪽을 더 '선호'하느냐고 물어보자 대부분 옵션 A를 선택했다. 그렇지만 이 내기에 참여하기 위해 '얼마나 많은 돈'을 낼 의향이 있는지 물어보자 피험자들은 첫 번째 옵션보다 두 번째 옵션에 더 많은 돈을 걸었다(예를 들어, 첫 번째에 1.25달러를 걸었다면 두 번째에는 2.10달러를 거는 식으로). 어째서 피험자들은 옵션 A를 선호한다고 했으면서도 옵션 B에 더 많은 돈을 걸 태세였을까? 그 답은 다시 한 번 가용성 오류가 작용했기 때문으로 보인다. 어느 내기가 더 좋은지 물었을 때에는 피험자들이 이기는 걸 생각했기 때문에 승률을 비교해서 옵션 A를 선택했다. 하지만 각각의 내기에 돈을 얼마나 걸 것인가를 따질 때에는 내기에서 받을 수 있는 금액에 초점을 맞추었고 옵션 B가 내거는 상금이 더 많기 때문에 그쪽을 택했던 것이다.

이 대목은 실생활에서 볼 수 있는 일관성 없는 결정의 몇몇 사례들을 지적하며 마무리할 것이다.[12] 일관성 없는 결정은 결정을 내리는 맥락에 비합리적인 영향을 받는다. 어떤 사람이 200파운드가 넘는 특정 브랜드 냉장고를 사고 싶어 한다. 부인과 함께 가게에 가보았더니 그 냉장고에 210파운드라는 가격이 붙어 있다. 부인이 몇 마일 떨어진 다른 가게에 가면 같은 냉장고를 205파운드에 살 수 있다고 말한다. 하지만 그 사람은 거기까지 가기가 귀찮아서 그냥 그 자리에서 냉장고를 구매한다. 그날 오후에 부부는 다른 가게에 라디오를 보러 가서 15파운드짜리 제품으로 결정한다. 그런데 그 부인은 쇼핑에 도가 튼 사람인지라 몇 마일만 가면 다른 가게에서 같은 제품을 10파운드에 살 수 있다고 말한다. 부부는 그 가게까지 차를 몰고 가서 그 가격으로 라디오를 구매한다. 이런 행동은 너무나 흔하지만 완전히 비합리적이다. 두 경우 모두 다른 가게에 감으로써 얻을 수 있는 금액은 5파운드다. 5파운드를 절약하기 위해 시간, 노력, 자동차 기름을 쏟을 가치가 있든지 없든지 간에, 사람들은 절대 금액을 얼마나 절약할 수 있느냐보다는 상품 가격의 몇 퍼센트나 되는 금액을 절약할 수 있느냐에 더 휘둘린다. 위의 예는 꾸며낸 것이지만 그러한 효과는 실험 연구로 입증되었다. 그러므로 금액을 절약하기 위해 사람들이 기꺼이 감수할 만한 노력의 크기는 어떤 맥락에서 그 금액을 보느냐에 달려 있다고 결론을 내려도 무방하다.

이러한 이유 때문에 영국에서나 미국에서나 자동차에는 할인 금액을 따로 붙여놓는다고 이야기한다. 1만 2천 파운드(가격표는 1만 1999파운드라고 붙어 있을 가능성이 더 높지만)짜리 차와 1만 1500파운드짜리 차의 가격 차이는 크지 않을 것이다. 하지만 500파운드 할인이라고 붙여놓으면 그건 꽤 큰 돈이고 실제로 대부분의 사람들에게 그렇다. 더욱이 기대는 아주 중요하다. 차에 1만 1500파운드라는 가격이 붙어 있으면 그냥 적당한 가격이라고 생각하면서 차를 살 것이다. 하지만 같은 차에 1만 2천 파운드라는 가격이 붙어 있고 거기서 500파운드를 할인해준다고 하면 왠지 돈을 절약하는 것 같은 기분이 들게 마련이다. 할인 폭이 아무리 작다고 해도 할인의 유혹을 이길 수 있는 사람은 드물다.

마지막으로, 똑같은 정보지만 수치를 다른 형식으로 제시해서 일관성 없이 결정이 달라지는 사례를 들어보겠다. 여러분이 담배를 피운다고 치자. 그런데 어떤 의사가 담배를 피우면 앞으로 20년간의 사망률이 30퍼센트나 높아진다고 말한다. 그러면 여러분은 아마 담배를 끊어야겠다는 생각을 할 것이다. 하지만 의사가 똑같은 위험도를 다르게 말했다고 치자. 그러니까 계속해서 담배를 피우면 앞으로 20년간의 사망률이 1퍼센트에서 1.3퍼센트로 증가한다고 말하는 것이다. 이 말을 듣고 여러분은 과연 담배를 끊을까? 여기서도 사람들의 반응은 단순히 정보가 아니라 그 정보를 어떻게 포장하느냐에 따라 결정된다.

암시의 위력 : 재판도 암시의 영향을 받는다

다음 연구들은 사람들이 동일한 증거에서 끌어내는 결론들을, 증거에 수치를 전혀 개입하지 않더라도 쉽게 조작할 수 있음을 보여준다. 엘리자베스 로프터스(Elisabeth Loftus)는 한 전형적인 실험에서 피험자들에게 교통 사고 장면을 비디오로 보여주었다.[13] 그다음에 일부 피험자들에게 "두 대의 차가 충돌할 때에 얼마나 속도를 내고 있었습니까?"라고 물었고 다른 피험자들에게는 "두 대의 차가 부딪칠 때에 얼마나 속도를 내고 있었습니까?"라고 물었다. 첫 번째 집단이 평균적으로 제시한 속도는 시속 66킬로미터였고 두 번째 집단이 제시한 속도는 시속 54킬로미터였다. 일 주일 뒤에 피험자들에게 그 교통 사고에서 깨진 유리가 있었는지 기억이 나느냐고 물어보았다. 실제 자료 화면에 깨진 유리는 전혀 등장하지 않았지만 깨진 유리를 봤다고 잘못된 보고를 한 피험자들은 두 번째 집단보다 첫 번째 집단에 두 배나 더 많았다. 자동차들이 과속으로 달리고 있었다는 암시 때문에 피험자들은 깨진 유리를 봤다고 말하게 되었던 것이다.

로프터스는 연속된 실험에서 다른 피험자들에게 행인이 차에 치이는 교통 사고 현장 비디오를 보여주었다. 비디오에서는 초록색 자동차가 속도를 내며 달리다가 사고를 내고 그냥 지나가버렸다. 나중에 일부 피험자들에게 (가상의) 파란색 자동차가 빨리 달리는 장면을 보았는지 물어보았다. 그러자 나중에 그들은 자동차 색깔이 초록색이 아니라 파란색이었다고 잘못 기억했다. 심지어 로프터스는 질문을 하면서 지나가듯 언급하는 수법으로 피험자들이 사고 현장 근처에 있지도 않았던 차고가 있었다고 말하게 할 수도 있었다. 피험자들은 실험자의 암시에 동조함으로써 상대의 비위를 맞추려는 의도가 전혀 없었다. 그들은 (비디오를 다시 확인해보고) 보고를 정확하게 했을 경우에는 큰 보상을 받기로 했는데도 똑같은 실수를 저질렀기 때문이다.

물론 암시의 위력은 새로운 개념이 아니다. 그러나 이 실험은 그 위력을 특히 설득력 있게 입증해 보였다. 이러한 결과들은 사람들이 어떤 문제가 주어지는 방식에 따라 자기도 모르게 비합리적인 영향을 받을 뿐 아니라 미국과 영국의 사법 제도에서 사용되는 당사자주의의 합리성까지 문제 삼는다. 재판의 결과가 양측 변호인단이 질문을 구사하는 수완에 따라서 크게 달라질 수 있는 까닭이다.

특정한 종류에 속하는 것들이 몇 개나 될 것인가를 평가할 때에, 혹은 특정 연속체의 가치가 얼마나 될 것인가를 평가할 때에 영향을 끼치는 또 다른 오류가 있다.[14] 피험자들에게 아프리카 나라들 가운데 유엔에 가입한 나라는 몇 퍼센트나 되겠느냐고 물어보았다. 하지만 피험자들이 대답을 하기 전에, 실험자가 특정 퍼센티지를 제시하면서 그것보다 더 높을까 낮을까부터 답하게 했다. 10퍼센트를 제시했을 때 피험자들이 내놓은 평균값은 25퍼센트였다. 하지만 실험자가 65퍼센트를 제시했을 때 피험자들의 답변 평균은 45퍼센트였다. 이 피험자들은 실험자가 제시하는 출발점에 너무 집착함으로써 특히 비합리적인 행동을 한 셈이다. 피험자들은 자기들에게 제시된 수치가 요행으로 정해진 것을 알고 있었다. 그러므로 그들은 그 수치가 그들이 평가해야 하는 진짜 퍼센티지와는 아무 관계가 없다는 것도 알고 있었다. 비슷한 실험에서 일부 피험자들에게는 처음에 터키의 인구가 몇백만 이상일 확률을 평가해보라고 하고, 다른 피험자들에게 터키 인구는 6500만 명 미만이라고 했다. 그다음에 두 집단 모두 터키의 실제 인구를 생각해보아야 했다. 첫 번째 집단의 추정치 평균은 1700만 명, 두 번째 집단은 평균 3500만 명으로 큰 차이를 보였다. 여기서도 피험자들은 처음에 주어진 수치에서 너무 많이 벗어나기를 싫어했던 것이다.

사람들은 어떤 척도에서 한 지점을 선택해서 그들의 태도를 나타내라고 했을 때에도 비슷한 오류를 범한다. 예를 들어, 일 주일 동안 경험하는 두통 횟수를 두 집단의 피험자들을 대상으로 설문 조사해보았다.[15] 한 집단은 1~5회, 6~10회, 11~15회 등으로 구분된 척도에 표시해야 했고 다른 집단은 1~3회, 4~6회, 7~9회 등으로 구분된 척도에 표시했다. 그런데 첫 번째 집단은 두 번째 집단보다 두통을 더 자주 느끼는 것으로 보고했다. 더욱이 사람들은 대부분 척도의 가장 작은 값과 가장 큰 값에 영향을 받아서 그 중간치에 가까운 답을 고르는 경향이 있다. 그래서 일 주일에 양치질을 몇 번이나 하는지 설문 조사를 하면 0회에서 15회라는 척도를 제시할 때보다 0회에서 40회라는 척도를 제시할 때에 훨씬 더 양치질을 자주 한다는 결과가 나온다. 사람들은 실제 횟수의 정확도와는 상관없이 이렇게 시작점과 종결점으로 제시되는 두 숫자 사이에서 중간치에 가까운 답을 고르려 든다.

이러한 인간의 오류는 정부 기관이나 광고 회사들이 잘못된 통계를 내는 데 써먹을 수 있고 실제로 그렇게 하고 있다. 대부분의 국민들이 대처 총리 혹은 부시 대통령의 집권에 만족하고 있다는 주장은 다음과 같은 형태로 설문 조사를 했다면 아무 의미도 없는 것이다.

불만족　　만족　　매우 만족　　지극히 만족

설문 조사에 응하는 사람들은 아마도 척도 중간에 해당하는 두 항목(만족, 매우 만족) 중 하나를 선택하는 경향을 보일 것이다.

이러한 현상은 '닻 내리기 효과(anchoring effect)'로 알려져 있다. 사람들은 어떤 수를 선택하면서 그들에게 처음 제시된 수에 가까운 것을 선택하거나 그 수에 매달리고, 척도의 예에서 보았듯이 중간 지점에 가까운 것을 고르려 든다. 닻 내리기 효과의 원인은 아마도 사람들이 가설과 이별하는 것을 싫어하기 때문일 것이다. 어떤 수가 처음에 주어지면 설령 그 수가 뺑뺑이를 무작위로 돌려서 나온 것이라 할지라도 일종의 가설처럼 작용하는 것이다. 또한 그 수에서 벗어나 나아간다 해도 — 대개 올바른 방향으로 — 사람들은 너무 멀리 가는 건 싫어한다. 그와 비슷하게, 척도에서 어느 한 지점을 택하든가 연속된 숫자들 가운데 하나를 고를 때에도 사람들은 첫 번째 값과 가장 나중 값에서 너무 멀리 벗어나기를 싫어하기 때문에 결국 중간치에 가까운 지점에 안착하고 만다. 그들은 무의식적으로 끝의 두 값들이 진짜 값에서 대략 등거리(等距離)에 있을 거라고 가정한다. 이렇게 판단이 최초의 기준점에 휘둘린다면 일관성을 잃게 된다. 기준점이 올바른 판단에 아무 의미가 없음에도 불구하고 그러한 기준점이 달라질 때마다 판단도 달라질 테니 말이다.

닻 내리기 효과 : 왜 선입견에 사로잡히나

닻 내리기 효과는 일련의 숫자들을 더하거나 곱한 결과를 제대로 추정하지 못하게 한다. 두 가지 예를 들겠다. 첫 번째는 사소하지만 핵심을 잘 보여준다. 두 번째 예는 사람들의 주머니 사정과 대규모 프로젝트의 안전성에 심각한 영향을 끼칠 수 있다.

어느 집단의 피험자들에게 다음 계산의 결과를 (실제로 계산하는 것이 아니라) 빨리 어림짐작해보라고 했다.[16)]

8×7×6×5×4×3×2×1

한편 다른 집단에게는 다음 계산의 결과를 짐작해보라고 했다.

1×2×3×4×5×6×7×8

첫 번째 집단이 내놓은 답의 평균은 2250이었고 두 번째 집단의 경우는 512였다. 첫 번째 집단은 연속된 숫자들 중에서 큰 수들이 앞에 나온 반면, 두 번째 집단은 작은 수들이 앞에 나왔기 때문에 그 영향을 받았을 것이다. 각 집단은 왼쪽에 등장하는 수부터 몇 개 곱해보고 그 결과에 근거하여 전체 계산의 값까지 추정했을지도 모른다. 더욱이 두 집단이 내놓은 값들은 모두 터무니없이 적었다. 정답은 40320이다. 그들의 대답은 그들에게 제시한 8개의 작은 수들을 기준점으로 삼았던 것 같다.

더 중요한 사실이 있다. 사람들은 개별 사건의 확률을 모두 알더라도 그러한 사건들이 연속될 때의 확률을 추정하는 데에는 매우 서툴다. 각각 승률이 20퍼센트인 3마리의 말에 대해서 연속 누산 베팅(accumulator bet)을 한다면(4 대 1 비율) 그 마권으로 돈을 딸 확률은 고작 0.8퍼센트다.(1,000번을 해야 여덟 번 돈을 딴다는 말이다.) 마권 영업자들은 계산을 써먹을 줄도 알지만 대부분의 고객들이 그렇게 하지 못하거나 그러지 않는다는 사실도 잘 안다. 그러므로 실제로 제시되는 연속 누산 베팅의 승산은 이것보다 훨씬 더 나쁘다. 우리는 실제로 계산을 해보지 않으면, 각기 그 자체의 확률로 일어나는 일련의 다른 사건들에 의해 결정되는 사건의 확률을 지나치게 높게 보는 경향이 있다. 이 점은 여러 차례 실험으로 입증되었다. 닻 내리기 효과 때문에 원래의 개별 사건들의 확률에 너무 집착하여 그것들을 모두 곱해야 나오는 최종 결과의 확률을 실감하지 못하는 것이다. 그러한 최종 결과의 확률은 개별 확률보다 훨씬 낮을 것이다. 앞 장에서 다루었지만, 린다가 페미니스트일 확률이 높고 은행원일 확률이 낮다고 생각하는 사람들이 린다가 그냥 은행원일 확률보다는 은행원이면서 페미니스트일 확률이 높다고 생각하는 것도 부분적이기는 하지만 비슷한 이유 때문이다.

확률상 일어날 사건들이 여러 가지 있고 그중 어떤 사건이든 같은 결과를 불러올 수 있다고 할 때에도 비슷한 오류가 일어난다. 예를 들어 5년 동안 항공기 불시착의 원인이 될 수 있는 구조적 결함이 1천 가지 있는데, 같은 기간 동안 각 결함이 발생할 확률은 100만 분의 1이라고 치자. 그렇다면 5년 동안 항공기가 그런 식의 구조적 결함 때문에 불시착할 확률은 거의 1천 분의 1이 된다. 그렇지만 사람들은 이런 문제를 접하면 개별 부분의 결함 확률(100만 분의 1)에만 집착해서 그 부분들 중 어느 하나만 문제가 생겨도 빚어질 수 있는 불시착이라는 결과의 확률을 실제(1천 분의 1)보다 훨씬 낮게 본다. 이러한 경향은 대규모 프로젝트에 필요한 시간을 비현실적으로 잡아놓는 행태로 이어진다. 비록 각 하부 사안이 잘못될 확률은 낮을지라도 태풍, 파업, 중요한 부품 공급 차질 등등 잘못될 수 있는 여지가 아주 많기 때문이다. 원자로의 안전성을 판단할 때에도 확률은 수학적으로 계산했지만 여기서는 또 다른 문제들이 생겨난다. 다시 말해 재료 파손에서 테러까지 수많은 위험의 평가 문제, 그리고 자칫 잘못될 수 있는 모든 것들의 정확한 경우의 수를 추가하는 문제 말이다.

허구한 날 수학 계산을 하고 살기를 기대할 수는 없다고 항변할 독자가 있을지도 모르겠다. 그러한 항변에는 두 가지 답변이 있다. 첫째, 어떨 때는 확률들을 곱해야 하고 어떨 때는 확률들을 더해야 하는지(항공기 불시착 확률의 경우) 그 정도 감은 가질 수 있다. 사람들은 각각의 경우에 일관되게 오류를 범하기 때문에 정답이 어디쯤 있는가에 대한 대략적인 감조차 계발하지 못했을 뿐이다. 둘째, 더 중요하게는, 수학은 합리적 사고의 도구다. 경마장에 가거나 항공기 설계를 하거나 — 앞에서 보았듯이 — 직원을 뽑아야 할 때, 수학을 이용하지 않으면 절대로 합리적인 결정을 할 수 없다.

체크리스트

01 도박을 하기 전에는 항상 기댓값을 구해보라.

02 어떤 형태의 도박이든 일단 수락하기 전에 그 도박에서 무엇을 원하는지, 이를테면 높은 기댓값, 적은 지출로 큰 상금을 획득할 희박한 확률, 가망은 높지만 얼마 안 되는 상금, 아니면 대개 비용을 지불한 만큼 맛볼 수 있는 도박의 짜릿한 흥분 중에서 무엇을 원하는지 결정하라.

03 집 한 채를 사면서 5파운드를 절약하든 라디오 한 대를 사면서 5파운드를 절약하든 여러분이 절약한 돈은 똑같다는 것을 기억하라.

04 기준점이 주어진 상태에서 어떤 수치를 추정한다면 실제 수치는 여러분이 처음에 생각한 것보다 훨씬 더 기준점에서 많이 벗어날 수도 있음을 기억하라.

05 마찬가지로 어떤 사건이 다른 여러 사건들의 발생에 따라 결정된다면 그 사건이 일어날 확률은 다른 사건들 중 어느 하나의 개별 확률보다 훨씬 더 낮다는 사실을 기억하라.

16장

자기 과신

자기 과신에는 뒤늦은 깨달음이라는 측면이 있다. 여기에는 두 가지 형태가 있다. 하나는 이미 발생한 사건은 불가피한 것이었지만 초기 상황에서 예측할 수 있었을 거라고 생각하는 것이다. 또 하나는, 실제로는 다른 사람이 내렸던 결정에 대해 자기가 그 입장이었다면 더 나은 결정을 내릴 수 있었을 거라고 믿는 것이다.

이스라엘 출신의 인지심리학자 바루크 피시호프(Baruch Fischhoff)는 이러한 뒤늦은 깨달음, 즉 후견지명을 보여주는 기발한 실험을 했다.[1)] 이 실험의 피험자들은 역사적 사건을 서술한 여러 글을 읽었다. 예를 들어, 1814년에 영국과 인도 구르카족이 벌인 전쟁에 관한 글도 있었다. 다음은 피험자들이 읽은 글을 발췌한 것이다.

> (1) 헤이스팅스가 인도 총독으로 부임하고 몇 년 동안 영국의 힘을 강화하면서 심각한 전쟁이 일어날 수밖에 없었다. (2) 그중 첫 번

째 전쟁은 벵골 북부 국경에서 일어났다. 이곳에서 영국군은 네팔 구르카족의 기습 약탈에 시달리고 있었다. (3) 영국은 영토를 주는 대가로 이러한 기습을 중단시키려고 했지만 구르카족은 국토에 대한 권리를 영국의 지배에 넘길 마음이 없었다. (4) 그래서 헤이스팅스는 독하게 마음먹고 구르카족을 처리하기로 결심했다. (5) 출정은 1814년 11월에 시작되었다. 그러나 그 전쟁은 명예가 되지 못했다. (6) 구르카족의 군사력은 고작 1만 2천 명의 전사들뿐이었다. (7) 그러나 그들은 용맹했고 그들 특유의 기습 공격에 매우 적합한 지형 조건에서 싸웠다. (8) 영국군 고참 지휘관들은 제대로 공격하면 적들이 달아나는 평지 전투에 익숙했다. (9) 네팔의 산악 지대에서는 적의 위치를 파악하는 것조차도 쉽지 않았다. (10) 군대와 이동 수단으로 쓴 동물들은 극심한 더위와 추위에 시달렸다. (11) 영국군 장교들은 쓰라린 실패를 맛보고 난 후에야 겨우 조심성을 배웠다. (12) 영국군 소장이었던 D. 옥터로니 경은 이러한 작은 패배들을 피할 수 있었던 지휘관이었다.

후견지명 : “처음부터 내 그럴 줄 알았어.”

몇몇 피험자들에게는 전투에서 가능한 결과 네 가지를 제시했다. 그것은 영국의 승리, 구르카족의 승리, 평화를 찾지 못한 교착 상태, 휴전협정을 맺은 교착 상태였다. 그다음에 피험자들에게 각 결과들이 얼마나 가능성이 있는지 평가해보라고 했다. 놀라울 것도 없겠지만, 피험자들이 평가한 확률은 네 가지 결과 모두 큰 차이가 없었다. 영국의 승리에 유리한 진술과 구르카족의 승리에 유리한 진술의 수가 똑같아서 양쪽의 승산이 비슷해 보였고 전쟁의 결과도 결론을 낼 수 없었던 것이다. 한편, 다른 피험자들은 이 대목을 읽은 다음에 특정한 결과에 대한 추가 정보를 들었다. 그다음에 이 피험자들에게 그러한 추가 정보를 들은 상태에서 네 가지 가능한 결과의 가능성을 평가해보라고 했다. 그들이 이미 발생했다고 믿은 결과를 평가한 가능성은 그러한 정보를 얻지 못했던 피험자들이 같은 결과를 평가한 가능성보다 훨씬 더 높았다. 더욱 흥미로운 것은, 피험자들이 자신의 후견지명을 정당화하기 위해 자기 생각과 다른 결과를 예측하는 데 쓰일 수 있는 진술도 자기가 생각한 결과를 뒷받침한다고 여겼다는 사실이다. 구르카족이 이겼을 거라고 대답한 피험자들은 그들의 용맹을 강조한 반면, 영국이 이겼을 거라고 대답한 이들은 구르카족의 수적 열세를 강조했다. 이 또한 사람들이 가설을 뒷받침하기 위해 증거를 왜곡하는 또 다른 사례라고 할 수 있다.

이러한 종류의 실험들은 다양한 자료를 이용하여 여러 차례 반복했다. 예를 들어, 피험자들에게 어떤 과학적 실험을 설명해주고 미리 결과를 알려줄 때와 그 실험이 어떻게 됐는지 모르는 상태에서 각각 가장 가능성이 높은 결과가 무엇이라고 생각하는지 물어보기도 했다. 이때에도 결과를 아는 집단은 그렇지 않은 집단보다 그들이 이미 알고 있는 결과의 가능성을 훨씬 더 높게 잡았다.

피시호프는 또 다른 실험에서 닉슨의 중국 방문 같은, 당시에 진행 중이었던 사건을 소재로 삼았다.[2] 닉슨이 중국을 방문하기 전에 피험자들에게 닉슨이 과연 마오 주석을 만날 것 같은지, 이번 중국 방문이 얼마나 성공적일지 등 가능한 결과들을 예상해보라고 했다. 닉슨이 방문을 마치고 미국으로 돌아온 후에 피험자들을 다시 불러서 이전에 그들이 다양한 결과들의 가능성을 어떻게 점쳤었는지 떠올려보라고 했다. 그들의 기억은 오류가 아주 많았고 자기들의 예상이 옳았다는 방향으로 심하게 편향되어 있었다. 자기들이 일어날 거라고 생각했던 결과는 일어났고 일어나지 않을 거라고 생각했던 결과는 일어나지 않았다고 아주 일관성 있게, 하지만 실제와는 다르게 기억했던 것이다.

이러한 실험들은 사람들이 자신의 판단력을 잘못 과신함으로써 과거를 통해 미래를 예측하는 능력을 실제보다 지나치게 높게 여길 뿐만 아니라 과거의 사건을 왜곡하거나 이전의 자기 견해를 잘못 기억한다는 것을 보여준다. 앞에서 소개한 실험 연구들에서는 피험자들에게 분명히 정해진 문제들을 주었다. 인도에서 일어난 전쟁의 예에서도 피험자들에게는 잘 정리한 증거들을 주었으므로 다만 몇 분 동안만 그 증거들을 염두에 두고 몇 안 되는 가능한 결과만 생각하면 되었다. 그런데 여러 가지 이유 때문에 실생활에서는 이런 실험들보다 후견지명이 더 잦다. 우선, 일상적으로 우리 모두는 가능한 결과의 선택지가 아니라 실제 일어난 결과에 주의를 기울이기 때문이다. 그러므로 다른 선택지들을 고려할 확률은 아주 낮다. 그래서 사람들은 이미 일어난 결과만이 당연한 결과라고 과신한다. 둘째, 사람들은 과거 사건들을 통해 예측할 수 있다고 주장하는데 그 사건들은 아주 오래 전에 일어났던 것일 수도 있다. 그들의 기억은 실험에서 나타난 것 이상으로 더 심하게 틀릴 것이다. 또한 실제로 일어난 결과와 관련된 사건들만을 기억해낼 확률이 크다. 이러한 경향은 우리가 10장에서 이미 보았듯이 자신의 태도와 일치하는 증거만을 선별적으로 기억하는 경향과 비교할 수 있다. 마지막으로, 사람들은 일반적으로 앞으로 무슨 일이 일어날 것인지 체계적으로 예측하지 않는다. 그래서 예측을 했다면 그것이 아마 옳을 거라고 느끼기 쉽다.

세상은 복잡한 곳이고 운이라는 요소는 앞으로 무슨 일이 일어날 것인가를 결정하는 데 지대한 역할을 한다. 사업 전망, 증권 거래소의 변동, 혹은 정치적 사건들도 다 마찬가지다. 사람들은 지난 일을 돌이켜보면서 어떤 사건이 얼마나 있을 법한 것이었는가를 제대로 판단하지 못한다. 역사학자 리처드 토니(Richard Tawney)는 이렇게 말한다. "역사학자들은 승자들을 부각하고 그들이 집어삼킨 이들은 뒤편으로 밀어내면서 기존 질서가 불가피한 것으로 보이게끔 한다."[3] 우리가 살펴보았듯이 사람들은 이미 일어난 일에는 인과론적 설명을 꾸며내는 재주가 뛰어나다. 가능한 원인들이 한두 가지가 아니기 때문에 그 점을 감안한다면 사실 어려운 일도 아니다.

후견지명은 과거를 왜곡하고 과거를 통해 미래를 예측하는 능력을 과장한다는 점에서 분명히 비합리적이다. 하지만 후견지명은 위험하기도 하다. 피시호프가 주장하듯이 "우리는 과거 사건들을 이해하고자 할 때에 암묵적으로 우리가 사는 세상을 해석하고 예측하는 데 사용하는 가설이나 규칙들을 테스트한다. 우리가 후견지명에 빠져서 과거가 남겼던 놀라운, 과거가 우리에게 남기는 놀라움을 지나치게 과소 평가한다면 우리는 그러한 가설들을 터무니없이 허술하게 테스트하고 있는 셈이고, 아마도 그 가설들을 바꿀 이유가 별로 없다고 생각할 것이다. 따라서 결과에 대한 지식은 우리에게 과거를 알아봤자 과거로부터 어떤 것도 배울 수 없다는 느낌을 준다." 후견지명은 과거로부터 배우는 것을 방해할 뿐만 아니라 우리가 미래를 잘못 예측하면서도 그 예측에 지나친 자신감을 갖게 한다. 버나드 쇼의 말마따나 "우리는 역사를 통해 인간은 역사에서 아무것도 배울 수 없음을 배운다."

"나는 절대 손해 보지 않아."

인간 판단의 오류 가능성이라는 관점에서 보면 자기가 얼마나 틀리기 쉬운지 감을 좀 키우는 게 바람직하다. 특히 중요한 결정을 내릴 때는 더욱 그렇다. 여러 차례 입증된 사실이지만, 후견지명에서 그렇듯이 사람들은 자신을 과신하는 방향으로 잘못을 범하기 쉽다. 두 가지 예를 들겠다. 영국 자동차 운전자를 대상으로 한 최근 조사에 따르면 운전자의 95퍼센트가 자신의 운전 실력을 평균 이상으로 생각했다고 한다.[4] 어떻게 그럴 수 있을까? 그중 절반 가까운 운전자들은 자신이 운전대 다루는 솜씨를 과대 평가했음에 틀림없다. 또한 대부분의 사람들은 자기가 평균 수명보다 오래 살 거라고 생각한다.

한 실험 연구에서 피험자들에게 단어의 철자를 말하고 그 답이 맞을 거라고 얼마나 자신하는지 이야기해보라고 했다.[5] 그들이 철자가 분명히 맞다고 100퍼센트 자신했을 때 실제로 그들이 철자를 옳게 불렀을 확률은 80퍼센트밖에 안 되었다. 홍콩에서 실시한 또 다른 연구[6]에서, 아시아에 사는 피험자들에게 "뉴질랜드의 수도는 오클랜드인가 웰링턴인가?" 따위의 문제들을 내보았다. 문제에는 선택지가 두 개뿐이었으므로 요행에만 의지해도 정답을 맞힐 확률은 50퍼센트였다. 피험자들의 정답률은 요행으로 정답을 맞힐 확률을 조금 웃도는 수준(65퍼센트)이었지만 그들은 자기 답이 맞다고 100퍼센트 확신했다. 같은 실험을 영국인들에게 해보았다. 영국인들은 아시아인들보다 약간 신중하기는 했지만 여전히 자신의 정답률을 평가하는 데 엄청난 과신을 드러냈다. 그들이 100퍼센트 정답이라고 확신했을 때 실제 정답률은 고작 78퍼센트에 불과했다. 단지 오만해서 과신하는 게 아니다. 또 다른 연구[7]에서 피험자들이 추산한 정답률보다 실험자가 그들의 정답률을 더 높게 잡았을 때에 그들은 정답 여부를 두고 실험자와 내기를 하기로 했다. 만약 피험자들이 정답률을 제대로 평가했더라면 그들은 내기에서 이겼을 것이다. 하지만 실제로는 피험자들이 돈을 잃었다.

또 다른 흥미로운 연구에서, 임상심리학자와 학생들에게 실제 환자의 6장짜리 보고서를 읽게 했다.[8] 문제의 환자는 청소년기 부적응으로 치료를 받은 적이 있었다. 보고서는 4단계로 이루어져 있었다. 먼저 환자의 정보를 개괄적으로 기술한 다음, 환자의 유년기, 학창 시절, 군복무 시기, 그 이후의 직업 생활 이야기가 연달아 나왔다. 피험자들은 한 단계를 넘길 때마다 환자에 대한 25세트의 진술들을 접했다. 각 세트는 다섯 개의 선택적 진술로 되어 있었는데, 그중 단 하나의 진술만이 참이었다. 또한 각 단계에 쓰인 진술들은 항상 똑같았다. 각 단계를 마칠 때마다 피험자들은 다섯 개의 선택적 진술 가운데 참인 것을 골라야 했다. 그들의 성적은 모두 저조했다. 25개 세트 중에서 정답을 맞힌 횟수는 겨우 7세트 정도였다.(요행을 바라고 찍기만 해도 다섯 개는 맞힐 수 있었다.) 여기서 핵심은 새로운 정보가 계속 추가되는 상황에서도 피험자들의 성적이 나아지지 않았다는 데 있다. 반면에 정답을 택했다는 '자신감'만은 새로운 정보가 추가되면서 꾸준하게 커졌다. 피험자들은 분명히 새로운 정보가 도움이 되지 않는 상황에서도 그렇다고 믿었다. 혹자는 너무 많이 아는 게 위험하다는 결론을 내릴 수도 있을 것이다. 지나친 지식이 정확도를 높이지 않을 수도 있지만 잘못된 자신감은 확실히 불러온다.(이 주제는 다시 다룰 것이다.)

이 주제를 다룬 연구들은 대부분 자기 판단을 과신한다는 것을 보여주었지만, 두 가지 예외가 있다.[9] 피험자들에게 쉬운 문제와 어려운 문제를 섞어서 내면 때때로 어려운 문제의 정답을 맞힐 확률을 아주 낮추어 본다. 실제로는 정답률이 30퍼센트는 되는데 피험자들은 절대 그 문제를 못 맞힌다고 생각할 수도 있다. 이것도 사실은 과신의 또 다른 예다. 어려운 문제는 못 맞힐 거라고 굳게 믿기 때문에 정답률을 과소평가하는 것이다. 게다가 어려운 문제를 실제보다 더 어렵다고 판단할 수도 있다. 어려운 문제가 전체 문제의 대다수를 차지하는 아주 쉬워 보이는 것들과 뚜렷하게 대비되기 때문이다. 그렇더라도 과신이 지배적인 반면, 지나치게 부족한 자신감은 예외일 뿐이다.

실생활에서 몇 가지 예를 살펴보자. 의사, 엔지니어, 재정 상담사 들은 자신들의 판단에 근거 없는 자신감을 품는 것으로 밝혀졌다.[10] 이러한 과신은 아주 위험하다. 의사는 비록 수술 성공을 자신했더라도 결과적으로 하지 않았어야 할 수술을 해서 환자가 죽을 수도 있다. 재정 상담사들도 그들이 투자하는 시장보다 훨씬 저조한 실적을 내는 게 보통이다. 상장 회사 목록에서 아무 거나 골라서 유가 증권을 사더라도 증권 투자 전문가들이 설립한 투자 신탁 상품에 투자하는 것보다는 평균 수익이 낫다는 말이다. 존재하지도 않는 전문성을 대가로 끔찍하게 많이 떼어가는 수수료만 생각하더라도 그게 더 낫다. 이런 이야기를 재정 상담사에게 하면 그런 것들을 알고는 있지만 자기는 예외라고 할 것이다. 하지만 그건 또 다른 과신의 시례일 뿐이다. 건설업과 방위산업은 프로젝트를 완수하는 데 드는 일정과 비용을 항상 너무 부족하게 잡는다. 일정 계획은 계약을 따낼 때만 필요한 게 아니다. 일정이 너무 늦어지면 무거운 위약금을 물어야 하니까 말이다. 카너먼과 트버스키는 엔지니어들이 예전에 수행했던 비슷한 종류의 프로젝트들과 비교하지 않은 채 해당 프로젝트만 보니까 이런 일이 발생하는 거라고 말한다.[11] 실제로 어떤 지연 요인을 참작할지도 모르지만 엔지니어들은 파업, 악천후, 다른 회사의 공급 지연 등 여러 가지 차질 요인을 확률적으로 철저하게 추산하지 않는다. 비슷한 프로젝트를 참고한다면 그들도 예기치 않았던 어떤 것이 잘못될 때 결과에 경각심을 높일 것이다. 그리고 앞 장에서 보았듯이, 설령 개별 사건들의 확률을 정확하게 추산하더라도 여러 사건 가운데 하나라도 발생하여 특정 결과가 나타날 종합적 확률은 실제보다 낮게 보는 경향이 있다. 결국 판단을 과신하는 사례 중에서도 가장 비합리적인 것은 면접이 유용한 선발 과정이라는 세간의 신념이다. 이러한 오류는 나중에 좀 더 자세히 다룰 것이다.

통제감 착각 : 딜러가 게임을 좌우한다

사람들이 자신의 판단뿐 아니라 사건을 통제하는 능력도 과신한다는 사실은 여러 차례 입증되었다.[12] 피험자는 두 개의 버튼 중 하나를 누를 수 있다. 그가 누르는 버튼에 따라 점수를 땄는지 못 땄는지 알려주는 표시에 불이 들어온다. 피험자는 버튼을 여러 번 눌러보고 나면 실제로는 어느 버튼이냐에 상관없이 무작위로 점수 표시가 나타나는데도 자기가 어떤 버튼을 누를지 결정함으로써 '점수'를 딸 수 있다고 생각한다. 이러한 '통제감 착각(illusion of control)'이 어느 정도인지는 도박으로 설명할 수 있다. 라스베이거스에서는 게임이 운 나쁘게 돌아가면 딜러들이 해고당한다.[13] 실제로 딜러들은 자기들이 공을 어떻게 던지느냐에 따라 룰렛에서 나오는 공의 숫자를 좌우할 수 있다고 생각한다. 게임을 하는 사람들도 이런 잘못된 신념을 공유하고 있다. 주사위 게임을 하는 사람들은 주사위를 살짝 던지면 적은 수가 나오고 세게 던지면 큰 수가 나온다고 알고 있다. 물론, 실제로는 주사위를 어떻게 던지든 아무 차이도 없다. 좀 더 희한하게는, 게임자들은 딜러가 주사위를 던진 다음에 돈을 걸 때보다 돈부터 걸고 주사위를 던질 때에 더 많은 금액을 건다고 알려져 있다. 아마도 자기가 주사위를 던지지 않더라도 그들이 결과에 어떤 영향을 끼칠 수 있다고 생각하는 모양이다.

과신의 주된 이유는 상반된 증거를 보고도 잘못된 신념을 유지하는 이유와 거의 확실히 동일하다. 첫째, 사람들은 자기 판단의 신뢰를 떨어뜨릴 수 있는 증거를 찾지 못한다. 다음 실험은 이 사실을 확증한다.[14] 피험자들은 질문에 대답하고 나서 그들이 내놓은 답에 얼마나 자신이 있는지 말하기 전에 먼저 그 답이 틀렸을 수도 있는 이유들을 생각해보라는 말을 들었다. 이렇게 상반되는 증거를 찾도록 유도함으로써 피험자들의 과신은 크게 줄어들었지만 그럼에도 완전히 사라지지는 않았다. 둘째, 대부분은 아니더라도 많은 경우에는 다른 결정을 내렸더라면 어떤 결과가 일어났을지 알 수가 없다. 여러분이 특정 지원자를 선발하여 어떤 직책에 앉힌다면 그 사람 아닌 다른 지원자가 일을 더 잘할지 그렇지 않을지 알 도리가 없는 것이다. 선발한 지원자가 그럭저럭 괜찮게 일을 하면 아마도 사람을 잘 뽑았다고 생각하기 쉽다. 물론 사람을 보는 눈이 있다는 자신감도 더욱 고양될 것이다. 셋째, 우리가 보았듯이 사람들은 기억과 새로운 정보를 그들의 신념과 결정에 맞게끔 왜곡할 확률이 높다. 이는 다시 필연적으로 과신을 낳는다. 넷째, 우리는 왜 자신의 판단이 옳은가를 설명하는 인과적 사연을 머릿속에서 꾸며낼 수 있다. 니스벳과 로스가 지적했듯이, 이는 악순환으로 발전할지도 모른다. 자기가 꾸며낸 설명 때문에 그에 맞게끔 증거를 왜곡하고, 증거 왜곡은 다시 그러한 설명을 더욱 공고히 해주는 것이다. 가용성 오류는 사람들이 만들어내는 이야기에 투입될 수도 있다. 어떤 사람이 특정 방향에 따라 생각을 하면 그 방향과 가장 밀접하게 연관된 자료들이 머리에 떠오르기 쉽고, 그 자료들은 그의 신념을 강화하는 데 쓰이므로 지나친 자신감을 낳는다. 신념을 뒷받침하는 설명을 꾸며내는 비상한 재주는 결국 대안을 면밀하게 검토하는 대신에 자신을 너무 믿게 만드는 것이다. 마지막으로, 자존심도 한몫을 한다. 틀리고 싶은 사람은 아무도 없다. 하지만 10장에서 보았듯이 자존심만으로는 제대로 설명할 수 없다. 이 모든 요인들이 통제감 착각에 일조하지만 여기에 상관 관계 착각의 작용도 덧붙여야 한다. 룰렛에 공을 굴리는 딜러들은 그 공이 원하던 지점으로 갈 때(긍정적 사건)는 그 사실을 눈치 채지만 공이 잘못된 구멍으로 빠질 때는 그냥 잊어버리는 것이다.

체크리스트

01 과거를 보고 미래를 예측할 수 있다고 주장하는 사람 말은 믿지 말라.

02 앞으로의 추이를 예측할 수 있다고 주장하는 주식 중개인(혹은 그밖의 다른 사람도)을 경계하라.

03 실망을 맛보지 않으려면 과신에 빠지지 않도록 노력하라. 자신의 신념과 상반되는 논증이나 증거로 고려해야 한다.

04 여러분이 카지노 주인인데 손해를 봤다면 게임 딜러를 해고하지 말라. 그 사람 잘못은 아니니까.

17장

위험도

우리가 보았듯이 수많은 선구적 군사 작전들은 엄청난 돈을 잡아먹은 뒤에야 실용성이 없는 것으로 밝혀져 폐기되었다.[1] 하지만 전문가들의 잘못된 자신감도 군사 작전 못지 않게 엄청난 폐해를 불러올 수 있다. 원자력을 예로 들면, 과신과 잘못된 추론으로 스리마일 섬 핵 누출 사고와 체르노빌 참사가 일어났다. 미국에 건설된 모든 댐을 통틀어 저수량이 처음으로 다 찼을 경우에 무너지는 댐이 300개에 한 개꼴로 나온다고 한다. 어느 연구를 인용하면, 7명의 유능한 지질공학 엔지니어들이 진흙 바닥에 안전하게 둑을 쌓으려면 최대 높이를 얼마로 잡아야 하는지 추산하는 데 실패했다고 한다. 경영진, 엔지니어, 기사, 일반 대중이 비합리적인 결정을 내림으로써 재난이 일어날 수도 있다. 대개 이러한 요인들 중 하나 이상이 개입하기는 하지만 가장 주요한 책임은 기사나 일반 대중의 반응을 예상하지 못한 경영진이나 엔지니어 측에 있다고 할 것이다.

엔지니어들은 한 명의 인간일 뿐인 기사(조작자)의 한계를 계산하지 못하고 기사가 이해하고 사용하기 쉬운 통제 장비와 표시 체계를 공급하지 못하는 것으로 악명 높다. 대통령위원회는 스리마일 섬 사태를 심사하면서 기사들이 제대로 훈련받지 못했고 통제실도 제대로 설계하지 못했다는 결론을 내렸다. 이로써 그들은 자꾸만 사태를 잘못 진단하고 잘못된 행동을 취하게 되었다.

8장에서 이미 보았듯이 사람들은 스트레스를 받으면 맨 처음 떠오른 아이디어에 집착하게 된다. 표시 체계가 단번에 제대로 읽히지 않으면, 또한 통제 시스템에 대한 조작이 직관적이지 않으면, 위기가 닥쳤을 때에 기사들은 수치를 잘못 읽고 통제 시스템을 잘못 조작하기 십상이다. 아주 최근까지도 고도계(高度計)가 잘못 디자인되어 있어 수치를 잘못 읽을 확률이 10배나 더 높았다. 그래서 항공기 조종사들은 실제로는 100피트 상공을 날고 있으면서도 자신들이 1,000피트 상공에서 비행하고 있다고 착각할 수도 있었다. 에어버스 A-320이 1988년 첫선을 보인 뒤로 세 번이나 불시착 사고가 있었던 이유도 적어도 부분적으로는 조종사들에게 정보를 전달하는 브라운관 디스플레이 장치(VDU) 설계가 형편없었기 때문이다. 에어프랑스 소속 기장 한 사람은 이렇게 말했다. "나는 항상 이 기종이 조종사와 비행기 사이의 인터페이스라는 견지에서 진짜 문제를 안고 있다고 생각했습니다. 미래형 비행기는 엄청난 양의 정보를 조종사에게 전달하고, 조종사는 그 정보를 걸러서 취해야 하지요. …… 우리가 고전적 비행기를 조종할 때는 이른바 좀 더 기본적인 정보를 전달받았습니다. 그리고 꼭 필요한 건 사실 그런 정보들뿐이죠." 현재 A-320은 조종석 설계가 바뀐 상태다.' *

또한 기사들은 단조로운 작업을 하면서 중요한 정보의 의미를 놓칠 수도 있다. 철도 역사에서 기관사가 위험 신호에 속도를 늦추거나 열차를 정지시키지 않아서, 혹은 잘 아는 길이라고 속도 제한을 어겨서 일어난 사고는 수백 건에 달한다. 영국철도공사는 기관사가 위험 신호를 감지했을 때에 3초 안에 버튼을 누르면 기관사실에 경적이 울리는 시스템을 도입하여 철도 교통 안전을 개선하고자 노력했다. 만약 기관사가 버튼을 아예 누르지 않으면 자동으로 브레이크가 걸리게 되어 있었다. 하지만 1989년에 사우스런던에서 한 기관사가 두 번의 위험 신호에서 버튼은 눌러놓고 정작 브레이크는 걸지 않은 일이 벌어졌다. 결국 그가 몰던 열차가 다른 열차와 충돌하는 바람에 5명이 사망했다. 이 시스템을 고안한 사람들은 위험 신호에 대한 반응으로 버튼을 누르는 것이 일종의 자동화 반응이 될 수 있고 반드시 기관사가 정말로 위험 신호를 자각했다는 의미가 되지 못할 수도 있음을 인식하지 못했던 것이다.

안전벨트를 착용하면 사고가 더 난다

사람들의 어처구니없는 광기(비합리성)를 허용하기란 분명히 어렵다. 기사들은 규정된 절차가 예상치 않게 흘러가면 미처 따라잡지 못할지도 모른다. 예를 들어, 브라운스페리 원전 화재는 어느 기술자가 공기가 새는 곳을 촛불로 확인하려다가 발생한 사고였다. 당시 화재는

* 지금도 여전히 이러한 잘못들 때문에 비행기 사고가 일어나고 있다. 2009년 6월 1일에 228명의 인명을 앗아 간 에어프랑스 447편 추락 사고가 그 한 예이다. 사고의 전말을 다음 사이트에서 확인할 수 있다. http://www.popularmechanics.com/technology/aviation/crashes/what-really-happened-aboard-air-france-447-6611877

자칫 원자로(노심) 용해를 일으킬 뻔했는데 만약 그렇게 되었더라면 끔찍한 재앙을 불렀을 것이다. 또한 스리마일 섬에서 원자로 용해에 가까운 사고가 발생한 주 원인도 단순히 기사들이 (냉각 펌프에 이상이 있어서) 원자로 노심이 과열되었다는 모니터 자료를 그대로 믿지 않은 데 있었다.

엔지니어들은 기사의 인간적 한계를 고려하지 않을 뿐 아니라 때로는 빤히 예상할 수 있는데도 대중의 반응을 무시하기까지 한다. 예를 들어, 미국에서 홍수 방지용 댐을 건설하고 나면 그 지역을 개발하기가 어려워진다는 것이 입증되었다. 그 결과, 비록 심각한 홍수 발생 건수는 줄어들었다 해도 피해가 더 커질 수도 있다. 또한 영국에서 안전벨트를 의무적으로 착용하면 자동차 운전자와 승객의 사망률은 줄어들지만 차에 치이는 보행자나 자전거 운전자는 더 위험해진다. 안전벨트가 안전을 보장하는 만큼 조심성 없이 운전하는 경우가 더 많아지기 때문이다. 미국에서 실험한 결과, 안전벨트를 맨 사람들은 그렇지 않은 사람들보다 고카트(gokart)를 더 빨리 모는 것으로 밝혀졌다.[2)] 영국의 고속열차는 안전하기는 하겠지만 명백한 실패작으로 밝혀졌다. 엔지니어들이 디자인에 정신이 팔린 나머지 승객을 실어나르는 열차라는 사실마저 망각한 것이다. 문제의 열차는 커브에서 객차가 기울어지도록 만들어놓고 기존 선로를 이용해야 했다. 수백만 파운드를 쏟아부은 열차에 처음으로 탔던 승객들은 곡선 철로에서 경사와 흔들림이 너무 심해 멀미를 일으켰다. 특별한 손님들에게 대접하려고 공들여 마련한 음식도 못 먹게 되었다. 열차는 결국 운항하지 못했다.

기사들과 일반 대중이 어떻게 반응할지를 고려하지 못하는 실책 외에도, 엔지니어들은 때때로 실패 가능성을 철저하게 계산하지 못함으로써 애초부터 안전상 결함이 있는 설비를 설계하기도 한다. 이러한 과오 또한 부분적으로 과신에서 비롯되는 것이다. 현대의 수많은 설비들은 매우 복잡하고, 디자이너들은 한 부분의 결함이 다른 부분들에 끼치는 여파를 제대로 파악하지 못할 수 있다. DC-10 항공기의 불시착 사고들은 화물칸 문이 떨어져나간 채 운항하여 감압이 일어나면 항공기 통제 시스템이 망가질 수 있다는 점을 항공기 디자이너들이 인식하지 못했기 때문에 일어났다.

이와 관련된 것이, 단일한 원인이 상호 보완적인 둘 이상의 시스템을 동시에 망가뜨릴 수 있음을 인식하지 못하는 오류다. 앨라배마 브라운스페리 원전에서 긴급 노심 냉각 시스템 다섯 개는 그중 한두 개가 파손되었을 경우에 대비하여 각각 독립적으로 작동하게끔 설계되었다. 하지만 실제로는 그 시스템에 전기를 공급하는 전선들이 너무 바짝 붙어 있었기 때문에 불이 붙자 모두 동시에 망가져버렸다.

결정적 요소들이 아주 많이 있을 때에는 비록 각 요소의 실패 확률이 미미한 수준이라 해도 시스템 전체의 실패 확률은 각 요소의 실패 확률을 모두 합한 셈이어서 아주 높을 수 있다. 우리가 보았듯이 그러한 확률을 수학적으로 계산하지 않는다면 실제보다 아주 낮게 잡을 가능성이 높다. 더욱이 원전 사고의 경우에는 각 부분과 그 부분들 사이의 상호 작용이 새로운 것이어서 진짜 실패 확률을 결정할 만한 객관적 방법이 아예 없을 때도 많다. 앞에서 인용한 증거들은 엔지니어들의 확률 추산이 지나치게 낙관적임을 보여준다. 새로운 부분이 한 해 동안 결함을 일으킬 확률이 1만 분의 1인지 10만 분의 1인지 확실히 아는 게 불가능할지도 모른다. 하지만 그러한 부분들이 많이 있다면 전체 확률의 차이는 분명히 엄청날 것이다.

위험이 발생할 수 있는 연쇄 작용을 모두 다 예상하기가 아주 어려울 때가 많다. 특히 극적으로 발생하는 피해가 아니라 모르는 사이에 조금씩 피해가 발생하는 경우가 그렇다. 산성비나 공기 중 납 성분의 효과가 그런 예인데, 이는 바로 온실 효과나 오존층 파괴 때문이다. 이러한 어려움은 좀 더 최근에 빚어진 큰 실수로 잘 설명할 수 있다. 이 사건은 기름을 짜는 종자인 유채 작물에 대한 것이다. 제초제 폐해를 막는다는 구실로 유채 작물 유전자를 변형시켰는데, 사람에게 쓰이는 항생 물질용 유전자도 여기에 포함되었다. 영국 정부의 환경방출자문위원회(ACRE)는 사람들이 유채 종자를 먹지 않는다며 유전자 변형 유채 종자의 상업적 재배를 허용했다. 그렇지만 그들은 꿀벌이 유채꽃에서 모은 꿀을 사람들이 먹는다면 그 안에 들어 있을 수 있는 꽃가루도 섭취한다는 점을 놓쳤다. 결국 새로운 유전자는 사람 위장에 사는 미생물로 옮겨갈 수 있으며 그래서 알레르기를 일으키거나 항생제에 저항하는 변종 박테리아가 생성될 수 있다. 정부 자문위원회는 유전자 변형 식물이 부작용을 일으킬 수 있는 모든 연쇄 작용을 상세하게 검토하지 못했다는 점에서 비합리적인 결정을 내린 셈이다. 이는 나중에 실수를 방어하는 전통적 태도인 책임 전가로 나아갔다. 꿀은 먹을거리이기 때문에 그네들 소관이 아니며 농수산부에서 전담해야 할 문제라는 식으로 말이다.

최근에 잔잔하기 이를 데 없는 벨기에의 제브뤼헤 앞바다에서 카페리 '헤럴드 오브 프리 엔터프라이즈호'가 난파하여 180명의 목숨을 앗아간 사고도 여러 차원의 비합리성이 불러온 재난의 또 다른 예다.[3] 배가 난파한 직접적 원인은 선수문(船首門, bow door)을 열어놓은 채 항해하는 바람에 차량 갑판(car deck)에 물이 들어왔기 때문이다. 다음 요인들도 재난에 한몫을 했다.

1. 선장이 선교에 문의 개폐 상태를 보여주는 자동 신호 장치를 요구했지만 하나도 제공받지 못했다. 2. 문을 닫을 책임이 있었던 부갑판장이 금방 잠들어버렸다. 3. 문이 닫혔는지 확인할 책임이 있었던 항해사는 다른 일을 하느라 바빠서 확인을 하지 못했다. 4. 헤럴드호는 원래 도버 해협과 칼레 해협 사이를 횡단하도록 설계된 배였다. 그런데 제브뤼헤 앞바다는 칼레 해협에 비해 배를 진수시키는 수로가 낮았기 때문에 제브뤼헤에서 차량들을 실을 만큼 배를 낮추려면 밸러스트 물(평형수)을 상당히 많이 실어야 했다. 선장이 항해를 시작하기 전에 20분을 절약해야 한다고 명령했기 때문에 출항 전에 밸러스트 물을 퍼낼 시간이 없었다. 따라서 이 배는 수면에서 심하게 낮게 뜬 상태로 운항해야만 했다. 5. 시간이 촉박했던 탓에 선장은 전속력으로 출발했다. 그래서 배의 전진으로 생기는 선수파(船首波)가 일었고 차량 갑판에 물이 들었던 것이다.

두 가지 핵심을 지적해야겠다. 첫째, 이러한 여러 요인 중 어느 하나라도 일어나지 않았다면 배는 아마 가라앉지 않았을 것이다. 둘째, 빌럼 바헤나르가 지적했듯이 가장 큰 책임은 경영자들에게 물어야 한다. 경영자들은 빨리 운항하라고 지시함으로써 배를 위험으로 몰아넣었다. 또한 그들은 선장이 문 상태를 확인할 수 있는 자동 신호 장치를 요구했는데도 거절했고 선원들을 충분히 고용하지도 않았다. 선장은 배가 출발할 준비가 되었는지 확인하지 않았다는 잘못을 저지르기는 했지만 경영자들의 실책에 비하면 가벼운 정도다. 선장과 운항 책임자는 부갑판장에게 문이 열려 있다는 보고를 듣지 못했기 때문에 당연히 닫혀 있겠거니 여겼던 것이다. 아무 문제가 없다고 해도 언제든지 긍정적 지표를 확인하는 게 안전에 도움이 되는 이유는 명백하다. 어느 정도는, 선장과 일등항해사도 순전히 명령에만 복종했을 뿐이다. 부갑판장은 분명히 알람 시계를 잘 맞춰두었어야 했다. 바헤나르는 이러한 사건들의 조합은 예측할 수 없다고 했는데, 그 말은 분명히 맞다.

하지만 다른 한편으로, 뱃머리 문을 열어둔 채 부두를 떠나는 위험은 충분히 예측할 수 있었고 실제로 선장은 그러한 위험을 예상하기도 했다. 바헤나르는 폭넓은 사례에 비추어 대부분의 대형 사고들은 경영진의 실책에서 비롯된다고 주장한다. 실제로 시스템을 작동시키는 사람들은 경영진이 만들어놓은 규칙을 그저 따르기만 하기 때문이다. 어쨌거나 헤럴드호의 사고는 바로 그런 경우였다. 경영진은 욕심을 부리거나 태만한 경향이 있다. 이 사고에서는 경고 시스템도 없었고 일정표는 지나치게 빡빡했으며 배에는 일손이 모자랐다. 비록 바헤나르는 사고를 유발한 상황들이 너무나 교묘하게 조합되어 있어서 '일어날 수 없는' 사고였다고 했지만 경영진이 좀 더 합리적으로 행동했더라면 분명히 막을 수 있는 사고였다.

위험을 제대로 평가하지 못하는 이러한 오류는 부분적으로는 과신에서, 부분적으로는 모든 가능성을 진지하게 생각하지 못해서 벌어진다. 엔지니어링 시스템은 점점 더 복잡해지고 있다. 그러므로 시스템 요소들 간에 있을 수 있는 모든 상호 작용을 고려하기가 점점 더 힘들어진다. 그중에서도 가장 복잡한 시스템은 단연 인간의 몸이다. 어떤 약이 그것을 복용한 사람의 몸에 정말로 무해한지 확인하지 못한다면 태아에게 부작용이 일어날 수도 있다. 탈리도마이드*의 비극도 그런 식으로 일어났던 것이다.

석탄보다 안전한 원자력을 왜 꺼릴까

위험을 평가하면서 엔지니어들은 과신과 모든 중요한 요인들을 고려하지 못해 고생할 수 있다. 하지만 위험을 대하는 일반 대중의 태도는 더 비합리적이다. 위험을 경고하는 것이 사람들의 행동에 거의 아무런 효과도 일으키지 못한다는 사실은 여러 차례 입증되었다. 예를 들어 미국의 여러 주에서 안전벨트 매기 운동을 벌였지만, 안전벨트를 매는 운전자들이 더 늘지는 않았다.[4] 사람들이 도로에서만 위험을 무시하는 건 아니다. 바헤나르는 가정용품 박람회에서 스탠드를 마련하고 사람들에게 살충제에서부터 퐁뒤를 만들 때 쓰는 새로운 연료에 이르기까지 네 가지 제품을 시험해보라고 했다.[5] 모든 제품의 라벨에는 사용 지침이 씌어 있었다. 예를 들어 연료통에는 '장갑을 끼고 사용하세요', '병에 코를 대고 냄새를 맡지 마세요', '사용 전에 불을 끄세요', '사용 후에는 캔 뚜껑을 닫아주세요'라는 경고가 들어가 있었다. 바헤나르의 스탠드에 찾아온 손님들은 이 제품들을 시험해보라는 권유를 받았다. 손님들에게는 실제 크기의 주방이나 제품 사용에 필요한 도구와 설비를 제공한 상태였다. 위험을 경고하는 표시가 눈에 확 들어옴에도 불구하고 사용 전에 그것을 잘 읽어보는 손님은 3명 중 1명이 안 됐다.

바헤나르는 운전자의 행동을 포함한 수많은 행동들이 자동화된다고 주장한다. 이러한 자동적 행동은 사람들이 위험을 자각하고 있을 때조

탈리도마이드(thalidomide) 수면제로 쓰이는 약물. 임신부가 복용할 경우 팔다리가 없는 기형아를 출산할 수 있다.

차 끈질기게 남는다. 그는 피험자 가운데 77퍼센트가 라벨을 제대로 읽지 않는 행동이 일종의 습관이라고 고백했음을 지적한다.("잊어버렸어요." "난 절대 라벨을 안 읽죠." "라벨을 못 봤어요.") 피험자들의 이러한 행동은 그가 인터뷰한 사람들의 행동과 크게 대조된다. 인터뷰에 응한 사람들의 97퍼센트가 위험할 수 있는 제품은 라벨을 꼭 읽어본다고 답했던 것이다. 사람들이 자기가 그렇게 한다고 생각하는 것과 실제 행동하는 것에는 엄청난 간격이 있는 것으로 보일 것이다.

대중이 위험을 평가하는 것 또한 비합리적이다. 특히 가용성 오류 때문에 사람들은 한 장소에서 많은 사람들이 동시에 죽는 극적인 사고의 위험을 다양한 시공간에서 잠재적으로 사망할 수 있는 위험보다 지나치게 크게 본다. 그들은 또한 익숙지 않은 새로운 장비를 두려워한다. 나는 이러한 비합리적 행태를 핵의 위험과 화석 연료의 위험이 얼마나 되겠는가라는 문제에 비교하여 설명하고자 한다.[6] 앞에서 원전 설계의 위험을 다루기는 했지만 서구 사회에서 핵으로 사망한 사람은 아주 적다. 서구 사회에서 원자력 발전소는 주의 깊은 검사와 통제로 관리하기 때문이다. 그렇지만 보통 사람들은 원자력 발전소가 화석 연료를 이용하는 발전소보다 더 안전하다는 사실을 좀체 믿으려 들지 않는다.

화석 연료의 위험성은 그것을 채취하고 운송하는 노동자들에게 있을 수 있는 위험까지 포함한다. 해마다 1만 명의 광부 중 1명은 갱에서 사망하며 석유 굴착용 플랫폼에서 사망할 확률은 그보다 더 높다. 또한 영국에서는 도로 교통으로 석유를 운송하는 사람들이 매년 12명이나 사망한다. 게다가 화석 연료를 태우면 공기 중에 탄화수소가 방출되며 그중 일부는 암을 발생시킨다. 또한 다양한 산, 특히 황산을 배출하는데 이것이 나무와 그밖의 식물에 광범위한 손상을 입힌다. 영국의 경우, 해마다 도시 인구는 농촌 인구에 비하여 1만 명 정도 더 많이 죽는다. 이러한 죽음의 대다수는 분명히 화석 연료에서 나오는 유독 물질에서 기인한다. 마지막으로, 화석 연료의 연소는 온실 효과와 오존층 파괴 양쪽 모두를 악화시킨다. 그러므로 화석 연료가 인류에게 입히는 손실을 장기적으로 따져본다면 원자로 몇 개가 용해되는 대사건도 사소해 보일 정도다. 화석 연료를 태움으로써 발생하는 결과는 광범위할 뿐 아니라 잠복성이 있고 장기적이다. 그래서 그러한 효과들은 으레 무시된다. 어느 한 지역에 한정되고 대개 급작스럽게 일어나는 원전 사고와 뚜렷하게 대조되는 까닭이다. 그렇더라도 전기 생산량 대비 사망률을 비교해보면 석탄 발전소가 원자력 발전소의 10배에서 100배까지 더 많을 것으로 추산되어 왔다.

대중의 주된 걱정거리는 원자력 발전소에서 발생하는 방사능을 피하는 데 있다. 비록 방사능 누출 규모는 적다고 해도 해당 지역에는 엄청난 극적 사건이요, 신문지상에서도 크게 떠들어댈 일이다. 방사능 누출은 매우 가용적이고 바로 그렇기 때문에 관심을 끈다. 방사능은 유전자를 손상시키기 때문에 후손들에게까지 고통을 줄 수 있으므로 화석 연료보다 더 위험하다는 주장이 있었다. 그렇지만 원자폭탄이 떨어졌던 히로시마에서 출생한 아기들 가운데 유전적 결함이 있는 경우는 원폭 피해가 없었던 오사카 출생 아기들에게 결함이 있는 경우보다 많지 않은 것으로 밝혀졌다. 실제로는 석탄 연소에서 비롯되는 방사능 문제가 원자력으로 인한 방사능 문제보다 분명히 더 심각하다. 석탄에는 여러 가지 방사능 물질이 들어 있는데 그중 일부는 석탄이 연소될 때 공기 중으로 배출된다. 하지만 더 큰 위험은 지구 표면에 버려진 석탄재에서 고농도의 방사능이 발생한다는 점이다. (현재 수준에서) 지하수나 대기 중에 방사능이 방출됨으로써 4천만 명이 사망할 것이며 이 수가 점점 더 늘면서 결국 지구는 사람이 살 수 없는 별이 될 거라고 한다.

일반 대중이 다양한 시스템들의 위험을 잘 알아차리지 못하게 하는 또 다른 요소는 연상의 힘이다. 석탄은 난로에서 활활 타오르는 아늑한 불길을 연상시키는 반면, 원자력은 원자 폭탄을 연상시킨다. 이러한 연상이 후광 효과를 일으킨다. 영국에서 평생을 살면서 입는 원전 관련 위험도는 몸무게가 1그램 느는 수준과 마찬가지다. 1그램이라는 무게는 손바닥에 올려놓아도 알아차릴까 말까 한 수준인 것이다. 또한 원전의 위험을 이미 용인되고 있는 다른 위험과 비교해보아야 한다. 캔베이 섬 화학 정제 공장에서 대형 사고가 일어났을 때 1만 명이 죽었다. 이 정도 사건의 발생 확률은 연간 5000분의 1이다. 템스 강 방어벽도 일시적으로 수위가 높아져서 상류 지역을 파괴하고 수천 명의 목숨을 앗아갈 확률이 연간 1500분의 1 정도는 된다. 원전 지역에서 사는 사람이 원전 관련 사고로 죽을 확률이 100만 분의 1이고, 일반 대중으로 범위를 확대하더라도 기껏해야 10만 분의 1이라는 점을 감안한다면 실로 엄청난 대비가 아닐 수 없다. 하지만 집에서 감전 사고로 죽을 확률도 100만 분의 1 정도는 된다. 여기서 내가 인용하는 수치들은 대개 영국 건강안전부의 보고서에서 따온 것이다. 건강안전부는 특별히 원자력 발전소에 호의를 보이고 편향될 기관이 아니다. 그렇지만 기술이 새 것이다 보니 잘못될 가능성도 상당히 높다. 원자력 발전에 다소 많은 분량을 할애했지만 이는 원자력 발전을 옹호하기 위해서가 아니라 위험을 대하는 사람들의 태도가 얼마나 비합리적인지 보여주기 위해서였다. 원자력 에너지를 반대하는 의견 중 유일하게 타당한 것은 원자력 발전이 화력 발전에 비해 우리에게 아직 알려지지 않은 위험이 많을 수도 있다는 의견뿐이다.

모르면 뭐든 위험해 보인다

마지막으로, 특히 전문가가 아닌 일반인들의 경우에 위험을 평가하는 데 영향을 끼치는 비합리적 행태가 두 가지 더 있다. 그중 하나는, 어떤 기술 형태에 대해 새 것이 위험한지 옛 것이 위험한지 충분히 파악하지 못하는 것이다. 불행히도 사륜마차나 이륜마차의 사고 통계는 나와 있지 않지만 아마도 말이 끄는 운송 수단이 엔진 기반 운송 수단보다 1마일당 사망자 발생률이 더 높았을 것이다. 오늘날 영국에서 엔진 기반 탈것으로 인한 사망자 수는 연간 5천 명 수준이다.* 이와 관련된 핵심은, 사람들이 새로운 것은 뭐든지 두려워한다는 것이다. 전기 조명이 처음 도입되었을 때 사람들은 집에 전등을 다는 것이 아주 위험하다고 생각했다. 하지만 실제로 전깃불은 당시에 사용하던 기름등이나 촛불보다 훨씬 더 안전했다. 최초의 열차는 시속 40마일로 여행을 할 수 있을 거라는 예고와 함께 사람들에게 엄청난 공포를 안겨주었다. 그렇게 빨리 달리면 열차를 탄 승객들에게 위험할 거라는 생각이 지배적이었던 것이다. 이러한 두려움이 합리적이냐 비합리적이냐는,

* 영국에서 도로 교통사고 사망자 수는 (이 책이 출간된 이후) 20년간 가파르게 하락해 왔다. 2011년에는 1,857명이 도로에서 사망했는데, 1926년에 기록이 시작된 뒤로 2,000명 이하로 내려간 것은 이때가 처음이었다.

신기술 효과가 실제로 도입되기 전에 얼마나 조사를 하느냐에 달린 문제다.

원전을 대하는 극단적인 공포의 비합리성은 사람들이 엑스선 검사를 대하는 태도와 비교해볼 때에 더욱 잘 설명할 수 있다. 영국의 방사능 진단의들이 한 해 동안 환자들에게 엑스선 검사를 실시하면서 방출하는 방사능을 모두 합치면 셀라필드 방폐장에서 나오는 방사능 총량과 맞먹는다고 한다. 〈인디펜던트〉가 주장하는 바와 같이 이는 결국 영국 전역에 "병원을 가장한" 원자로가 1,600개나 있다고 보는 것과 마찬가지다.[7] 엑스선 검사로 해마다 죽지 않아도 될 사람들이 250명이나 죽고 있지만(그밖에도 여러 폐해를 낳지만 진단에 도움이 된다는 이유에서 보장되고 있다.) 엑스선 남용에 항의하는 사람은 없다. 그 이유는 엑스선은 이미 사람들에게 친숙한 데다가 더 나은 건강을 연상시키는 반면, 원자력은 새로운 것이고 원자 폭탄을 연상시키기 때문이다.

요컨대, 대부분의 사람들이 위험을 대하는 태도는 진짜 확률, 아니면 차라리 우리의 현재 지식 상태에서 대략 그럴 것이라고 생각하는 확률을 토대로 삼지 않고 가용성 오류나 후광 효과 같은 비합리적 요인을 토대로 삼고 있다고 할 것이다.

체크리스트

01 여러분이 엔지니어라면 기사도 사람이고 사람에게는 한계가 있다는 점을 고려하라. 또한 일반 대중이 여러분의 프로젝트에 어떤 반응을 보일 것인가도 고려해야 한다.

02 여러분이 경영자라면 바로 여러분이 궁극적으로 안전에 책임을 져야 함을 명심하라. 실행자들은 자기 자신의 의견을 드러내지 않고 여러분이 제시하는 방향에 따르기만 할 확률이 높다.

03 모르는 사이에 천천히 진행되는 위험이 극적 재난보다 더 많은 사람들을 죽음으로 몰아넣을 수 있음을 기억하라.

04 새로운 장비를 평가할 때에는 그것이 새롭다는 것이 문제인 게 아니라 미처 알지 못했던 위험을 노출하느냐, 안 하느냐가 문제라는 점을 기억하라.

05 여러분에게 선택권이 있다면 북해의 석유 시추선에서 일하느니 원자력 발전소에서 일하라.

18장

잘못된 추론

어떤 결정의 모든 결과를 확실히 알 수 있는 경우는 드물다. 따라서 대부분의 결정은 확률에 대한 직관적 추산에 근거를 두고 있다. 사령관은 무엇이 최선의 전략인지 모른다. 그는 최선이라고 생각하는 것을 골라야 한다. 의사들도 종종 확신을 할 수가 없다. 특히 진단 초기 단계에는 환자의 병이 무엇인지 확실히 알 수 없을 때가 있다. 흉부의 통증을 호소하는 환자가 협심증에 걸렸다면 심장병 전문의가 보게 해야 한다. 하지만 그저 단순히 열공탈장*일 뿐이라면 약이나 처방해주고 집으로 돌려보내면 그뿐이다. 애스컷 경마장에서 3월 30일에 '날개 달린 페가수스'가 이길 확률은 제시된 승률보다 높을까 낮을까? 이 모든 경우는 여러 가지 요인을 고려해야만 한다. '날개 달린 페가수스'는 분명히 혈통이 좋은 말이다. 하지만 이 말은 트랙이 젖어 있을 때는 좋은 성적을

열공탈장 횡경막 근육 사이로 위가 묻혀 탈장이 일어난 경우.

내지 못하는데 지금은 비가 오고 있다. 올해 '날개 달린 페가수스'의 전적은 훌륭했다. 단, 마지막 레이스를 완주하지 못했을 때는 제외하고 말이다. 게다가 녀석의 승산을 점치려면 필드의 나머지 말들도 고려해야 한다. 여러 요소 가운데 한 가지만으로는 '날개 달린 페가수스'가 이길 것인지 알 수 없다. 모든 요소들을 고려해야 하거니와, 더욱 골치 아프게는 전부 다 조합을 해보아야 진짜 확률을 알 수 있는 것이다.

'그만하면 괜찮은' 선택의 오류

다양한 목표와 수많은 행동 과정을 접하면 정보의 홍수에 시달리게 된다. 이때 당사자는 무엇이 최선인지 결정하기 위해 모든 가능한 행동들을 체계적으로 검토할 수 없다. 이러한 상황에서 그는 여러 선택지 가운데 자기와 관련이 있는 측면만을 주시하고 (대개 결과적으로는 크게 달라질 수 있음에도 불구하고) 최선의 선택과는 거리가 멀지만 '그만하면 괜찮다' 싶은 행동 과정에 안착하고 만다. 노벨경제학상 수상자 허버트 사이먼(Herbert Simon)은 이러한 의사 결정 방식을 '만족화(satisficing)'라는 용어로 정의했다.[1] 중대한 결정을 내리는 사람이 그럭저럭 괜찮기는 하지만 반드시 최선이라고 할 수는 없는 대안을 찾으면서 가능한 대안 탐색을 그만두는 것이 만족화다. 아주 중요한 결정을 내리는 사람이라 해도 범위 안에 있는 모든 대안과 그 대안들이 불러올 수 있는 결과들을 가늠하는 것부터 시작하지는 않는다. 직업을 구하는 사람이 자기가 할 수 있는 일을 전부 다 살펴보지 않는 것은 둘째 치더라도 어느 한 가지 직업이 정해졌을 때에 그 직업의 다양한 장점과 단점, 이를테면 보수, 전망, 연금 지급 규정, 노동 시간, 휴일, 직업 안정성, 책임성 수준, 출퇴근 시간, 현황, 사회 공헌도, 창의성을 발휘할 기회, 직업에 대한 기본적 관심, 직업 수행에 따르는 스트레스 등등을 모두 생각해보는 경우도 매우 드물다. 그 대신 구직자는 그것이 다른 직업들과 확연히 구분되는 어느 한 측면만을, 예를 들어 회사에서 차량이 나온다든가 하는 데 주목할지도 모른다.

누군가는 만족화 방식이 어느 정도는 합리적이라고 주장할 수 있다. 결정을 내린 뒤의 결과를 확실히 알 수 있는 경우가 별로 없을 바에야 더 많은 정보를 찾고 더 머리를 싸매고 생각하는 게 시간 낭비일 때도 있다. 이는 분명한 사실이지만 내가 세운 합리성의 기준, 다소 높다고 할 만한 그 기준에 비추어본다면 그런 식으로 내린 결정은 비합리적일 가능성이 높다. 모든 요인, 분명히 중요한 요인들은 모두 다 고려해야만 한다. 하지만 인간의 지력은 한계가 있고 한 번에 처리할 수 있는 생각은 아주 제한되어 있다. 더욱이 중요한 결정을 내리기 위해 고려하는 몇몇 요인들이 가장 중요한 요인이 아닐 수도 있다. 회사에서 차를 준다는 이유로 다른 것들을 다 양보할 수 있다면 그건 분명히 비합리적인 짓이다. 어떤 이는 사람들이 사소한 문제보다는 중요한 문제를 결정하면서 더 오랫동안 심사숙고할 거라고 기대할 것이다. 참 이상한 일이지만 사실은 그렇지 않다는 게 입증되었다. 사람들은 자질구레한 것을 구매할 때에나 비싼 것을 구매할 때에나 비슷한 시간 동안 고민을 한다. 이 또한 비합리성의 흥미로운 한 단면이리라.

이어질 장에서는 여러 가지 요인들을 고려해야 할 때에 사람들의 예측이 빗나가고 — 예측이라는 요소는 모든 의사 결정에 개입하기 때문에 — 잘못된 결정을 내리는 현상을 보여주려 한다. 이 장에서는 오로지 한두 가지 요인만 고려하면 되는 상황에서도 사람들이 불확실한 결과를 다루면서 잘못된 예측이나 결정을 한다는 것을 입증할 것이다. 앞 장에서는 사람들이 증거를 수집하거나 평가하면서 저지르는 실수를 살펴보았다. 이 장에서는 사람들이 그러한 증거를 사용하면서 저지르는 실수를 살펴보고자 한다. 쉽게 설명하기 위해서 나는 예측을 하는 사람이 자기가 가진 증거의 참값을 안다고 가정할 것이다.

다음에 이어질 내용에서 '예측'은 비단 미래에 대한 예상만을 뜻하지 않으며 증거를 토대로 하여 어떤 사건이 어떻게 될 것인가에 대한 모든 추론을 가리킨다. 예측에서 빚어지는 여러 오류는 우리 앞에 놓인 증거로 과거를 추론하든, 현재를 추론하든, 미래를 추론하든 똑같이 일어난다. 어떤 학생이 지능 지수가 높고 어려운 작업을 감당할 만한 능력이 뛰어나다면 그 학생이 장차 학업 성적이 어떠할까는 물론, 과거의 성적이 어떠했을까도 '예측'할 수 있다. '예측 근거(predictor)'라는 단어는 예측이 근거를 두고 있는 증거의 어떤 부분을 뜻하는 의미로 쓰일 것이다.

홈런 타자는 다음 시즌에 불행해진다

카너먼과 트버스키는 다음 실화를 기록하고 있다.[2)] 조종사 훈련에 참여하는 이스라엘 공군 소속 장교들이 불평하기를, 훈련생들이 유난히 비행을 잘했을 때에 칭찬을 해봤자 실력 향상에 도움이 안 된다고 했다. 실제로 훈련생들은 그렇게 칭찬을 받고 나면 다음번 비행이 훨씬 전만 못했다. 그렇지만 장교들은 비행을 아주 못한 훈련생을 꾸짖으면 그 훈련생은 거의 항상 다음 비행에서 향상된 모습을 보여준다고 말했다. 그래서 이 장교들은 상급 장교들에게 저조한 성과는 비판하되 뛰어난 비행에는 칭찬하지 않는 게 바람직하다고 말했다. 하지만 이러한 추론 이면에는 미묘한 오류가 있다. 유난히 비행을 잘하거나 유난히 비행을 못하는 경우는 둘 다 흔치 않다. 따라서 칭찬과 비난 여부에 상관없이, 어느 조종사가 유난히 비행을 잘하거나 못했다면 그 다음번 비행에서는 그의 평균적인 실력 수준으로 돌아갈 확률이 높다. 평소 실력이 극도로 뛰어나거나 부족한 것보다 더 보편적이라는 한 가지 이유만으로도 그렇다. 그러므로 어쩌다 뛰어난 비행 실력을 보인 조종사는 아마 다음번에는 그보다 못한 실력을 보일 것이다. 어쩌다 실력을 발휘하지 못한 조종사는 아마 다음번 비행에서 훨씬 나은 모습을 보여줄 것이다.

어떤 사건이 (어떤 식으로든) 극단적일 때에 같은 종류의 다음번 사건은 그만큼 극단적이지 않다는 원칙을 '평균 회귀(regression to the mean)'라고 한다. 예를 들어, 어쩌다가 지능 지수가 아주 높은 부모가 있다고 치자. 그 부모는 예외적으로 유전자들이 잘 조합되어 그렇게 태어났을 수도 있고 특별히 지능을 계발하기에 유리한 환경에서 자랐을 수도 있다. 그런데 이 부모는 자기보다 지능이 많이 낮은 자녀를 둘 확률이 높다. 자녀는 양쪽 부모로부터 그 뛰어난 유전자의 절반씩만 받기 때문에 부모의 머리를 뛰어나게 해준 그 유전자들의 혜택을 그대로 입지는 못한다. 또한 부모가 유난히 지능 발달에 도움이 되는 환경에서 자랐다면 자녀는 좀 더 평균적인 수준에 가까운 환경, 즉 그보다는 못한 환경에서 자랄 가능성이 높다.

또 다른 설명 차원에서 일상생활에서 볼 수 있는 두 가지 예를 들어보자. 첫 번째 예는 니스벳과 로스가 제안한 것이다.[3)] 미국 프로야구에서는 너무나 흔히 볼 수 있어 고유한 명칭까지 붙은 현상이 하나 있다. 바로 '소포모어 징크스'다. 어느 시즌에 어떤 선수가 유난히 안타를 많이 쳤다고 치자. 그는 스타로 떠오르지만 다음 시즌에 가서 성적이 크게 떨어져서 그냥 평균만 살짝 웃도는 수준이 되고 만다. 이러한 현상을 두고 오만 가지 설명이 신문지상에 등장한다. 투수가 그 타자의 플레이를 간파했다는 둥, 성공의 맛을 봐서 그렇다는 둥, 몸무게가 늘었다는 둥, 몸무게가 빠졌다는 둥, 결혼을 해서 그렇다는 둥, 이혼을 해서 그렇다는 둥, 그밖에도 별의별 소리가 다 나온다. 야구 선수가 얼마나 타점을 올리느냐에는 운이 크게 작용한다. 그리고 한 시즌 동안 운이 좋았다면 그 다음 시즌에는 운이 좋지 않을 가능성이 높다. 따라서 그 선수의 성적은 그의 평소 실력 수준으로 돌아갈 것이다.

배런은 우리 모두 경험해보았을 법한 또 다른 사례를 들어 설명해준다.[4] 어떤 식당에 처음 가보았더니 음식이 정말 괜찮았다. 하지만 그 식당에 다시 가서 두 번째로 먹어보고는 실망하고 만다. 요리에도 운은 크게 작용한다. 어쩌다 한 번 요리가 기막히게 잘 되었다면 다음번에는 평소 수준으로 돌아갈 가능성이 높다. 배런이 지적하듯이 만약 처음 간 식당의 요리가 형편없다면 그 식당에는 두 번 다시 가지 않는다. 따라서 이 경우에는 두 번째로 먹어보고 저번보다 낫다고 — 그럴 가능성이 높은데도 — 판단할 기회 자체가 없는 것이다.

평균 회귀 효과는 증권 투자 상담사들이 실용적으로 써먹어 왔다.[5] 투자신탁의 범위를 종종 한 회사로 한정하는 것이다. 처음에 특정 회사의 가장 실적이 나쁜 투자신탁 상품을 구매한 뒤 이듬해 그 투자신탁 상품을 팔아치우고 그 돈을 같은 회사의 다른 투자신탁 상품으로 옮긴다. 이렇게 항상 지난해 실적이 가장 좋지 않았던 투자신탁 회사의 상품을 사들이는 것이다. 그렇게 10년이 지나면 매년 지난해 실적이 가장 좋았던 회사 상품에 투자하는 경우에 비해 10배나 더 많은 수익을 올리게 된다. 그렇지만 재정 상담사들은 항상 고객들에게 "수익률이 좋았던" 투자신탁 회사의 상품을 사라고 권유한다.

대부분의 사람들은 최소한 운이 작용하는 상황에서는 어쩌다 예외적인 일이 일어났다면 그 다음번은 평균 수준으로 돌아가기 쉽다는 사실을 알아차리지 못한다. 그래서 그들은 지나치게 한쪽으로 치우친 예측을 하는데, 그 예측은 틀리기 쉽다. 어떤 사건(혹은 성질)을 정확하게 동일한 유형의 사건에서 예측하는 한에서는 분명히 그렇다. 그렇지만 평균 회귀 원칙은 예측에 이용되는 증거가 예측하는 사건과 전혀 다른 경우에도 적용되곤 한다. 여기서 지배적인 규칙은, 예측 근거가 빈약할수록 평균 회귀가 한층 더 기대된다는 것이다. 다음 실험은 이를 잘 설명해준다.[6]

피험자들에게 어느 학생의 평균 평점(GAP)을 예측해보도록 했다. 여러 집단에 여러 가지 종류의 증거들을 주었다. 다른 학생들과 비교했을 때 석차라든가(이 석차를 보면 성적을 수치상으로 정확하게 추론해낼 수 있다.) 정신을 집중하는 작업에서 보여준 점수(이 점수로는 성적을 얼추 비슷하게 추론하는 수준만 가능하다.), 나아가 학생의 유머 감각 측정 결과(이 증거는 평균 평점과 거의 관련이 없다.) 등. 피험자들로 이루어진 세 집단은 각각 학교 석차는 완벽한 예측 근거이고, 집중력 테스트 결과는 그럭저럭 쓸 만한 예측 근거이며, 유머 감각 측정 결과는 쓸모가 없다고 답했다. 그렇지만 두 번째 집단과 세 번째 집단은 평균 회귀를 고려하지 않았다. 그들의 판단 대상인 학생이 집중력 테스트나 유머 감각 측정에서 유난히 뛰어나거나 유난히 저조한 결과를 보이면 그 학생의 평균 평점도 그에 맞추어 높거나 낮게 예측했던 것이다. 그들은 자신들이 불완전한 예측 근거를 이용하고 있다는 사실을 고려하지 못했다. 대부분의 점수 군집이 평균 수준에 있으므로 그 학생의 집중력이나 유머 감각이 특이하다고 해서 성적도 그만큼 유난히 높거나 낮기보다는 아마도 성적 역시 평균과 비슷한 수준일 거라는 생각을 못했던 것이다. 경제학자들은 왜 사업이 한 해에 유난히 잘 풀리면 그 다음 해에 죽을 쑤는지 설명하기 위해 엄청난 시간과 지면을 낭비해 왔다. 만약 그들이 평균 회귀 원칙을 활용했더라면 아마 그들 자신이나 그들의 책을 읽는 독자 모두 상당한 시간을 절약할 수 있었을 것이다.

이러한 오류의 원인에 대해서는 여전히 논쟁이 진행 중이다. 가용성 효과도 한몫할 수 있다. 사람들은 예측 근거의 가치가 높은가 낮은가를 간과하고 그들이 예측하고자 하는 것에 해당 가치를 생각 없이 할당하는 경향이 있다. 예측 근거가 불완전하다는 것을 아는 상황에서도 그들의 예측이 갖는 가치는 예측 근거의 가치에 달려 있다는 생각을 ― 물론 이건 예측 근거가 완벽할 때도 마찬가지다. ― 어리석게도 깨우치지 못한다. 이러한 오류는 14장에서 초록 택시와 파란 택시 문제를 다루면서 살펴보았던 오류, 즉 확률을 추산하면서 기준율을 고려하지 못하는 오류와 크게 다르지 않다.

극단적인 수치보다 평균값을 믿어라

평균 회귀와 관련된 또 다른 오류는 자신의 판단에 대한 자신감에 관한 것이다. 앞에서도 보았지만 불완전한 예측 근거의 점수가 높다면 가변적인 예측 대상 평가는 평균 수준에 가깝게 끌어내리는 방향으로 조정해야 한다. 마찬가지로, 불완전한 예측 근거의 점수가 낮다면 예측 대상 평가는 평균 수준에 가까운 방향으로 높여야 할 것이다. 사람들은 이렇게 하지 못할 뿐 아니라,[7] 평균 수준의 점수를 근거로 삼을 때보다 유난히 높거나 낮은 점수를 근거로 삼을 때에 더욱더 판단에 자신감을 갖는다. 극단적인 예측 근거 점수가 극단적인 자신감을 낳는 셈이다. 하지만 그런 점수들이야말로 최악의 오류를 낳기 쉬운 주범이다. 사람들은 무의식적으로 어떤 것(예측 근거에 나타난 점수)이 극단적이면 그것과 관련된 것은 무엇이든지(예측에 대한 자신감) 극단적이어야 한다고 생각하는 듯하다.

간단한 예로 자신감의 또 다른 흥미로운 오류를 설명하겠다. 계산기가 나오기 이전 시대에 한 회계사가 어느 지원자를 두고 그가 훌륭한 사무원이 될 수 있을지 고심하는 중이었다고 치자. 회계사는 지원자의 덧셈과 뺄셈 속도를 테스트해보았을 것이다. 물론 지원자가 일을 얼마나 깔끔하게 하는지, 얼마나 양심적인지, 그밖에도 여러 가지 자질을 고려하고 싶었을 것이다. 그런데 덧셈 실력은 뺄셈 실력과 분명히 연관이 있을 법하다. 어떤 사람의 덧셈 실력을 평가한다면 그 사람의 뺄셈 실력도 거의 확실하게 짐작할 수 있다. 따라서 지원자가 얼마나 좋은 사무원이 될 수 있는가를 예측하면서 덧셈 실력 측정치와 뺄셈 실력 측정치를 모두 다 고려할 것까지는 없다. 그 두 실력은 완전히 상호 관련되어 있으므로 우리는 어느 한쪽 측정치만 사용하면 된다. 한편, 깔끔한 일 처리 능력과 양심은 덧셈 실력과 뺄셈 실력만큼 긴밀하게 연관되어 있지 않다. 따라서 이때에는 두 가지 요인을 따로 구분하여 사용하는 것이 지원자가 일을 잘 해낼 것인가를 예측하는 데 도움이 될 것이다.

다음 실험이 보여주듯이 실제로 사람들은 마땅히 해야 할 바를 하지 않고 되레 정반대로 행동한다. 상호 관련이 없는 특성보다 상호 관련이 있는 특성을 더 믿는 것이다. 피험자들에게 네 가지 테스트로 학생들의 성적을 예측할 수 있다고 했다.[8] 각 테스트는 예측 근거로 그럭저럭 써먹을 만한 수준밖에 안 되지만 예측 근거로서 신뢰도는 테스트들 간에 아무 차이도 없었다. 테스트는 두 개 조로 나누었다. 첫 번째 조는 '정신적 유연성'과 '체계적 추론'이었고, 두 번째 조는 '창의적 사고'와 '상징 능력'이었다. 피험자들은 첫 번째 조에 속한 테스트들이 아주 긴밀하게 상호 관련되어 있다는 설명을 들었다.(다시 말해 '정신적 유연성' 점수는 '체계적 추론' 점수로 거의 확실하게 예측할 수 있다는 뜻이다.) 반면 두 번째 조에 속한 테스트들은 상호 무관하다고 설명해주었다.('상징 능력' 점수를 근거로 하여 '창의적 사고' 점수를 추론해낼 수는 없다는 뜻이다.) 그다음에 피험자들은 가상의 학생들이 네 가지 테스트에서 기록한 점수표를 받았다. 이 점수표는 피험자들이 지금까지 들었던 설명에 들어맞게 꾸몄다. 예를 들어, 어떤 학생의 '정신적 유연성' 점수가 16점이라면 '체계적 추론'도 15점에서 17점 사이에서 왔다갔다 했다. 하지만 '창의적 사고'가 16점인 경우는 '상징 능력'이 1점에서 20점 사이에서 무작위로 정해진 점수를 나타냈다. 피험자들은 상호 관련이 있는 테스트 조와 상호 관련이 없는 테스트 조를 모두 고려하여 해당 학생의 성적이 어느 정도일지 예측해야 했다. 피험자들에게 그들의 예측 정확도를 얼마나 믿는지 물어보자 그들은 상호 연관이 있는 테스트 조에 근거한 예측에 더 자신감을 드러냈다. 하지만 이것은 합리적 판단에 정면으로 어긋난다. 어떤 점수를 통해 다른 점수를 믿을 만하게 예측할 수 있다면 다른 점수를 안다는 사실은 새로운 정보를 전혀 주지 못한다. 반면, 두 점수들이 상호 관련이 없다면 그 둘을 모두 사용하여 더 나은 예측을 할 수 있다.

이러한 오류는 아마도 상호 관련이 있는 점수들은 서로 일관되기 때문에 일어나는 것으로 추정된다. 그래서 사람들은 그러한 일관성이 자기들이 예측한 점수에도 분명히 이어진다고 생각한다. 반면, 상호 관련이 없는 점수들은 대개 서로 일관성이 없기 때문에 목표 점수의 예측을 확실히 뒷받침할 수 없다고 생각하는 것이다.

도박사의 오류 : 룰렛 공은 기억력이 없다

이 장은 제한된 증거에서 올바른 결론을 도출하지 못하는 몇 가지 상이한 사례들을 다루면서 마칠까 한다. 어느 선발위원회가 임상심리학과 대학원 과정에 어느 지원자를 합격시킬 것인가 결정해야 한다고 치자.[9] 선발위원회는 두 가지 증거에 기대고 있다. 하나는 특수한 입학 시험 성적이고, 다른 하나는 정신과 병동에서 임상 경험을 쌓은 시간 수다. 이 두 가지 수치는 상호 연관이 없다. 다시 말해, 한쪽 수치를 안다고 해서 다른 쪽 수치를 안다는 건 불가능하다. 이 특별한 지원자는 대학원에 들어오는 보통 학생들보다 정신과 병동에서 훨씬 더 오래 임상 경험을 쌓았다. 선발위원회는 이 점을 아주 좋게 보았다. 그런데 그의 시험 성적이 없어졌다. 나중에 성적을 찾고 보니 그 지원자는 전체 지원자들의 평균 성적보다 약간 높은 점수를 받았을 뿐이었다. 선발위원회가 그 지원자에 대한 평가를 높게 잡아야 할까, 낮게 잡아야 할까 생각해보라. 대부분의 사람들은 평가를 낮추어야 한다고 생각한다. 하지만 실제로는 그 반대다. 이러한 과오 역시 평균 회귀를 고려하지 못하는 오류와 관련이 있다. 정신 질환이 있는 환자들과의 임상 경험이 입학 시험 성적과 상호 무관하다면 그 지원자에 대한 최선의 평가는 두 점수의 총점을 내는 것이리라. 그런데 어쨌거나 선발위원회는 지원자가 평균보다 낫다고 보았으므로 그 지원자를 높게 평가해야 하는 것이다. 이러한 오류는 부분적으로는 15장의 확률 계산에서 보았듯이 두 점수를 더해야 하는 상황에서 평균 점수를 내려는 경향이 있기 때문에 일어난다.

여러분이 룰렛 게임을 하는데 공이 여섯 번이나 검은색으로 들어갔다고 치자. 경험깨나 있는 도박사를 포함하여 대부분의 사람들은 그 다음 판에서는 공이 검은색보다 빨간색으로 들어갈 확률이 더 높다고 생각한다. 그들은 게임을 많이 해서 평균을 내면 검은색과 빨간색의 비율이 비슷해진다는 것을 알기 때문에 이러한 예측을 내놓는다. 앞에서 소개했던 관념으로 돌아가자면, BBBBBBR이 검은색만 일곱 번, 즉 BBBBBBB보다 대표성이 있다고 보는 셈이다. 하지만 공은 기억력이 없다. 공이 이미 한 가지 색깔로 몇 번이나 연속해서 들어갔었다는 사실은 중요치 않고, 다음 판에서 공이 빨간색으로 들어갈 확률과 검은색으로 들어갈 확률은 여전히 반반으로 동일하다. 이러한 오류를 '도박사의 오류(gambler's fallacy)'라고 한다.

피시호프가 지적했듯이 도박보다 심각한 맥락에서도 동일한 오류가 일어날 수 있다.[10] 저명한 미국의 역사학자 새뮤얼 모리슨(Samuel Morrison)도 이 오류에 빠졌다. 그는 자기가 오십대 초반일 때에 루스벨트(Franklin Roosevelt)가 직접 대법관들을 임명하여 대법원을 장악할 것이라고 선언했다고 회상했다. 모리슨은 이어서 주장하기를, 루스벨트가 처음 집권한 4년 동안에 은퇴한 대법관이 한 사람도 없으며 법관들의 일반적인 은퇴율을 감안한다면 "루스벨트에게 상황이 유리하게 돌아가서 올해 안에 그가 전통적 수단에 따라 한 사람 이상의 대법관을 새로 임명할 가능성은 11 대 1 비율이다." 피시호프는 이렇게 설명해준다. "과거의 4년은 역사요, 적어도 앞으로 한 석 이상이 빌 확률은 여전히 39퍼센트일 뿐이다."

이와 관련되어, 사실은 무작위로 일어난 사건들에서 어떤 패턴을 찾는 오류가 있다. 자주 인용되는 예가 바로 런던 대공습에서 독일군이 폭탄을 투하하는 패턴에 대한 것이었다.[11] 당시에 런던 사람들은 독일군이 목표로 삼는 표적을 두고 이런저런 이론들을 펼치면서 어느 지점을 방어해야 한다고 주장했다. 많은 이들이 런던의 동쪽 끝 지역이 유난히 폭격에 시달렸으며 독일군은 런던의 빈곤층을 부유층과 격리시키려는 속셈이라고 잘못 추리했다. 전쟁이 끝난 후에 독일군 폭격 패턴을 통계적으로 분석해보았다. 그 결과 폭격은 순전히 무작위적이었음이 밝혀졌다. 사물을 조리있게 설명하고 싶은 인간의 욕망, 즉 아무런 패턴도 없는데 패턴을 발견하려고 하는 욕망, 자살 신호를 유난히 잘 알아채는 사람이 있다면 그 이유를 설명하는 이론을 그럴듯하게 꾸며내려는 욕망은 우리를 심하게 헤매게 할 수도 있다.

마지막으로, 빈약한 증거에서 나온 예측은 반드시 빈약하게 마련인데도 그 사실을 보지 못하는 사람들이 있다. 피험자들에게 투사 검사법으로 알아본 어느 학부 졸업생에 대한 보고서를 읽게 했다.[12] 피험자들은 11장에 나왔던 것 같은 로르샤흐 검사법이나 인물화 검사법이 예측 자료로서 거의 가치가 없다고 믿는 사람들이었다. 우리가 보았듯이 적어도 이 점에서 피험자들은 생각이 똑바로 박힌 사람들이었다. 피험자들에게 그 학부 졸업생이 공부하고 있을지도 모르는 아홉 개 과정을 제시하고 맞는 것을 고르라고 했다. 투사 검사법 결과가 "진정한 창의성은 부족하고 …… 질서와 명료함, 깔끔하고 정연한 시스템에 대한 욕구가 있고 …… 다른 사람들에 대한 공감이나 정서가 별로 없다."고 나왔기 때문에 대부분의 피험자들은 그가 엔지니어가 되어 있을 거라고 했다. 그다음에 피험자들에게 그 학생은 교육대학원에 가서 장애 아동을 위한 특수 프로그램을 연구하고 있다고 말해주었다. 그 후에 피험자들에게 이러한 결과를 투사 검사법 결과로 제시했던 기술과 어떻게 조화시킬 수 있을지 물어보았다. 대부분의 피험자들은 교육에 몸담은 사람에게 걸맞은 어느 한 면("도덕 의식이 강하다.")을 지적함으로써 그 결과들을 조화시키려 했다. 성격 검사에서 제시한 프로필을 거부한 사람은 아무도 없다시피 했다. 우리는 빈약한 증거들을 일관적으로 높이 평가하는 셈이다.

체크리스트

01 아주 좋은 것이든 아주 나쁜 것이든 극단적인 일이 발생하면 그 다음에 일어나는 같은 종류의 일은 순전히 통계적인 이유에서라도 덜 극단적이게 마련임을 기억하라. 이것은 평균 회귀 때문이다.

02 불완전한 증거에서 예측을 끌어낼 때에는 예측 근거의 값보다 평가하는 대상의 평균값에 더 가깝도록 예측하라.

03 두 가지 증거가 항상 일치한다면 예측을 내리면서 둘 중 하나만 참고해도 된다.

04 기본적인 통계 개념들과 기본적인 확률 이론을 배워라. 특히 여러분이 어떤 직업에 몸 담고 있다면 더욱더 그래야 한다. 배우는 데 며칠 걸리지도 않는다.

05 '도박사의 오류'에 말려들면 돈을 딸 수도 없지만 그렇다고 해서 이 오류 때문에 돈을 잃는 것도 아니다.

19장

직관의 실패

인간의 능력 가운데 가장 높이 평가받는 것 중 하나가 직관이다. 많은 이들이 단정치 못하다든가, 게으르다든가, 이기적이라는 말보다 직관이 부족하다는 말이 더 상처가 된다고 한다. "모두들 자기 기억력이 나쁘다고 불평하지만 판단력을 불평하는 사람은 없다."라고 한 라로슈푸코*의 말에 토를 달 사람은 거의 없다. 직관은 예를 들어, 당사자에게 그가 옳다고 말해준다든가, 그가 옳은지 그른지 말해주는 기묘한 본능이라는 식으로 이야기되어 왔다.

바로 앞 장에서 우리는 사람들이 얼마 안 되는 요인에 근거하여 예측을 할 때에 실수를 저지르기 쉽다는 점을 살펴보았다. 하지만 실생활에서는 아주 다양한 요인들을 고려해야 한다. 각 요인에 따라 예측

라로슈푸코(La Rochefoucauld, 1613~1680) 프랑스의 고전 작가. 재상 리슐리외에 대한 음모에 가담했다가 투옥되었으며, 프롱드의 난에 가담했다가 패하여 은퇴했다.

이 더 확실해질 수도 있고 덜 확실해질 수도 있다. 다시 말해, 각 요인에 따라 그 예측이 맞을 확률이 달라진다. 의학 서적에서 암에 대해 발췌한 다음 대목을 보자. 데이비드 에디가 인용한 적이 있는 대목인데, 진한 글씨는 에디가 강조한 부분이다. 여기서 불확실성의 정도를 나타내는 구절은 모두 강조했다. 이 글은 내과 의사들이 유방암과 무해한 낭종을 구분하는 데 도움을 주려는 내용이다.[1)]

> 만성 낭종 질환은 종종 유방의 악성 종양과 혼동된다. 만성 낭종은 **보통** 가슴이 작고 출산 경험이 있는 여성에게서 발생한다. 유방의 상외사분(유방을 위, 아래와 가운데, 바깥으로 4등분했을 때 바깥쪽 윗부분)에서 **가장 흔히** 발견되지만, 다른 부위에서 발견되거나 결국에는 유방 전체에 퍼질 **가능성도 있다. 종종** 통증이 있으며, 특히 생리 직전에 심해진다. 또한 생리 불순을 동반하는 것이 **일반적**이다. **보통은** 젖꼭지에서 고름이 꽤 나오며 그러한 경우가 전체 병례에서 **대략** 15퍼센트를 차지하나 젖꼭지 자체에는 아무 변화가 없다. 낭종은 뚜렷한 표시 없이 퍼지며 표피에만 머물지 않는다. 낭종은 여러 가지여서 단단하고, 둥글고, 중심이 무르며, 맑은 액체가 들어 **있다면** 투명한 빛을 띨 **수도 있다.** 만성 낭종 질환 부위에 거대한 낭종이 있으면 종양처럼 **느껴질 수도 있으나 일반적으로** 종양보다는 부드럽고 윤곽이 뚜렷하다. 겨드랑이의 림프절은 **일반적으로** 더 넓어지지 않는다. **흔치는 않으나** 만성 낭종 질환이 넓고 푸른 빛을 띤 낭종으로 나타날 **때가 있다.** 하지만 낭종이 작고 여러 개인 경우가 **더 많다.**

이 인용문은 진단을 내리려면 아주 다양한 증상들을 고려해야 한다는 점을 보여준다. 또한 그 증상들을 얼마나 믿어야 할 것인가는 '~일 수도 있다'부터 '일반적으로'와 '가장 흔히'를 거쳐 '~이다'(확실한 단정)에 이르기까지, 그밖에도 이 글에 등장하는 확률적 의미를 담은 여러 단어들을 통해 달라질 수 있음을 알 수 있다. 어느 의사든 자기 머릿속에 들어 있는 열 가지도 넘는 증상들을 일일이 망라하여 각각의 비중을 가늠해보고 주어진 증거에서 최선의 진단을 직관적으로 내릴 것 같지는 않다.

결정하기 전에 더 많은 대안을 고려하라

이 장에서는 인간의 직관이 사실은 매우 허술하다는 점을 입증하려 한다. 실제로 직관은 너무 엉성하기 때문에 인간이 직관적 판단을 내릴 때 사용했던 것과 동일한 데이터를 형식 수학 분석에 맡겨서 얻어낸 판단이 사람의 판단보다 일관되게 더 낫다. 나는 예측을 하는 두 가지 방법을 각각 '직관적 예측'과 '통계적 예측'으로 나누어 부르겠다. 그리고 더 좋은 단어를 찾지 못한 관계로, 직관적 예측을 하는 사람은 '판단자(judge)'라고 부르겠다.

인간이라는 판단자의 실력을 평가하려면 우리는 그들의 판단력이 최고조일 때에 얼마나 잘 판단할 수 있을지를 밝혀야 한다. 예측 근거가 완전하지 않다면 그들의 판단 또한 결코 완전하지 않다. 다행히도 다양한 예측 근거의 타당성을 추산하고 그것들을 종합하여 사용 가능한 증거로부터 최선의 증거를 얻어낼 수 있는 수학적 방법이 있다.(그 외의 다른 수학적 기법을 요구하는 예외적인 경우도 드물게나마 있다.)

이 분야의 선두 주자로 꼽히는 로빈 도스(Robyn Dawes)가 지적했듯이, 이 방법은 어느 정도 벤저민 프랭클린(Benjamin Franklin)이 이미 써먹었던 것이다. 프랭클린은 친구인 조지프 프리슬리(Joseph Priestly)에게 다음과 같은 편지를 보냈다.[2)]

> 충분한 전제가 없으므로 나는 **어떻게** 결정하라고 조언할 수 없네. 하지만 자네가 좋다면 내가 사용하는 **방법**을 말해주겠네. …… 먼저 종이 한가운데에 선을 그어서 두 부분으로 나누는 걸세. 한쪽 위에는 **'반대'**라고 쓰고 다른 쪽 위에는 **'찬성'**이라고 쓰지. 그다음에 사나흘에 걸쳐 심사숙고하면서 '반대'와 '찬성' 아래에 그때그때 머리에 떠오르는 대로 찬성할 것인가, 반대할 것인가에 대한 여러 가지 동기들을 알아볼 수 있도록 간단히 적어두지. 전체를 한눈에 볼 수 있도록 정리하고 난 다음에는 각각의 동기에 얼마나 비중을 둘 것인지 추산하려고 노력한다네. …… 균형 잡힌 시각을 갖기 위해서 …… 각 이유들의 비중을 양적 수치로 정확하게 표현하지는 못할지언정 그렇게 하나하나 독립적으로 생각해보고 서로 비교하면서 생각하다 보면 그 사안 전체를 눈앞에 두게 되지. 나는 그렇게 함으로써 더 좋은 판단을 내릴 수 있고 무모한 짓을 덜 하게 된다고 생각하네. 실제로 이런 식으로 균형을 찾아서 커다란 혜택을 보았다네. 이 균형 찾기에는 **'정신의 대수학'** 혹은 **'신중함의 대수학'**이라고 할 만한 것이 있다네.

실제로 프랭클린의 기법은 사람들이 결정을 하기 전에 더 많은 증거와 더 많은 대안을 고려하도록 이끈다는 사실이 입증되었다.

수학적 기법으로 설명하면 관련 있는 각 증거들에 가장 가능할 법한 비중(프랭클린의 용어를 쓰자면)을 부여해야 한다. 이것은 오리건대학에서 실시했던, 학부 졸업생들의 학업 성취도를 예측하는 실험으로 잘 설명할 수 있다. 대학원 입학처 관계자들은 학부 성적, 대학원에 진학할 때 치러야 하는 특수한 시험(GRE)에서 거둔 성적, 심사위원들의 심사 보고서를 각각 예측해보았다. 여기서 심사 보고서는 선발위원회 위원 네 명이 수치상으로 나타낸 평가서였다. 세 가지 증거들에 나타난 수치를 대략 소개하자면 지원자들의 학부 성적은 3.0에서 4.9까지, GRE 성적은 70점에서 90점까지, 심사위원 보고서의 채점 결과는 1점에서 5점까지였다. 간단히 말해서, 각 지원자는 세 가지 점수를 받았고 각 점수는 세 가지 증거 가운데 하나씩을 반영했다. 마지막으로, 이 수치를 자료로 삼아 학생을 뽑는 선발위원회는 졸업생의 잠재력을 판단하여 그들을 여섯 가지 범주로 나누었다.

선발위원회가 소임을 제대로 수행하는지 판단하기란 항상 어려운 문제다. 낙방한 지원자를 만약 선발했더라면 어떻게 되었을지는 아무도 모르기 때문이다. 그렇지만 선발된 학생들이 학업 과정을 다 마치고 난 후에(혹은 거의 막바지에 이르러서) 그들의 실제 성취도와 선발위원회가 입학생을 뽑으면서 그들을 나누었던 범주(1~6)를 비교해볼 수는 있다. 이것이 선발위원회가 학부 졸업생들의 학업 성취도를 예측한 것이 얼마나 정확했는지 가늠하는 척도가 된다. 사실, 선발위원회 예측은 보잘것없었지만 그래도 요행에 기대는 것보다는 좀 나은 수준이었다. 학생들의 최종 성취도를 예측하는 데 세 가지 증거들이 모두 똑같이 중요하지는 않은 게 분명하다. 예를 들어, 학부 성적은 심사위원들의 보고서보다 더 나은 예측 자료일 수 있다. 보고서에는 심사위원들의 편견이 끼어들 여지가 있기 때문이다. 입학생 선발위원회가 평가를 제대로 하려면 세 가지 증거 각각에 적합한 비중을 부여해야만 한다. 그렇지만 우리는 연관 관계를 올바르게 판단하기가 대다수 사람들에게 얼마나 힘든 일인가를 이미 살펴보았다. 학부에서 얻은 성적이 심사위원 보고서보다 더 중요한지 그렇지 않은지를 선발위원회가 어떻게 결정하겠는가? 이 부분에서 위원회의 직관이 개입할 것이다.

한편, 여기서 설명할 통계적 방법은 다중 회귀 분석(multiple regression analysis)으로 알려져 있다. 각 지원자에게 세 가지 증거들의 원래 수치를 할당하고 그것들을 체계적으로 최종적인 예측 성취도와 비교한다. 통계적 방법은 신뢰도를 계산하는데, 그 신뢰도는 각각의 세 증거들이 학업 과정이 끝날 무렵에 지원자가 보여줄 성취도를 예측하는 데 쓰인다. 예측 근거로서 세 가지 요인의 값(비중)은 0에서 1까지의 소수로 다시 제시된다. 어떤 지원자의 성취도를 예측하는 방법은 각각의 세 수치를 대략적인 비중으로 곱해서 얻은 세 값을 모두 더하는 것뿐이다.(이 과정은 각각의 요인들이 결과 예측에 미치는 상대적인 가치를 고려하고 세 개의 예측 근거 수치들이 천차만별이라는 점을 바로잡아 준다. 예를 들어, 학부 성적은 3.0에서 4.9로 표기되는 반면에 GRE 점수는 70점에서 90점까지로 표기된다.) 수학적 분석은 대략적이기는 해도 세 가지 증거에서 최선의 예측을 끌어낸다.

아마 이 모든 과정에 속임수 같은 요소가 있다고 항변할 수도 있다. 수학적 분석이 세 가지 예측 근거뿐만 아니라 최종적인 예측 성취도까지 사용하므로 판단자들보다 으레 더 낫게 마련이다. 이 점을 극복하려면 처음의 분석 결과들을 다양한 무리의 학생들에게 적용해봄으로써 테스트를 해야 한다. 또한 그 학생들에게 예측이 얼마나 잘 들어맞았는지를 계산해야 한다. 그다음에 이러한 예측을 사람이라는 판단자가 직관으로 얻어낸 예측과 비교할 수 있다. 수학적 모델의 정확성과 판단자의 정확성이 어떻게 다른지 일상 용어로 비교하기란 불가능하다. 그러나 이 연구에서 최선의 평가(기술적 용어로 말하자면, 두 가지 방법으로 고려한 학업 성취도의 분산량에 근거한 평가)는 통계적 방법이 사람의 판단보다 네 배나 더 정확했다.

그러나 통계적 방법도 완벽하지는 않다는 점을 명심해야 한다. 이 방법은 단순히 주어진 증거들을 전제로 하여 가능한 한 타당한 예측을 내리게 할 뿐이다. 물론 사람의 성취도를 정확하게 예측하기란 불가능하다. 학생들의 경우에는 더러 사랑에 빠져 공부를 멀리할 수도 있고, 실연을 당해 더욱더 공부에 몰두하기가 힘들 수도 있다. 어떤 이들은 순전히 운이 좋아서 박사학위 논문을 쓰려고 선택한 프로젝트가 흥미로운 결과를 얻는가 하면, 또 어떤 이들은 갖은 노력을 쏟아붓고도 성과를 거두기 힘들 수 있다. 사람의 성취도만 확실하게 예측할 수 없는 것은 아니다. 날씨, 석유 매장 위치, 여러 증상을 나타내는 질병의 성격 등도 어느 정도 확실한 확률로만 이야기할 수 있다. 하지만 위와 같은 경우와 그밖의 여러 경우에도 통계적 분석은 사람이라는 판단자보다 더 나은 역량을 보여 왔다.

실제로 통계적 예측과 직관적 예측의 정확성을 비교한 100건 이상의 연구들을 보면, 어쩌다 두 가지 방법이 별 차이가 없었던 적은 있지만 사람의 직관이 더 나았던 경우는 단 한 건도 없었다. 대다수의 경우에는 통계적 방법이 압도적으로 정확도가 높았다. 여기서 무작위로 고른 몇 가지 사례를 소개한다. 통계적 방법은 심지어 전문가들의 직관보다도 우수했다.(맨 처음에 소개하는 것은 예측 종류, 그 다음 괄호 안은 통계적 방법과 비교 대상이 되어 판단을 내렸던 전문가 종류다.) 가석방된 사람이 좋은 행실을 보여주거나 가석방 선서를 어기는 정도 예측 — 가석방 죄수 3천 명을 대상으로 한 세 건의 독립적 연구(심리학자와 정신과 전문의), 훈련 과정에 들어가기 전에 예측해본 항공기 조종사들의 훈련 과정 성취도(미 공군 인사장교), 소년원에 대한 적응(정신과 전문의), 엔지니어들이 대학 졸업 전에 예측한 직업 만족도(카운슬러), 범죄자의 재범 예측(의사), 정신질환 환자들의 자살 예측(정신과 전문의), 정신분열증의 호전 예측(의사), 정신질환 병자가 정신병인가 신경증인가 분류(심리학자와 정신과 전문의), 경주마의 성적 예측(경마 예측가) 등이 그 사례다.

여기서 하나를 제외한 나머지 것들은 모두 다 사람에 대한 것이다. 행동에 대한 것이든, 성취에 대한 것이든, 가능성에 대한 것이든, 정신건강 상태에 대한 것이든, 모두 다 사람에 대한 것이 문제시된다. 물론 우리가 직감이 있다고 주장하는 것들이 바로 다른 사람들에 대한 것들이다. 대부분의 사람들은 직관보다는 과학적 방법을 사용했을 때 외부세계를 가장 잘 이해하고 그 세계의 상태를 예측할 수 있다는 사실을 이미 알고 있다. 날씨를 미리 알고 싶다면 옛 무어인들의 역법서(曆法書)를 들여다보거나 하늘이 붉게 변하는지 볼 것이 아니라, 일기 예보를 듣거나 기상청에서 하는 것처럼 수학적 분석을 이용하여 어느 정도 정확하게 날씨를 예측할 수 있게 해주는 상세한 기록들을 수집해야 할 것이다. 만약 차에 시동이 안 걸린다면 먼저 리드, 점화 장치, 배전기 따위를 검사해본다. 이때 우리는 직관이 아니라 지식을 적용하는 것이다. 그러므로 인간의 직관이 합리적이냐 그렇지 않으냐는 사람에 대한 예측을 해보는 게 최선이다.

결혼 생활을 예측하는 통계적 방법

대다수의 경우에 통계적 방법이 직관으로 예측하는 것보다 훨씬 더 성공적이기는 하지만 여기에는 세 가지 단서를 붙여야 한다. 첫째, 통계적 분석에 사용하는 증거(혹은 적어도 그 증거의 일부)는 반드시 예측과 관련된 것이어야 한다. 그리고 무엇이 관련 있는가를 결정하는 첫 번째 절차는 사람이 해야만 한다. 입학생 선발위원회는 학부 성적, GRE 성적, 심사위원 평점을 그들이 예측하는 데 관련 있는 것들로 정했다. 하지만 어떤 이는 그밖에 다른 종류의 증거들이 예측에 도움이 된다고 생각할 수 있다. 이를테면 지원자의 건강 상태라든가 지원자가 얼마나 양심적이고 끈기 있는 사람인지 알려주는 지인들의 판단 등을 증거로 삼을 수도 있는 것이다. 이때부터 인간이라는 판단자가 그러한 부가적 증거들이 학생의 궁극적인 성취도에 어떤 의미가 있는지 알아내기란 극도로 어려워진다. 통계적 방법의 매력은 어떤 예측 근거를 계산에 추가할 때에 그것이 관련이 있느냐 없느냐를 자동적으로 결정해준다는 점에도 있다. 그 증거가 예측해야 하는 바와 완전히 무관하다면 그것의 비중을 0으로 잡을 것이다. 이것은 최종 계산에서 그 증거를 완전히 무시한다는 뜻이다. 앞에서 보았듯이 사람들은 종종 있지도 않은 연관성을 찾아낸다. 통계적 방법은 그러한 거짓 연관성이 사용되지 않도록 막아주는 안전 장치다. 수학적 처리 기계에 집어넣을 데이터는 비록 사람이 정하지만 통계적 계산은 그 점을 보완하기 위해 어떤 것을 (실제로) 사용할 것인가를 정확하게 정해준다.

두 번째 단서는 인간의 판단과 통계적 판단을 비교하는 것은 양쪽 모두 동일한 데이터를 사용할 수 있을 때에만 타당하다는 점이다. 사람들은 자기 판단의 토대가 무엇인지 모를 때가 종종 있기 때문에 이러한 비교가 항상 가능하지는 않다. 좀 극단적인 예를 들자면, 한 연구에서 남자 사진과 여자 사진에 약간 손을 보아서 인물의 동공이 아주 커 보이거나 아주 작아 보이게 했다.[3] 같은 사람의 사진을 동공을 크게 늘린 판과 작게 줄인 판으로 나누어 사진의 인물과 성별이 다른 사람들에게 보여주었다. 이성들은 동공이 크게 나온 사진에서 작게 나온 사진에서보다 성적 매력을 더 많이 느꼈다. 하지만 사진을 들여다보는 사람들은 자기들이 동공 크기에 영향을 받아 그렇게 느낀다는 사실을 전혀 몰랐다. 그럼에도 불구하고 판단자들은 어떤 사람과 면접을 했을 때 정확한 이유도 모른 채 그 사람에 대한 전반적인 인상을 얻을지도 모른다. 하지만 그들이 면접에 근거하여 어떤 지원자의 점수를 매긴 다음에 수학적 분석에 맡기는 일은 얼마든지 가능하다. 앞으로 보겠지만 사실 면접은 예측을 향상시키기는커녕 떨어뜨리는 경향이 있다.

세 번째 단서는 수학적 모델에 집어넣는 데이터는 반드시 수치 형태여야 한다는 점이다. 이 단서를 적용하는 것은 문제가 없다. 판단자들은 각 증거들을 수량화할 수 있다. 앞에서 보았던 예를 다시 들면, 선발위원회는 심사위원들의 보고서를 기준으로 삼아 학생들에게 1에서 6까지 점수를 주었다. 수량화에 반대하는 사람에게는 평가에 사용한 형용사를 체크하라고 한다. "아주 부족함, 부족함, 차이 없음, 뛰어남, 아주 뛰어남"이라고 해놓고 나중에 그 형용사들이 어느 범주에 속하느냐에 따라 1부터 5까지 점수를 준다. 물론 개인이 일관되게 판단해서 채점하리라는 보장은 없다. 똑같은 자료에도 어떤 날은 1점 줄 것을 다른 날에는 2점 주기도 할 것이다. 판단자들이 이런 식으로 과오를 범하는 정도에 따라 그들이 평가하는 예측 근거의 값은 떨어진다. 하지만 판단자의 평가가 일관성이 없다면 그가 내리는 예측의 성공률이 떨어질 뿐만 아니라 수학적 모델의 예측 성공률도 떨어진다. 이 문제를 해결하는 한 가지 방법은 여러 사람들에게 예측 근거의 점수를 매기게 해서 그 결과를 평균 내는 것이다. 그로써 오류는 상쇄되는 방향으로 나아갈 것이고 좀 더 견실한 수치가 나올 것이다. 더욱이 어떤 특성을 수치로 범주화하도록 강요함으로써 실제로 판단자들이 좀 더 일관성 있게 판단할 가능성이 있다. 세일즈맨에게 필요한 요소인 매력과 자신감을 면접으로 평가할 수 있다고 치자. 대부분의 면접관들은 피면접자의 전반적인 인상(후광 효과에 물들기 쉬운)만을 얻는다. 만약 그들이 매력과 자신감이라는 두 항목에 점수를 매겨야 한다면 분명히 그 두 항목을 전반적인 인상에서 따로 떼어 평가할 것이다. 일단 사례가 충분하고 선발한 세일즈맨의 성취도를 확증할 수 있다면 그들이 매긴 점수의 예측값은 수학적 분석으로 추산할 수 있다.

마지막 단서는 통계적 방법은 비슷한 사례들, 이를테면 성적을 전제한 졸업생들의 성취도라든가 증상을 전제한 질병의 유형 등의 사례가 충분할 때에 동일한 종류의 지식으로 동일한 유형의 예측을 한다는 선에서만 적용할 수 있다. 특수한 경우를 제외하면 전투나 구혼 등의 결과는 예측하기가 어렵다. 그러나 희한하게도, 통계적 방법은 행복한 결혼 생활을 성공적으로 예측할 수 있는 것으로 알려져 있다. 단순히 한 주 동안 성관계를 갖는 평균 횟수에서 한 주 동안 부부 싸움을 하는 평균 횟수를 빼기만 하면 그 부부의 결혼 생활이 예측 가능하단다.

왜 직관이 통계보다 부정확한가

지금까지 통계적 방법이 적용 가능하다면 거의 항상 인간의 판단보다 낫다는 사실을 확증했다. 하지만 더 이상한 점이 남아 있다. 동일한 판단자가 여러 경우에 내린 예측들을 가지고 그가 암묵적으로 각각의 예측 근거, 이를테면 학부 성적, GRE 성적, 심사위원들의 평가 정도에 할당한 비중을 계산할 수 있다. 그 자신은 모를 수도 있겠지만 그는 암묵적으로 각각의 예측 근거에 각기 다른 비중을 둔다. 그런데 그러한 비중은 각 지원자가 예측 근거에서 기록한 점수와 판단자가 그 지원자를 학부 졸업생으로서 얼마나 잠재력이 있다고 평가했는가를 비교함으로써 확증할 수 있는 것이다. 여기서 그 지원자의 실제 학업 성취도는 고려하지 않음을 주목하라. 이제 이런 식으로 판단자가 배당한 비중을 계산하고 나면 그러한 비중을 공개적으로 계산하여 사용하는 수학적 형식이 판단자보다 훨씬 더 견실한 예측을 낳는다는 사실이 밝혀진다. 어떻게 이런 일이 일어날 수 있을까? 골드버그(Lewis Goldberg)가 그 답을 내놓는다. "판단자(인간)는 기계가 아니다. 그는 인간에 관한 지식과 가설을 세우는 기술을 충분히 지니고 있어도 기계 같은 신뢰성은 부족하다. 그는 그날그날에 따라 기복이 있다. 지루함, 피로, 병, 상황과 대인 관계에 따른 혼란 등 모든 것이 그를 괴롭힌다. 그렇기 때문에 그는 완전히 동일한 자극에 반복해서 판단을 내리지만 그것은 동일하지 않다. …… 우리가 그의 판단에서 무작위적 오류를 제거함으로써 신뢰할 수 없는 부분을 없앨 수 있다면 결과적인 예측의 타당성을 높일 수 있을 것이다."[4)]

여기서 다시 한 번 수많은 사례들을 판단해 평균치를 구함으로써 무작위적 편차들이 상쇄되면 우리는 판단자의 평균 비중을 알게 된다. 판단자는 그 비중에서 출발할 때가 아주 많다. 수학적 모델은 그러한 비중에서부터 시작하지 않기 때문에 판단자보다 더 나은 예측을 할 수 있다. 지금까지 기술한 과정을 '부트스트래핑(bootstrapping)'이라는 고유한 명칭으로 부른다. 보통은 이 과정이 개인들의 예측 근거 점수를 최종 성취도와 비교, 계산하는 최적 비중을 이용하는 방식만큼 뛰어난 예측을 하지는 못하지만, 그래도 큰 오차를 보이지 않는 경우가 많다. 이 말의 의미는 판단자가 암묵적으로나마 꽤 합당한 비중을 부여했지만 그것을 일관성 있게 사용하지는 않았다는 뜻이다. 강조해 둘 것이 있다. 부트스트래핑은 판단자가 실제로 사용한 비중을 드러내는 것이지 그들이 스스로 사용한다고 생각한 비중을 드러내는 것은 아니다. 사실 그들은 대개 자기들이 어떻게 판단을 내리는지 자각하지 못한다. 13명의 주식 중개인들이 각자 내린 주식에 관한 판단을 분석해 본 결과, 그들이 실제로 예측 근거에 부여한 비중은 그들이 부여한다고 생각했던 비중과 거의 정반대였다.[5)]

이제 우리는 왜 직관적 예측이 통계적 예측보다 그렇게 부정확한가를 생각해볼 수 있다. 첫째, 판단자인 인간은 예측 근거들에 최적의 비중을 부여하지 않는다. 그 이유는 앞 장에서 이미 살펴본 바와 같다. 우선 우리가 보았듯이 사람들은 올바른 연관을 알아차리는 데 아주 서툴다. 그래서 예측하는 결과와 별 상관이 없거나 아예 무관한 예측 근거에 지나치게 큰 중요성을 부여할지도 모른다. 둘째, 사람들은 다양한 정보의 조각들을 잘 조합하지 못한다. 실제로 그들은 아예 예측 근거에 의식적으로 값을 할당하지도 않는다. 어떤 지원자가 GRE 성적이 단연 우월한데 학부 성적은 형편없다면 판단자는 어떻게 할까? 그는

'직관'으로 이 딜레마를 해결하겠지만 불행히도 직관은 증거를 토대로 삼지 않는다. 그런 직관은 그저 잘못된 예측들 중 한두 가지 것에서 도출된 것이다. 셋째, 앞에서도 보았듯이 그의 기분은 그날그날에 따라 다를 것이다. 그래서 그는 일관된 판단을 내리지 못할 것이다. 아내가 불륜을 저지르고 있다는 사실을 안 직후라면 대학원에서 지원자가 발휘할 잠재성도 음울한 시선으로 볼 수밖에 없을 것이다. 하지만 정교수로 임명된다는 소식을 들은 직후라면 관대한 마음이 넘친 나머지 역량이 부족한 지원자에게도 기회를 주고 싶을지 모른다. 넷째, 그는 자신이 어쩌다가 처음 접하는 예측 근거에 지나치게 휘둘릴 수 있으며 그 첫 번째 평가에 근거하여 다른 예측 근거들의 가치를 해석할 수도 있다(이것도 첫머리 효과다). 마지막으로, 예측 근거들이 많다면(서너 가지 이상) 그는 그것들을 한꺼번에 고려하면서 각각에 적절한 비중을 두기가 불가능하다고 느낄 것이다.

결국 사람들이 직관적인 결정을 내리는 방식은 비합리적이다. 물론 아주 사소한 일을 통계적 방법으로 예측하는 것이 시간 낭비다. 스테이크를 구울 때 얼마나 오래 익힐 것인가를 예측한답시고 스테이크의 온갖 성질을 주도면밀하게 기록해놓을 만한 가치는 없다. 그냥 잘 보면서 굽다가 거의 다 됐다 싶을 때 맛을 보는 게 더 간단하다.

더욱이 통계적 방법은 사례들이 충분하고(대략 30개 이상) 각각의 경우와 결과에 대해 예측 근거의 값이 완벽하게 기록되어 있어야만 제대로 효력을 발휘한다. 그럼에도 이러한 조건이 맞고 중요한 사안이라면 이 방법을 쓰는 것이 좋을 것이다. 일단 예측 근거들에 최적의 비중을 수립하면 각각의 새로운 경우는 컴퓨터로 순식간에 분석할 수 있다. 사람의 판단이 별 도움이 안 되고 이 방법이 틀림없이 더 나은 경우인데도 이를 강하게 거부하고 직관에 매달리는 것도 사람들의 비합리성을 보여주는 또 다른 예다.

로빈 도스는 실제로 통계적 방법이 별로 쓰이지 않는다고 지적한다. 그는 자신이 글을 쓰고 있던 당시에 미국 유수의 4개 대학만이 입학생 선발 절차에 통계적 방법을 쓰고 있었다고 말한다. 그나마 그 4개 대학도 최종 선발 과정에는 이 방법을 쓰지 않았고 그저 누가 봐도 부적절한 지원자를 솎아내는 수단으로만 이용했다. 여기서 떨어져나가지 않은 다른 지원자들은 면접을 봤다. 한때 미국의 한 병원에서는 통계적 방법을 환자가 정신병 환자인가, 신경증 환자인가를 가려내는 데 썼다. 이 방법은 그 어떤 정신과 의사보다 훌륭한 실적을 보였지만 명백한 오류를 낳는다는 구실로 곧 폐기되었다. 정신과 의사들이 범하는 오류도 그만큼 명백한지는 분명하지 않지만 어쨌든 의사들이 더 많은 오류를 범한다는 점은 확실하다. 도스는 통계적 방법을 사용하는 것이 의사 결정의 결과를 향상시킬 뿐 아니라 시간과 비용도 절약할 수 있다고 지적한다. 그는 미국의 모든 대학원 입학생 선발 과정에서 이 방법을 사용한다면 해마다 1800만 달러의 비용 절감 효과가 있을 것으로 추산했다.

사람들이 통계를 꺼리는 까닭

사람들은 왜 통계적 방법을 내켜하지 않는가? 다음에 제시하는 이유 가운데 일부는 도스의 설명에 따른 것이다. 첫째, 사람들은 성공, 특히 여느 때와 크게 다른 성공을 기억한다. 어느 선발위원은 모든 예측 근거에서 점수가 별로였던 한 지원자를 예감이 좋아서 받아들였는데 나중에 굉장히 뛰어난 학업 성취도를 보였다고 기억할 수도 있다. 통계적 방법을 썼다면 그 지원자는 분명히 떨어졌을 것이다. 이 논증이 안고 있는 문제가 바로 이것이다. 사람이라는 판단자들은 예감만 믿고 받아들인 다른 지원자들이 모두 성취도가 형편없었다는 사실을 망각하기 쉽다. 앞에서도 말했지만 튀는 사람만 기억에 남는 것이다.

둘째, 직업적인 판단자들은 자기들이 특별한 기술과 재능이 있다고 믿고 싶어 한다. 그들은 컴퓨터가 자신의 전문성을 능가할 수 있다는 사실을 받아들이기 꺼린다. 게다가 16장에서 논의한 이유로 알 수 있듯이 그들은 자신의 능력을 과신하는 탓에 고생할 확률이 높다. 그들은 아마 예측 근거를 선택하는 것은 자기들이라고 생각하면서, 수학적 분석으로는 예측 근거들을 최적의 방식으로 종합하는 것뿐이라고 스스로 안심시킬 것이다.

셋째, 좋은 판단이라는 착각은 자기 실현적 예언으로 생겨날 수도 있다. 평균 수준보다 조금 나은 학생에게 입학을 허락한 관계자가 있다고 치자. 그는 나중에 그 학생을 헌신적으로 도와줄 수도 있다. 부분적으로는 그 학생을 입학시킨 자신의 결정이 옳았음을 보여주기 위해, 부분적으로는 그 학생의 발전에 관심을 보일 가능성이 높기 때문이다. 도스는 비슷한 예로 특정 손님들에게는 절대로 팁을 받지 못할 거라고 생각하는 웨이터의 경우를 든다. 그 웨이터는 그 손님들을 성의 없이 대접할 것이며 결국 팁을 받지 못할 거라는 기대는 실현될 것이다.

넷째, 사람들은 적어도 대부분의 경우에는 통계적 방법도 불완전하다고 주장해 왔다. 이건 유난히 둔감한 주장이 아닐 수 없다. 인간의 성과는 결코 완벽하게 예측할 수 없기 때문이다. 다만 통계적 예측이 인간의 판단보다 낫다는 사실이 중요하다. 이 방법으로 학생을 선발한다면 직관으로 학생을 뽑을 때보다 높은 성취를 이룰 학생들이 더 많이 뽑힐 것이다. 또한 환자가 정신병인지 신경증인지 구분하는 데 쓰인다면 비록 오류가 있겠지만 그렇더라도 정신과 의사들이 두 병증을 구분할 때보다는 훨씬 줄어들 것이다.

다섯째, 사람들은 통계적 절차로는 예상하지 못한 것을 다룰 수 없다고 생각한다. 예를 들어, 어떤 이는 경력이 아주 보잘것없는 지원자에게 정규 입학 규정을 조금 완화해주고 싶을 수도 있다. 하지만 이런 종류의 요인은 분석할 수 있다. 경력 유형이 예측 근거가 되는지 평가할 수 있다. 경력이 보잘것없는 사람이 다른 예측 근거에서 같은 점수를 받은 지원자들보다 성취도가 높은가? 만약 그렇다면 경력 유형은 예측 근거로 타당하다. 한편, 경력이 부족한 지원자들에게 입학 규정을 완화해주고 싶은 이유가 실책을 무릅쓰고서라도 그들에게 기회를 주고 싶어서라면 그들이 입학 허가를 얻을 수 있도록 수학적 모델의 점수를 낮추는 건 아주 쉬운 일이다. 통계적 예측에서 고려할 수 없는 유일한 우발성은 정말로 완전히 예상치 못한 것뿐이다. 이를테면, 어떤 학생이 GRE 시험을 치르는 날 많이 아팠다고 치자. 판단자인 사람들은 정상을 참작해주고 싶지만 그러한 질병이 통계적 방법의 예측 근거에 포함되지는 못할 것이다. 하지만 그렇다고 해서 통계적 방법을 내버릴 건 아니다. 그보다는 지원자들의 그러한 우발성에 대한 기록을 검토해야 할 것이다. 결국 그들의 입학을 허락한다면 그들은 실제로 성취도를 보여줄 것이며 통계적 모델의 예측 근거로 문제가 되었던 우발성 포함 여부도 결정할 수 있을 것이다.

여섯째, 어떤 사람들은 직관에 마법 같은 성질이 있어서 형식적인 계산이나 과거에 일어났던 일을 주도면밀하게 기록한 것으로 직관을 대체할 수 없다고 끈질기게 믿는다. 이것이 얼마나 잘못된 것인지 알고자 한다면 판단자인 인간이 무엇에 기대는지 스스로 물어보라. 판단자인 인간 역시 자신의 경험에 기대고 있다. 하지만 그 경험은 오로지 그가 마주치는 개인적 사례들로만 구성될 수 있다. 달리 말하자면, 판단자는 자기가 깨닫지 못해서 그렇지 통계적 방법을 사용하고 있는 것이다. 다만 그 방법을 잘 사용할 줄 모르는 게 문제일 뿐이다.

마지막으로, 어떤 이들은 자신의 전 생애에 영향을 끼칠 결정을 사람이 아니라 형식 수학 모델이 내려준다면 너무 무정한 게 아닌가 싶기도 할 것이다. 어떤 학생이 캘리포니아대학에서 자신에게 면접 기회도 주지 않고 낙방을 시켰다고 불평했다. "내가 어떤 사람인지 그 사람들이 어떻게 알겠어요?" 도스는 이렇게 썼다. "정답은 '그 사람들은 알 수 없다'입니다. 하지만 면접을 하더라도 알 수 없기는 마찬가지죠." 도스는 4년간의 평가에 근거한 성적 평균을 살펴보는 것보다 당사자를 30여 분 면접하면서 더 많은 것을 알아낼 수 있다고 하는 주장이 더 뻔뻔스럽다고 지적한다.

지원자를 잘 알지 못한다는 문제는 원칙적으로는 면접 결과에 점수를 매겨 수학적으로 분석함으로써 해결할 수 있다. 하지만 실제로는 이 방법이 별 도움이 안 될 것이다. 분석은 거의 항상 면접의 비중을 거의 0으로 잡을 것이기 때문이다.[6] 사람을 뽑는 과정에서 면접이 별로 도움이 안 될 뿐 아니라 유해할 수도 있다는 사실은 이미 여러 차례 입증되었다. 닐 슈미트(Neal Schmitt)는 면접을 주제로 삼은 논문의 서두를 이렇게 시작한다. 네 개의 개별적인 잡지들이 각기 10여 건의 연구를 다루고 내린 결론은 "수많은 고용 상황에서 이용하고 있는 면접은 신뢰도와 타당성 모두 부족하다." 다시 말해, 여러 면접관의 판단은 서로 일치하지도 않을 뿐더러 그 일을 하기에 적합한 지원자를 뽑는 것과도 무관하다는 것이다.

면접으로 훌륭한 인재를 뽑을 수 있나

면접이 선발 수단으로 적당하지 않은 이유는 여러 가지가 있다. 후광 효과도 그중 하나다. 어떤 지원자가 옷을 잘 차려입은 호감 가는 외모에 자신감도 있지만 자만하지는 않아 보이면 그 사람이 실제로 그 직업에 필요한 기술을 지니고 있느냐에 상관없이 왠지 그럴 것처럼 생각된다. 더욱이 면접은 첫머리 효과와 함께 아직 이 책에서 언급하지 않은 또 다른 현상인 '대비 효과(contrast effect)'의 영향도 받는다. 선발위원회에서 유난히 인상이 좋거나 말하는 게 똑똑해 보이는 지원자를 면접했다면 바로 다음에 면접을 보는 지원자는 실제보다 더 깎아내리기 쉽다. 물론 이 효과가 역으로 작용하기도 한다. 어떤 지원자가 면접을 아주 망쳤다면 그 다음 차례 지원자는 그럭저럭 평균 수준에 지나지 않더라도 선발위원회에서 실제보다 더 높은 평가를 받을 것이다. 이러한 효과는 여러 차례 입증되었다.[7)] 대비 효과는 다양한 상황에서 사람의 판단을 왜곡한다. 면접은 지원자들에게 뭔가 이상한 점이 있지는 않은지, 이를테면 의사 소통이 힘들 정도로 말을 심하게 더듬는다든가 가죽옷에 쇠사슬을 두르고 다니지는 않는지 파악하는 유일한 수단으로 여겨져 왔다. 하지만 실제로는 지원자의 신원 보증인이 그런 특기사항을 언급하지 않을 확률은 매우 낮다. 어떤 사람들은 회사가 지원자에게 확고한 인상을 주기 위해서 면접이 필요하다고 주장했다. 그럴듯한 생각이기는 하지만 조사 결과에 따르면 이 생각은 틀렸다. 지원자들은 대개 자신이 면접 봤던 회사를 면접 보기 전보다 더 안 좋게 생각한다. 아마 그들은 지나치게 큰 기대를 안고 그 회사에 지원을 하기 때문에 실망을 피할 수 없는지도 모른다. 이른바 구조화된 면접(structured interview)의 가치를 두고 몇 가지 논쟁이 있음을 덧붙이겠다. 구조화된 면접에서는 모든 지원자들에게 미리 정해놓은 주제와 질문을 항상 똑같이 던진다. 하지만 이러한 면접 방식에서도 차라리 답을 서면으로 작성하게 하는 편이 낫다. 지원자를 직접 만나면 편견이 생길 가능성이 있기 때문이다.

사람을 뽑는 과정에서 가장 일관되게 사용하는 예측 근거는 인지 능력이다. 인지 능력은 언어성과 동작성을 평가한 결과다. 미국에서는 수천 명의 신입사원들과 수백 명의 비즈니스맨들을 포함하는 구직자들에게 이러한 평가를 실시해 왔다. 이 평가가 그들의 발전 가능성을 알아보는 예측 근거로 가장 잘 알려져 있었기 때문이다. 물론 좀 더 특화된 객관적 평가도 많이 있지만 그것이 얼마나 유용한가를 알려주는 정보는 많이 부족하다.

흥미로운 것은, 면접이 선발에 유용하지 않다는 사실이 수많은 간행물에 실렸는데도 기업들이 여전히 면접을 치른다는 점이다. 면접은 서구 사회에서 비합리성이 아주 흔하게 통용되는 행태 중 하나다. 면접관들이 그들 자신의 잘못된 판단을 지속적으로 믿는다는 사실은 과신의 또 다른 예일 뿐이다.

통계 예측이 의학과 상업 분야에서 사용될 때 서로 대조적인 양상을 보인다는 점은 매우 흥미롭다. 한 연구에서 의사들에게 호지킨병에 걸린 193명의 환자들이 얼마나 오래 살 수 있을까를 예측해보라고 했다.[8] 의사들은 자기들의 예측 능력을 굳게 믿었지만 사실상 그들의 판단은 순전히 무작위적이었음이 드러났다. 의사들의 예측 정확도는 모자에서 숫자가 적힌 제비를 뽑는 정도밖에 안 되었던 것이다. 그렇지만 여러 사례들을 통해 환자의 수명과 예측 근거들의 값을 체계적으로 비교하여 구성한 수학적 모델은 단순한 요행보다 훨씬 더 예측이 정확했다.

의료계에서 볼 수 있는 두 번째 예는 마이신(MYCIN)이다.[9] 마이신은 혈액의 세균성 질병을 진단하고 가장 잘 맞는 항생제를 제안하기 위해 스탠퍼드에서 개발한 컴퓨터 프로그램이다. 이 프로그램은 내가 지금까지 다룬 것과 같은 종류의 수학적 분석을 토대로 하고 있지만 약간 더 정교하다. 프로그램으로 종합하는 지식과 확률은 모두 의사들이 제시한 것이다. 물론 주어진 사례 정보는 모두 사람이 얻어서 프로그램에 집어넣는다. 하지만 이 프로그램은 필요에 따라 언제든지 추가 정보를 요구하거나 환자를 더 검사해볼 것을 제안한다. 한 연구에 따르면 이 컴퓨터 프로그램의 진단 정확도는 65퍼센트였다. 반면 같은 시기에 여러 의사들이 내린 진단 정확도는 42.5퍼센트에서 62.5퍼센트 사이였다. 마이신이 개발된 후로 비슷한 의학계 프로그램이 많이 나와 위장병 진단에서부터 신생아의 돌연사 위험도까지 예측하고 있다.

상업 분야로 돌아와서, 몇 년 전까지만 해도 은행에서 대출을 받으려면 직접 은행 지점장을 만나 대출 승인을 받든가 정중하게 거절을 당하거나 했다. 요즘은 대출의 90퍼센트(그리고 신용카드는 100퍼센트)가 컴퓨터 프로그램에 의해 승인되거나 거절된다. 이 프로그램은 고객이 자기 집과 전화가 있는지, 결혼을 했는지, 직업의 성격이 어떠한지, 은행 계좌 내역은 어떠한지를 모두 고려한다. 경험이 많은 은행 직원들에게 대출을 해줄 신용 가치가 없는 고객을 결정하게 했더니, 컴퓨터가 대출을 승인할 때보다 훨씬 더 부실 대출이 늘어났다.

물론 보험회사들은 오랫동안 통계적 방법을 써서 위험도를 예측하고 현실적인 프리미엄을 제공해 왔다. 요즘에는 상업계에서 통계적 방법을 이용하는 사례들을 많이 볼 수 있다. 하지만 의학계에서는 여전히 통계적 방법이 아주 적게 이용되는 편이다. 돈이 왔다 갔다 하는 업계일수록 가장 합리적인 의사 결정 방법을 많이 사용하지만 사람 목숨이 왔다 갔다 할 때는 여전히 신뢰할 수 없는 인간의 직관에 더 의지하는 것처럼 보일 것이다. 그렇지만 대부분의 기업들도 합리적인 행동과는 아직 한참 거리가 멀다. 그들은 여전히 쓸모없는 인재 선발 방식을 고수하고 있다. 예를 들어 대기업들은 종종 연봉 5만 파운드짜리 중책을 맡길 인재를 고용하는 데 비싼 비용을 들이며 '헤드 헌터'를 이용한다. 일반적으로 헤드 헌터들은 훈련을 받은 사람들도 아니고 면접이나 그밖의 주관적 방법으로 사람을 뽑는다. 놀랍게도 그런 대기업 가운데 두 업체는 점성술까지 이용한다고 한다. 영국 최대의 중개업체 사장 앤드루 딕슨(Andrew Dickson)은 최근 이렇게 말했다. "분명히 과학이 아닌 것으로 과학을 만들어보려고 애써봤자 의미는 없다. 새로운 일을 하면서 그 사람이 얼마나 잘해낼 것인가를 어떻게 100퍼센트 정확하게 예측할 수 있나?" 이 말은 많은 사업가들이 지닌 비합리성을 요약해서 보여준다. 물론 사람이 항상 옳을 수는 없다. 하지만 딕슨이 성공률을 5~10퍼센트에서 60~70퍼센트로 올리기 위해 이미 존재하는 증거들에 따라 행동하는 것도 가치가 없을까?

체크리스트

01 직관이 뛰어나다고 하는 사람이 있다면 그 사람이 누구든지 의심해보라.

02 여러분이 어떤 직업에 몸담고 있고 그 분야에서 수학적 모델이 사람의 판단보다 더 낫다는 점이 입증되었다면 주저 없이 그러한 모델을 써서 의사를 결정하라.

03 여러분이 지원자라면 면접 기회가 없다고 울분을 터뜨릴 것이 아니라 그 회사는 분명히 시대를 앞서 나가는 거라고 생각하라.

04 여러분이 헤드 헌터라면 어리석고 완고한 소견을 품지 않도록 노력하라.

20장

효용

앞 장에서는 몇 가지 예측 근거들을 안다면 그중에 100퍼센트 확실한 예측을 낳을 수 있는 근거가 없더라도 수학적 과정으로 (거의 항상) 가능한 최선의 예측을 할 수 있음을 살펴보았다. 이로써 우리는 어떤 기준을 마련하게 되고 이 기준에 비추어 사람들이 내리는 직관적 예측의 합리성을 판단할 수 있다. 두 번째 모델은 사람들이 목표에 가장 잘 도달하기 위해서 따라야 할 행동 방식을 구체적으로 지정한다. 이를 효용 이론(utility theory)이라고 한다.

15장 앞부분에서 내기의 기댓값을 구하는 방법을 알아보았다. 각각 도출 가능한 결과들의 금전적 가치에 그 결과가 발생할 확률을 곱한 다음, 그렇게 해서 얻은 값들을 더하면 기댓값을 구할 수 있다. 무조건 최대한 많은 돈을 따기를 원한다면 언제나 기댓값이 가장 높은 내기만 해야 한다. 이론적으로는 살아 가면서 내리는 모든 결정에 이 기댓값 구하는 방법을 적용할 수 있다. 도출 가능한 각각의 결과에 나름대로 금전적 가치를 매기고, 기댓값을 산출하고, 기댓값이 가장 큰 결과를 낳을 수 있는 행동만 골라서 하는 것이다.

하지만 유감스럽게도 문제가 하나 있다. 구두를 1천 켤레 소유하는 것이 한 켤레 가지고 있을 때보다 꼭 1천 배 많은 만족감(혜택)을 주지는 않듯이, 보통은 1천만 파운드가 1백만 파운드의 딱 10배만큼 가치가 있는 것은 아니다. 대부분의 사람들에게는 1백만 파운드면 거의 모든 욕구를 충족시키기에 충분한 액수이고 특히 가장 중요한 욕구들은 전부 다 충족시킬 수 있다. 따라서 욕망의 충족이라는 관점에서 보면 최초의 1백만 파운드가 가장 중요하고 거기에 추가되는 1백만 파운드들은 효용이 훨씬 떨어지는 셈이다. 곧 주어진 금액이 어떤 사람에게 얼마나 큰 의미가 있는가(효용성)는 그 사람이 기존에 얼마를 가지고 있었느냐에 따라 달라진다. 여기서 금액이 추가로 늘어날 때마다 발생하는 혜택을 '한계 효용(marginal utility)'이라고 한다. 한계 효용은 누진세를 정당화한다. 소득의 일부를 적은 퍼센티지로 세금으로 내는 빈곤층이 그보다 더 높은 퍼센티지로 세금을 내는 부유층보다 더 곤란에 빠질 수 있다.

다음 두 내기에 관한 설명을 살펴보자.

옵션 A: 0.2 확률로 1천만 파운드를 받는다.

옵션 B: 0.8 확률로 1백만 파운드를 받는다.

첫 번째 옵션의 기댓값은 2백만 파운드이고 두 번째 옵션의 기댓값은 80만 파운드다. 그러므로 첫 번째 내기가 두 번째 내기보다 기댓값이 훨씬 더 크다. 하지만 거의 대다수의 사람들은 두 번째 옵션을 택할 것이고 그러한 선택은 합리적일 것이다. 왜냐하면 그들의 욕망 충족이라는 관점에서 보자면 1천만 파운드가 정확하게 1백만 파운드의 10배 가치를 지니는 게 아니기 때문이다. 효용 이론은 다양한 결과들에 대한 욕망의 정도(효용)를 임의적인 숫자로 표시함으로써 이러한 문제를 극복한다. 효용으로 따져보면, 어떤 사람들은 1천만 파운드가 1백만 파운드의 2배 정도 효용밖에 지니지 않는다고 판단할 수도 있다. 이럴 때 임의로 1천만 파운드의 효용은 20으로, 1백만 파운드의 효용은 10으로 잡을 수 있다. 그렇다면 첫 번째 옵션의 기대 효용은 4(20×0.2)가 되고 두 번째 옵션의 기대 효용은 8(10×0.8)이 된다. 따라서 효용이라는 관점에서는 실제로 대부분의 사람들이 그러는 것처럼 두 번째 옵션을 선택하는 게 맞다.

기대 효용이 가장 큰 쪽을 택하라

효용 이론은 최대 가능 범위에서 목표를 달성하는 최선의 방법을 알려준다. 개인이나 어떤 조직이 원하는 것이 바로 그것이라면 효용 이론의 원칙들을 따라야 할 것이다. 일단 어떻게 하는지 방법을 살펴본 뒤에 그 한계도 이야기해보겠다. 효용 이론을 간단히 해설하기란 불가능하므로 다음에 나올 내용이 다소 어렵게 느껴질 수도 있겠으나 일단 이 부분만 통과하면 그 다음 내용부터는 쉬워진다. 여러분이 나중에도 참조할 수 있도록 우선 네 가지 개념 정의부터 시작하는 게 좋을 것 같다.

옵션(선택지) – 개인 혹은 조직에게 열려 있는 여러 행동 방침 중 하나.

결과 – 어떤 옵션을 선택함으로써 나타날 수 있는 여러 결과 중 하나.

효용 – 어떤 옵션으로부터 도출 가능한 결과를 욕망하는 정도(혹은 욕망하지 않는 정도)에 따라 수치화한 것.

기대 효용 – 어떤 행동에서 도출 가능한 모든 결과에 대해 각각의 발생 확률과 효용을 곱하여 얻은 합계.

효용 이론은 내기의 기댓값을 구하는 과정과 비슷하지만 여기서는 금액 대신에 효용이 들어간다. 이 이론을 적용하자면 다음 단계들을 밟아야 한다.

1단계: 각각의 옵션으로부터 도출 가능한 결과들을 나열한다.

2단계: 결정을 내리는 사람은 그 결과들을 자기가 얼마나 바라느냐(혹은 바라지 않느냐)에 따라서 각각의 결과들에 번호(효용)를 매긴다.

3단계: 어떤 결과들은 전적으로 확실하지 않기 때문에 각 결과의 발생 확률과 거기에 해당하는 효용을 곱해주어야 한다. 이로써 그 결과의 '기대 효용'이 나온다.

4단계: 각 옵션에서 나온 결과들의 기대 효용들을 더한다. 이로써 그 옵션의 기대 효용이 나온다.

5단계: 모든 옵션의 기대 효용들을 비교해보고 가장 기대 효용이 큰 옵션을 선택한다.

결정을 하는 당사자가 매긴 효용은 임의적인 수치다. 하지만 이 수치에는 일관성이 있어야 한다. 그가 어떤 결과를 다른 결과보다 2배 더 가치 있는 것으로 여긴다면, 각 결과의 효용을 30과 60이라고 매기거나 300과 600이라고 매기는 것은 문제가 안 된다. 보통은 편의상 중립적 결과(원하지도 않지만 굳이 원하지 않을 것도 없는 결과)의 효용을 0으로 매겨 달라는 요청을 받는다. 그런 다음에, 지출되는 비용에는 마이너스 효용(negative utility)을 할당하고, 혜택에는 플러스 효용(positive utility)을 할당할 것이다. 여기서 숫자로 표현되는 가치가 단순히 당사자가 추산한 행복의 크기를 나타내는 것이 아니라는 점에 주목하자. 그 값들은 도출 가능한 결과들이 당사자의 목표에 얼마나 부합하느냐에 기반을 두고 있다. 따라서 여기에는 자신이 손해를 보더라도 다른 누군가에게 혜택을 주고 싶은 경우도 포함될 수 있다.

결정에는 대개 여러 가지 결과들이 따르기 때문에, 이제 우리는 어떤 결정의 궁극적 가치를 알기 위해서 반드시 각각의 값들을 더하거나 뺄 수 있어야 한다. 만약 내가 연극 관람의 효용을 +40, 입장권 구입 비용의 효용을 -20, 극장까지 가는 수고의 효용을 -10, 거기까지 가기 위해 저녁 끼니를 걸러야 하는 수고의 효용을 -10으로 잡았다고 치자. 이 경우에 연극을 보겠다는 결정의 결과적 효용은 0이다. 나는 그 연극을 보러 가도 그만, 보러 가지 않아도 그만이다. 우리가 이미 보았듯이, 대부분의 결과들은 불확실하다. 요컨대 100퍼센트보다 낮은 확률로 발생할 거라는 말이다. 이 점을 고려하기 위해서 우리는 각 결과의 효용에 그 결과의 발생 확률을 곱해야 한다. 그런 다음에 각 옵션들에 대해 도출 가능한 모든 결과들의 기대 효용을 더해야 한다.

여기서 한 가지 예를 들어보겠다. 이것은 조너선 배런이 들었던 사례[1)]를 변형한 것이다. 이 예는 많은 여성들이 직면하는 힘들지만 중대한 결정에 관한 것인데, 여기서 효용 이론을 적용할 수 있다. 45세의

한 여성이 임신을 했다. 그녀는 아기를 낳고 싶지만 자기 나이를 감안하면 다운증후군을 앓는 아기가 태어나지 않을까 걱정이 된다. 그녀는 태아의 다운증후군 진단을 위해 양수 검사를 받을 수 있다. 만약 검사 결과가 양성이면 그녀는 인공 유산을 하고 다운증후군을 앓는 아기를 낳는 사태를 피할 수 있다. 하지만 불행히도 이 검사를 받다가 유산이 될 확률이 1퍼센트쯤 된다. 그런 경우에는 태아가 정상인데도 양수 검사 때문에 아기를 잃게 될 것이다. 그녀가 임신한 아기가 다운증후군일 확률도 대략적으로는 알려져 있다. 이 여성은 어떻게 해야 할까? 양수 검사를 받아야 할까, 받지 말아야 할까?

합리적 결정은 이 여성이 네 가지 가능한 결과들의 효용을 어떻게 매기느냐에 달려 있다. 첫째, 다운증후군을 앓는 아기를 낳는다.(이 결과는 그녀가 양수 검사를 받지 않았을 경우에만 일어날 수 있다.) 둘째, 건강한 아기를 낳는다.(검사를 받느냐 받지 않느냐 여부와 무관하게 나타날 수 있는 결과다. 하지만 검사 과정에서 유산이 될 위험이 있으므로 일단 검사를 받는다면 건강한 아기를 출산할 확률은 다소 낮아진다.) 셋째, 양수 검사를 받다가 유산을 한다. 넷째, 검사 결과가 양성이라서 인공 유산을 한다. 이 경우에 두 가지 옵션(양수 검사를 받느냐, 받지 않느냐)에 따라 도출 가능한 결과들을 따져보고, 다시 각각의 결과들에 대한 효용을 정해서 그 결과의 발생 확률을 곱한다. 그리고 그렇게 해서 얻은 값들을 모두 더한다. 어떤 옵션이든 더 높은 값이 나온 쪽을 택해야 할 것이다.

효용 이론이 한 발 더 나아간 형태로서, 다요소 효용 이론(multi-attribute utility theory)이라는 거창한 이름이 붙은 이론이 있다. 다요소 효용 이론에서는 각각의 결과들이 독립적인 속성으로 쪼개진다. 예를 들어 어떤 차를 살 것인가 고민하는 중이라면 여러분이 감당할 수 있는 가격 범위 내에서 여러 차를 고려할 것이다. 그다음에 여러분이 관심 있게 보는 속성들을 나열하고 각각의 속성이 여러분에게 얼마나 중요한가에 따라 비중을 매긴다. 여러분의 리스트는 이렇게 시작될 것이다. 신뢰성(0.7), 가속 능력(0.4), 승차감(0.6), 노면 유지 성능(0.7) 따위로 말이다. 그런 다음에 각 차량의 속성에 대해서 이를테면 1점에서 100점 사이로 점수를 매긴다. 그 점수를 각 속성의 비중과 곱한다. 각각의 차에 대해서 이렇게 얻은 값들을 모두 더하고 그렇게 해서 가장 높은 점수가 나온 차를 구매하면 된다. 이렇게 하면 여러분은 차를 선택하는 데 합리적 방법을 쓴 셈이 될 것이다. 하지만 시간이 많이 들 것이고 이 방법으로 결정을 내려서 얻게 되는 것을 보자면, 그럴 만한 가치가 없다. 하지만 명심하라. 이런 방법을 쓴다면 적어도 자동차 판매원의 감언이설이나 차 색깔이 예쁘다든가 하는 어느 한 가지 두드러진 면에 홀려서 차를 사는 일은 피할 수 있다.

이렇게 다중 요소로 효용을 계산하는 방법을 쓰려면 각각의 속성이 다른 속성으로부터 독립적이어야 한다. 다시 말해서, 어떤 속성이 주는 효용이 다른 속성의 효용에 의해 결정되어서는 안 된다. 왜 그래야 하는지 세 코스로 구성된 저녁 정찬을 떠올려보자. 즉 정찬은 세 코스로 구성되며, 각 코스마다 요리를 선택할 수 있다. 여러분은 각 코스마다 나오는 요리들에 각각 수치를 부여한다. 그런데 여러분이 생선을 좋아하기 때문에 결국 훈제 연어, 가자미, 안초비를 얹은 토스트로 식사를 하게 될 수도 있다. 이런 결과를 만족스러워할 사람은 별로 없을 것이다. 이 경우에는 각 코스에서 나오는 어떤 요리에 부과된 효용이 다른 두 코스에서 무엇을 먹느냐에 따라 결정된다. 그러니까 정찬의 세 가지 속성이 서로 독립적이지 않기 때문에 이 경우에는 다요소 효용 이론을 따르면 잘못된 결과를 얻게 된다.

대립을 합의로 이끄는 효용 이론

효용 이론은 실질적으로 두 가지 한계가 있다. 첫째, 사람들이 자신의 선호도를 정확하게 가늠하기는 상당히 어렵다. 결과들에 대해 일관성 있게 효용값을 매기는 것도 어렵기는 마찬가지다.

사실 사람들이 효용에 대한 자신의 판단에 일관성이 있다고 믿게 만들 수 있는 여러 가지 속임수가 있다. 예를 들어 어떤 사람이 결과 A가 결과 B보다 효용이 두 배로 크고, 결과 C는 결과 B와 효용이 같다고 생각했다고 치자. 그러면 A와 C를 비교할 때에는 당연히 A의 효용이 C의 효용보다 두 배로 크다고 생각해야만 한다.(그래야 일관성이 있다.) 사람들은 자신이 그것을 얼마나 원하는가라는 측면에서 각 결과들을 일관성 있게 평가할 수 없기 때문에 일상의 의사 결정이 변덕스러울 것이라는 사실을 기억해야 한다. 사람들이 그러한 평가를 명확하게 내리도록 강제하는 것만이 최선의 결정을 내릴 수 있게 돕는 방법이다.

둘째, 효용 이론은 어떤 결정에 따라 나타날 수 있는 결과들의 목록을 작성하는 방법은 고사하고 그 결과가 나타날 확률을 가늠하는 방법조차 알려주지 않는다. 하지만 직관적 의사 결정도 똑같은 한계를 안고 있다. 우리는 스스로 예측한 결과들만을 고려할 수 있다. 효용 이론의 메커니즘에 포함되는 수치들이 완전히 정확하지는 않더라도, 효용 이론에서는 대다수 인간의 사고를 특징짓는 무질서한 방식보다 합리적인 방식으로 수치들을 결합하기 때문에 여전히 유용할 가능성이 크다. 개인적인 의사 결정에 효용 이론을 활용하는 사람은 거의 없지만 효용 이론은 합리적인 의사 결정의 기준을 마련해준다. 여러분이 지닌 지식을 전제로 하는 한도 내에서, 여러분은 효용 이론을 활용함으로써 자신의 욕망을 최대한 충족할 수 있을 것이다.

효용 이론으로 비합리성을 극복할 수 있을 뿐만 아니라, 특히 사람들로 하여금 자신의 견해와 상반되는 증거를 고려하게 만들 수 있다는 것은 이미 입증된 사실이다. 캘리포니아에서 이것을 보여주는 연구[2)]가 있었다. 캘리포니아에서는 '캘리포니아해안위원회'가 각 지역별로 해안 부지 개발의 인허가를 승인한다. 이러한 위원회들에는 개발을 희망하는 사람, 환경주의자, 주(州)의 정책 입안자 등 다양한 사람들이 뒤섞여 있기 마련이다. 두말할 필요도 없이 이들은 개발 승인 신청에 대해 의견이 엇갈리기 일쑤다. 그래서 안건 하나를 두고 엄청난 시간을 허비하는 경우가 종종 있다. 각각의 개발 승인 신청에 대해 수많은 사실과 통계를 수집하기 때문에 어느 한 사람이 그 정보들을 모두 고려하는 것은 불가능하다. 피터 가디너(Peter Gardiner)와 워드 에드워즈(Ward Edwards)는 다음과 같은 연구를 통해 위원회가 내리는 결정들이 요행이나 속임수에 따라 이루어질 때가 많다고 주장했다. 예를 들어, 위원회 모임에서 뒤늦게 논의된 개발 승인 신청은 시간을 아끼기 위해 그냥 통과될 가능성이 높았다. 또한 핵심 구성원이 한두 명 불참했다는 이유로 통과된 신청들도 있었다.

직관적 평가의 결과와 다요소 효용 이론을 적용하여 얻은 결과를 비교하기 위해 14명의 해안위원회 소속 위원들은 각각의 절차에 근거하여 점수를 매겼다. 또 효용 이론을 적용하기 위해 프로젝트와 관련 있는 여러 가치를 8개의 개별 속성으로 쪼갰다. 이를테면 프로젝트가 영향을 끼치는 면적(평방미터 단위), 해수면으로부터 거리 따위가 그런 속성들이었다. 그런 다음 피험자들은 각각의 속성에 비중을 부여했다. 해당 속성의 중요도에 대한 피험자들의 평가를 나타내는 수치였다. 어떤 피험자는 면적과 해수면으로부터의 거리를 동등한 비중으로 중요하다고 보면서 개발의 심미적 요인은 전혀 중요하지 않다고 생각할 수도 있었다. 그다음에 피험자들은 각각의 프로젝트에서 8가지 속성에 대해 매겨진 원점수 — 이를테면 해수면에서 몇 미터 거리인지를 나타내는 숫자 — 를 받았다. 그들은 이 점수들을 통해 각각의 프로젝트가 각각의 속성에 대해 얼마나 잘 자리 잡고 있는지 0에서 100 사이의 숫자를 이용해서 추산했다. 이 값들은 원점수들과 쉽게 일치하지 않는다. 예를 들어, 어떤 피험자가 개발 지역의 인구 밀도에 매긴 효용값은 인구 밀도 0에서 100점으로 출발하여 1에이커 당 20세대에서는 40점으로 떨어지고 그다음에는 조금 덜 급격하게 떨어져서 1에이커 당 200세대에서 0점이 되었다. 다시 말하면, 그는 원래 세대수가 많지 않을 때에는 세대수가 조금 감소하는 게 큰 장점이 되지만 세대수가 원래 많을 때에는 거의 장점이 되지 않는다고 보았던 것이다. 마지막으로 각각의 프로젝트에 대해서, 피험자들은 각 속성에 매긴 효용값을 아까 속성에 매긴 비중과 곱했다. 이렇게 해서 나온 8개의 값을 모두 더하여 그 프로젝트의 전체 효용값을 구할 수 있었다.

프로젝트의 가치를 직관적으로 평가할 때에는 개발을 호의적으로 생각하는 피험자들과 개발에 반대하는 환경주의자들 간에 합의가 거의 혹은 전혀 이루어지지 않았다. 하지만 두 집단 모두에게 다요소 효용 이론을 사용하라고 요구하자 서로 비슷한 결과들을 내놓게 되었다. 개발에 찬성하는 사람들에 비해 환경주의자들은 개발 승인의 장점에 좀 더 낮은 점수를 매겼지만 프로젝트들의 순위 평가에서는 두 집단 모두 정확히 동일한 순위표를 내놓았던 것이다. 효용 이론을 적용함으로써 각 집단은 자신들의 전반적인 견해에 어긋나는 요인들도 주의 깊게 살펴볼 수 있게 되었다. 직관적 판단을 내릴 때에는 그런 요인들을 그냥 무시해버렸다. 다요소 효용 이론은 분란을 막아주고 위원회에서 소요되는 시간도 많이 줄여주었다. 다만 한 가지 단서가 붙는 것은, 판단해야 할 적절한 관점들이 무엇인지 먼저 합의를 해야 한다는 것인데 각각의 구성원이 어떤 차원을 마음껏 무시할 수 있음을 감안하면(비중을 0으로 잡으면 되니까) 그런 합의를 이끌어내는 건 별 문제가 안 됐다.

효용 이론의 가치를 보여주는 두 번째 적용 사례는 덴버 경찰이 사용하던 총탄과 관련이 있다.[3)] 덴버 경찰은 그들이 계속 써 오던 총탄이 '정지 효능'이 떨어진다고 여겨 총탄을 할로포인트 형*으로 대체하고 싶어 했다. 할로포인트 형 총탄은 충격을 받으면 납작해지기 때문에 정지 효능이 뛰어나고 무고한 행인이 튕겨 나온 탄환에 다칠 위험이 적다. 그런데 미국시민자유연맹(ACLU)은 이 새로운 총탄을 사용하는 데 반대했다. 새 총탄이 덤덤탄*과 마찬가지로 심각한 상해를 입힐 수 있다는 것이 반대 이유였다. 두 명의 심리학자들이 효용 이론을 적용해야 한다고 제안할 때까지 양측 입장은 교착 상태에 빠져 있었다. 각각의 총탄들은 세 가지 중대한 차원에서 크게 달라진다. 정지 효능, 표적이 심각한 상해를 입을 위험, 행인에게 부상을 입힐 위험이 그 세 가지였다. 정책 입안자들은 세 가지 측면의 상대적 중요성을 놓고 합의

할로포인트 형 총탄 탄두 부분이 화산 분화구처럼 패인 탄환.

덤덤탄 탄두가 잘 찌그러지도록 만들어진 탄환. 명중하면 탄체가 퍼지기 때문에 상처가 커진다.

에 이르지 못했기 때문에 심리학자들은 셋의 비중을 모두 똑같이 잡았다. 그리고 총탄 전문가들에게 가서 어떤 총탄이 세 가지 측면에서 똑같이 효과적인지 물었다.(물론 다른 총탄들은 어느 한 측면에서만 유독 성능이 더 좋았을 것이다.) 이로써 그들은 경찰과 미국시민자유연맹을 동시에 만족시키는 총탄 모델을 찾아냈다.

특히 의학계와 '시간 동작 연구(time and motion study)'에서 빌려온 몇 가지 두드러진 사례들이 효용 이론의 쓸모를 잘 보여준다. 그중 한 예는 신장의 종양에 관한 것이다.[4] 엑스선 검사를 하면 신장에 낭종이나 종양이 있다는 것은 알 수 있지만 방사선 전문의는 그것이 낭종인지 종양인지 좀체 확신할 수 없다. 이를 확인하려면 해당 부분을 흡출기로 빨아내든지 엑스선을 이용한 동맥조영술을 실시해봐야 한다. 전자의 과정은 덩어리가 낭종이라는 것을 규명할 수 있고 후자는 종양을 규명할 수 있다. 하지만 한 검사에서 결과가 음성으로 나왔다고 해서 그것이 다른 검사의 결과를 입증하는 것은 아니다.

흡출법은 비교적 무해한 방법이다. 주사 바늘을 등에다 꽂고 문제의 덩어리에 액체가 들어 있는지 여부를 알아내면 된다. 한편 동맥조영술은 신장으로 통하는 다리 동맥에 튜브를 삽입해야 하므로 괴롭다. 이 검사를 받으려면 병원에 최소한 이틀은 입원해야 할 뿐 아니라 혈액 응고의 위험도 있다. 한 병원에서는 방사선 전문의가 종양이 있을 확률이 50퍼센트 이상이라고 하면 항상 동맥조영술 검사를 실시한다고 알려져 있다. 하지만 환자와 의사에게 물어보면 하나같이 흡출법보다 동맥조영술이 적어도 10배는 더 끔찍한 검사 과정이라고 답했다. 동맥조영술의 비효용(마이너스 효용)이 흡출법의 비효용보다 10배 크다면, 종양이 있을 확률이 11분의 10일 때에 두 검사의 '기대 효용'이 같아진다. 그러므로 동맥조영술은 방사선 전문의가 종양일 확률이 이보다 높다고 할 때에만 실시해야 할 것이다. 다른 식으로 말하면, 흡출법을 열 번 시행하는 것이 동맥조영술 한 번과 효용 면에서 같다. 그러므로 낭종이 있을 확률이 11분의 1보다 높다면 마땅히 흡출법으로 먼저 검사를 해보아야 한다. 이러한 계산을 했더라면 수많은 환자들이 동맥조영술 검사 때문에 스트레스에 시달리지 않아도 되었을 것이다.

원하는 것을 얻으면 행복할까?

앞 장에서 우리는 다중 회귀 분석을 시험해보면 인간의 직관과 비교해서 항상 더 나은 결과 혹은 결코 뒤질 것 없는 결과를 얻는다는 사실을 보았다. 대부분의 경우에, 그와 비슷한 실험들은 효용 이론에 이용할 수 없다. 여기에는 두 가지 이유가 있다. 첫째, 대규모 프로젝트에서 효용 이론을 써서 의사 결정을 내렸다고 치자. 우리는 만약 그 결정들이 모두 인간의 직관으로 이루어졌다면 프로젝트가 얼마나 잘됐을지 확인할 수가 없다. 둘째, 대형 프로젝트들은 모두 천차만별이다. 그러므로 그런 프로젝트들의 차이를 무시하고 효용 이론의 성공을 직관의 성공과 비교할 수는 없다. 그리고 효용 이론이 합의를 보기 힘든 주제들에 대해 상당한 의견 일치를 끌어낼 수 있기는 하지만 효용 이론이 직관보다 더 나은 결정을 도출했다는 경험적인 증거들은 적다. 단, 동맥조영술 검사와 흡출법 중에서 무엇을 먼저 실시해야 하는가라는 문제처럼 결과가 확실히 몇 가지로 정해져 있고 그 결과들의 확률을 아는 경우는 예외다.

그렇다 하더라도 효용 이론은 중대한 결정을 내릴 때 사용할 수 있는 최선의 방법임에 틀림없다. 이 이론은 이 책에서 자세히 다룬 여러 가지 오류들을 피할 수 있게 해주거나 최소화하도록 해준다. 또한 어떤 결과가 나타날 확률과 그 결과를 기대하는 정도를 모두 고려할 수 있게 해주므로 장기적으로는 목표의 달성도 최대화한다. 실제로 효용 이론은 매우 복잡하고 시간을 꽤 많이 할애해야만 적용할 수 있기 때문에 대부분의 개인적인 의사 결정에는 적합하지 않다. 그렇지만 이 이론을 '완전히' 쓰지는 않더라도 어떤 결정의 가능한 결과들을 모두 다 적어놓고 각각의 발생 확률을 고려하고 그 결과를 자신이 얼마나 바라는지 가늠해본다면 좀 더 합리적인 결정을 내리는 데 도움이 될 것이다.

그렇지만 효용 이론에는 지금까지 이야기한 것보다 더 근본적인 한계가 있다. 사람이 자기가 원하는 것을 잘못 알 리는 없다고 치더라도 그것을 얻고 나면 더 행복해질 거라는 믿음은 틀릴 수 있다. 조지 버너드 쇼(George Bernard Shaw)가 했던 말 그대로다. "인생에는 두 가지 비극이 있다. 하나는 자기 마음이 원하는 것을 얻지 못하는 비극. 다른 하나는 그것을 얻는 비극." 복권이나 축구 도박에서 거액을 따는 바람에 망가진 인생은 한둘이 아니다. 부담스러운 세간의 관심과 갑자기 얻은 엄청난 돈에 적응하지 못하는 것이다. 또 승진이 종종 스트레스를 높이고 사람을 더 불행하게 만든다는 연구 결과도 있다. 너무 잘 알고들 있겠지만, 결혼이 언제나 두 사람이 그토록 간절히 바랐던 가정의 행복만 주지는 않는다. 효용 이론은 물론이고, 그 어떤 사고 방법으로도 이 사실을 고려할 수는 없다. 아무리 그 상황을 간절히 원했다 해도 실제로 새로운 상황에 놓이게 되면 어떤 기분을 느끼게 될지는 잘 모른다는 사실 말이다. 또 하나의 문제는 사람이 단순히 자기가 뭘 원하는지를 모를 수도 있다는 데 있다. 원하는 게 무엇인지 모르니 합리적 결정을 내릴 수도 없다. 물론 이 경우에는 그가 자기가 무엇을 원하지 않는지를 안다면 그런 것들을 피하는 데 주안점을 둘 수도 있다.

또 다른 고려 사항은 효용을 극대화하는 것만이 합리적 목표는 아니라는 것이다. 대신에 안전한 옵션을 택할 수도 있는 것이다. 다시 말하자면, 최대의 이익을 얻지는 못하게 하지만 뭔가 끔찍한 일이 일어나지 않게끔 확실히 보장해주는 쪽을 택하는 것이다. 우리는 내기를 받아들일 때에 이러한 경향이 작용하는 것을 이미 보았다. 사람들은 종종 크지만 불확실한 획득보다 적지만 안전한 획득을 선호한다. 후자의 기댓값이 더 큰 상황에서도 말이다. 사업체는 커다란 이익을 얻을 확률을 포기하면서 파산만 확실히 막자는 전략을 취하지는 않을 것이다. 혹은 어떤 사람은 자기 상황이 훨씬 좋아질 가능성은 포기하는 반면에, 전혀 개선되지 않을 위험보다는 약간이라도 좋아지는 쪽을 택할 수도 있다. 전반적인 목표가 충분히 확실해서 그에 걸맞은 수학적 모델('결정 이론'의 변형들)이 존재한다면 그 목표를 어떻게 처리할 수 있겠지만(물론 효용과 확률을 안다는 전제에서) 실생활에서 사람들의 목표는 뒤죽박죽일 확률이 높다. 어떨 때는 효용을 최대화하고 싶어 하면서, 그와 동시에 모든 비용 면에서 끔찍한 손실을 입는 것을 확실히 피하려 하고, 게다가 적어도 게임에서 빨리 빠질 수 있다는 보장까지 얻으려 하는 것이다. 자신의 전반적인 목표를 명확하게 생각해놓지 않는다면 여러 상황에서 합리적으로 행동할 수 없다.

따라서 효용 이론은 합리적 개인이 어떻게 행동해야 하는가를 보여주는 모델로서 지극히 조심스럽게 다루어야 한다. 하지만 그렇더라도 여러 상황에서 이 이론은 최적의 해결책을 제공하는 접근법으로 볼 수 있다. 게다가 거액의 판돈이 걸려 있어서 시간과 노력을 쏟아 부을 가치가 있고 목표들도 명확하게 나와 있는 대규모 프로젝트들에서는 효용 이론이 가장 합리적인 접근법이라 할 수 있다. 실제로 정부, 기업, 군대에서도 효용 이론을 점점 더 많이 활용하고 있다. 예를 들면 멕시코시티 내 공항 부지 선정, 방사성 폐기물 처리장 위치 선정 문제 등에 활용된 적이 있고, 심지어 로스앤젤레스에서는 어떻게 학교 인종 차별 폐지 정책을 시행할 것인가 하는 문제에 효용 이론이 쓰이기도 했다. 의료계에서도 의사 결정에 점점 더 많이 효용 이론을 도입하고 있다.

비용 편익 분석 : 생명을 돈으로 환산할 수 있는가

효용 이론은 완전히 보편적이지만 이 이론에서 파생된 것들 중에 좀 더 특수한 두 가지 의사 결정 방식이 있다. 첫 번째는 '비용 편익 분석(cost-benefit analysis)'이라고 하는데 경제학자들이 고안한 방법이다. 비용 편익 분석은 이따금 비합리적인 방식으로 쓰이기도 한다. 두 번째는 최근에 의료계에 도입된 방식인데 합리적일 전망이 크지만 비합리적이게도 많은 사람들에게 외면당하고 있다.

비용 편익 분석은 보통 기대되는 이익이나 비용을 금전적으로 환산하여 기업이 특정 프로젝트에 착수할 것인가 말 것인가를 고려할 수 있도록 해준다. 이 분석을 사용하는 것은 복잡하지 않다. 잠재적 비용과 이득을 추산하고 거기에 근거하여 결정을 내리는 것이다. 그러나 그밖에는 전혀 도움될 게 없는데, 이 방법은 경영진에게 어떤 프로젝트에 들어갈 모든 비용을 고려해보도록 강제하지만 그중에는 확실하게 알 수 없는 것들도 있기 때문이다. 예를 들어, 직원들을 프로젝트와 관련된 새 부서에 배치함으로써 기존의 기업 활동에서 벌어들이던 이득을 잃게 될 수도 있고, 추가 노동력을 더 고용하면 주차 공간이나 화장실 같은 시설을 확충해야 할지도 모른다. 가능한 결과들이 여러 가지가 있을 때에는 각각의 결과에 대해 금전으로 환산한 이익과 비용을 예상되는 발생 확률에 다시 한 번 곱해준다.

비용 편익 분석은 댐을 건설한다든가 초음속기를 제작한다든가 하는 대규모 프로젝트에 착수함으로써 사회가 치러야 하는 비용과 사회가 얻을 이익을 추산하는 데 매우 자주 쓰인다. 그런데 비용 편익 분석이 이런 식으로 쓰여서 비합리적인 결정을 낳을 수 있다. 한 번 더 말하자면, 프로젝트로 발생하는 모든 비용과 이익에 금전적 가치를 부여한다. 그리고 각각의 비용과 각각의 이익을 환산한 값을 각각의 발생 확률로 곱한다. 그렇게 해서 얻은 수를 모두 더해서 프로젝트의 전체 기댓값을 구한다. 만일 비용이 이익보다 더 크면 프로젝트는 착수할 만한 가치가 없다. 하지만 이익이 비용보다 크다고 해서 프로젝트를 반드시 실시해야 하는가는 논란의 여지가 있다.

비용 편익 분석이 어떤 프로젝트를 실시해서 사회가 얻는 가치를 추산하는 데 사용되는 경우에 여러 가지 비판이 제기된다. 이어지는 비판들은 대부분 바루크 피시호프에게서 빌려온 것이다.[5] 한 가지 문제는 사람 목숨에 금전적 가치를 매기는 어려움이다. 많은 이들이 사람의 생명은 너무나 귀해서 값을 매길 수 없다고 생각한다. 하지만 그렇게 생각하더라도 현실에서 우리는 그런 식으로 행동하지는 않는다. 영국 정부 기금에서 현재 예술 분야에 책정된 돈을 국가보건서비스(NHS)에 투입한다면 몇몇 사람의 목숨을 더 구할 수 있다는 데는 의문의 여지가 없다. 또 이론상으로는 비행기, 열차, 도로의 안전 시설을 확충하는 데 제한이 없다. 그러나 실제로 안전에 관한 지출은 사람들이 그러한 교통수단을 이용하면서 어떤 대가를 치를 준비가 되어 있느냐에 따라 결정된다. 사실 항공사와 항공사 고위 관계자들은 안전 장비로 구하게 될 사람 한 명당 비용을 비교해서 어떤 안전 장비를 쓸 것인지 결정한다. 이러한 결론에 분노할 사람들도 많겠지만, 우리는 실제로 사람의 목숨을 돈으로 따질 수 없을 만큼 가치 있다고 보지 않는다.

심지어 사람들은 자기 목숨에 대해서도 상당히 낮은 가치를 부여하는 양 행동하곤 한다. 1973년에 실시한 조사[6]에 따르면, 대부분의 미국인들은 연간 직장 내 사고사 확률이 0.1퍼센트 높아지더라도 일 년에 200달러를 추가로 더 받을 수 있다면 위험직군에서 일하겠다고 답했다. 이 결과는 인명의 가치를 20만 달러로 보는 것과 마찬가지다. 심해 어업은 가장 위험한 직업 중 하나다. 이 일에 종사하다가 죽을 확률은 연간 1천 명 중 1명꼴(또는 한 사람의 평생을 기준으로 하면 4퍼센트)이다. 하지만 보수가 높기 때문에 이 일을 배우려는 사람은 얼마든지 있다.[7] 이렇게 우리는 한결같이 인간의 생명에 암묵적 가치(implicit values)를 부여하고 있다. 따라서 비록 대부분의 사람들이 거북해하며 인정하려 들지 않는다 해도, 사람 목숨을 돈으로 따질 수 없다는 주장은 비합리적인 것이다.

비용 편익 분석은 종종 그 사람이 살아 있다면 벌 수 있을 것으로 기대되는 금액으로 사람의 목숨에 가치를 부여함으로써 이 문제를 따지고 든다.(때로는 그 사람이 살아 있다면 소비했을 것으로 기대되는 재화의 가치를 추론하기도 한다.) 법정에서도 비슷한 계산이 쓰이곤 하는데, 여기에서는 과실치사로 인해 사망자의 부양가족이 입은 재정적 손실을 따지는 한 방법일 뿐이다. 하지만 이 방법은 어떤 프로젝트의 비용을 추산하기에는 만족스럽지 못하다. 이 문제를 극단으로 몰고 가면, 사회보장제도 안에서 프로젝트의 결과로 발생한 어떤 이의 사망은 비용으로 볼 수도 없고 이익으로 볼 수도 없을 것이다. 왜냐하면 정부는 그 사망으로 비용을 절약했기 때문이다. 또한 그러한 발상은 소득의 공정한 분배를 고려하지도 못한다. 다수의 빈곤층이 입는 재정적 손실을 소수의 부유층이 얻는 막대한 이익이 간단히 상쇄한다고 본다면 많은 이들이 부당하다고 여길 것이다. 어떤 건설 프로젝트에 자리를 내주기 위해 파괴될 수도 있는 교회나 성당의 가치가 그곳을 찾아오는 신자들의 헌금 총액과 같다고 볼 수 있을까? 프로젝트를 실시하는 과정에서 엉망이 되어버린 시골의 작은 오솔길은 경제적 가치는 전무했을지 모른다. 하지만 많은 이들이 그 오솔길을 걸으며 즐거워했다.

효용 이론을 적용하는 경우에는 이렇게 해로운 결과를 낳지는 않는다. 하지만 비용 편익 분석은 효용 이론과 달리 오로지 금전적 가치만 취급하며 그밖의 비용과 이익은 고려하지 못한다. 이런 면에서 볼 때 전체 사회를 위한 프로젝트의 가치를 평가하려고 비용 편익 분석을 사용하는 것은 그 프로젝트의 진정한 기대 효용을 합리적으로 평가하지 못할 가능성이 크다.

그럼에도 불구하고 정부나 지방 자치 단체들이 비용 편익 분석을 사용했더라면 몇몇 재앙과도 같은 실수를 막을 수 있었을 것이다. 그랬더라면 낡은 건물을 보수하는 것보다 세 배나 많은 돈을 들여서 공공기관을 위한 새 빌딩을 세우는 어리석은 일을 막을 수 있었을 것이다. 유서 깊은 거리의 경관을 망가뜨린 것이나 새 빌딩이 그 자체로 보기 흉한 경우는 논외로 치더라도 말이다.

이 모든 단점들 덕분에 비용 편익 분석은 만일 합리적 결정을 내리고 싶다면 사람의 목숨에 반드시 가치를 부여해야 한다는 사실을 부각

시킨다. 생명을 구하는 비용에 대해 점점 더 세밀하게 검토하는 분야가 바로 의료계다. 모두에게 돌아갈 만큼 의료 자원이 충분하지 않기 때문에 의사들은 누구는 살리고 누구에게는 더 손을 쓰지 않을 것인지를 결정해야 한다. 의사들은 엄청나게 고민을 하기는 하지만 중구난방인 데다 직관에 지나치게 의존하는 사고를 통해 이 일을 결정한다. 이 문제에는 두 가지 측면이 있다. 첫째, 신장 이식이나 심장의 바이패스 수술은 그 수술이 필요한 모든 사람들에게 실시할 수는 없는 치료법이다. 그렇다면 과연 누가 이렇게 제한적인 치료법의 수혜자가 될 것인가? 영국에서만도 해마다 1천 명 이상의 신장병 환자들이 신장 이식을 받지 못해서 죽는다. 둘째, 쓸 수 있는 돈이 한정된 상황에서 어떤 의료 자원에 돈을 써야 할까? 임상심리학자의 수를 늘릴까, 아니면 새로운 판독 장치를 사야 할까?

내가 아는 한, 어떤 사람에게 치료의 혜택을 줄 것인가에 대해선 어떠한 합리적 도식도 나온 적이 없다. 확실히, 소득이 높다는 것은 충분하지 못한 조건이다. 궁핍한 작가, 교사, 학자보다 부유한 사업가가 사회에 더 크게 이바지하는가? 환자의 잠재적인 사회 공헌도와 환자가 생각하는 자신의 가치를 근거로 삼아 판단을 할 수도 있을 것이다. 사람들은 아주 다양한 방식으로 사회에 공헌을 하고 그러한 공헌은 소득과 전혀 상관이 없다. 그는 친절하고 재미있고 흥미로운 사람일 수 있고, 그가 죽는다면 많은 친구와 지인들이 몹시 그리워할 수 있다. 하지만 그는 인간 관계를 맺지 않는 사람일 수도 있다. 게다가 지금 당장의 공헌만 중요한 것도 아니다. 반 고흐의 작품들은 그가 살아 있을 때에는 인정받지 못했지만 후대 사람들에게 기쁨을 안겨주었다. 또한 당사자가 자기 자신에게 부여하는 가치도 고려해야 한다. 행복한 사람은 불행한 사람보다 죽음으로 인해 더 많은 것을 잃고, 젊은이는 노인보다 죽음으로 더 많은 것을 잃게 된다.

이제, 확률 계산은 차치하더라도 한 사람의 모든 면에 수치를 부여한다는 것이 대단히 어려운 일임을 알았을 것이다. 하지만 모든 불확실성에도 불구하고—내가 미처 열거하지 못한 다른 고려 사항도 많다.—언급된 요인들을 고려하는 체계적 방법론은 분명히 현재 의사들이 주로 직관에 근거하여 내리는 결정보다 훨씬 더 공정한 결정을 이끌어낼 것이다. 의사들이 알든 모르든 간에 그들이 환자를 개인적으로 얼마나 좋아하는지, 사회적 계급과 외모 따위에서 의사 자신과 환자가 얼마나 비슷한지에 영향을 받기 쉽다는 이유만으로도 그렇다.

생사가 걸린 문제를 어떻게 규칙에 따라 결정할 수 있겠느냐고 항변하는 독자들이 틀림없이 있을 것이다. 생사는 운에 달린 것이며, 분명히 모든 이의 인생에서 운은 대단히 큰 몫을 차지한다. 하지만 의사들의 결정은 요행이 아니다. 만약 이런 문제를 정말로 운에 맡겨야 한다면 제비뽑기를 해서 누가 바이패스 수술을 받을지 결정해야 할 것이다. 사람들은 언제나 인명의 가치에 대한 암묵적 결정을 정면에서 직시하지 않으려 한다. 이는 비단 의료계에만 국한된 일이 아니다.

사람들이 이 문제를 회피하기 때문에 결정이 이루어지는 방식을 검토하는 일도 거의 없다. 좀 더 철저한 시스템은 논의의 여지를 열어놓을 것이다. 물론 그러한 시스템에는 결점도 있겠지만 직관에만 근거하는 현재의 시스템보다는 나을 것이다. 아마 여기서 제안하는 시스템의 가장 나쁜 점은 한 사람의 가치를 다른 사람들이 판단해야 한다는 점일 것이다. 누구를 고용할지, 누구를 친구로 사귈지 따위를 결정하면서 우리는 끊임없이 다른 사람을 판단하지만, 생사를 두고 판단하는 것은 뭔가 불쾌감이 느껴진다. 비록 여러 사람의 목숨을 구하는 일이라고 해도 어떤 이에게 죽음을 선고하고 싶은 사람은 별로 없다.

그렇지만 환자의 가치가 아니라 온전히 특정 치료가 그에게 주는 이득(또는 비용)에 따라서만 그러한 결정을 내리는 합리적 방법이 계속 개발되고 있다. QALY(Quality Adjusted Life Year, 삶의 질을 반영해 조정한 수명, 질質 보정 생존 기간)를 기반으로 하는 방법이다.[8)] 의학적 치료 중에는 불쾌한 부작용이 따르는 것들이 많다. 예를 들어, 방사선 요법이나 화학 요법으로 종종 암을 제거할 수 있지만 그러기 위해 환자는 크나큰 고통을 대가로 치러야 한다. 눈이 멀고 청각 장애와 관절염까지 앓는 90세 나이의 여성에게 그런 치료를 받으라고 하는 건 분명히 비합리적인 판단이다. 하지만 언제 치료를 해야 하고 언제 치료를 할 필요가 없는지는 어떻게 정하는가? 한 가지 답은, 일반 대중 가운데 어떤 신체 장애가 있는 사람의 생존 수명을 아무 장애도 없는 사람의 생존 수명과 교환한다면 몇 년을 바꿀 수 있을지를 알아내는 것이다. 아마 거의 모든 사람들이 휠체어에서 42년을 보내느니 비장애인으로 40년을 사는 게 더 낫다고 여길 것이다. 마찬가지로 비장애인으로 딱 1년만 사느니 휠체어를 타고 40년을 사는 게 더 낫다고 여길 것이다. QALY를 수립하려면 사람들의 선호도라는 측면에서 몇 년 동안 해당 질병 혹은 장애를 안고 사는 것이 1년 동안 그런 문제 없이 사는 것에 상응하는지 알아내고자 노력해야 한다. 그렇게 해서 나온 연수(年數)를 문제의 장애 혹은 질병의 '1QALY'라고 부른다.

주어진 절차에 따라 산출된 QALY들의 총계를 구하려면 기대 수명을 장애를 안고 살아야 하는(죽을 때까지 장애를 안고 산다고 가정하고) 연수로 나눈다. 이것이 1QALY를 보완해준다. 예를 들어 심각한 협심

증으로 고통 받으면서 살아가는 3년이 건강한 보통 사람의 1년과 맞먹는다고 치자. 어떤 환자의 기대 수명이 12년이라면 협심증 때문에 4QALY로 줄어드는 것이다. 환자가 바이패스 수술을 받는다면(수술로 인한 사망 확률과 합병증 여부를 고려하여) 이 수치를 QALY 기대 수치와 비교해볼 수 있다. 이러한 조치를 통해 우리는 환자가 어떤 치료를 받을 때 얻을 것으로 예상되는 이익(혹은 비용)과 치료를 받지 않을 경우의 이익을 따져볼 수 있고 이것을 바탕으로 하여 치료를 할 것인가 말 것인가도 결정할 수 있다.

QALY의 활용은 잠재적으로 환자들에게 이롭기보다 해를 더 끼치는 치료를 방지할 수 있게 해준다. 따라서 시인 아서 휴 클러프(Arthur Hugh Clough)의 십계명 중 하나인 다음 계명을 따르지 않으려는 의사들과 사투를 벌이게 된다.

> 그대는 …… 살아 있는 상태를 유지하고자
> 공연히 아등바등할 필요가 없도다.

게다가 모든 사람을 치료하기에는 자원이 부족한 상황에서도 누가 치료를 받아야 할지를 결정하기 위해 같은 조치를 취할 수 있다. 실제로 점점 더 이렇게 하고 있는 추세다. 치료가 필요한 환자 모두에게 치료 혜택을 줄 수 없다면 치료를 통해 얻을 수 있을 것으로 예상되는 QALY는 환자들 중 누구에게 우선권을 줄 것인가라는 문제를 결정하는 데 활용할 수 있다.

영국에서는 주로 환자 개인의 운명을 좌우하는 문제보다는 보건 기관들에서 예산을 어떻게 사용할 수 있을 것인가라는 문제와 관련해

QALY를 활용해 왔다. 북서부 지역 보건 당국에서도 QALY를 다음과 같이 실행한 적이 있다. 어떤 의학적 절차에 더 많은 돈을 투자하는 것이 바람직한가를 평가하려고 그 절차를 적용할 경우 환자 한 명당 추가될 QALY를 계산했고 그 수치를 환자 한 명당 들어갈 비용으로 나누었다. 놀랍게도 QALY를 기준으로 살펴본 결과, 어깨관절 치환술이 신장 이상으로 인한 투석 치료보다 비용 대비 효과가 20배나 더 높은 것으로 밝혀졌다.

레슬리 팔로필드(Lesley Fallowfield)가 지적했듯이 불행히도 QALY 기법은 현재 만족할 만한 수준에 이르지 못하고 있다. 영국에서 장애를 안고 사는 연수와 건강한 삶의 연수 간에 어떻게 균형을 맞출 수 있을지 질문을 받아본 사람은 극소수다. 게다가 그러한 선호도는 연령에 따라 변하고 이미 고통을 겪어본 사람의 선호도는 건강한 사람의 선호도와 크게 달라진다. 진통이 시작되기 전에는 무통 주사를 맞지 않겠다고 했던 산모들이 실제로 진통이 시작되면 마음을 바꾸고, 나중에 출산이 끝난 후에는 무통 주사를 맞지 않는 것이 좋다는 원래 생각으로 다시 돌아간다는 조사 결과도 있었다.[9] 그럼에도 불구하고 QALY는 현재 비합리적으로 처리되고 있는 문제들을 해결하는 데 잠재적으로 활용 가능한 접근법이다. 심장 수술 전문의가 직장 수술 전문의보다 폐가 더 건강하다고 해서 수술실을 차지해서는 안 된다는 말이다. QALY 기법은 불완전한 부분이 있지만 그래도 불쾌한 결정을 내릴 때 사용될 수 있는 몇 가지 기준을 명시화할 수 있다. 그리고 사람들로 하여금 실제 현실과 곤란한 문제를 회피하지 않고 직시하게 함으로써 생사가 달린 문제에 좀 더 합리적으로 접근하는 방법을 택하게 할 수도 있을 것이다. 또한 비록 지금 우세하기는 하나 지극히 비합리적인 견해, 즉 사람의 생명을 유지시키는 것이 의학에서 가장 중요한 문제라는 견해를 몰아내는 데에도 도움을 줄 수 있을 것이다.*

체크리스트

01 시간을 쏟아부을 가치가 있는 중요한 결정을 내릴 때는 효용 이론 혹은 '약식' 효용 이론을 사용하라.

02 중요한 결정을 내리기 전에 전반적인 목표부터 정하라. 목적 달성을 최대치로 한다든지, 손실을 피한다든지, 적어도 자기 지위를 조금이라도 향상시켜보겠다든지 하는 목표가 있어야 한다.

03 여러분이 회계사가 아니라면 모든 것을 돈으로 따져 생각하지 말라.

* 저자가 QALY 기법을 도입함으로써 기대할 수 있는 효과에 대해 예측한 것은 정확했다. 2013년 현재 영국 국가보건서비스(NHS)는 QALY를 의학적 처치를 평가하는 초석으로 삼고 있다.

21장

초자연적 믿음

우리는 비합리적 사고의 100여 가지 체계적 원인들을 간략하게나마 살펴보았다.[1] 이 원인들을 다시 한 번 살펴보면서 결론을 맺자면 지루하기 짝이 없을 것이다. 그래서 그 대신에 몇 가지 일부 원인들만 설명하면서 그것들이 어떻게 과학적으로 설명할 수 없는 것(paranormal)에 관해 널리 퍼져 있는 신념을 설명해주는지 살펴보고자 한다. 원시적인 나라들에서는 이런 신념이 보편적이겠지만 서방 세계에서도 성인의 4분의 3이 적어도 일부 정신 현상만은 진짜라고 믿는 실정이다. 예를 들어 미국이나 영국이나 가릴 것 없이 대다수 사람들이 점성술에 뭔가가 있다고 생각한다.[2]

우선 왜 내가 개인적으로 이런 현상들을 믿지 않는지부터 이야기하겠다. 가장 강력한 이유는 그러한 현상은 그 정의상 이미 알려져 있는 모든 물리학 법칙에 위배되기 때문이다. 물리학 법칙은 극도로 견고하게 정립되었다. 일부 예기치 않은 부차적 결과들을 감안한다면 좀 지나칠 정도로 정립이 잘 된 게 아닌가 싶을 정도다. 심령 현상들, 이를테면 구체적 계기도 없는데 이 사람에게서 저 사람에게로 생각이 전이된다든가, 출생일 밤 별들의 위치가 그 사람의 성격에 영향을 준다든가, 물리적 힘을 가하지 않고도 물체를 움직일 수 있다든가 하는 것이 만약 사실로 입증된다면 물리학 법칙을 전면 수정해야 할 것이다. 이러한 관점에서 보건대 그런 현상은 정말로 있을 법하지 않다. 또한 14장에서 다루었듯이 어떤 것이 있을 법하지 않을수록 그것을 받아들일 만한 증거가 필요한 법이다. 그런데 사실상 증거는 없다. 점쟁이의 도움으로 주식 대박을 터뜨린 사람은 아무도 없다. 또한 심령 현상을 통제된 조건에서 똑같이 재현하기란 불가능한 것으로 알려져 있다.

게다가 19세기 중반의 마저리 크랜던(Margery Crandon)에서부터 유리겔라(Uri Geller)에 이르기까지 사기의 역사는 길고도 길다. 흥미롭게도 이런 사기꾼들은 대개 물리학자나 심리학자가 아니라 해리 후디니(Harry Hudini)나 그레이트 랜디(Great Randi) 같은 마술사들에게 덜미를 잡혔다. 이런 마술사들은 그들 자신이 써먹는 기발하지만 심령 현상과는 무관한 트릭을 이용하여 '심령' 사건을 여러 차례 재연해 보이곤 했다. 마지막으로, 과학적으로 입증되지 않은 사건을 면밀하게 뜯어보면 그러한 주장이 거짓으로 밝혀지곤 했다. 예를 들어, 미국에서 가장 유명한 점성술사 30인에게 어떤 고객의 생일을 알려주고 세 가지 성격 프로필 가운데 그 고객의 성격을 맞혀보라고 했다. 그들은 고객의 프로필과 생년월일을 매치시키는 데 완전히 실패했다. 또한 미국의 유명한 과학자 1만 6천 명의 생년월일을 근거로 그들의 별자리를 따져본 결과, 별자리 비율은 완전히 무작위인 것으로 밝혀졌다.

초자연적인 것에 빠져드는 심리

과학적으로 설명할 수 없는 것에 대한 신념에 대해서는 두 가지 질문을 구분해야만 한다. 첫째, 누군가의 마음속에서 그러한 신념은 어떻게 시작되는가? 둘째, 일단 싹튼 신념은 어떻게 유지되는가? 일단 그러한 신념이 생기는 데는 세 가지 이유가 있을 것이다. 앞에서 보여주었듯이 사람들은 판단을 유예하기 싫어한다. 그들은 판단을 잠시 미루어놓기보다는 설명부터 찾고 본다. 갑자기 쾅 닫힌 문, 차가운 한 줄기 바람, 바스락대는 이상한 소리 따위를 만족스럽게 설명하지 못한다면 아무 설명도 찾지 않기보다는 비정상적인 설명이라도 갖다 붙이려고 할지 모른다. 둘째, 어린아이들과 여러 원시부족들은 물활론적으로 사고한다. 그들 자신의 움직임은 대부분 직접 의식할 수 있는 원인이다. 그러므로 그들은 모든 움직임을 살아 있는 것으로 생각한다. 순전히 추측이기는 하나, 과학적으로 설명할 수 없는 것에 대한 신념은 부분적으로 이러한 발달 단계의 잔재일지도 모른다. 셋째, 대부분의 문화권에서는 초자연적인 것과 사후 세계에 속해 있으면서 인간보다 더 강력한 힘을 지닌 불멸의 존재를 믿는다. 신들을 만들어내는 데에는 여러 가지 이유가 있다. 죽음에 대한 두려움도 한몫을 하고, 비루한 삶에 어떤 의미를 찾으려는 사람들의 욕망도 한몫을 한다. 과학적으로 설명할 수 없는 것에 대한 신념은 부분적으로 현세의 삶에서 벗어나려는 일종의 도피인지도 모른다. 게다가 신들이 있다고 생각하면 우주 창조의 미스터리도 사라진다. 우리가 아는 모든 것이 창조된 것이라는 이유로, 인간들은 우주 전체도 창조된 것이 틀림없다고 비합리적으로 믿어버린다.

이제 초자연적인 것에 대한 신념의 이유를 좀 더 상세하게 파헤쳐보자. 그 이유는 모두 다 이 책에서 기술한 비합리적 오류에 근거를 두고 있다. 가용성 오류는 분명히 중요한 부분을 차지할 것이다. 신문에서 "폴터가이스트*가 사제관을 무너뜨리다" 류의 헤드라인은 많이 있었지만 자기 일을 가치 있게 생각한다는 뉴스 편집자라면 "텔레파시 시도가 실패로 돌아가다"라는 헤드라인과 기사를 내보내지는 않을 것이다. 그러니까 과학으로 입증되지 않은 비정상적인 사건은 기삿거리가 된다. 하지만 그런 것이 일어나지 않았다는 사실은 기삿거리가 되지 않는 것이다. 1979년에 데이비드 마크스(David Marks)와 리처드 캐먼(Richard Kamman)은 유리 겔라의 속임수와 그밖의 이른바 과학적으로 설명할 수 없는 현상을 파헤친 훌륭한 책을 썼다. 하지만 그 책은 미국에서 30군데도 넘는 출판사에서 퇴짜를 맞았다. 출판사들은 심령 현상을 선전하는 책들을 출간하려고 서로 경쟁하고 있었다. 그러니까 비정상적인 것은 가용적인 것이다. 소위 심령 현상은 일반적이지 않다는 사실도 관심을 끌고 가용성을 더욱 높인다.

통계 자료가 없기 때문에 증명할 수는 없지만 내가 개인적 경험에서 얻은 인상으로는 초자연적인 것에 대한 신념은 가족 간에 전해지는 것 같다. 이 말이 맞다면 그러한 신념은 부분적으로 순응과 내집단 압력의 소산이다. 게다가 앞에서 다루었듯이 소집단이나 적은 수의 무리 안에서 강한 정서가 퍼지는 경향이 있다. 영매들은 자기 목적을 위해 이러한 현상을 이용해먹는다. 강령회는 커튼으로 사방을 다 막아놓고 어슴푸레한 조명을 켜놓은 채 벌어진다. 종종 이상한 방해음이 들리기

폴터가이스트(Poltergeist) 악취와 소음이 나며 물건들이 날아다니는 등의 괴현상.

도 하고 음악 연주 소리가 툭툭 끊어지기도 한다. 그래서 강령회의 분위기는 아주 으스스했다(지금도 그렇다). 정서가 격앙된 상태에서는 사고력이나 세심한 관찰력이 제대로 발휘될 수 없고 그러한 강령회에 참석한 사람들은 옷자락만 보고도 세상을 떠난 그 사람이 언뜻 보였다고 착각할지 모른다. 한마디 덧붙이자면, 초자연적인 것이 취하는 모양새가 여성복만큼이나 유행을 따른다는 것을 알아챌지도 모른다. 강령회는 이제 거의 열리지 않지만 버뮤다 삼각지대와 비행접시가 그 자리를 차지하고 있다.

차잎의 예언 능력이나 별들이 삶에 미치는 영향에 대한 신념도 쉽게 설명할 수 있다. 애매한 예언에는 항상 어느 정도 믿을 만한 구석이 있을 것이다. 여러분이 그런 것을 믿는다면 확실히 일어날 것 같은 소수의 사항들에만 매달리고 있을 확률이 크다. 게다가 어떤 예언이 아주 막연한 말로 이루어진다면 여러분은 그 말의 의미를 자기 상황에 맞게 왜곡할 것이다(증거에 대한 왜곡). 운 좋게도 이러한 평가를 꽤나 확증해준 실험이 있다.[3] 피험자들에게 가짜 성격 검사지를 작성하라고 했다. 그다음에 실험자는 피험자 각자에게 모두 똑같은 성격 개요를 주고서 그것이 검사 결과로 나온 것이라고 했다. 개요가 얼마나 정확한 것 같으냐고 피험자들에게 물어보자 무려 90퍼센트의 피험자들이 그들 자신을 잘 묘사했다, 아주 뛰어나게 묘사했다고 답했다. 사람들은 자료를 자기 기대에 맞게 왜곡하는 데 너무나 능숙하기 때문에 거의 50명이나 되는 사람들이 똑같은 개요를 받고서도 그것이 자기에게만 특별히 적용되는 이야기라고 믿었던 것이다. 점쟁이를 찾는 사람은 이렇게 무의식적으로 자기 신념을 확증하려 할 뿐만 아니라 이미 시간과 돈까지 투자했다. 그러니까 괜히 장난하러 간 게 아닌 이상은 점쟁이에게 가서 뭔가를 얻었다는 느낌이 필요할 것이고(잘못된 일관성), 그렇기 때문에 더욱더 자기가 들은 말을 믿게 마련이다.

또한 연관을 잘못 짓는 경향도 크게 작용할 것이다. 우리는 잘못된 연관이 얼마나 쉽게 발생하는가를 앞에서 보았다. 특히 사건들 사이에 어떤 연관이 있을 것이라고 미리 예상했다면 더욱 그러기 쉽다. 여러분이 꿈에서 보았던 열 가지 사건들을, 적어도 다음날 낮에 비슷한 사건이 일어나면 그 순간에는 기억할 수 있다고 치자. 그다음에 하루 동안에 얼마나 많은 사건들이 일어나는지 생각해보라. 신문에서 읽은 사건, 텔레비전에서 본 것, 친구들에게 들은 것 등을 다 포함해서 말이다. 사건들의 수는 어마어마할 것이며 때때로 그중 하나는 적어도 어느 정도 꿈에서 일어났던 사건과 흡사할 확률이 아주 높다. 이렇게 하나 혹은 그 이상의 우연의 일치가 일어날 때에 사람들은 꿈에서 본 일이 그대로 이루어졌다고 믿어버리기 십상이다.

우연의 일치는 생각만큼 드물지 않다

우리 대부분은 우연의 일치가 일어날 확률을 계산하는 데 서툴다. 예를 들어 한 방에 23명의 사람들이 있다면 적어도 그중 2명이 같은 날이 생일일 확률이 50퍼센트 이상이다. 사람들은 '닻 내리기 효과' 때문에 2명이 이루는 쌍이 23가지라고 생각하는 경향이 있지만 실제로는 그러한 쌍이 아주 많고(23×22/2=253) 그중 어느 하나의 구성원들이 같은 날이 생일일 수 있는 것이다. 사람들은 이런 식의 우연의 일치가 일어날 확률을 지나치게 낮게 본다. 아서 케스틀러*는 자신의 일생에서 일어났던 50가지 우연의 일치를 거론하면서 과학적으로 설명할 수 없는 것의 진실성을 입증하고자 했다. 케스틀러는 그 우연의 일치들을 정상적으로 설명할 수 없다고 주장했지만, 마크스와 캐먼은 케스틀러가 일생 동안 180억 개나 되는 사건 쌍에 노출되어 있었을 거라고 지적한다. 그렇게나 많은 사건 쌍 가운데 구성 사건이 서로 일치하는 것들이 몇 개쯤 있을 확률은 아주 높은 것이다. 또 다른 예는 4개월 동안 뉴저지 주 복권에 두 번이나 당첨됐던 여성에 관한 것이다. 신문기자들도 다른 이들이나 매한가지로 숫자에는 젬병인지라, 어느 한 신문에서는 그렇게 당첨될 확률이 100만조 분의 1이라고 떠들었다. 세상에 복권에 당첨될 기회가 그 두 번밖에 없는데 그 여성이 그 두 번을 다 땄다면 이 말은 맞을지도 모른다. 하지만 미국 내에서 팔리는 다양한 복권들의 숱한 당첨자들을 따져본다면, 그리고 7년 정도의 기간을 정해놓고 따진다면 복권에 두 번 당첨될 확률은 훨씬 더 높아진다. 사람들은 특정한 우연의 일치에만 초점을 맞춘다. 비슷한 우연의 일치가 일어날 수도 있었지만 그러지 않았던 다른 기회는 고려하지 않는 것이다. 그들은 네거티브 사례는 무시한다. 물론 이것이 비합리성의 주된 원인 중 하나다.

텔레파시에 대한 신념도 같은 방식으로 설명 가능하다. 텔레파시를 다룬 이야기는 대부분 서로 아주 가까운 사람들을 등장시킨다. 텔레파시를 했다는 사람들은 부부 간이거나 남매 간이다. 그런 사람들은 서로 공통점도 많기 때문에 이따금 동시에 같은 생각을 할 확률도 높다. 어떤 병사가 전쟁터에서 부상을 입었는데 바로 그 순간 그 병사의 아내

아서 케스틀러(Arthur Koestler, 1905~1983) 헝가리 태생의 영국 소설가, 언론인, 비평가. 소설 《한낮의 어둠》으로 소련 전체주의를 비판하였으며, 《기계 속의 유령》을 발표하여 홀론(holon) 개념을 제창했다.

가 갑자기 불안이 엄습하는 걸 느꼈다 치자. 아내는 남편이 부상을 입지 않았을 때에도 그와 비슷한 불안감을 느낀 순간이 종종 있지는 않았는지 생각해보지 않는다. 올바른 연관이라는 견지에서 볼 때에 아내는 네거티브 사례를 무시한 셈이다. 게다가 아내가 불안을 느꼈던 바로 그 순간에 대한 기억은 잘못된 것일 확률도 높다.

과학적으로 설명할 수 없는 것들을 믿는 사람들은 분명히 아주 적은 표본에만 근거하여 그러한 신념을 갖는 경우가 태반이다. 있을 법하지 않은 단 한 건의 해프닝이 그런 신념을 심어주면 나머지는 그 신념에 따른 기대가 알아서 채워준다. 아무리 그렇다고 해도 그들은 분명히 여느 사람들처럼 자기 신념에 대한 과신으로 고생을 하게 된다. 그들은 신념을 유지하려고 그럴싸한 이야기를 공들여 꾸며내기도 한다. "텔레파시는 통제되는 게 아니야. 그때와 똑같은 분위기에 있어야만 일어날 수 있는 일이야."라는 식으로 말이다. 혹은 영매의 경우에는 "나는 죽은 이를 소환할 수 없습니다. 이 가운데 신념이 없는 자가 있기 때문입니다."라고 핑계를 댈 수도 있다.

초자연적인 것에 대한 신념을 설명하면서 나는 앞에서 강조한 사고의 오류들 가운데 아주 일부만을 활용했다. 하지만 여기에는 좀 더 중요한 것들이 다수 포함되어 있다. 심령에 관한 신념은 문제를 어떻게 포장하는가, 왜 사람들은 합리적으로 예측을 내리지 못하는가 등과 관련된 오류에서 비롯되지는 않는 듯 보인다.

텔레파시와 점성술에 매료된 사람들

나는 과학적으로 설명할 수 없는 것들의 소위 '과학적' 증거는 다루려고 하지도 않았다. 다시 말해 통제된 상황에서 면밀하게 수집한 증거를 다루지 않았다. 수많은 사례에서 입증되었듯이 긍정적인 증거가 나왔다 싶으면 그 증거는 사기로 밝혀질 확률이 농후한 듯하다. 1953년에 런던 유니버시티칼리지 소속의 존경받는 수학자 솔(S. G. Soal)은 예지(precognition)의 증거를 제시함으로써 세상을 깜짝 놀라게 했다.[4] 그는 아마 존경을 받았겠지만 그가 죽고 난 후에 그 증거가 단순하지만 기발한 방법으로 조작되었음이 밝혀졌다. 솔의 텔레파시 실험에서 발신자가 다섯 장의 카드 중 하나를 텔레파시로 전달하면 수신자는 그 카드가 무엇인지 종이에 써야 했다. 솔은 1에서부터 5까지 미리 정해놓은 숫자를 주고 텔레파시를 한 번 시도할 때마다 몇 번 카드라는 텔레파시를 받았는지 대답하게 했다. 수신자가 추측한 카드 번호는 독립적인 목격자가 적은 번호와 함께 기록되었다. 솔은 실험이 끝난 다음에 텔레파시 수신자의 예측이 4번이나 5번일 때마다 자기가 미리 정해놓은 카드 번호 중에서 1번은 모두 다 4번 혹은 5번으로 바꿔치기했다. 그의 조작은 그가 제시한 도표를 뜯어본다고 드러날 것이 아니었기에 그가 죽을 때까지 들통 나지 않았지만 결국은 그의 연구 결과를 세심하게 분석한 끝에 밝혀지고 말았다.

세계 최고의 마술사 그레이트 랜디는 자신과 마찬가지 속임수를 쓰면서 심령 능력이라고 떠들어대는 사기꾼들을 아주 싫어했다. 앞서 후디니가 그랬듯이 그레이트 랜디는 심령술사들의 정체를 밝히는 게 취미였다. 하지만 유리 겔라에 대한 폭로를 비롯한 그의 놀라운 발견은 이 책의 범위를 벗어난다. 아마 비교적 최근의 에피소드 한 가지는 되새겨볼 가치가 있을 것이다. 랜디는 조수 2명을 미국의 패러노멀 심리학 연구소에 보내 그들이 마술에서 써먹는 트릭을 구사하되 그쪽에서 물어보지 않는 이상 그것이 무엇인지 가르쳐주지 말라고 했다. 랜디의 조수들은 연구소에서 2년을 지냈는데 그동안 그들의 '심령' 능력을 다룬 기사들이 패러노멀 관련 언론에 당당하게 실리곤 했다. 아무도 그들에게 어떻게 그런 일을 할 수 있는지 물어볼 생각도 안 했던 것이다. 그들이 연구소를 떠난 후에 랜디는 이 사실을 알려서 제대로 한방을 먹였다. 문제의 연구소가 있던 대학은 연구소를 폐쇄했다.

비전문가들만 순진해빠진 게 아니다. 코넌 도일(Conan Doyle)에서부터 케임브리지대학 교수이자 노벨상 수상자인 브라이언 조지프슨(Brian Josephson)에 이르기까지, 걸출한 인물들 중에도 속아 넘어간 사람들이 많았으니까. 낸시 레이건은 수시로 여성 점성술사를 찾아갔다고 한다. 문제의 점성술사는 자기가 낸시를 통해 레이건 대통령의 연설 시기나 해외 순방 시기를 결정했으며 고르바초프에 대한 레이건의 시각에도 영향을 주었다고 주장했다. 한때 러시아 사람들은 초자연 연구에 군사적 중요성이 잠재되어 있다고 생각해서 수백만 루블을 쏟아부었다. 그들은 전파로 전달되는 있음직하지 않은 메시지나 적군에게 포착당하지 않는 텔레파시 커뮤니케이션 따위를 희한하리만치 신봉했다. 미국 공군, 육군, 해군이라고 더 나을 게 없었다. 그들 모두 이 주제와 관련된 연구에 서둘러 돈을 처들였으니 말이다. 최근에 케임브리지대학은 참으로 현명하게도 텔레파시를 입증했다고 주장하는 논문에 박사학위를 주지 않나, 에든버러대학은 아예 초(超)심리학 강의를 신설하는 판국이다. 이 강의의 첫 번째 재임교수는 "사람들과 …… 컴퓨터의 비일상적 상호작용에서 정신성이 차지하는 역할"을 조사하겠다는 의도를 밝힌 참이니 정말 첨단을 걷는다. 여타 형식의 비합리성과 마찬가지로, 초자연적인 것에 대한 신념 또한 계급이나 교의에 국한되지 않으며 가장 높은 데서 가장 낮은 데까지 모든 제도에 영향을 끼치는 것이다.

22장 

비합리성의 근본 원인

인간의 비합리성이 지닌 여러 특정 원인을 살펴보았으니 이제 좀 더 넓은 의미에서 이러한 특정 원인들이 발생하는 원인을 살펴볼 때가 되었다. 앞에서 기술한 여러 가지 다양한 종류의 비합리성을 떠받치고 있는 것은 다섯 가지 기본 원인이다. 그중 처음 세 가지는 순전히 추론에 지나지 않음을 강조해둔다.

비합리성은 진화의 유산이다

한 가지는 진화에서 비롯된다. 동물의 왕국에서 우리 조상들은 대부분의 경우 얼른 싸우든지 얼른 도망가든지 둘 중 하나로 문제를 해결했다. 사자와 마주친 원숭이가 어느 나무에 올라가는 게 제일 좋을지 고민하느라 우물쭈물한다면 바보짓일 것이다. 안 좋은 나무라도 올라가는 게 잡아먹히는 것보다는 나을 테니까. 아마도 이런 이유에서 사람들은 스트레스를 받거나 심한 욕망에 사로잡힐 때에 전형적으로 행동하는 듯하다. 사람도 원숭이처럼 대안을 놓고 고민할 것 없이 얼른 충동적으로 행동해버리는 것이다. 비슷하게, 두려움이나 화 같은 격렬한 감정이 아주 비합리적인 행동을 낳을 수 있다. 어떤 종의 구성원들끼리 대립하면서 미묘한 언어적 소통보다는 물리적 행동이 더 확실하게 문제를 해결해주는 경우라면 감정적 행동이 아마 더 유용했을 것이다. 순응성과 당혹감은 구성원들이 집단의 규준을 넘어서지 못하게 하는데, 아마 그러한 것들도 어느 정도는 분명히 선천적일 것이다. 인간은 신체적으로 방어 수단이 없는 존재다. 따라서 인간의 생존은 집단의 구성원으로서 사는 데 달려 있다. 이 점은 우르르 떼를 지어 영양을 사냥해야만 괜찮은 고기 구이를 먹을 수 있었던 선사시대의 인간이나 오늘날의 인간에게나 똑같이 유효한 진실이다. 오늘날에도 우리는 남들에게 의존하여 생존하고 쾌락을 얻는다. 공장, 상점, 도로, 철도, 비행기 등의 방대한 시스템은 현대적 생활을 가능하게 했다. 그런 것은 순전히 집단 협력에 근거를 두고 있다. 현대적 생활의 부산물 없이는 제 앞가림도 못할 사람들이 꽤 많을 것이다. 하지만 현대 사회를 가능케 한 집단에 대한 충성이 그것이 부적절한 상황에서도 너무 쉽게 이루어지며 비합리적인 행동으로 이어지곤 한다.

비합리적 사고와 행동의 파급력은 종들이 어떻게 살아남는가라는 문제를 제기한다. 어째서 비합리성은 제거되지 않는가? 혹은 적어도, 어째서 진화의 압력에도 비합리성은 감소하지 않는 걸까? 한 가지 답변은 우리 사회에서 거처와 먹을 것을 얻고 가정을 꾸리는 데 대단한 합리성이 필요하지 않기 때문이라고 할 수 있다. 실제로 누구든지 시간을 들여서 확률 이론과 통계를 배우고 모든 결정을 완전히 합리적으로 내리고자 고민하는 사람들은 가족을 부양하는 데 쓸 시간이 별로 없다(혹은 그런 걸 별로 안 좋아할 수도 있다). 비합리성의 나쁜 효과들은 주로 중대한 사안을 결정할 때 발생한다. 엔지니어들의 실수는 사고가 나야 밝혀지고 의사들의 실수는 피할 수 있었던 죽음에서 드러난다. 그들의 결정은 특히 우리의 머나먼 조상들이 직면했던 결정들과 비교해보건대 대단히 복잡하고 까다롭다. 우리 조상들의 고민이라고 해봤자 어느 동굴에 들어갈까, 누구랑 짝을 지을까, 어떤 영양을 사냥할까 정도였으니까. 요컨대 합리성을 증진시켜야 한다는 진화의 압력이 약했기 때문에 우리의 기술 발전은 우리 뇌의 진화를 훨씬 앞질러버렸다는 말이다.

뇌 신경 세포들의 네트워크 오류

광범위하게 바라본, 비합리성의 두 번째 원인은 우리 뇌를 이루는 부분들은 원래는 무작위로 연결되어 있는 신경 세포들의 네트워크로 구성된 것으로 보인다는 점이다. 어떤 것을 학습할 때마다 이 세포들의 연결 중 일부는 강화되고 다른 것들은 완화된다. 예를 들어 '집'이나 '딸' 같은 개념을 학습하면, 이것은 어느 하나의 뇌세포가 아니라 광범위하게 흩어져 있는 수많은 세포들이 동시에 발화하며 제시되는 것이다. 이러한 시스템은 주목할 만한 특성을 지닌다. 활성화되는 세포들은 동시에 발화하는데, 잘 알려져 있다시피 뇌의 처리 과정은 아주 빠르다. 더욱이 이러한 세포 시스템은 쉽사리 일반화를 해버린다. 다양한 새를 여러 마리 제시하고 난 뒤에는 앞서 보여주지 않은 종의 새도 '새'로 분류할 것이다. 하지만 이러한 네트워크는 엉성해지기 쉽다는 한 가지 문제점이 있다. 다양한 것을 학습하는 데에 정확하게 똑같은 세포들이 개입하기 때문에 새로운 것을 배우면 이전 학습에서 만들어졌던 이러한 연결 중 일부가 변화할 수 있고 그에 따라 (대개 아주 적게) 오류가 발생할 수 있다. 뇌에 그러한 시스템이 존재함으로써 가용성이나 후광 효과가 일으키는 오류를 설명할 수 있다. 양쪽 오류 모두 가장 두드러진 것에 크게 영향을 받는 사람에게 달린 문제다. 신경망(neural network)이라는 관점에서는, 가장 강하게 연결된 세포들의 활성화에 해당한다. 가장 두드러진 어떤 것이 다른 연결들을 억압해서 덜 두드러진 자료들은 고려하지 못하게끔 하는 것이다.

이런 종류의 시스템에서는 의식적 사고와 관련 있는 뇌의 부분으로 입력될 가능성이 높다. 의식적 사고는 동시에 처리되지 않으며 단계적 방식을 거친다. 우리는 한꺼번에 몇 개 이상의 것들을 — 기껏해야 일곱 개 — 생각할 수 없다. 이러한 높은 수준으로의 입력이 엉성한 신경망에서부터 시작된다면 오류를 포함할 것이다. 우리가 끈질기게 애쓴다면 이러한 오류를 의식적 사고로 제거할 수 있다. 각 사람에게 독창적인 아이디어가 있다면 아마 그들의 신경망의 소산이겠지만 누구나 알다시피 그러한 아이디어 가운데 다수는 아무 쓸모도 없다. 그 아이디어는 면밀하게 사고해 평가받지 않으면 안 된다. 하지만 생각을 하려면, 열심히 생각을 하려면 노력이 필요하다. 어떤 문제를 직면하든지 그것을 풀려면 충분한 시간 동안 집중하는 훈련을 받아야 하고 자기 자신을 훈련해야 하는 것이다. 사람의 얼굴을 알아보는 것은 빠르고 쉽다. 그와 대조적으로, 새로운 기하학 문제를 풀기란 지난하기 이를 데 없다. 얼굴 인식은 매우 병렬적인 시스템에 달려 있다. 다시 말해 여기서는 뇌가 여러 계산을 동시에 해낸다는 뜻이다. 그러한 수행은 의식 차원에 들지 않는다. 반면 기하학을 이해하려면 의식적이고 고단한 단계적 과정을 거쳐야 한다. 그러나 시각 연구에서 알려진 바에 따르면 우리가 주변을 돌아볼 때에 뇌가 수행하는 계산은 아인슈타인이 상대성 원리를 도출한 계산들보다 훨씬 더 복잡하다고 한다. 우리는 시각을 제대로 쓸 수 있게끔 진화했지 뛰어난 물리학자가 되게끔 진화한 건 아니다. 이 모든 내용은 순전히 이론적인 것이지만 그래도 다음 내용은 분명히 사실이다. 우리가 의식하지 못하는 뇌의 정보 처리가 엄청나게 빠르고 쉽고 효율적으로 이루어지는 데 반해 대부분의 사람들이 어려운 문제를 풀거나 힘든 결정을 내릴 때에는 의식적 사고의 과정을 힘들게 거치지 않으면 안 되는 것이다. 하지만 이러한 노력이 없다면 많은 결정들이 비합리적으로 이루어질 것이며 많은 문제들이 미결 상태로 남을 것이다.

비합리적 사고의 세 번째 일반 원인 역시 정신의 태만에서 비롯된다. 우리는 길고 힘든 사고의 필요성을 줄이기 위해 결정을 빨리 내릴 수 있는 트릭을 몇 가지 발전시켜 왔다. 이러한 트릭을 '간편 추론법(휴리스틱heuristics)'이라고 한다. 다시 말해 이것들은 대개 적당히 괜찮기는 하지만 완전하지는 않은 결과를 빨리 도출하는 사고의 방법이다. 이 책은 여러 가지 간편 추론법 중에서 특히 우리를 헷갈리게 하는 것들만 전적으로 다루었지만 간편 추론법이 종종 올바른 결과를 내놓기도 한다는 점을 기억해야 한다. 친구가 특정 모델의 차가 좋다고 해서 여러분도 그 차를 샀다면 비록 여러분이 최적의 의사 결정 방법을 사용했다고는 할 수 없지만 어쩌면 자신의 구매에 만족할 수도 있는 것이다. 그리고 어떤 지원자가 면접에서 유난히 말을 잘해서 여러분이 그 사람을 뽑았다 해도(후광 효과) 그가 지원자 가운데 최고는 아닐지 모르지만 아주 불만족스러울 정도로 일을 못하지는 않을 것이다.

인간의 비합리성에 이바지하는 네 번째 원인은 기본적인 확률 이론과 통계, 그리고 그것들에서 야기되는 개념들을 잘 써먹지 못하는 데 있다. 여기서 중심 원인은 무지로 보이겠지만 좀 더 폭넓게는 우리의 교육 시스템에 원인을 돌릴 수 있다. 이러한 문제점은 오류를 낳을 수 있다. 피상적으로는 그런 오류가 숫자와 아무 상관이 없는 듯 보인다. 앞에서 이스라엘군 조종사들은 평균 회귀 개념을 사용할 줄 몰랐다. 린다에 대한 판단에서는 린다가 은행원일 확률보다 은행원이면서 페미니스트일 확률이 더 높을 거라고들 했다. 이 책에서 제기한 모든 계산 기술 관련 문제를 푸는 데 필요한 수학은 초등 기하학이나 계산법보다 더 쉽다. H. G. 웰스(Herbert George Wells)는 교육받은 시민에게 통계는 읽기와 쓰기만큼이나 중요하기 때문에 곧 그러한 과목처럼 기본으로 가르치게 될 거라고 믿었다. 통계의 중요성에 대한 그의 신념은 온당하지만 우리 교육 시스템의 합리성을 그렇게 신뢰한 것은 잘못이었다. 통계의 지적 내용이 수학의 다른 분과에 떨어지지 않으며 대부분의 사람들이 통계를 일상생활이나 직업에서 좀 더 활용할 수 있을 것임을 감안하면 왜 그렇게 학교에서 통계를 가르치는 경우가 드문지 알 수가 없다. 그 답도 또 다른 비합리성의 한 단편, 즉 전통을 깨기란 어려운 것이 아닐까 싶다.

나는 비합리성의 마지막 일반 원인인 '자기 중심적 편향'은 강조하지 않았다. 가장 큰 이유는 이 원인이 너무나 명백하기 때문이다. 내가 비록 다른 요인이 한몫을 하는 양상을 보여주기는 했지만 사람들이 가설을 포기하거나, 좋지 않은 결정을 번복하거나, 그들이 방금 산 집의 참모습을 봐야 할 때에 그토록 내켜하지 않는 데에는 옳은 편에 서고 싶다는 욕구, 자존심을 지탱하고 싶은 마음이 어느 정도 작용하는 것이 틀림없다.

"인간은 경솔한 신념의 동물이다."

비합리성의 다양한 원인들을 전제할 때 비합리성을 완화하기 위해 어떤 일이든 한다는 게 가능한가라는 질문이 제기된다. 가장 일반적인 접근은 사람들에게 마음을 열어놓고 모든 증거를 살핀 다음에 결론을 도출하도록 설득하려는 것이다. 그리고 뜻을 번복해야 할 때에는 그렇게 하는 것이 유약함의 표시가 아니라 오히려 강인함의 표시임을 깨닫게 해야 할 것이다. 또한 자신의 신념에 반대되는 증거도 찾으라고, 만약 그런 증거를 찾는다면 잘못 해석하거나 무시하지 않도록 주의하라고 가르쳐야 할 것이다. 자신의 시각에 호의적인 논증의 결점을 찾는 것도 항상 유익하다. 너무 서두르거나 스트레스를 받으면서 결정을 내리면 사고의 유연성이 지나치게 떨어지는 탓에 오류가 생긴다. 증거를 가지고 어느 한 방향으로 결론을 내기 어려울 때에는 판단을 유예해야 한다. 이것이야말로 대부분의 사람들이 가장 하기 힘들어하는 것이다. 버트런드 러셀(Bertrand Russell)이 말했듯이 "인간은 경솔한 신념의 동물이며 반드시 뭔가를 믿어야만 한다. 신념에 대한 좋은 토대가 없을 때에는 나쁜 것이라도 일단 믿고 만족해할 것이다." 또한 내가 여기서 기술했던 특정 오류에 사람들의 주의를 끌어당길 수도 있을 것이다. 예를 들어 매몰 비용에 따른 오류나 네 가지 관련 수치를 보고 사건들 사이의 연관 추론 근거를 세우지 못하는 오류 따위에 말이다. 이런 조언은 추상적인 편이기 때문에 아주 가용적이지는 않다. 하지만 이런 조언을 가용적인 특정 사례의 맥락에서 제시할 수도 있다. 벤저민 프랭클린이 추천한 방법대로 사람들이 중대한 결정을 내리기 전에 찬성과 반대 이유만을 쭉 적어놓기만 하더라도 꽤 도움이 될 것이다.

학생들에게 일반 원칙을 강조하고 그에 따라 행동하도록 격려할 때에 나타나는 효과는 여러 연구에서 평가되었다.[1] 어떤 답변이 왜 틀린지(혹은 왜 옳은지) 생각해보라고 한다든가, 충동적으로 행동하지 않도록 충분한 시간을 들이게 한다든가, 끈기 있는 태도를 높이 산다든가, 선택지들을 잘 살펴보게 하는 식으로 학생들을 격려해보았다. 특정 문제라는 맥락에서 이러한 조언을 하자 대부분의 학생들은 합리성을 측정하려고 고안한 테스트에서 얼마간 향상을 보였지만 아주 뚜렷한 개선을 이루지는 못했다. 불행히도 장기적인 추후 조사를 하지 않았기 때문에 그러한 효과가 얼마나 오래 지속되는가는 알려지지 않았다.

통계를 배우면 사람들이 일상에서 몇 가지 문제를 좀 더 합리적으로 처리하는 데 도움이 된다는 연구 결과도 나와 있다. 이 책에서 보여주었듯이 그런 문제를 풀려면 명시적이든 암묵적이든 통계학적 개념들이 종종 필요하다. 아마 독자들은 놀라겠지만, 논리학을 배워봤자 학생들이 그들에게 제시되는 논증(이를테면 원인과 결과가 도치된 논증)의 결함을 찾는 데는 도움이 안 된다. 하지만 여기서도 통계 지식은 다소 도움이 될 수 있다고 한다.

최근에 리처드 니스벳과 그 동료들은 통계학적 개념을 사용할 수 있는 능력이 심리학 연구소에서 테스트할 때뿐만 아니라 실제로 일상에서 의사 결정을 잘하는 데 도움이 된다는 것을 입증하는 일련의 교묘한 실험을 실시했다.[2] 그들은 피험자들이 대수의 법칙(14장 참조)을 일상에서 적용할 수 있는 정도가 문제 유형에 따라 달라진다는 것을 알았다. 문제는 세 가지 상이한 유형으로 주었다. 1. 문제 내 사건들이 완전히 무작위적일 때(이를테면 슬롯머신을 한다든가) 피험자들은 대수의 법칙을 아주 잘 적용했다. 2. 측정 가능하며 기술적 요소가 있는 사건들(운동 경기의 성과나 시험 성적)에 대해서는 1만큼 잘 적용하지 못했다. 3. 개인의 성격(정직성)에 대해서는 법칙을 잘 적용하지 못했다. 예를 들어, 그들은 슬롯머신을 할 때에는 표본의 수가 적으면 그 결과를 일반적 행동으로 보기 어렵다는 점을 아주 잘 이해했다. 하지만 적은 표본만 가지고 어떤 운동선수의 실력을 일반화할 때에는 그렇게까지 조심스럽지 않았다. 그리고 방금 만난 사람이 아주 친근하게 굴었다고 해서 그 사람의 원래 성격도 그럴 거라고 성급하게 생각해서는 안 된다는 점을 인식하는 데에는 완전히 실패하다시피 했다. 우리의 당면 목표에는 더 중요한 사항이지만, 피험자들을 이 세 유형 중 어느 하나의 문제에 훈련을 시키고 나서 세 유형의 문제를 제시해보았다. 그러자 피험자들은 비단 그들이 훈련했던 유형의 문제뿐만 아니라 다른 두 유형의 문제에서도 크게 향상된 모습을 보여주었다. 이 실험은 어느 한 유형의 문제에 통계 개념을 적용하도록 훈련시키면 그러한 능력이 다른 유형으로도 전이됨을 보여준다.

또 다른 논문은 일상에서 합리적 결정을 내리는 능력이 직업적 성공, 특히 봉급 수준과 상관 관계가 있다는 증거를 보여준다.[3)] 미시건 대학 교수 126명에게 전화 인터뷰를 해보았다. 그 결과, 매몰 비용 관련 문제나 그밖의 비슷한 문제에 정답을 대는 비율이 높은 교수일수록 연령 대비 연봉이 더 높은 것으로 나타났다. 이 결과는 경제학과 교수들에게 기대되는 바일지도 모르겠다. 경제학자들의 작업이 어느 정도는 최선의 의사 결정을 내릴 수 있는 이론에 대한 지식에 달린 것이기 때문이다. 하지만 이 논문의 발견은 예술 관련 과목을 담당하는 교수들에게도 유효했다. 연구 조사자들은 피험자들이 일상에서 얼마나 합리적인 결정을 내렸는가도 살펴보았다. 예를 들어, 피험자에게 지난 5년 동안 영화를 보다가 중간에 나온 적이 있느냐는 질문도 해보았다. 형편없는 영화들이 얼마나 많이 개봉되는가를 전제할 때에 대부분의 사람들이 5년 동안 적어도 한 번쯤은 그런 일이 있을 법하다. 매몰 비용의 함정에 빠지지 않은 사람들은 중간에서 나올 것이고 그렇지 못한 이들은 영화가 끝날 때까지 앉아 있을 것이다. 생물학이나 미술 교수보다는 경제학 교수 중에서 중간에 나온 적이 있다고 답한 사람이 두 배나 더 많았다. 달리 말하자면, 경제학 교수들이 다른 과목 교수들보다 더 똑똑할 리는 없겠지만 경제학이라는 과목이 합리적 의사 결정에 대해 더 많은 지식을 주기 때문에 그들이 적어도 일상생활의 몇 가지 측면에서는 좀 더 합리적으로 행동하는 것이다. 이것은 의사 결정 이론이 일상적 결정의 합리성을 증진할 수 있다는 직접적 증거로 보일 수 있을 것이다. 내가 아는 한, 이 연구 조사 외에는 다른 증거가 없지만 향후 몇 년 안에 이 주제를 다룬 많은 연구 작업이 쏟아져 나올 것 같다.

경제학 지식과는 별개로, 심리학 교육과 그보다는 좀 덜하지만 의학 교육도 이 책에서 제시한 것과 같은 유형의 문제에서 학생들의 답변을 향상시킬 수 있는 것으로 밝혀졌다. 심리학과 의학은 양쪽 모두 데이터를 통해 원인을 추론하면서 빠지기 쉬운 함정을 강조한다. 또한 양쪽 모두 기본적인 통계학을 어느 정도 훈련시킨다. 우리는 아마도 심리학의 유익한 효과를 평가하면서 비록 그러한 답변에는 심리학 지식이 필요치 않지만 합리성에 대한 대부분의 실험은 심리학자가 고안한 것임을 염두에 두어야 할 것이다. 또한 답변에 도움이 된다고 알려진 또 다른 과목으로는 법학이 유일하다. 법학은 통계에 기반한 논증을 향상시키는 데는 도움이 안 되지만 학생들이 내놓는 원인 유형 논증의 수를 증가시킨다. 하지만 미래의 변호사들에게 참으로 어울리게도, 이러한 증가는 오로지 그들이 염두에 두고 있는 가설에 도움이 되는 논증들로만 국한된다. 화학이나 논리학 같은 다른 과목은 적어도 이 책 후반부에 제시한 문제 유형에 한해서는 거의 아무 효과가 없는 것으로 보인다. 게다가 어느 한 과목을 배우면 다른 과목을 배우기는 더 쉽다는 관념은 내용이 겹치지 않는 한 들어맞지 않는다는 상당한 증거가 있다. 최근까지도 고전을 배우면 사고력 훈련이 되어서 나중에 다른 과목을 배우기도 쉽다는 신념이 널리 퍼져 있었다. 하지만 불행히도 라틴어나 그리스어를 유창하게 한다고 해서 훌륭한 물리학자가 되거나 역사학자가 되는 데 도움이 되지는 않는다.

교육의 목적 가운데 일부가 사람들에게 생각하는 법을 가르치는 것이라고 생각한다면 미국과 영국에서 쓰이는 시험 방식은 아주 비합리적이다. 영국에서 A급 교육은 대개 기계적 독해를 강조하고 합리적 사고는 별로 중요하게 다루지 않는다. 미국에서도 대학들은 곧잘 이러한 시스템을 채택하고 있다. 시험에서 다지선다형 문제를 제시하여 생각의 여지를 주지 않고 오로지 기억에만 의존하게 하는 것이다. 게다가 제한된 시간 동안 시험을 치르다 보면 충동적이고 경직된 생각을 유도하기 십상이다.

자유로워지려면 훈련하라

나는 한 가지 질문을 던지면서 이 책을 끝맺으려 한다. 아마 많은 독자들은 이 질문에 넌더리를 낼 것이 틀림없다. "합리성은 정말로 필요한가? 혹은 바람직하기는 한가?" 전문가들이 의사 결정을 하는 데는 의심의 여지가 없다. 몽고메리 장군, 키멀 제독, 헤이그 장군, 폭탄 해리스는 명백한 증거를 두고도 뜻을 번복하지 않았기 때문에 수많은 이들의 목숨을 불필요하게 앗아갔다. 어떤 의사들이 확률 이론을 몰랐던 탓에 수많은 여성들은 필요하지도 않고 괴롭기 짝이 없는 생체 검사를 받아야 했다. 반면, 어떤 의사들은 에스트로겐 치료를 실시하지 않음으로써 골절로 사망한 노령의 여성들 다수에게 간접적으로나마 책임이 있다. 자기들보다 진단 능력이 더 나은 컴퓨터 시스템 도입을 거부한 의사들도 많다. 공무원들은 비합리적인 시스템이 태만을 방기하고 전통과 자기 과시에 매달리게 한다는 이유로 여전히 공금을 아무렇게나 운용하고 있다. 엔지니어들은 그들이 만들어내는 시스템의 위험도를 충분히 치열하게 생각해보지 않아서 수많은 사상자를 낳기 일쑤다. 대학에서 어떤 지원자를 입학시키고 어떤 지원자를 낙방시킬 것인가는 대단히 중요한 문제인데도 최선의 방법으로 입증된 방식은 여전히 실제로 사용되지 않고 있다. 어리석음을 피할 수 있는 방법 중 하나는 수학적 의사 결정 방식이 오류를 범하기 쉬운 인간의 직관보다 더 효율적임을 보여줄 수 있을 때마다 그러한 방식을 채택하는 것이다. 이것은 비록 통계도 연습해야 하지만 통계를 엄청나게 연습하는 것 이상으로 직업 분야에서 성공하는 비결이 될 것이 거의 확실하다.

개인적 의사 결정에서는 비합리성의 효과가 직업 분야에서만큼 크지 않다. 실제로 그러한 효과는 개인의 사생활에만 조금 영향을 주는 정도다. 결국 대부분의 개인적 결정은 사소하다. 저녁으로 스파게티를 먹느냐, 삶은 콩을 베이컨과 함께 구워 먹느냐가 중요한가? 집에서 저녁을 보내느냐, 극장에 가느냐가 중요한가? 휴가를 파리에서 보내느냐, 뮌헨에서 보내느냐, 코스타브라바에서 보내느냐가 중요한가? 우리가 거지 같은 차를 산다면 분명히 성가시기는 하겠지만 그래도 그게 그렇게까지 중대한 사안은 아니다. 사람들이 개인 자격으로 내리는 중대한 결정은 몇 가지 안 된다. 대부분의 사람들에게 그렇게 중대한 결정은 딱 네 가지뿐이다. 어떤 이웃들과 살며 어떤 집을 살 것인가, 어떤 직업을 가질 것이며 그 직업 내에서 선택할 수 있는 사항은 무엇이 있는가, 누구와 함께 살 것이며 그러한 삶을 끝내려면 언제 끝낼 건가, 애를 낳을 것인가 말 것인가(어떤 경우에는 비자발적으로 이러한 결과에 이르기도 한다). 이 모든 선택에는 대개 알려지지 않은 사항들이 많이 있다. 이는 곧 합리적 사고를 동원해도 성공적인 결과를 볼 가능성이 약간 높아질 뿐임을 의미한다.

누군가는 모든 사람이 완전히 합리적인 것이 과연 바람직한가라고 질문할 수 있다. 앞에서 보았듯이 우리는 자기도 모르게 튀어나오는 즉각성을 높이 사는데 합리적 의사 결정은 시간이 걸릴 때가 많다. 연인들의 만남에서도 자기도 모르게 자연스럽게 키스를 나누는 걸 좋아하지 조심스럽게 심사숙고한 다음에 하는 키스는 높이 쳐주지 않는다. 그러한 '무의식적 자발성'을 높이 평가하는 데에는 두 가지 이유가 있다. 첫째, 우리는 감정 표현이 자연스럽게 우러나오지 않으면 진실하지 못하다고 생각한다. 만약 어떤 이가 바라던 감정을 정말로 품게 되면 그가 금세 그것을 드러내는 모습을 볼 것이다. 그가 잠시 멈추어 생각을 한다면 그것은 곧 그가 사실은 그러한 감정을 품고 있지 않음을 의미한다. 그의 반응은 진짜가 아니라 꾸며낸 것이다. 둘째, 생각을 여러 차례 곱씹는 사람들은 오로지 최선의 결정을 내리는 데에만 관심이 있으므로 자칫 사람이 지루해질 수 있다. 이런 사람들은 옳은 말을 하려고 심사숙고하느라 긴 침묵에 빠질 수 있고 합리적 결정을 내리려는 오랜 탐색은 짜증나는 우유부단함으로 귀결될지도 모른다. 사람이 너무 조심스러우면 정이 가지 않는다. 진짜 관용은 머리가 아니라 마음에서 나와야 한다. 우리는 '다소 확실하게 계산된 지식'은 싫어한다.

하지만 무의식적 자발성은 나름의 문제가 있다. 우리는 의식하지 않은 선행에 감탄하지만 그만큼 의식하지 않은 악행은 싫어한다. 일부 특수한 상황을 제외하면 분노, 좌절, 우울, 시기를 즉각적으로 드러내는 것도 좋게 여기지 않는다. 또한 우리는 자기도 모르게 충동에 휩쓸린다면 장기적으로 큰 비용을 치르면서 단기적인 약간의 이익만을 얻을 것이다. 하지만 어떻게 우리는 자기도 모르게 선하게 행동하면서 악한 행동에 대해서는 그러지 않을 수 있을까? 이 문제의 난점은 우리가 신중하게 생각해보지 않는 이상 어떤 행동을 자발적으로 수행하고 어떤 행동을 억압해야 할지 결정할 수 없는 듯 보인다는 데 있다. 하지만 신중하게 생각하기와 의식하지 않고 행동하기를 동시에 수행하기는 불가능하다.

이러한 딜레마를 해결하기 위해 우리는 이 책의 원점으로 돌아간다. 아리스토텔레스는 정말로 선한 인간은 자연스럽게 선행을 하게 된다고 믿었다. 선한 사람은 스스로 선행을 하고자 굳이 애쓰지 않고도 그렇게 행동한다는 것이다. 물론 반대되는 입장을 취하여 정말로 선한 인간은 자신의 악한 성향을 항상 물리치는 사람이라고 추론할 수도 있을 것이다. 여러분이 본성상 선하다면 선하게 행동하기도 쉽다. 그렇다면 논증은 유효하겠지만 그렇다고 해서 이것을 아주 믿을 수는 없다. 하지만 이 문제와 상관없이, 항상 의심을 물리치는 데 성공한다고는 해도 항상 그렇게 내면의 번민을 겪는 사람보다 자연스럽게 선이 우러나오는 사람은 훨씬 더 선행을 하며 살아갈 것이 확실하다. 여전히 딜레마는 있다. 그런 사람이 있다 해도 우리 중에서 자연스럽게 선한 존재로 태어나는 이들은 거의 없기 때문이다. 이 점에서는 아리스토텔레스가 부분적인 답밖에 주지 않은 셈이다.

아리스토텔레스는 사람들이 자기 성격을 만들어 나간다고 생각했다. 우리가 악행에 저항할 때마다 그러한 저항은 점점 더 쉬워진다. 또한 우리가 어떤 선한 일을 할 때마다 다시 선한 일을 하기가 쉬워진다. 사람은 근면한 실천을 통해 자신을 자연스럽게 선을 행하고 악을 피하는 존재로 바꾸어놓을 수 있다. 여러분이 상대를 기분 좋게 하고 골나게 하지 않을 만한 이유를 충분히 되새겼다면, 어떤 대가를 치르더라도 그러한 이유에 따라 행동한다면 앞으로는 그러한 행동이 자연스럽게 나올 것이다. 습관대로 살다 보면 나중에 별 생각 없이 그러한 습관으로 도피하게 된다는 강력한 증거도 나와 있다. 숙련된 운전자의 자동적 운전 방식을 생각해보라. 하지만 아리스토텔레스의 조언은 합리적인 사람만이 받아들일 수 있다. 자신의 성격을 어떤 식으로 만들어 가려는 목적이 있으며 그 목적에 도달하기 위해서는 자신의 행위를 조심스럽게 선별하는 것이 최선임을 받아들이는 사람 말이다. 생각하지 않고도 옳은 일을 하는 경지에 오르자면, 즉 무엇이 합리적인가 심사숙고하지 않으려면 한동안은 일부러 자신의 성격을 자신의 바람에 맞추는 방향으로 행동하지 않으면 안 된다.

| 개정판 후기 |

《비합리성의 심리학》 초판이 나온 지 21년이나 됐다. 저자 스튜어트 서덜랜드 교수의 안타까운 죽음도 벌써 14년 전 일이다.

그 21년 동안 세상은 극적으로 바뀌었다. 1992년에는 인터넷이라는 것을 들어본 사람이 사실 거의 없었고, 애플(Apple) 사는 고전을 면치 못했으며, 인기 없는 보수당 정부가 총선에서 승리했다. 그러나 이 책의 내용은 희한하리만치 지금 시기에도 잘 들어맞는다. 심리학자들은 여전히 가용성 효과, 순응, 기본적인 수리 능력이 부족해서 저지르는 오류 따위를 찾아보거나 연구하고 있다. 또 우리는 여전히 그런 이유들로 인해서 비합리적인 의사 결정을 내리고 낭패를 본다.

비합리성 연구가 그동안 제자리걸음을 하고 있었던 것은 아니다. 비합리성과 인간의 뇌에서 일어나는 일들에 대해 우리는 더 많이 알게 되었다. 세간의 주목을 받았던 인물들과 조직들의 몰락이 있은 후에 — 특히 지금 이 글을 쓰는 시점에서는 글로벌 금융 위기가 세계를 도탄에 빠뜨리고 있다. — 비합리성은 논란의 핵심이 되었고 이 주제를 다룬 대중심리학 책과 논문이 엄청나게 쏟아져 나왔다.

20여 년 동안 이루어진 새로운 연구와 새로운 오류의 발견 덕분에 우리는 비합리성의 새로운 사례나 갱신된 사례를 부족함 없이 공급받았고 또 다른 정보도 많이 얻었다. 1992년 판본의 증거와 일치하지 않는 소수의 새로운 증거들은 저자 주에 반영되었다.

비록 우리의 비합리적인 행동 방식은 개선되지 않았을지라도, 그동안 이 책의 주장과 일치하는 증거들은 더 많이 나왔다. 이 책에서 서덜랜드 교수는 브레인스토밍을 지속적으로 실시하는 조직들에 대해서 이야기했다. 브레인스토밍은 비판을 배제함으로써 아이디어를 창출하는 기법, "너무 어리석은 아이디어는 없다."고 보는 기법이다. 그는 유효성 면에서 결정적인 증거가 없는 이 기법이 어째서 그렇게 인기가 있는지 의아해했다. 이후의 연구들은 혼란의 여지를 없애주었다. 최신 실험들은 브레인스토밍에 이점이 별것 없다는 것을 보여주는 수준에서 그치지 않고 나쁜 아이디어들을 비판할 수 있는 다른 체계들에 비해서 브레인스토밍이 훨씬 못하다는 것을 보여준다. 물론 그래도 브레인스토밍은 여전히 성행하고 있다.

이와 비슷하게, 스포츠와 관련해서도 더 많은 증거들이 수면으로 올라왔다. 1971년 이후로 여러 연구에서 경쟁적 성격의 스포츠가 단합에 도움이 되기는커녕 분란을 일으키고 잠재적으로 적개심을 조장할 수 있다는 주장이 제기되었다. 이 주장을 뒷받침하는 증거가 있다. 2011년에 한 소규모 연구에서는 관중이 많은 운동 경기에서 흔히 나타나는 응원가 부르기가 여기에 한몫을 한다는 것을 보여주었다. 축구 시합을 관람하면서 응원가를 부르게 한 실험 집단은 경기 종료 후에 검사를 해보았더니 조용히 경기를 관람한 사람들에 비해서 공격성이 더 높게 나타났다. 그런데도 우리는 여전히 스포츠를 일종의 배출구이자 유대감을 다지는 기회처럼 생각하는 경향이 있다.(모두 같은 팀을 응원한다든가 하는 내집단에 한해서는 그렇게 생각할 수도 있겠다.)

그렇지만 지난 몇십 년간 비합리성을 주제로 삼았던 연구들이 모두 단순한 호기심의 문제들이었던 것도 아니다. 어떤 연구들은 생사가 달린 문제를 다루었고, 분명 비합리적이라고 볼 만한 의사 결정의 중대한 여파를 시사했다.

2001년 9월 11일에 일어난 잔혹한 테러는 세계무역센터, 미 국방부, 그리고 납치범들에 의해 추락한 네 대의 비행기와 관련하여 3,000여 명의 목숨을 앗아갔다. 사망자들은 테러리즘의 희생자로 기록되었고 세계는 그들의 넋을 기렸다.

그렇지만 미국 영토에서 테러의 직접적인 여파로 사망한 사람들은 그 3,000여 명이 다가 아니다. 독일의 인지심리학자 게르트 기거렌처(Gerd Gigerenzer)는 9 · 11 테러가 초래한 사람들의 행동 변화를 연구했다. 테러 발생 후 12개월 동안 미국인들이 비행기를 이용해 이동한 거리가 이전 시기에 비해 12~20퍼센트나 감소했다. 사람들이 장거리 여행을 위한 이동 수단을 비행기에서 자동차로 바꾸었기 때문이다.

이 변화에서 쟁점은 다음과 같다. 이동 거리를 기준으로 비교해보자면 비행기 여행이 자동차 여행보다 훨씬 안전하다. 그래서 기거렌처 교수는 이러한 의사 결정을 "프라이팬을 박차고 나와 불에 직접 뛰어든 셈"이라고 보았다. 그는 도로 교통사고 사망 데이터와 항공 사고 사망 데이터를 이용하여 (죽지 않을 수도 있었을) 1,595명의 미국인이 비행기 대신 자동차를 선택하는 바람에 교통사고로 사망했다고 추정했다. 이러한 이동 수단의 변화는 일시적이었다. 1년쯤 지나자 비행기 이용률은 평년 수준으로 돌아왔고 잠시 급증했던 도로 교통사고도 차차 잦아들었다.

이 경우는 가용성 효과의 사례로 맞아떨어질 것이다. 테러 직후에 미국인들은 비행기가 납치당할 수도 있다는 냉혹하고 섬뜩한 상상을 뇌리에서 떨칠 수 없었다. 결국 미국인들은 비행기 납치의 위험을 과대 평가했고 비행기보다 훨씬 위험한 교통수단을 택했다. 테러의 기억이 희미해지기 시작하면서 여행객들은 예전의 행동 방식으로 돌아갔다. 하지만 그때는 이미 죽지 않을 수도 있었던 1,500명 이상의 미국인이 목숨을 잃은 후였다.

그런데 이 사태를 두고 생각해볼 만한 설명이 한 가지 더 있다. 사실은 그들도 합리적으로 행동했다고 볼 수 있는 대안적 설명이랄까. 가령 이런 식이다. 원래 사람들은 비행기 여행의 위험도를 합리적으로 산정하고 있었다. 그런데 대대적인 테러 공격은 사람들이 이 위험도를 다시 산정하게끔 만들었다. 정보가 불완전한 상태에서 테러와 항공기 납치 사건이 일어날 위험이 앞으로 계속 높을 것이라는 추론이 이루어졌다. 1년이 지나도록 추가 테러가 발생하지 않자 사람들은 합리적으로 테러의 위험도에 대한 생각을 줄이고 예전처럼 비행기를 타기 시작했다.

하지만 위험도에 숫자를 대입해보면 이 설명이 덜 만족스럽게 보인다. 위스콘신대학교 경영대학의 마이클 로스차일드(Michael Rothschild)는 정부가 테러 위험을 극적으로 과장하였다고 주장한 바 있다. 로스차일드는 비행기 납치범들이 매달 한 대씩 비행기를 망가뜨린다고 해도 비행기를 자주 이용하는 승객이 이런 식으로 사망할 확률은 연간 54만 분의 1에 불과하다고 추산했다. 만약 비행기 납치가 일

년에 비행기 한 대 꼴로 일어난다면 이 확률은 600만 분의 1까지 떨어진다. 같은 기간을 기준으로 비교해보면 자동차 사고로 사망할 확률은 7,000분의 1, 암으로 사망할 확률은 600분의 1, 심장병으로 죽을 확률은 400분의 1이다.

간단히 말해, 비행기 납치의 위험이 크게 늘어날 거라고 나름 합리적으로 예측했다 해도 사람들의 행동에 이렇게까지 큰 변화가 일어나지는 말았어야 했다. 이러한 수치들은 정부가 취한 대(對)테러 행동의 합리성에 대해 의문을 불러일으킨다.

테러 공격에 대한 미국의 대규모 정치, 군사 행동을 생각해보라. 외국에 배후를 둔 테러는 2001년에 미국 영토에서 3,000명의 목숨을 앗아갔고 그 후로는 잠잠했다.(적어도 이 글을 쓰고 있는 시점까지는 그렇고, 앞으로도 오랫동안 그러기를 바란다.) 그렇지만 미국의 국방 예산은 엄청나게 늘어났고, 진보주의자들이 너무 가혹하다고 비판하는 몇몇 새로운 법안들이 통과되었으며, 미국 영토 밖에서 두 번의 전쟁을 치렀다.

기거렌처는 미국 병원에서 예방 가능한 의료 사고로 사망하는 사람이 매년 4만 4,000명에서 9만 8,000명 수준이라고 추산한다. 또한 9·11 이후 잘못된 정치로 48만 4,000명에서 많게는 110만 명까지 사망자를 냈다.

두 가지 설명이 가능하다. 첫째, 정치가들과 그들의 고문들도 국민들과 똑같은 형태의 비합리성에 사로잡혔을 수 있다. 9·11 테러의 가용성이 즉각적이고 강력한 대책이 필요하다는 생각을 불러일으킨 것이다. 다소 냉소적인 또 다른 설명은, 정치가들이 합리적인 개인으로서 표심을 최대한 모으고 권력을 유지하기 위해 인기를 얻을 만한 테러 방지책을 내놓고자 했고, 그래서 효과도 별로 없는 법안들을 작정하고 통과시켰다는 것이다. 그리하여 개인으로서는 합리적인 행위 주체들이 분명 비합리적이라고 볼 만한 결과를 빚어냈다. 법 제정에 필요한 막대한 노력을 더 많은 인명을 구할 수 있는 다른 현안들에 집중했다면 좋았을 텐데 (통계적으로 따져서) 별 도움도 안 되는 안건에 낭비한 것이다.

비합리성이 생사 결정에 영향을 끼치는 경우가 어디 정부와 대중교통 이용자의 경우뿐이랴. 《비합리성의 심리학》 초판에서도 지적했듯이 언론이 숫자를 잘못 다루어 수준 이하의 보도를 하는 경우는 비일비재하다. 그중에서도 지난 10년 사이에 일어난 가장 심각한 사건은 MMR(홍역, 볼거리, 풍진 백신)이라는 특정 백신에 대한 언론 전반의 보도와 관련이 있다. MMR은 아기가 보통 첫돌에 접종하는 혼합 백신으로, 전 세계적으로 아무 문제 없이 잘만 사용되어 왔다. 그런데 앤드루 웨이크필드(Andrew Wakefield)라는 영국인 의학자가 의학 전문지 〈랜싯〉에 MMR 접종이 아동에게 자폐증을 일으킬 수도 있다는 논지의 연구를 발표했다. 문제의 연구는 겨우 12명의 아동들만을 조사 대상으로 삼았고 MMR이 자폐증의 원인이 된다는 실질적인 증거를 제시하지 못했다. 하지만 웨이크필드는 기자 회견을 열어 백신과 자폐증이 무관하다는 증거가 나오기 전까지는 예방 차원에서 MMR 접종을 중단해야 한다고 주장했다.

영국 언론은 몇 년간 이 주장을 열심히 받아써서 날랐고 백신 접종률은 (특히 일부 지역에서) 눈에 띄게 떨어졌다. 〈랜싯〉은 나중에 이 연구가 '불성실한' 것임을 확인하고 논문을 철회했으며 이 일로 웨이크필드는 의사 자격을 박탈당했다. 그러나 그 사이에 MMR과 자폐증의 상관 관계를 반박하는 더 규모가 큰 연구들이 많이 나왔다. 몇몇 전문가들은 자폐 증상이 생후 18개월에서 24개월 사이에야 처음으로 나타난다는 데 주목했다. 보통 첫돌에 MMR 접종을 하니까 6개월에서 12개월의 간격이 있는 셈이다. 상호 무관한 두 사건이 시간적으로 인접해 발생하면 인과 관계가 있다고 착각하기 십상이다(이는 매우 흔한 오류다). 웨이크필드의 주장을 널리 알리는 데 공헌한 언론은 비합리적 의사 결정을 부채질하는 공적 기관과 비슷한 역할을 한 셈이다. 실제로 1990년대 후반에 영국에서 홍역은 연간 100건에 불과했으나 2008년에는 1,348건으로 늘어났다.

감사하게도, 이처럼 우리를 의기소침하게 만드는 대대적인 비합리성 사례들에서만 지난 20여 년의 추이를 볼 수 있는 것은 아니다. 인간의 체계적인 편향과 비합리성을 부채질하는 뇌의 작동 기제를 연구하는 데서도 의미심장한 진전이 있었다.

그러한 연구의 방향을 멋지게 보여주는 섬뜩하고 놀라운 연구가 하나 있다. 벤구리온대학의 샤이 댄지거(Shai Danziger) 박사가 이끄는 연구 팀은 이스라엘 판사들의 가석방 심사를 살펴보는 연구를 수행했다. 연구진은 가석방 심사 1,112건을 조사하고서 하나의 뚜렷한 경향을 발견했다. 아침에 심사를 받는 죄수들은 3분의 2가 가석방을 승인받았다. 그러다 점심 식사 시간 직전에 이르면 가석방을 승인받을 확률이 거의 제로에 가까워진다. 그렇지만 점심 식사 이후에는 다시 가석방 확률이 60퍼센트까지 치솟는다. 이 확률은 저녁 식사 시간까지 계속 떨어지다가 식후에 다시 반짝 살아난다.

가석방 여부를 결정하는 중대한 변수가 '판사들이 밥을 먹은 지 얼마나 됐는가'밖에 없는 것처럼 보일 정도다. 연구진은 오전, 오후 구분이 심사 결과에 실질적인 영향을 끼치지는 않는다고 보았다. 그러나

오후보다 오전에 가석방 심사가 많이 잡힌다는 점에는 주목했다.(만약 무슨 이유가 있어서 가석방 심사를 하루에 두 건만 한다면 그날 판사의 업무는 오전 중에 끝났다.)

이건 그냥 하나의 연구일 뿐이고 앞으로 연구가 더 이루어져야 결과를 완전히 받아들일 수 있겠지만, 여러 가지 흥미로운 해명은 지금도 가능하다. 그중에서도 노벨경제학상 수상자 대니얼 카너먼이 저서 《생각에 관한 생각(Thinking, Fast and Slow)》에서 내놓은 해명이 특히 마음을 끈다.

카너먼은 판사들의 의사 결정에서 디폴트 옵션(default option, 따로 지정하지 않으면 자동으로 선택되는 옵션, 즉 기본값)에 해당하는 것이 가석방 거부라고 본다. 전체적으로 가석방은 35퍼센트만 승인된다. 따라서 카너먼은 가석방 허가가 의식적인 노력을 요하는 의사 결정이라고 추론한다. 판사의 에너지 수준과 혈당이 낮아져서 비교적 노력이 적게 드는 사고가 필요할 때에는 디폴트 의사 결정의 유혹이 커진다. 그러므로 판사의 혈당이 (그리고 의지력이) 푸짐한 식사로 보충될 때까지 가석방은 계속 요원하다.

카너먼에 따르면, 이 사례는 우리 뇌의 의사 결정 과정을 설명하는 두 시스템과 관련이 있다. 액면 그대로 받아들여서는 안 될 견해겠지만, 카너먼은 우리 뇌에 시스템 1과 시스템 2라는 두 개의 서로 다른 의사 결정자가 있다고 본다.

시스템 1은 신속하고 상당 부분 비자발적이며 단호하다. 충동적인 결정을 내리거나 생각 없이 바로 대꾸하는 것은 항상 시스템 1의 반응이다. 이러한 사유 형태는 빠르고 쉽게 이루어지지만 논리적 오류, 편향, 그 밖에 이 책에서 철저하게 파헤친 다른 형태의 비합리성에 취약하다.

시스템 2는 느리고 노력이 필요하며 철저히 숙고한다. 한 발짝 물러나 문제를 생각해볼 때, 어떤 문제에 체계적으로 대답할 때, 의도적으로 어떤 과업에 정신을 집중할 때 우리는 시스템 2 유형의 사유를 하는 것이다. 특히 우리가 통계적인 훈련이 되어 있고 이 책에서 밝힌 오류들을 의식하고 있다면 시스템 2는 어리석은 판단을 하지 않는다. 그러나 시스템 2를 가동하려면 노력이 필요하고 시간도 더 많이 든다.

이 차이를 설명해주는 흔한 예를 들어보겠다. 다음 물음에 빨리 대답해보라.

> 방망이와 공을 묶어서 1파운드 10펜스에 판매하고 있다.
> 따로따로 따지면 방망이가 공보다 1파운드 비싸다.
> 그렇다면 공의 가격은 얼마일까?

본능적으로 튀어나오는 대답은 10펜스다. 그렇지만 문제를 잘 생각하면서 시스템 2를 가동하면 이 답이 잘못되었음이 금세 드러난다. 공이 10펜스라면 방망이는 공보다 1파운드 비싸다고 했으니 1파운드 10펜스가 되고 공과 방망이 묶음 상품은 1파운드 20펜스가 된다. 따라서 묶음 상품의 가격 1파운드 10펜스를 맞추려면 공은 5펜스가 되어야만 한다. 이 정도 문제는 누구나 큰 어려움 없이 풀 수 있을 것이다. 그럼에도 불구하고 대부분의 사람들이 본능적인 시스템 1 반응을 따라 오답을 내놓고 만다.

이러한 이분법은 흥미롭기도 하거니와, 우리가 아무리 스스로를 이성적이고 아는 게 많다고 생각하고 싶어 해도 어째서 곧잘 체계적인 오류에 빠지고 충동적으로 잘못된 결정을 내리거나 즉각적으로 틀린 대답을 해버리는지 그 이유를 설명해준다. 또한 우리가 어떻게 대체로 합리적이면서도 이따금 비합리적인 결정을 내리는지를 설명해주기도 한다. 주류 경제학 내에서 이 비슷한 경향은 좀 더 일반화되고 있는데, 특히 경제학과 심리학의 혼성 영역인 행동경제학이 점점 더 인기를 얻고 있는 데 힘입은 바가 크다.

많은 사람들이 이 새로운 경제학 분야가 설명해야 할 경제적 비합리성이 너무나도 많다고 주장할 것이다. 《비합리성의 심리학》은 경영진이 받는 보상을 조직의 비합리성이라는 맥락에서 다루었다. 이 책에는 영국 기업의 임원 급여가 1년에 22.7퍼센트 인상되었다는 내용이 나온다. 인컴스 데이터 서비스(Incomes Data Services)의 조사에 따르면, 2011년에 FTSE 100대 기업 경영진의 급여는 전년 대비 50퍼센트가 인상되었다. 임원진과 '생산 현장' 노동자의 임금 격차는 점점 더 커지고 있다. 1980년에는 바클리 은행의 최고 연봉이 영국 근로자 평균 연봉의 13배에 불과했다. 그런데 2011년에 이 격차는 169배에 달했다.

임원진 급여의 가파른 인상은 이 책이 기술한 '조직의 비합리성'의 한 예다. 두둑한 연봉과 보너스를 챙기고자 하는 임원진의 욕망 자체는 얼마든지 합리적으로 보일 수 있다. 그러나 기업이 이 요구에 부응하고자 한다면 아마 틀림없이 합리적으로 보이지 않을 것이다. 개인으로서는 합리적 결정을 내릴지라도 그런 결정들의 합은 기껏해야 차선이요, 최악의 경우에는 대참사로 이어질 수 있다.

임원진 급여 인상 문제가 조직의 비합리성을 보여주는 비교적 규모가 작은 예라면, 글로벌 금융 위기와 그로 인한 경제 파탄은 아마도 가장 큰 규모의 예일 것이다. 그렇더라도 작동 기제는 다르지 않다.

세계 여러 나라에서 글로벌 금융 위기는 무책임한 대출을 바탕으로 부동산 경기를 부양했기 때문에 일어났다. 소득도 낮고 신용 등급도 낮은 가계들이 너무 쉽게 주택 담보 대출을 받았다. 심지어 미국에서는 소득이 전혀 없는 가계들조차, 쉽게 말해 그들이 감당할 수도 없을 집을 사면서 떡 하니 대출을 받았다.

이런 사람들에게는 일반적인 주택 담보 대출보다 몇 퍼센트포인트씩 높은 금리가 적용되었으니 그들은 더 비싸게 돈을 빌린 셈이다. 다시 말해, 남들보다 적게 벌면서 은행에 매달 상환해야 하는 금액은 남들보다 많다. 비법 재료를 추가로 더 넣어주지 않는다면 있을 수 없는 일이다.

대출에서 그 비법 재료는 바로 처음 2년에서 3년 동안만 적용되는 '초기 금리'다. 초기 금리는 풍선 모기지*의 대출 금리보다 최대 5퍼센트포인트 낮았다. 덕분에 대출을 받고 처음 2, 3년은 이자 내기가 그리 어렵지 않다. 은행 쪽에서도 날짜에 맞춰 상환금이 꼬박꼬박 들어오니 성과가 좋게 보인다.

이러한 행태는 여전히 상당 부분 계속되고 있다. 대출을 받는 가계는 이 책에서 광범위하게 규정하는 비합리성에 분명히 해당 사항이 있다. 수천, 수만의 가계들이 일단 상환 금액이 인상되면 감당하지 못할

풍선 모기지(balloon mortgage) 특정 시점에 남아 있는 원금의 잔여분을 한꺼번에 상환해야 하는 모기지 대출. 다른 모기지에 비해 기간이 주로 5년에서 7년 정도로 짧은 것이 특징이다. 예를 들어, 7년 만기 모기지인데 30년 동안 분할 상환해야 하는 대출로 생각해서 매월 낮은 액수로 납입을 하다가 마지막 7년째에 남아 있는 잔금을 한꺼번에 상환하는 방식이다. 마치 가느다란 줄 끝에 커다란 풍선이 매달려 있는 것처럼, 한동안 적은 액수를 상환하다가 마지막에 풍선을 해결해야 하는 것이다. 대출 이자가 낮고 매달 납입금이 적어서 인기가 컸다.

것이 분명한 대출을 받는 것이다.

혹자는 주택 담보 대출을 받은 가계들이 언젠가 대출 상환이 가능한 소득 수준에 도달하리라는 기대를 품고 2차 담보 설정으로 상환 시점을 가능한 한 뒤로 미루려 했다고 (그리고 그 때문에 집을 잃은 것이라고) 주장할 수 있을 것이다. 이러한 주장은 평균보다 교육 수준과 금융 이해력이 낮은 가계들조차도 상당한 수준의 금융 지식을 갖추고 대출을 받는 것처럼 가정한다. 그 결과가 어떻게 나타났는가는 우리 모두가 알고 있다. 따라서 이런 정책은 존속시켜서는 안 될 행태이다.

그렇지만 대출을 승인하는 은행들은 합리적으로 행동한 셈이다. 은행은 대출들을 패키지로 묶고 재판매하는 방법들을 개발했고 신용등급 기관들로부터 그러한 대출이 매우 안전한 투자라는 승인까지 받아냈다. 즉 은행의 관점에서는 대출의 장기적인 상환 가능성이 중요하지 않았다는 얘기다. 은행은 대출 상품을 계속 판매할 수 있을 동안만큼의 안전성만 따졌다.

주택 담보 대출 상품 판매원들은 가급적 많은 대출을 성사시켜야 두둑한 수당을 받았다. 은행 임원진들의 보수도 단기 영업 이익과 주가에 좌우되었다. 그래서 시스템의 리스크가 커지는 동안에도 임원진의 급여는 몇 년간 가파르게 상승했다. 신용평가기관들이 챙겨 가는 수당도 동반 상승했다. 이러한 평가기관들은 은행의 상품을 평가하면서 은행에서 보수를 받았다.

이렇게 무대 준비가 모두 끝났다. 연쇄 관계로 묶인 모든 행위자들은 (대출을 받는 사람만 빼고) 합리적으로 행동한다. 모두 자기가 설정한 보상을 손에 넣기에 가장 좋은 쪽으로 행동한다. 그 결과는 재앙이었다. 잘나가던 부동산 시장이 침체에 빠지고 거품이 꺼지기 시작했을 때에는 이미 문제가 너무 커져 있었다. 대출이 너무 많이 풀렸고, 채무 불이행도 너무 많았으며, 재포장되어 판매된 모기지도 이미 시스템 전반에 너무 넓게 퍼져 있었다.

그 결과가 글로벌 금융 위기였다. 글로벌 금융 위기의 여파는 5년이 지난 지금까지도 감지되고 있으며 앞으로도 몇 년은 갈 것이다. 이 위기가 아마도 한 세대 동안 조직의 비합리성을 가장 극명하게 보여준 사례일 것이고, 위기의 발생 과정을 기술한 수십여 권의 저서와 논문도 그렇게 인정했다. 위기 발생을 방조했다고 전통적인 경제학자들에게 쏟아진 일부의 불만은 행동경제학에 대한 관심으로 이어졌다. 행동경제학이란 경제학과 심리학이 결합된 학문 분야로서 실험 증거를 활용하고, 합리적 인간을 전제하는 표준 경제 이론에서 몇 가지 일탈을 허용한다.

그러나 이러한 반응들이 부풀려졌을 수도 있다. 위기가 닥치자 대대적인 제도 개혁이 제안되었지만 통과된 제안은 극소수였다. 1933년에 미국은 대공황의 여파에 따라 상업 은행과 투자 은행의 업무를 분리하는 글래스-스티걸(Glass-Steagall) 법을 통과시켰다. 그러나 이 법은 1999년에 폐지되었다. 은행 개혁 하면 가장 흔히 나오는 제안 중 하나가 바로 이 법을 재도입하자는 것이다. 그런데도 글래스-스티걸 법이 재도입될 가능성은 거의 없어 보인다.

비슷한 맥락에서, 단일 통화와 유럽 전역의 경제를 위협하는 유럽 재정 위기에 유럽연합(EU)이 어떻게 대응했는지 지켜본 사람이라면 누구나 온힘을 다해 비합리성의 극치를 성토하지 않을 수 없을 것이다. 세계는 이제 조직들이 항상 합리적으로 행동하지는 않는다는 것을 인식하기 시작했으나 그렇다 해도 개선은 요원하기만 하다.

심지어 개선책을 도입했다는 곳들에서조차 그 개선책들이 과장된 감이 있다. 영국 언론은 중동에서 일어난 '아랍의 봄' 혁명에서 이름을 따온 '주주의 봄(shareholder's spring)'을 꽤나 중요하게 다루었다. 그 내용은 기업 임원진의 과도한 보수 책정에 침묵으로 일관했던 기관투자자들이 제동을 거는 데 나서고 있다는 것이다. 비록 주주들의 표결이 법적 구속력을 띠는 경우는 드물지만 이로써 몇몇 최고경영자가 사임을 했고 그보다 더 많은 임원들이 연봉을 깎였다. 공개 정기 주주 총회에서 벌어진 이 중역 회의실 드라마는 당연히 언론의 좋은 취재거리가 되었다.

이러한 주주들의 반란은 분명히 뉴스거리이고, 흔히 있는 일이 아니기 때문에 더더욱 그렇다. 이 책을 탐독한 독자라면 그다음에 어떤 일이 벌어졌을지 짐작할 법도 하다. 대중과 언론은 주주들의 반란이라는 보기 드물고 흥미진진한 사건을 지켜보았다. 이 사건은 대중에게 가용적이고 기억에 남는 것, 그래서 이후에도 계속해서 보도될 만한 것으로 굳어졌다. 가용성 간편 추론이 효과를 발휘하고 이야기는 힘을 얻는다.

하지만 임원진 급여와 주주들의 반대에 관한 이야기에는 훨씬 더 복잡한 사연이 있다. BBC 뉴스 경제부장 로버트 페스턴(Robert Peston)은 2012년 6월에 이 사연을 깔끔하게 요약해서 보여주었다. FTSE 100대 기업 최고경영자의 총 급여는 2011년에 2010년 대비 12퍼센트가 인상되었다. 이러한 인상안에 반대하는 주주들의 비율도 2010년 9.6퍼센트에서 2011년 11.7퍼센트로 분명히 조금 높아졌다. 그렇지만 주주들이 임원의 임금 인상에 반대하는 비율은 사실 몇 년 전이 훨씬 더 높았는데 2002년에는 16퍼센트, 2003년에는 12.4퍼센트였다. 물론 당시에는 이런 일이 전혀 보도되지 않았다. 결국 가용성이 전부다.

비합리성이 무지와 무관심 때문이라고 생각하기는 쉽다. 또 그렇게 생각하고 싶은 마음이 들기도 한다. 우리는 은행들과 언론 매체의 부당한 행위를 이골이 나도록 비판했다. 9 · 11 같은 참사 이후에 위험 요인을 잘못 이해한 결과에 대해서도 알아보았다. 그래서 우리는 이제 이렇게 다 알고 있으니 비슷한 실수를 저지르지 않을 거라고 짐작할 만도 하다.

그럴 수도 있다. 사실 이런 문제를 체계적으로 연구하기는 어렵다. 그러나 비합리성에 대한 앎이 우리가 비합리적인 실수들을 덜 저지르게 하기에 충분하다는 증거는 아직 그리 많지 않다. 여러분은 이 책을 읽고서 비합리성의 위험을 알아차리고 경계심을 갖추게 되었는가?

솔직히 말해 조짐이 좋지는 않다. 심리적 편향, 프레이밍 효과, 시스템 1 · 시스템 2 문제 따위가 불러오는 위험에 민감하다고 할 수 있는 집단을 꼽는다면 단연 심리학 전문가 집단일 것이다. 그들은 이런 문제들을 연구하고, 이런 이론을 가르치고, 여러분이 지금 보고 있는 책과 비슷한 책들을 쓴다. 따라서 만약 비합리성에 대한 앎이 비합리적인 오류를 막아준다면, 심리학자들은 보통사람들보다 비합리성의 함정을 잘 피할 수 있어야 한다.

심리학 학술 출판 통계를 보건대 꼭 그렇지만은 않은 듯하다. 연구결과가 진상을 가려서는 안 되기 때문에, 그리고 인류가 지닌 지식을 늘리는 데 반드시 이바지할 수 있도록 하기 위해 학술 출판에는 다양한 규준과 관행이 존재한다. 그중 일부는 방법론과 측정 대상을 먼저 설정하는 것이 있다. 행여 가설에 들어맞는 결과를 얻기 위해서 측정 대상을 바꾸는 일은 없어야 하기 때문이다.

여기에는 다른 연구 팀이나 기관이 실험을 재현하여 혹시나 어떤 왜곡이 일어나지는 않았는지 검증할 수 있게 하려는 의도도 있다. 학술지들은 연구자들이 다른 사람의 실험 연구를 재현해보고 무엇이 잘못됐는지 경고할 수 있게끔 실패한 연구들도 기꺼이 게재해야 할 것이다.

우리는 심리학자들이 자신들의 비합리적인 편향이 연구 결과에 영향을 끼칠 수 있음을 자각하고 그에 맞게 접근법을 수정하기를 바라고 기대한다. 만약 그렇기만 하다면 심리학은 이러한 조치에 힘입어 다른 학문들과도 기꺼이 비교될 수 있을 것이다.

그러나 과학 저술가인 에드 영(Ed Young)이 〈네이처〉에서 주목한 일련의 연구들을 보면 실상은 그렇지 못하다. 심리학은 (그리고 정신의학도) 어떤 과학 분야보다 가설과 연구 결과가 맞아떨어지는 비율이 높다. 그 비율이 얼마나 높은지 심리학자들이 가설을 세울 때에는 언제나 요상하고 기막힌 행운이 따라오는 게 아닌가 싶을 정도다. 영은 이렇게 썼다.

> 영국 카디프대학의 실험심리학자 크리스 챔버스(Chris Chambers)는 심리학에서 가설에 들어맞는 결과가 지나치게 많이 나오는 이유가 '살짝 기괴하게 보이는' 결과들을 강조하기 때문이라고 말한다. "영향력 있는 학술지들은 종종 심리학을 일종의 속임수가 주특기인 분야로 여긴다." 연구 결과는 흥미롭고, 눈길을 사로잡아야 하며, 언뜻 믿기지 않아야만 한다. 사이먼스는 부분적으로 검토 과정에 책임을 묻는다. "우리는 논문을 검토하면서 저자가 연구 결과가 혁신적이고 흥미롭다는 것을 증명하게끔 몰아붙일 때가 많다. 그러면서도 연구 결과가 참인가에 대한 증명은 그리 자주 요구하지 않는다."

영은 조사에 답한 심리학자들 중 50퍼센트가 데이터가 더 모이기를 기다렸다가 연구를 마쳤다고 시인했다는 조사 결과도 인용했다. 요컨대 심리학자들이 가설에 들어맞는 결과가 나올 때까지 기다릴 수 있다는 얘기다. 또 같은 조사에서 심리학자들의 40퍼센트가 가설에 들어맞는 연구 결과는 발표하고 가설에 위배되는 연구 결과는 보류한다고 시인했다.

우리가 걱정하는 만큼 문제가 심각하지는 않을 것이다. 가설에 위배된다는 이유로 책상 서랍 안에서 먼지를 뒤집어쓰고 있는 연구 결과들은 도널드 럼스펠드(Donald Rumsfeld) 식으로 말하자면 "모른다는 것조차 모르는 것(unknown unknown)"이다. 그리고 심리학 연구의 비합리성에 대해서도 실제로는 많은 연구가 이루어지고 있다.(특히 체계적으로 학술 논문을 재현하고 검증하고자 하는 연구들이 그렇다.) 그러나 최소한 어느 정도까지는 심리학 연구가 분명히 비합리적으로 이루어지고 있다고 말할 수 있겠다.

이것은 개인의 비합리성의 결과이거나 시스템의 문제다. 개인의 비합리성이 낳은 결과라고 보는 편이 좀 더 그럴듯하고 관대한 설명이 될 것이다. 합리적이지만 부도덕한 심리학자들이 (가설에 맞는 결과를 얻고자) 적절치 못한 동기에 부응하고 논문 실적, 학교에서 경력으로 인정받는 데 필요한 결과를 얻을 수 있는 한도 안에서만 노는 것이다. 어쨌든 간에, 비합리성에 대해 누구보다 잘 아는 심리학자들이라고 해도 그들 자신의 정신이나 자신들이 몸담고 있는 조직과 제도에서 비합리성을 뿌리 뽑을 수는 없는 모양이다.

지금까지 내용은 상당 부분 절망적인 충고처럼 보이기 쉽다. 개인으로서든, 기업 차원에서든, 국가 차원에서든 인간은 여전히 비합리적으로 행동하고 여전히 그 결과를 (곧잘 꽤 심각하게) 느끼고 있다. 비합리성에 대해 더 많이 알게 되었다고 해도 개인이나 사회가 더 합리적으로 행동하게 된 것 같지는 않다.

그러나 겉으로 보이는 것만큼 상황이 나쁘지는 않다. 알코올 중독자라면 누구나 알겠지만 문제 해결의 첫걸음은 문제를 인식하는 것이다. 이 책을 읽은 우리 모두는 이제 여러 가지 비합리적 사유들에 민감해졌다. 가끔이긴 해도 비합리적 행동 사례에 대한 인식이 실제로 도움이 되기도 한다.

조직의 비합리성에 대한 인식 수준도 마찬가지로 점점 높아지고 있다. 개인의 합리적 행동들이 모여서 집단 차원에서 어마어마하게 비합리적인 결과를 낳기도 한다. 우리는 이 문제에 대해 이제 겨우 눈을 뜬 단계지만 성과급 재조정은 주류 경제학에서도 논의되고 있다. 이를 개선할 시간은 있다.

그러나 이런 쪽보다는 공공 정책 입안에서 비합리성을 고려하는 추세가 좀 더 전망이 밝아 보인다. 다소 유행에서 밀려난 감이 없지 않지만 리처드 탈러(Richard Thaler)와 캐스 선스타인(Cass Sunstein)의 '넛지(nudge)' 이론이 그 예가 되겠다. 넛지는 프레이밍 효과를 이용하여 우리의 간편 추론을 조정함으로써 우리가 더 나은 의사 결정을 할 수 있게끔 유도하는 방법이다.

'점진적 저축 증대(Save More Tomorrow)' 프로그램이 좋은 예다. 미래를 위해서, 은퇴 후를 위해서 저축을 더 해야 한다고 말하면 모두가 동의할 것이다. 논리적으로 말하자면, 진심으로 저축을 늘려야 한다고 믿는 사람은 저축액이 자동적으로 늘어나는 프로그램에 기꺼이 동의해야 한다. 그러나 많은 이들이 그렇게 하지 않고 있다.

이럴 때 의사 결정의 프레임을 바꿔주면 많은 이들이 가입에 동의할 수 있다. 비결은 저축 시기를 연기하는 데 있다. 가입은 지금 하지만 저축을 더 많이 하는 것은 다음 번 급여 인상부터, 혹은 1년 후나 그보다 더 나중 급여부터다. 옵션에는 제한이 가해지지 않았고 그냥 프레임만 바뀐 것이다. 그런데 이런 식의 접근법이 효과가 있는 것으로 보인다.

'넛지'는 인간이 분명히 합리적이라는 생각을 묵살함으로써 작동하지만 정책상의 특수한 안건과 분야를 고심하여 다루되 법이나 세금, 기타 상대적으로 부담스러운 수단들은 동원하지 않는다. 탈러와 선스타인이 직접적으로 피력했듯이 그 핵심에는 비합리성이 있다.

> 거의 대부분의 사람들이, 거의 항상 자신에게 가장 이익이 되는 선택을 하거나 적어도 다른 사람이 대신 하는 선택보다는 나은 선택을 할 거라는 추정은 잘못되었다. 우리는 그러한 추정이 거짓이라고, 실은 명백하게 거짓이라고 본다. 사실, 심사숙고를 해보고서도 그러한 추정을 믿는 사람은 아무도 없을 거라 생각한다.

넛지 이론은 학문의 영역에 갇혀 있는 접근법이 아니다. 데이비드 캐머런(David Cameron)이 2010년에 영국 총리가 되고 나서 가장 먼저 한 일은 '행동 통찰 팀(Behavioral Insight Team)', 일명 '넛지 유닛'을 내각에 설치한 것이다. 인간의 두뇌에서 일어나는 기이한 일들에 정부와 기업들이 관심을 기울이고 있다. 최소한 마케터들은 그 기이한 일들을 잘 알고 있을 거라 믿어도 좋다.

우리가 얼마나 비합리적인지를 안다고 해서, 우리가 왜 비합리적인지를 안다고 해서 실수를 멈추게 되진 않는다. 하지만 그로써 우리는 어떤 실수들을 알아차릴 수 있고, 정책 입안자들과 그 밖의 인물들이 사회 운용의 지침을 만들면서 인간의 비합리성을 고려하게끔 할 수 있다. 이러한 작업은 아직 갈 길이 멀지만 지금도 진행 중이다.

《비합리성의 심리학》 초판 발행으로부터 21년, 그동안 우리는 많은 것을 배웠다. 앞으로 다가올 21년 동안에는 더 많이 배울 것이다.

그 배움의 일부나마 활용할 수 있으리라는 믿음이 지나치게 비합리적인 생각은 아니기를 바란다.

제임스 볼(James Ball)

| 감사의 글과 참고문헌 |

나는 다음 책들에서 자료를 가져와 사용했고 이 책의 저자들이 보여준 기발한 연구와 아이디어에 깊은 감사를 표한다. 비합리성의 사회적, 정서적 원인을 다룬 책들은 여기 나열하지 않았다. 내가 아는 한으로는, 그러한 주제만을 전적으로 다룬 책이 없기 때문이다. 좀 더 깊이 파고들기를 원하는 독자들을 위해 언급하는 책마다 약간의 코멘트를 달아놓았다.

Nisbett, R., and Ross, L., *Human Inference: Strategies and shortcomings of social judgement*. Englewood Cliffs, NJ: Prentice-Hall, 1980.

비합리성의 인지적 원인을 독창적으로 다룬 이례적으로 명쾌하고 잘 쓴 적절한 책. 비전문가들이 재미있게 읽을 수 있는 책이다.

Baron, J., *Thinking and Deciding*. Cambridge: Cambridge University Press, 1988.

비합리성의 인지적 원인에 대한 교과서. 앞에서 소개한 책보다 뒤에 나왔지만 읽기는 훨씬 더 어렵다.

Kahneman, D., Slovic, P., and Tversky, A. (Eds), *Judgement Under Uncertainty: Heuristics and biases*. Cambridge: Cambridge University Press, 1982.

각기 다른 저자들이 쓴 32장으로 구성된 책. 대부분은 마음을 사로잡지만 그렇지 못한 장도 더러 있다. 각 장에 따라 난이도의 편차도 심하다.

Wagenaar, W. A., *Paradoxes of Gambling Behavior*. Hove: Lawrence Erlbaum Associates, 1988.

도박사들의 비합리적인 신념을 꼼꼼하게 다룬 연구.

Janis, I. L., and Mann, L., *Decision Making*. New York: Free Press, 1977.

의사 결정을 떠받치는 처리 과정(그중 상당수는 비합리적인 경우들)을 다룬 아주 독창적인 연구. 주로 정치권 사례들을 들어 설명한다. 매우 잘 읽히는 책.

Dawes, R. M., *Rational Choice in an Uncertain World*. Orlando: Harcourt, Brace, Jovanovich, 1988.

잘 읽히지만 간간이 선택을 어떻게 해야 하고 어떻게 해서는 안 되는지를 약간 기술적으로 다룬다.

Dixon, N., *The Psychology of Military Incompetence*. London: Cape, 1976.

Dixon, N., *Our Own Worst Enemy*. London: Cape, 1987.

이 두 권의 책은 읽기 쉽고 재미도 있다. 첫 번째 책은 군대에서 벌어지는 비합리성의 놀라운 사례들을 보여주고 두 번째 책은 다양한 직업 분야에서 일어나는 비합리성을 집중적으로 다룬다.

Paulos, J. A., *Innumeracy*. New York: Hills and Wang, 1988.

아주 간략하지만 간단한 수치조차 이해하지 않으려 드는 사람들이 범하는 오류를 재미있게 다룬 책. 때로는 코믹하고 때로는 비참한 기분이 들게 한다.

나는 다른 책들과 학술 저널에 게재된 여러 논문들도 활용했다. 이것들은 주석에서 밝혔다.

| 주석 |

들어가는 글

1) Mandel, A. J., 'The psychology of transcendence', in Davidson, J. M., and Davidson, R. J., *The Psychology of Consciousness*(New York: Plenum, 1980).

1장 잘못된 인상

1) Tversky, A. and Kahneman, D., 'Availability: a heuristic for judging frequency and probability', *Cognitive Psychology*, 1973, 5, 207–232. 이 논문은 '가용성' 개념을 이용할 수 있게 해준다.
2) Higgins, E. T., Rholes, W. S., and Jones, C. R., 'Category accessibility and impression formation', *Journal of Experimental Social Psychology*, 1977, 13, 141–154.
3) Axelrod, R., *The Evolution of Cooperation*(New York: Basic Books, 1984).
4) Hornstein, H. A., LaKind, E., Frankel, G., and Manne, S., 'Effects of knowledge about remote social events on prosocial behavior, social conception, and mood', *Journal of Personality and Social Psychology*, 1975, 32, 1038–1046.
5) Tversky, A. and Kahneman, D., 위에서 인용한 책.
6) Bower, G. H., 'Mental imagery and associative learning', in Gregg, L. (Ed.), *Cognition in Learning and Memory*(New York: Wiley, 1972).
7) Standing, L., 'Learning 10,000 pictures', *Quarterly Journal of Experimental Psychology*, 1973, 25, 207–222.
8) Enzle, M. E., Hansen, R. D., and Lowe, C. A., 'Humanizing the mixed-motive paradigm: methodological implication from attribution theory', *Simulation and Games*, 1975, 6, 151–165.
9) Slovic, P., Fishhoff, B., and Lichtenstein, S., 'Characterizing perceived risk', in Kates, R. W., Hohenemser, C., and Kasperson, J. V. (Eds.), *Perilous Progress:*

technology as hazard(Boulder, CO: Westview).

10) Elstein, A. S., Shulman, L. S., and Spralka, S. A., *Medical Problem Solving: An Analysis of Clinical Reasoning*(Cambridge, Mass: Harvard University Press, 1978).

11) Dreman, D., *Contrarian Investment Strategy*(New York: Random House, 1979).

12) Borgida, E. and Nisbett, R. F., 'The differential impact of abstract vs concrete information on decisions', *Journal of Applied Social Psychology*, 1977, 7, 258–271.

13) Asch, S., 'Forming impressions of personality', *Journal of Abnormal and Social Psychology*, 1946, 41, 258–290.

14) Jones, F. E., Rock, L., Shaver, K. G., Goethals, G. R., and Ward, L. M., 'Pattern of performance and ability attribution: an unexpected primacy effect', *Journal of Personality and Social Psychology*, 1968, 10, 317–340.

15) Dawes, R. M., *Rational Choice in an Uncertain World*(Orlando: Harcourt, Brace, Jovanovich, 1988).

16) Wagenaar, W. A., *Paradoxes of Gambling Behavior*(Hove: Lawrence Erlbaum Associates, 1988).

17) Nisbett, K. E., and Wilson, T. D., 'The halo effect: evidence for unconscious alteration of judgements', *Journal of Personality and Social Psychology*, 1977, 35, 250–256.

18) Broveman, I. K. D., Broveman, D. M., Clarkson, F. E., Rosenkrantz, P. S., and Vogel, S. K.. 'Sex role strategies and clinical judgements of mental health', *Journal of Consulting and Clinical Psychology*, 1970, 34, 1–7.

19) Peters, D. K., and Ceci, S. J., 'Peet-review practices of learned journals: the fate of published articles submitted again', *The Behavioral and Brain Sciences*, 1982, 5, 187–225.

2장 복종

1) 이 장의 내용은 대부분 Milgram, S., *Obedience to Authority: An experimental view*(New York: Harper and Row, 1974, London: Pinter&Martin, 2006)에 기초하고 있다.

2) Hofling, C. K., Brontzman, E., Dairymple, S., Graves, N., and Pierce, C. M., 'An experimental study in nurse-physician relationships', *Journal of Nervous and Mental Disease*, 1966, 143, 171–180.

3) Green, R., 'Human error on the flight deck', RAF Institute of Aviation Medicine: unpublished report(Farnborough, England: 1991).

4) Ennis, M., 'Training and supervision of obstetric Senior House Officers',

British Medical Bulletin.

5) Dixon, N., *Our Own Worst Enemy*(London: Cape, 1987).

3장 순응

1) 순응에 대한 애시의 실험에 대해 알고 싶은 사람은 Asch, S. E., *Social Psychology*(New York: Prentice-Hall, 1952); Asch, S. E., 'Opinions and social pressure', *Scientific American*, 1955, 193, 31-35; Asch, S. E., 'Studies of independence and conformity: a minority of one against a unanimous majority', *Psychological Monographs*, 1956, 70(9, 통권 406호).

2) Pollak, M. S., and Cummings, W., 'Commitment and voluntary energy conservation', 미국 심리학회 연례 회의에서 발표된 논문, Chicago, 1975.

3) Kiesler, C. Mathog, P., Pool, P., and Howenstein, R., 'Commitment and the boomerang effect: a field study', in Kiesler, C. (Ed.), *The Psychology of Commitment*(New York: Academic Press).

4) Brown, R. A., *A First Language: The early stages*(Cambridge, Mass: Harvard University Press, 1973).

5) Hovland, C. I., and Weiss, R., 'The influence of source credibility on communication effectiveness', *Public Opinion Quarterly*, 1951, 15, 635-650.

6) 공포 행동과 군중 폭력에 대한 리뷰로는 Schneider, D. J., *Social Psychology*(Reading, Mass: Addison-Wesley, 1976), pp. 298-305를 참조하라.

7) Stouffer, S. A., Suchman, E. A., De Vinney, L. C., Star, S. A., and Williams, R. M., *The American Soldier: Adjustment during army life*, Vol. 1(Princeton, NJ: Princeton University Press, 1949).

8) Zimbardo, P. G., The human choice: individuation, reason and order versus deindividuation, impulse and chaos', in Arnold, W. J., and Levine, D. (Eds), *Nebraska Symposium on Motovation, 1969*(Lincoln: University of Nebraska Press, 1970).

9) 구경꾼 효과에 대해서는 Latane, B. and Darley, J. M., *Help in Crisis: Bystander response to an emergency*(Morristown, NJ: General Learning Press, 1976)를 보라.

4장 집단의 안과 밖

1) Newcomb, T. M., *Personality and Social Change*(New York: Diyden, 1943).

2) Kogan, N. and Wallach, M. A., *Risk Taking: A study in cognition and personality*(New York: Holt, Rinehart and Winston, 1964).

3) Moscovici, S., and Personnaz, B., 'Studies on social influences. V:Minority influence and conversion behaviour in a perceptual task', *Journal of Personality and Social Psychology*, 1969, 12, 125–135.

4) Sniezek, J. A. and Henry, R. A., 'Accuracy and confidence in group judgements', *Organizational Behaviour and Human Decision Processes*, 1989, 43, 1–28.

5) Janis, I. L., and Mann, L., *Decision Making*(New York: Free Press, 1977).

6) Janis, I. L., and Mann, L., 위에서 인용한 책.

7) Stein, M., *Stimulating Creativity: Individual differences*, Vol. 2(New York: Academic Press, 1975).

8) Johnson, R. D., and Downing, L. L., 'Deindividuation and valence of cues: effects on prosocial and antisocial behaviour', *Journal of Personality and Social Psychology*, 1979, 37, 1532–1538.

9) Sherif, M., *Group Conflict and Co-operation: Their social psychology*(London: Routledge and Kegan Paul, 1966).

10) Brown, R. J., 'Divided we fall: an analysis of relations between sections of a factory work-force', in Taifel, H. (Ed.), *Differentiation between Social Groups: Studies in the social psychology of intergroup relations*(London: Academic Press, 1978).

11) 고정관념에 대해서는 Nisbett, R, and Ross, L., *Human Inference: Strategies and shortcomings of social judgement*(Englewood Cliffs, NJ: Prentice-Hall), pp. 237–242를 보라. 나는 이 대목에서 이 책에 정리한 여러 가지 관념들을 빌려왔다.

12) 이 책 11장을 보라.

13) Tajfel, H., Flament, C., Billig, M. G., and Bundy, R. P., 'Social categorization and intergroup behaviour', *European Journal of Social Psychology*, 1971, 1, 149–178; Tajfel, H., and Wilkes, A. L., 'Classification and quantitative judgement', *British Journal of Psychology*, 1963, 54, 101–114.

14) Hamilton, D. L., and Rose, I. R., 'Illusory Correlation and the Maintenance of Stereotypic Beliefs', 미출간 원고, University of California at Santa Barbara, 1978.

5장 조직의 어리석음

1) Chapman, L., *Your Disobedient Servant*(London: Chatto, 1978).

2) 사업가들이 내리는 결정의 예들은 Slatter, S., *Corporate Recovery* (Harmondsworth:

Penguin Books, 1984)에서 인용했다.

3) Chapman, L., *Waste Away*(London: Chatto, 1982).

4) 이 장에서 더 나아가고 싶은 사람은 Dreman, D., *Contrarial Investment Strategy*(New York: Random House, 1979)를 보라.

6장 잘못된 일관성

1) 사람들이 내적 갈등을 해결하기 위해 사용하는 수단들을 다룬 고전적인 연구로는 Festinger, L., *Conflict, Decisions and Dissonance*(Stanford: Stanford University Press, 1964)를 참조할 만하다.

2) Festinger, L., 위에서 인용한 책.

3) Vroom, V. H., 'Organizational choice: a study of pre- and post-decision processes', *Organizational Behaviour and Human Performance*, 1966, 1, 212-225.

4) Mann, L., Janis, I. L., and Chaplin, R., 'The effects of anticipation of forthcoming information on predecisional processes', *Journal of Personality and Social Psychology*, 1969, 11, 10-16.

5) Bettelheim, B., 'Individual and mass behaviour in extreme situations', *Journal of Abnormal and Social Psychology*, 38, 417-452.

6) Janis, I. L., and Mann, L.의 책에서 인용.

7) Freedman, J. L., and Fraser, S. C., 'Compliance without pressure: the foot in-the-door technique', *Journal of Personality and Social Psychology*, 1966, 4, 195-202.

8) Aronson, E., and Mills, J., 'The effect of severity of initiation on liking for a group', *Journal of Abnormal and Social Psychology*, 1959, 59, 177-181.

9) Axsom, D., and Copper, J., 'Reducing weight by reducing dissonance: the role of effort justification in a inducing weight loss', in Aronson, E. (Ed.), *Reading about the Social Animal*, third edition(San Francisco: Freeman, 1981).

10) Arkes, H. R., and Blumer, C., 'The psychology of sunk cost', *Organizational Behaviour and Human Decision Processes*, 1985, 35, 124-140.

11) Dixon, N., *The Psychology of Military Incompetence*(London: Cape, 1976).

12) Baron, J., *Thinking and Deciding*(Cambridge: Cambridge University Press, 1988)에서 인용.

13) Tversky, A., and Kahneman, D., 'The framing of decisions and the psychology of choice', *Science*, 1981, 211, 453-458.

14) Thaler, R. H., 'Toward a positive theory of consumer choice', *Journal of Economic Behaviour and Organization*, 1980, 1, 39-60.

15) Festinger, L., and Carlsmith, J. M., 'Cognitive consequences of forced compliance', *Journal of Abnormal and Social Psychology*, 1959, 58, 203-210.

16) Nel., E., Helmreich, R., and Aronson, E., 'Opinion change in the advocate as a function of the persuasibility of his audience: a clarification of the meaning of dissonance', *Journal of Personality and Social Psychology*, 1969, 12, 117-124.

17) 이 장의 내용을 재검토한다면 Tetlock, P. E., and Manstead, A. S. R., 'Impression management versus intrapsychic explanations in social psychology: a useful dichotomy?', *Psychological Review*, 1985, 92, 59-77을 보라.

7장 보상과 처벌

1) 보상과 처벌의 바람직하지 않은 효과에 대해 알고 싶다면 McGraw, K. O., 'The detrimental effects of reward on performance: a literature review and a prediction model', in Lepper, M. R., and Greene, D. (Eds.), *The Hidden Costs of Reward*(Morristown, NJ: Lawrence Erlbaum, 1978).

2) Lepper, M. R., Greene, D., and Nisbett, K. E., 'Undermining children's intrinsic interest with extrinsic reward: a test of the overjustification hypothesis', *Journal of Personality and Social Psychology*, 1973, 28, 129-137.

3) Deci, E. L., 'The effects of externally mediated rewards on intrinsic motivation', *Journal of Personality and Social Psychology*, 1971, 18, 105-115.

4) Smith, W. E., 'The effects of anticipated or unanticipated social reward on subsequent intrinsic motivation', 미출간 박사 학위 논문, Cornell University, 1957.

5) 토큰 경제에 대해서는 Greene, D., Sternberg, B., and Lepper, M. R., 'Overjustification in a token economy', *Journal of Personality and Social Psychology*, 1976, 34, 1219-1234.

6) Deci, E. L., 위에서 인용한 책.

7) Likert, R., *The Human Organization*(New York: McGraw-Hills, 1967).

8) Likert, R., 위에서 인용한 책.

9) *The Author* 1990, 101, no 2.

10) 다음 논문을 참조하라. Zanna, M. P., Lepper, M. R., and Abelson, R. P., 'Attentional mechanisms in children's devaluation of a forbidden activity in a forced compliance situation', *Journal of Personality and Social Psychology*, 1973, 3, 355-359.

11) Condry, J., 'The role of incentives in socialization', in Lepper, M. K., and

Greene, D. (Eds.), *The Hidden Costs of Reward*(Morristown, NJ: Lawrence Erlbaum, 1978)에서 인용.

12) Bell, S. M., and Ainsworth, M. D., 'Infant dying and marternal responsiveness', *Child Development*, 1972, 43, 1171-1190.

13) Langer, F. J., 'The psychology of choice', *Journal for the Theory of Social Behaviour*, 1977, 7, 185-208.

14) Hammond, T., and Brehm, J. W., 'The attractiveness of choice alternatives when freedom to choose is eliminated by a social agent', *Journal of Personality*, 1966, 34, 546-555.

15) Liem, G. R., 'Performances and satisfaction as affected by personal control over salient decisions', *Journal of Personality and Social Psychology*, 1965, 31, 232-240.

16) Friedman, C., Greenspan, R., and Mittelman F., 'The decision making process and the outcome of therapeutic abortion', *American Journal of Psychology*, 1974, 131, 1332-1337.

17) Morris, T., Greer, S., and White, P., 'Psychological and social adjustment to mastectomy: a two-year follow-up', *Cancer*, 1977, I. 40, 2381-2387.

18) Ferrari, N. A., 'Institutionalization and attitude change in an aged population: a field study in dissonance theory', 미출간 박사 논문, Case Western Reserve University, 1962.

8장 욕구와 정서

1) Miller, L. B., and Estes, B. W., 'Monetary reward and motivation in learning', *Journal of Experimental Psychology*, 1962, 64, 393-399.

2) Glucksberg, S., 'The influence of strength of drive on functional fixedness and perceptual recognition', *Journal of Experimental Psychology*, 1962, 63, 36-41.

3) McGraw, K. O., and Mcullers, J. C., 'Monetary reward and water-jar performance: evidence of a detrimental effect of reward on problem solving', 사우스이스턴 심리학회 모임에서 발표된 논문, New Orleans, 1976.

4) Glucksberg, S., 위에서 인용한 논문.

5) Schwartz, B., 'Reinforcement-induced behavioural stereotypy: how not to teach people to discover rules', *Journal of Experimental Psychology: General*, 1982, 111, 23-59.

6) Keinan, G., 'Decision making under stress: scanning of alternatives under

controllable and uncontrollable treats', *Journal of Personality and Social Psychology*, 1987, 52, 639-644.

7) Norris, W., *The Unsafe Sky*(Londod: Arrow, 1981).

8) Goidsen, R. K., Gerhardt, P. T., and Handy, V. H., 'Some factors relating to patient delay in seeking diagnosis for cancer symptoms', *Cancer*, 1957, 10, 1-7.

9) Quattrone, G. A., and Tversky, A., 'Causal versus diagnostic contingencies: on self-deception and voter's illusion', *Journal of Personality and Social Psychology*, 1984, 46, 237-248.

10) 희망적 사고에 대한 비판적 고찰로는 Miller, O. T., and Ross, M., 'Self-serving biases in the attribution of causality: fact or fiction?', *Psychological Bulletin*, 1975, 82, 213-225를 보라.

11) Janis, I., and Terwilliger, R., 'An experimental study of psychological resistance to fear-arousing communications', *Journal of Abnormal and Social Psychology*, 1962, 65, 403-410.

12) Baron, J., *Thinking and Deciding*(Cambridge: Cambridge University Press, 1988).

13) Norris, W., 앞에서 인용한 책.

14) Hawkes, N., Lean, G., McKie, R., and Wilson, A., *The Worst Accident in the World*(London: Pan, 1986).

15) Sutherland, S., *The Macmillan Dictionary of Psychology*(London: Macmillan, 1989).

9장 증거 무시

1) Janis, I. L., and Mann, L., *Decision Making*(New York: Free Press, 1977).

2) Wason, P. C., 'On the failure to eliminate hypotheses in a conceptual task', *Quarterly Journal of Experimental Psychology*, 1960, 12, 129-140.

3) Popper, K., *Objective Knowledge*(Oxford: Clarendon Press, 1972).

4) Wason, P. C., 'Reasoning', in Foss, B. (Ed.), *New Horizons in Psychology*(Harmondsworth: Penguin, 1966).

5) Evans, J. St. B. T., 'Linguistic determinants of bias in conditional reasoning', *Quarterly Journal of Experimental Psychology*, 1983, 35A, 635-644.

6) Snyder, M. and Swann, W. B., 'Behavioral confirmation in social interaction: from social perception to social reality', *Journal of Experimental Social Psychology*, 1978, 14, 148-162.

7) 증거가 필요할 때의 증거에 대해서는 Lazarsfeld, P. F., Berelson, B., and Gaudet, H., *The People's Choice*(New York: Columbia University Press, 1948)를 보라.
8) Katz, J. L., Weiner, H., Gallagher, T. F., and Heilman, I., 'Stress, distress, and ego defenses: psychoendocrine response to impending breast-tumour biopsy', *Archives of General Psychatry*, 1970, 23, 131-142.
9) Janis, J. L., and Rausak, C. N., 'Selective interest in communications that could arouse decisional conflict: a field study of participants in the draft-resistance movement', *Journal of Personality and Social Psychology*, 1970, 14, 46-54.

10장 증거 왜곡

1) 아른험 전투에 대한 내용은 대부분 Dixon, N., *The Psychology of Military Incompetence*(London: Cape, 1976)에 바탕을 둔 것이다.
2) 프랜시스 베이컨의 문장은 Nisbett, R. and Ross, L., *Human Inference: Strategies and shortcomings of social judgement*(Englewood Cliffs, NJ: Prentice-Hall, 1980)에서 재인용했다.
3) Lord, C., Ross, L., and Lepper, M. R., 'Biased assimilation and attitude polarization: the effects of prior theories on subsequently considered evidence', *Journal of Personality and Social Psychology*, 1979, 2098-2109.
4) Ross, L., Lepper, M. R., and Hubbard, M., 'Perseverance in self perception and social perception: biased attributional processes in the debriefing paradigm', *Journal of Personality and Social Psychology*, 1975, 32, 880-892.
5) Pitz, G. F., Downing, L., and Reinhold, H., 'Sequential effects in the revision of subjective probabilities', *Canadian Journal of Psychology*, 1967, 21, 381-393.
6) Snyder, M., and Cantor, N., 'Testing theories about other people: remembering all the history that fits', 미출간 원고: University of Minnesota, 1979.
7) 이야기를 꾸며냄으로써 믿음을 떨치지 못하게 된다는 관념이나 그러한 관념을 뒷받침하는 실험들 중에서 이 책에서 기술한 몇몇 예들은 Nisbett, R. and Ross, L., *Human Inference: Strategies and shortcomings of social judgement*(Englewood Cliffs, NJ: Prentice-Hall, 1980), pp. 183-186에 잘 나와 있다.
8) Nisbett, R. and Ross, L., 위에서 인용한 책.

11장 잘못 관계 짓기

1) Shapiro, D. A., and Shapiro, D., 'Meta-analysis of comparative therapy

outcome studies: a replication', *Psychological Bulletin*, 1982, 92, 581-604.

2) 네거티브 사례들을 고려하지 못하는 오류에 대해서는 Ward, W. C., and Jenkins, H. M., 'The display of information and the judgement of contingency', *Canadian Journal of Psychology*, 1967, 19, 231-241.

3) Smedslund, J., 'The concept of correlation in adults', *Scandinavian Journal of Psychology*, 1963, 4, 165-173.

4) Chapman, L. J., and Chapman, J. P., 'Illusory correlation as an obstacle to the use of valid psychodiagnostic signs', *Journal of Abnormal Psychology*, 1969, 74, 271-280.

5) Cox, J., and Tapsell, J., 'Graphology and its validity', 영국 심리학회의 직업 심리 회의에서 발표된 논문, 1991.

6) Neter, E., and Ben-Shakhar, G., 'Predictive validity of graphological inferences: a meta-analysis', *Personality and Individual Differences*, 1989, 10, 737-745.

7) Ben-Shakhar, G., Bar-Hillel, M., Blui, V., Ben-Abba, E., and Hug, A., 'Can graphology predict occupational success?', *Journal of Applied Psychology*, 1989, 71, 645-653.

8) Taylor, S. E., and Fiske, S. T., 'Salience, attention and attribution: top of the head phenomena', in Berkowitz, L. (Ed.), *Advances in Experimental Social Psychology*, Vol. 11 (New York: Academic Press, 1978).

9) Chapman, L. J., 'Illusory correlation in observation report', *Journal of Verbal Learning and Verbal Behaviour*, 1967, 6, 151-155.

10) Hamilton, D. L., and Gifford, R. K., 'Illusory correlation in interpersonal perception: a cognitive basis of stereotypic judgements', *Journal of Experimental Social Psychology*, 1976, 12, 392-407.

12장 의학적 오류

1) 이 장의 내용 대부분은 Eddy, D. M., 'Probabilities reasoning in clinical medicine: problems and opportunities', in Kahneman, D., Slovic, P., and Tversky, A. (Eds), *Judgement Under Uncertainty: Heuristics and biases*(Cambridge: Cambridge University Press, 1982)에 토대를 두고 있다.

2) Hoffman, P. J., Slovic, P., and Rover, L. G., 'An analysis of variance: models for the assessment of cue utilization in clinical judgement', *Psychological Bulletin*, 1965, 63, 338-349.

3) Christensen-Szalanski, J. J. J., and Bushyhead, J. B., 'Physicians use of probablistic information in a real clinical setting', *Journal of Experimental Psychology: Human Perception and Performance*, 1981, 7, 928-935.
4) Paulos, J. A., *Innumeracy: Mathematical illiteracy and its consequences*(New York: Hills and Wang, 1988).
5) Egbert, L., Battit, C., Welch, C., and Barlett, M., 'Reduction of postoperative pain by encouragement and instruction of patients', *New England Journal of Medicine*, 1964, 270.

13장 인과 관계의 오작동

1) Nisbett, R. and Ross, L., *Human Inference: Strategies and shortcomings of social judgement*(Englewood Cliffs, Prentice-Hall, 1980)에서 인용.
2) Nisbett, R. and Ross, L., 위에서 인용한 책.
3) 콜레스테롤 섭취에 대한 비판적 고찰로는 Totman, R., *Mind, Stress and Health*(London: Souvenir, 1990)을 보라. 주석을 따로 단 사례를 제외하면 이후의 연구 내용들은 모두 이 책에서 빌려온 것이다.
4) Booth-Kewley, S., and Friedman, H., 'Psychological predictors of heart disease: a quantitative review', *Psychological Bulletin*, 1987, 101, 343-362.
5) Huff, D., *How to Lie with Statistics*(London: Gollancz, 1954).
6) Bollas, C., *Forces of Destiny: Psychoanalysis and human idiom*(London: Free Association, 1989).
7) Smith, J. C., Glass, C. V., and Miller, J. I., *The Benefits of Psychotherapy*(Baltimore: Johns Hopkins Press).
8) Fisher, R. A., 'Lung cancer and cigarettes', *Nature*, 1958, 182, 108.
9) Doll, R., and Peto, R., 'Mortality in relation to smoking: 20 years' observations on British doctors', *British Medical Journal*, 1976, 290, 1525-1536.
10) Eysenck, H. J., *Smoking, Health and Personality*(London: Weidenfield, 1965).
11) Meehl, P., *Clinical vs. Statistical Prediction*(Minneapolis: University of Minnesota Press, 1955).
12) 편도선 제거 및 그밖의 불필요한 의학적 조처에 대해서는 Malleson, A., *Need Your Doctor be so Useless?*(London: Allen and Unwin, 1973)를 참조하라.
13) Tversky, A., and Kahneman, D., 'Causal schemas in judgements under uncertainty', in Kahneman, D., Slovic, P., and Tversky, A. (Eds), *Judgement Under Uncertainty: Heuristics and biases*(Cambridge: Cambridge University Press,

1982).
14) Walster, E., 'Assignment of responsibility for an accident', *Journal of Personality and Social Psychology*, 1966, 3, 73-79.
15) Piaget, J., *The Moral Judgement of the Child*(London: Routledge and Keagan Paul, 1932).
16) Miller, A. G., Gillen, B., Schenker, C., and Radlove, S., 'Perception of obedience to authority', 미국 심리학협회 제81회 연례학술대회에 제출된 논문, 1973, 8, 127-128.
17) Bierbrauer, G., 'Effect of set, perspective and temporal factors in attribution', 미출간 박사 논문, Stanford University, 1973.
18) Ross, L., Amabile, T. M., and Steinmetz, I. L., 'Social roles, social control, and biases in social-perception processes', *Journal of Personality and Social Psychology*, 1977, 35, 485-494.
19) 기본적 귀인 오류에 대해서는 Nisbett, R. and Ross, L., *Human Inference: Strategies and shortcomings of social judgement*(Englewood Cliffs: Prentice-Hall, 1980), pp. 122-127을 보라.
20) Storms, M. D., 'Videotape and the attribution-process: reversing actors' and observers' point of view', *Journal of Personality and Social Psychology*, 1973, 27, 165-175.
21) 성격 특성에 대한 일관성 없는 태도의 증거로는 Mischel, W., *Introduction to Personality*, fourth edition(New York: Holt, Rinehart and Winston, 1986).
22) Ross, L., Greene, D., and House, P., 'The false consensus phenomenon: an attributional bias in self perception and social perception processes', *Journal of Experimental Social Psychology*, 1977, 13, 279-301.
23) Schachter, S., and Singer, J., 'Cognitive, social and psychological determinants of emotional state', *Psychological Review*, 1962, 65, 379-399.
24) Cantor, J. R., Zillman, D., and Bryant, J., 'Enhancement of experienced arousal in response to erotic stimuli through misattribution of unrelated residual arousal', *Journal of Personality and Social Psychology*, 1975, 32, 69-75.
25) Weiss, J., and Brown, P., 'Self insight error in the explanation of mood', 미출간 원고, Harvard University, 1977.

14장 엉뚱한 해석

1) Kahneman, D., and Tversky, A., 'Subjective probability: a judgement of

representativeness', in Kahneman, D., Slovic, P., and Tversky, A. (Eds), *Judgement Under Uncertainty: Heuristics and biases*(Cambridge: Cambridge University Press, 1982).

2) Kahneman, D., and Tversky, A., 'On the psychology of prediction', *Psychological Review*, 1973, 80, 237–251.

3) Tversky, A., and Kahneman, D., 'Extensional versus intuitive reasoning: the conjunction fallacy probability judgement', *Psychological Review*, 1983, 90, 293–315.

4) Nisbett, R. E., and Lemly, R. N., 'The evil that men do can diluted, the good cannot', 미출간 원고, University of Michigan, 1979.

5) Tversky, A., and Kahneman, D., 'Causal schemata in judgements under uncertainty', in Fishbein, M. (Ed.), Progress in Social Psychology(Hillsdale, NJ: Lawrence Erlbaum, 1978).

6) Sutherland, N. S., 'Guilty by machine error', *New Scientist*, 30, January 1975, 262–265.

7) Casscells, W., Schoenberger, A., and Grayboys, T., 'Interpretation by physicians of clinical laboratory results', *New England Journal of Medicine*, 1978, 299, 999–1000.

8) Baron, J., Beattie, J. and Hershey, J. C., 'Heuristics and biases in diagnostic reasoning 11: Congruence, information and certainty', *Organizational Behaviour and Human Decision Processes*, 1989.

9) Paulos, J. A., *Innumeracy*(New York: Hills and Wang, 1988).

10) Kahneman, D., and Tversky, A., 'Subjective probability: a judgement of representativeness', *Cognitive Psychology*, 1972, 3, 430–454.

11) Tversky, A., and Kahneman, D., 'Introduction', in Kahneman, D., Slovic, P., and Tversky, A. (Eds), *Judgement Under Uncertainty: Heuristics and biases*(Cambridge: Cambridge University Press, 1982).

12) Borgida, E. and Nisbett, R. E., 'The differential impact of abstract vs concrete information on decisions', *Journal of Applied Social Psychology*, 1977, 7, 258–271.

13) Hamill, R., Wilson, T. O., and Nisbett, R. E., 'Ignoring sample bias: inferences about collectivities from atypical cases', 미출간 원고, University of Michigan, 1979.

14) Paulos, J. A., 위에서 인용한 책.

15장 일관성 없는 결정

1) Tversky, A., and Kahneman, D., 'The framing of decisions and the psychcology of choice', *Science*, 1980, 211, 453–458.
2) Tversky, A., and Kahneman, D., 위에서 인용한 논문.
3) Wagenaar, W. A., *Paradoxes of Gambling Behavior*(Hove: Lawrence Erlbaum Associates, 1988).
4) Detambel, M. H., and Stolurow, L. M., 'Probability and work as determiners of multichoice behaviour', *Journal of Experimental Psychology*, 1957, 53, 73–81.
5) Friedman, M. P., Burke, C. J., Cole, M., Keller, L., Millward, R. B., and Estes, W. K., 'Two choice behaviour under extended training with shifting probabilities of reinforcement', in Atkinson, R. C. (Ed.), *Studies in Mathmatical Psychology*(Stanford CA: Stanford University Press, 1964).
6) Tversky, A., and Kahneman, D., 위에서 인용한 논문.
7) Kahneman, D., Knetch, J. and Thaler, R., 'Fairness as a constraint on profit seeking: entitlements on the market', *American Economic Review*, 1986, 76, 711–728.
8) Elstein, A. S., Holzman, G. B., Ravitch, M. M., Metheny, W. A., Holmes, M. M., Hoppe, R. B., Rothert, M. L., and Rovner, D. R., 'Comparison of physicians' decisions regarding oestrogen replacement therapy for menopausal women and decisions derived from a decision analytic model', *American Journal of Medicine*, 1986, 80, 246–258.
9) Tversky, A., 'Intransitivity of preferences', *Psychological Review*, 1969, 76, 31–48.
10) Schwalm, N. D., and Slovic, P., 'Development and test of a motivational approach and materials for increasing use of restraint', final technical report PFTR-1100-82-3(Woodland Hills, CA: Perceptronics Inc., 1982).
11) Tversky, A., Sattath, S., and Slovic, P., 'Contingent weighting in judgement and choice', *Psychological Review*, 1988, 95, 371–384.
12) 이 예들은 Thaler, R. H., 'Mental accounting and consumer choice', *Marketing Science*, 1985, 4, 199–214에서 취한 것이다.
13) Loftus, E. F., *Eyewitness Testimony*(Cambridge, Mass: Harvard University Press, 1979).
14) 닻 내리기 효과에 대해서는 Tversky, A. and Kahneman, D., 'Judgement under uncertainty: heuristics and biases', *Science*, 1974, 185, 1124–1131을 보라.
15) Loftus, E. F., 위에서 인용한 책.

16) 이 점과 이후의 평가에 대해서는 Tversky, A. and Kahneman, D., 'Judgement under uncertainty: heuristics and biases', in Kahneman, D., Slovic, P., and Tversky, A. (Eds), *Judgement Under Uncertainty: Heuristics and Biases*(Cambridge: Cambridge University Press, 1982)를 참조하라.

16장 자기 과신

1) Fischhoff, B., 'Hindsight≠foresight: the effect of outcome knowledge on judgement under uncertainty', *Journal of Experimental Psychology: Human Perception and Performance*, 1975, 1, 288-299.
2) Fischhoff, B., and Beth, B., '"I knew it would happen" remembered probabilities of once-future things', *Organizational Behaviour and Human Performance*, 1975, 13, 1-16.
3) 토니의 말은 Fischhoff, B., 'For those condemned to study past: heuristics and biases in hindsight', in Kahneman, D., Slovic, P., and Tversky, A. (Eds), *Judgement Under Uncertainty: Heuristics and Biases*(Cambridge: Cambridge University Press, 1982)에서 재인용한 것이다.
4) *The Independent*. Svenson, O., 'Are we all less risky and more skillful than our fellow drivers?', *Acta Psychologica*, 1981, 47, 143-148도 참조하라.
5) Ainslie, P. A., and Adams, J. K., 'Confidence in the recognition and reproduction of words difficult to spell', *American Journal of Psychology*, 1960, 73, 544-552.
6) Wright, G. N., Phillips, L. D., Whalley, P. C., Choo, G. T., Ng, K. O., Tan, I., and Wisundha, A., 'Cultural differences in probabilistic thinking', *Journal of Cross-Cultural Psychology*, 1978, 9, 285-299.
7) Fischhoff, B., Slovic, P., and Lichtenstein, S., 'Knowing with certainty: the appropriateness of extreme confidence', *Journal of Experimental Psychology: Human Perception and Performance*, 1977, 3, 552-564.
8) Oskamps, S., 'Overcofidence in case-study judgements', *Journal of Consulting Psychology*, 1965, 29, 261-265.
9) Fischhoff, B., Slovic, P., and Lichtenstein, S., 위에서 인용한 책. 과신에 대한 고찰로는 Lichtenstein, S., Fischhoff, B., and Phillips, L. D., 'Calibration of probabilities: the state of art', in Jungermann, H., and de Zeeuw, G. (Eds.), *Decision Making and Change in Human Affairs*(Amsterdam: D. Reidel, 1977).
10) 직업에서의 과신에 대해서는 Lusted, L. B., *Introduction to Medical Decision*

Making(Springfield, Ⅲ: Charles C. Thomas, 1968); Dreman, D., *Contrarian Investment Strategy*(New York: Random House, 1979)를 참조하라.

11) Kahneman, D., and Tversky, A., 'Intuitive prediction: biases and corrective procedures', in Kahneman, D., Slovic, P., and Tversky, A. (Eds), *Judgement Under Uncertainty: Heuristics and Biases*(Cambridge: Cambridge University Press, 1982), pp. 414–421.

12) Jenkins, H. H., and Ward, W. C., 'Judgement of contingency between responses and outcomes', *Psychological Monographs*, 1965, 79, 1, 통권 79호.

13) Goffman, E., *Interaction Ritual*(New York: Anchor, 1967).

14) Koriat, A., Lichtenstein, S., and Fischhoff, B., 'Reasons for confidence', *Journal of Experimental Psychology: Human Learning and Memory*, 1980, 6, 107–118.

17장 위험도

1) 따로 주석을 단 대목을 제외하면 위험 원인들에 대한 분석은 주로 Slovic, P., Fischhoff, B., and Lichtenstein, S., 'Facts versus fears: understanding perceived risk', in Kahneman, D., Slovic, P., and Tversky, A. (Eds), *Judgement Under Uncertainty: Heuristics and biases*(Cambridge: Cambridge University Press, 1982)를 근거로 한 것이다.

2) Streff, F. M., and Getler, E. S., 'An experimental test of risk compensation: betweeen subject versus within subject analysis', *Accident Analysis and Prevention*, 1988, 20, 277–287.

3) '헤럴드 오브 프리 엔터프라이즈' 사고의 분석에 대해서는 Wagenaar, W. A., 'Risk taking and accident causation', in Yates, J. F., *Risk-taking Behavior*(Chichester: John Willey and Sons, 1992), pp. 257–281을 보라.

4) Slovic, P., Fischhoff, B., and Lichtenstein, S., 'Accident probabilities and seat belt usage: a psychological perspective', *Accident Analysis and Prevention*, 1978, 10, 281–285.

5) Wagenaar, W. A., 위에서 인용한 논문.

6) 원자력과 화석 연료를 이용한 힘에 대한 비교 분석은 영국 보건안전공단의 보고서(*The Tolerability of Risk from Nuclear Power Strations*(London: HMSO, 1988)에 폭넓게 근거하고 있다.

7) 엑스선에 대한 데이터는 〈인디펜던트〉에 실린 영국 왕립방사능학회의 보고서에서 빌려왔다.

18장 잘못된 추론

1) Simon, H., *Models of Man: Social and Rational*(New York: John Willey and Sons, 1957).
2) 따로 주석을 단 부분을 제외하면 이 장의 나머지 내용은 모두 Kahneman, D., and Tversky, A., 'On the psychology of prediction', *Psychological Review*(1973, 80, 237-251)에서 빌려왔다.
3) Nisbett, R. and Ross, L., *Human Inference: Strategies and Shortcomings of Social Judgement*(Englewood Cliffs: Prentice-Hall, 1980).
4) Baron, J., *Thinking and Deciding*(Cambridge: Cambridge University Press, 1988).
5) Independent Research Services, 'Successful Personal Investing', 미출간, 1992.
6) Kahneman, D., and Tversky, A., 위에서 인용한 논문.
7) Kahneman, D., and Tversky, A., 위에서 인용한 논문.
8) Kahneman, D., and Tversky, A., 위에서 인용한 논문.
9) Lichtenstein, S., Earle, T. C., and Slovic, P., 'Cue utilization in numerical prediction task', *Journal of Experimental Psychology: Human Perception and Performance*, 1975, 104, 77-85.
10) Fischhoff, B., 'For those condemned to study the past: heuristics and biases in hindsight', in Kahneman, D., Slovic, P., and Tversky, A. (Eds), *Judgement Under Uncertainty: Heuristics and Biases*(Cambridge: Cambridge University Press, 1982).
11) Feller, W., *An Introduction to Probability Theory and Its Applications*, third edition, vol. 1(New York: John Willey and Sons, 1968).
12) Kahneman, D., and Tversky, A., 위에서 인용한 논문.

19장 직관의 실패

1) Eddy, D. M., 'Probabilistic reasoning in clinical medicine: problems and opportunities', in Kahneman, D., Slovic, P., and Tversky, A. (Eds), *Judgement Under Uncertainty: Heuristics and Biases*(Cambridge: Cambridge University Press, 1982).
2) Dawes, R. M., and Corrigan, B., 'Linear models in decision making', *Psychological Bulletin*, 1974, 81, 98-106. 따로 주석을 단 부분을 제외하면 이 장의 나머지 내용은 Dawes, R. M., 'The robust beauty of improper linear models in decision making', in Kahneman, D., Slovic, P., and Tversky, A. (Eds),

Judgement Under Uncertainty: Heuristics and Biases(Cambridge: Cambridge University Press, 1982)에서 빌려온 것이다.

3) Hess, F. H., 'Pupilometrics', in Greenfield, N., and Sternbach, R. (Eds.), *Handbook of Psychology*(New York: Holt, Rinehart and Winston).

4) Goldberg, I. R., 'Man versus model of man: a rationale, plus some evidence for a method of improving on clinical inferences', *Psychological Bulletin*, 1970, 73, 422–432.

5) Dreman, D., *Contrarian Investment Strategy*(New York: Random House, 1979).

6) Schmitt, N., 'Social and situational determinants of interview decisions: implications for the employment interview', *Personal Psychology*, 1976, 29, 79–101.

7) Herriot, P., and Rothwell, C., 'Organizational choice and decision theory: effects of employers' litterature and section interview', *Journal of Occupational Psychology*, 1981, 54, 17–31.

8) Einhorn, H. J., 'Except measurement and mechanised confirmation', *Organizational Behaviour and Human Performance*, 1972, 7, 86–106.

9) Harmon, P., and King, D., *Expert Systems*(New York: John Willey and Sons, 1989).

20장 효용

1) Baron, J., *Thinking and Deciding*(Cambridge: Cambridge University Press, 1988).

2) Gardiner, P. C., and Edwards, W., 'Public values: multiattribute utility measurement for social decision-making', in Kaplan. M. F., and Schwartz, S. (Eds.), *Human Judgement and Decision Processes*(New York: Academic Press).

3) Hammond, K. R., and Adelman, L., 'Science, values, and human judgement', *Science*, 1976, 194, 389–396.

4) Fogbeck, P. G., and Thornberg. J. R., 'Evaluation of a computerized Bayesian model for diagnosis of renal cyst versus tumor versus normal variant from exploratory urogram information', *Investigative Radiology*, 1976, 11, 102–111.

5) Fischoff, B., 'Cost-benefit analysis and the art of motorcycle maintenance', *Policy Sciences*, 1977, 8, 177–202.

6) Fischoff, B., 위에서 인용한 논문.

7) 영국 보건안전공단의 보고서. *The Tolerability of Risk from Power Stations*(London:

HMSO, 1988).

8) QALYs와 그와 관련된 접근에 대해 읽을 만한 보고서로는 Fallowfield, L., *The Quality of Life*(London: Souvenir Press, 1990)를 참조하라. 이 책에서 인용한 사례들도 여기서 빌려왔다.

9) Christensen-Szalanski, J. J. J., 'Discount functions and the measurement of patients' values: women's decisions during childbirth', *Medical Decision Making*, 1984, 4, 47-58.

21장 초자연적 믿음

1) 따로 주석을 달아 언급하지 않은 한, 이 장의 내용은 Marks, D., and Kamman, R., *The Psychology of Psychic*(Buffalo, NY: Prometheus Books, 1980)에서 빌려왔다.

2) 점성술에 대한 연구 조사는 Paulos, J. A., *Innumeracy*(New York: Hills and Wang, 1988)를 참조하라.

3) Ulrich, R. F., Stchnik, T. T., and Staintor, N. R., 'Student acceptance of generalized personality profiles', *Psychological Reports*, 1973, 13, 831-834.

4) Hansel, C. E. M., *ESP and Parapsychology*(Buffalo, NY: Prometheus Books, 1980).

22장 비합리성의 근본 원인

1) 이 장의 내용에 대해서는 Baron, J., *Thinking and Deciding*(Cambridge: Cambridge University Press, 1988)를 참조하라.

2) Fong, G. T., Krantz, D. H., and Nisbett, R. E., 'The effects of statistical training on thinking about everyday problems', *Cognitive Psychology*, 1986, 18, 253-292.

3) Lorrick, R. P., Morgan, J. N., and Nisbett, R. E., 'Who uses the normative rules of choice?'

| 찾아보기 |

이세진

서강대학교 철학과를 졸업하고 같은 학교 대학원에서 불문학 석사 학위를 받았다. 프랑스 랭스 대학에서 공부했고 현재 전문 번역가로 일하고 있다. 옮긴 책으로 《살아 있는 정리》, 《음악의 기쁨》, 《설국열차》, 《도덕적 인간은 왜 나쁜 사회를 만드는가》, 《내 안의 어린아이》, 《나르시시즘의 심리학》, 《고대 철학이란 무엇인가?》, 《브뤼노 라투르의 과학인문학 편지》 등이 있다.

비합리성의 심리학

2008년 11월 10일 초판 1쇄 발행
2014년 9월 20일 개정판 1쇄 발행

- 지은이 —— 스튜어트 서덜랜드
- 옮긴이 —— 이세진
- 펴낸이 —— 한예원
- 편집 —— 이승희, 조은영, 윤슬기
- 펴낸곳 교양인

우121-888 서울 마포구 포은로29 202호
전화 : 02)2266-2776 팩스 : 02)2266-2771
e-mail : gyoyangin@naver.com

ISBN 978-89-91799-99-8 03180

이 도서의 국립중앙도서관 출판예정도서목록(CIP)은 서지정보유통지원시스템 홈페이지(http://seoji.nl.go.kr)와 국가자료공동목록시스템(http://www.nl.go.kr/kolisnet)에서 이용하실 수 있습니다.(CIP제어번호: CIP2014024438)